श्रीलाल शुक्ल
व्यंग्य के विविध आयाम

श्रीलाल शुक्ल
व्यंग्य के विविध आयाम

डॉ. अर्चना दुबे

वाणी प्रकाशन

वाणी प्रकाशन

4695, 21-ए, दरियागंज, नयी दिल्ली 110 002

फ़ोन : +91 11 23273167 फ़ैक्स : +91 11 23275710

शाखाएँ

अशोक राजपथ, पटना 800 004, बिहार

कॉफ़ी हाउस कैम्पस, महात्मा गांधी मार्ग, इलाहाबाद 211 001, उत्तर प्रदेश

महात्मा गांधी अन्तरराष्ट्रीय हिन्दी विश्वविद्यालय, वर्धा 442 001, महाराष्ट्र

www.vaniprakashan.in
marketing@vaniprakashan.in
sales@vaniprakashan.in

SHRILAL SHUKL : VYANGYA KE VIVIDH AAYAM
by Dr. Archana Dube

ISBN : 978-93-88684-46-0
Criticism

प्रथम संस्करण 2019

मूल्य : ₹ 695

आर. टेक, शाहदरा, दिल्ली-110 032 में मुद्रित

वाणी प्रकाशन का लोगो मक़बूल फ़िदा हुसेन की कूची से

रामजीत दुबे (पिता), प्रेमा दुबे (माता)
सतीश पाण्डेय (गुरु)
को समर्पित

प्रस्तावना

हर युग में लिखा गया साहित्य तत्कालीन सामाजिक परिवेश की भूमिका पर रचा जाता है। उसमें अपने समय-समाज का अक्स साफ देखा जा सकता है। एक जागरूक साहित्यकार अपने समाज में व्याप्त विसंगतियों, विडम्बनाओं, परम्पराओं, संस्कृति आदि का साक्षी होता है और उन्हीं में से अपने रचनाकर्म के लिए कथ्य चुनता है। श्रीलाल शुक्ल जी अपने परिवेश और समाज से रू-ब-रू थे और अपनी पैनी दृष्टि से उसको देखते थे। बेहद सरल और बेहद गूढ़ दोनों ही तरह के विषयों को उन्होंने अपनी रचनाओं में उठाया है।

उन्हें ज़िन्दगी में गहरा विश्वास है और वे जीवन रस की अन्तिम बूँद तक का अनुभव करना चाहते हैं। वहीं उनके व्यंग्य की धार इतनी तेज है कि वह पाठक के मन पर गहरी चोट कर जाती है। उनकी लेखन प्रक्रिया अन्य लेखकों से कुछ अलग है। इस शोधग्रन्थ में शुक्ल जी की व्यंग्यपरक रचनाओं के विविध आयामों का अध्ययन प्रस्तुत किया जा रहा है। श्रीलाल शुक्ल जी के साहित्य के विभिन्न आयामों पर विहंगावलोकन, मेरा ध्येय रहा है। विधिवत अनुशीलन के लिए इसे निम्नलिखित नौ अध्यायों में बाँटा गया है :

इस शोध प्रबन्ध के प्रथम अध्याय में व्यंग्य की उत्पत्ति, अर्थ तथा भारतीय एवं पाश्चात्य विद्वानों द्वारा प्रतिपादित व्यंग्य की परिभाषा की चर्चा हुई है। भारतेन्दु युग से द्विवेदी युग, शुक्ल युग, शुक्लोत्तर युग यानी कि अब तक के व्यंग्य की विकास परम्परा को दिखाया गया है। इसमें भारतेन्दु युग से अब तक के मुख्य व्यंग्यकारों तथा उनके लेख पर बात हुई है।

दूसरे अध्याय में शुक्ल जी के पारिवारिक परिवेश, उनके बचपन, शिक्षा, आजीविका तथा सम्मान एवं पुरस्कार आदि के सन्दर्भ में परिचय दिया गया है। उनकी रचनाओं का संक्षिप्त परिचय तथा शुक्ल जी की व्यंग्य सम्बन्धी अवधारणा पर विचार किया गया है।

तीसरे अध्याय में शुक्ल जी के सम्पूर्ण साहित्य विधा में सामाजिक स्थितियों पर हुए व्यंग्य को केन्द्र में रखा गया है। इसके अन्तर्गत वर्ग एवं वर्ण व्यवस्था, बदलते सामाजिक-पारिवारिक सम्बन्ध, दिशाहीन युवावर्ग, विवाह सम्बन्धी

सामाजिक दृष्टिकोण, मूल्यों का विघटन, नारी जीवन की विसंगतियाँ, बुद्धिजीवी पूँजीपति समाजसेवक, अपराधी वर्ग आदि सभी सन्दर्भों की चर्चा की गयी है।

चौथे अध्याय में शुक्ल जी के व्यंग्य साहित्य के राजनीतिक पक्ष की विवेचना की गयी है।

अध्याय पाँच में श्रीलाल शुक्ल के साहित्य में आर्थिक विसंगतियों को केन्द्र में रखा गया है। इस अध्याय में प्रशासनिक भ्रष्टाचार एवं निष्क्रियता, अफ़सरशाही, पुलिस तन्त्र, भ्रष्ट एवं स्वार्थलोलुप नेतृत्व, वोट की राजनीति एवं चुनाव, प्रजातन्त्र की विसंगतियाँ, दलबदल, कुर्सी की लालसा, राजनीति और अपराध, सरकारी नीतियों सम्बन्धी विसंगतियों के बारे में शुक्ल जी की व्यंग्य रचनाओं का मूल्यांकन करने का प्रयास किया गया है।

अध्याय छः श्रीलाल शुक्ल जी के साहित्य में धर्म एवं संस्कृति के विविध पहलुओं पर व्यंग्य से सम्बन्धित है।

अध्याय सात में श्रीलाल शुक्ल जी के साहित्य में शिक्षाजगत में व्याप्त भ्रष्टाचार एवं साहित्यिक विसंगतियों का विवेचन किया गया है।

आठवें अध्याय में शुक्ल जी के साहित्य में व्यक्तिपरक व्यंग्य को आधार बनाकर शोध किया गया है और नौवें अध्याय में शोधग्रन्थ का मूल्यांकन किया गया है।

मैं अपने को भाग्यशाली समझती हूँ कि मुझे डॉ. सतीश पाण्डेय जैसे शोध निर्देशक के मार्गदर्शन का लाभ मिला। उनके निर्देशन के बिना इस स्तर का शोध प्रबन्ध तैयार कर पाना मेरे लिए लगभग असम्भव ही था। उन्होंने निरन्तर आद्यन्त मुझे प्रोत्साहित किया तथा शोध लेखन के दौरान समय-समय पर अपने सुझावों एवं निर्देशों द्वारा सही दिशा प्रदान की। मैं उनका हृदय से आभार मानती हूँ।

के.जे. सोमैया कला व वाणिज्य महाविद्यालय की प्राचार्या डॉ. सुधा व्यास को धन्यवाद ज्ञापित करना चाहती हूँ कि उन्होंने मुझे अपने महाविद्यालय से शोध करने की स्वीकृति प्रदान की। साथ ही, मैं इस कॉलेज के ग्रन्थालय एवं उसके कर्मचारियों को भी धन्यवाद देना चाहूँगी जिन्होंने समय पर पुस्तकें दीं जो कि इस शोध प्रबन्ध को समय पर पूरा कर पाने के लिए अत्यन्त आवश्यक था। मुम्बई की महात्मा गाँधी मेमोरियल लाइब्रेरी का लाभ भी इस दौरान महत्त्वपूर्ण रहा। शुक्ल जी पर शोधकार्य के दौरान मुझे हिन्दी साहित्य के सुधी चिन्तकों और मित्रों यथा—व्यंग्यकार डॉ. सुरेश कांत जी, डॉ. आनन्द प्रकाश पाण्डेय (प्राचार्य, सरकारी महाविद्यालय, कौसाम्बी, उ.प्र.), डॉ. श्यामसुन्दर पाण्डेय (सहायक प्राध्यापक, बिड़ला महाविद्यालय, कल्याण), श्री प्रवेश चन्द्र शर्मा (प्रबन्धक, भारतीय जीवन बीमा निगम मण्डल कार्यालय, इलाहाबाद), श्री राकेश कुमार त्रिपाठी

(योजना समन्वयक, हिन्दुस्तानी प्रचार सभा) आदि सभी का सहयोग प्राप्त हुआ है, अतः इन सभी को मैं विशेष रूप से धन्यवाद देना चाहती हूँ। मैं उन सभी मित्रों का भी आभार मानती हूँ जो प्रत्यक्ष या अप्रत्यक्ष रूप से इस कार्य को पूरा करने में सहायक रहे हैं।

इस दृष्टि से भी मैं भाग्यशाली रही कि शोधकाल के दौरान आत्मीय परिजनों का पूरा सहयोग मिला। आज जब इस शोध प्रबन्ध को पुस्तक का रूप दिया जा रहा है तब लगता है कि शायद उनके सहयोग के बिना यह सब सम्भव ही नहीं हो पाता। पिता श्री रामजीत दुबे, माँ श्रीमती प्रेमा दुबे, बड़ी बहन वन्दना पाण्डेय, बहन सन्ध्या उपाध्याय, भाई पवनकुमार दुबे तथा भांजा आयुष पाण्डेय, भांजी अनन्या उपाध्याय, भतीजा शिवम दुबे आदि परिजनों का मैं हृदय से आभार स्वीकार करती हूँ।

और अन्त में, उन सभी विद्वानों, समीक्षकों एवं लेखकों के प्रति भी कृतज्ञ हूँ जिनके सृजन रस से मैं अपने शोध प्रबन्ध का पोषण कर सकी।

अस्तु, सबके सहयोग एवं सान्निध्य का प्रतिफल यह शोध प्रबन्ध सुधी अध्येताओं की सेवा में प्रस्तुत है।

–डॉ. अर्चना दुबे

अनुक्रम

अध्याय 1

हिन्दी व्यंग्य परम्परा का विकास एवं श्रीलाल शुक्ल

व्यंग्य की उत्पत्ति किसी विडम्बनापूर्ण स्थिति के चित्रण में होती है। भारतीय साहित्य और हिन्दी में व्यंग्य की परम्परा काफी पुरानी है। चार्वाक ने एक जगह कहा है, "मरा हुआ मनुष्य क्या खायेगा; अगर एक का खाया अन्न दूसरे के शरीर में चला जाता है तो परदेश जाने वालों का श्राद्ध भी किया जाना चाहिए।"[1] महाभारत में अनेक प्रसंग हैं जहाँ व्यंग्य मिलता है जैसे "शत्रु पक्ष के योद्धाओं पर व्यंग्यपूर्ण कथन। वस्तुतः जिस युग में अन्तर्विरोध जितने जटिल और व्यापक रहे, उस युग में व्यंग्य का उतना ही विकास हुआ। भक्तिकाल में सूरदास के बाललीला वर्णन और भ्रमरगीत में व्यंग्य-विनोद का मधुर रस-परिपाक हुआ है। तुलसीदास कृत रामायण के शिव विवाह, नारद मोह, परशुराम-लक्ष्मण संवाद, अंगद-रावण संवाद आदि प्रकरणों में हास्य-व्यंग्य का प्रयोग हुआ है।"[2] इसी समय कबीरदास ने समाज में फैले ऊँच-नीच, जाति-पाँति, छुआछूत और पाखण्ड पर मर्मान्तिक प्रहार किये। रीतिकाल शृंगार, यौवन और मदिरा के दायरे में बीत गया। समाज में घोर विसंगतियाँ तथा मूल्यहीनता व्याप्त थी। इसके होते हुए भी व्यंग्य साहित्य का सृजन नहीं हुआ। ज्यादातर साहित्यकार परिहास और दरबारी वाक्चातुर्य में ही लिप्त रहे।

इस प्रकार यदि देखा जाये तो हिन्दी में व्यंग्य लेखन का वास्तविक स्वरूप आधुनिक काल में ही प्रकट हुआ है। पहले केवल कहीं-कहीं किसी विशेष प्रसंग में व्यंग्य के पुट नजर आते थे, परन्तु धीरे-धीरे भारतेन्दु युग से द्विवेदी युग, शुक्ल युग में आते-आते व्यंग्य एक विधा का स्वरूप लेता गया तथा व्यंग्य को लेकर पूरी-की-पूरी किताब, कहानी, उपन्यास, कविताएँ लिखी जाने लगीं। व्यंग्य को लेकर विद्वानों द्वारा विचार किये जाने लगे। व्यंग्य के स्वरूप और परिभाषा को इस प्रकार देखा जा सकता है।

व्यंग्य : स्वरूप एवं परिभाषा

'व्यंग्य' संस्कृत भाषा का शब्द है। इसकी व्युत्पत्ति वि+अंग=व्यंग है। जिसका अर्थ है विकृत, विरूप या विकलांग। अर्थात् विकृति या विरूपण व्यंग्य का कारक तत्त्व है। संस्कृत शब्दकोश 'शब्द-कल्पद्रुम' में व्यंग्य को परिभाषित करते हुए कहा गया है कि "विकृतानि अंगानि यस्मात्।"[3] इस व्यंग्य में 'व्यत्' प्रत्यय लगने से व्यंग्य बनता है। इस प्रकार जो विकलांगता को उजागर करे, वह व्यंग्य है।

संस्कृत साहित्य में व्यंग्य शब्द का प्रयोग मिलता है किन्तु वह आधुनिक व्यंग्य के अर्थ में नहीं। काव्यशास्त्रीय अध्ययन में उसका प्रयोग 'व्यंग्यार्थ' के रूप में प्राप्त होता है। साहित्य दर्पणकार विश्वनाथ के अनुसार अर्थ तीन प्रकार का होता है–"वाच्यार्थ, लक्ष्यार्थ और व्यंग्यार्थ।"[4] इन त्रिविध अर्थों का निरूपण इस प्रकार किया गया है–वाच्यार्थ वह है जो अभिधाशक्ति द्वारा प्रतिपादित किया जाता है, लक्ष्यार्थ वह है जो लक्षणशक्ति द्वारा बोधित होता है और व्यंग्यार्थ उसे कहते हैं जो व्यंजनाशक्ति द्वारा प्रतिपादित होता है। इस प्रकार शब्द की तीन शक्तियाँ प्रकट होती हैं।

शब्द की वृत्तियों के सम्बन्ध में प्रो. संगमलाल पाण्डेय का कहना है कि "शब्द की कितनी शक्तियाँ हैं, इस पर सभी विद्वान एक मत नहीं है। साहित्यिक लोग अभिधा, लक्षणा और व्यंजना, तीन शक्तियाँ मानते हैं। नैयायिक दो शक्तियाँ, संकेत और लक्षणा मानते हैं। संकेत का नाम ही अभिधा है। मीमांसक लोग व्यंजना को नहीं मानते किन्तु वे तात्पर्य को वृत्ति मानते हैं। व्याकरण दर्शन में दो शक्तियाँ अभिधा और व्यंजना को ही माना गया है। तर्कशास्त्र और दर्शनशास्त्र में व्यंजना-वृत्ति का उपयोग नहीं होता। वहाँ केवल अभिधा और लक्षणा वृत्तियों का ही प्रयोग होता है।"[5] प्रो. पाण्डेय शब्द की तीनों वृत्तियों का अर्थ स्पष्ट करते हुए कहते हैं कि "अभिधा से जो अर्थ निकलता है उसे वाच्य कहते हैं, लक्षणा से जो अर्थ निकलता है उसे लक्ष्य कहते हैं और व्यंजना से जो अर्थ निकलता है उसे व्यंग्य कहते हैं।"[6] अभिधा, लक्षणा और व्यंजना को प्रो. पाण्डेय उदाहरण देते हुए स्पष्ट करते हैं कि 'गंगा के किनारे एक कुटी है', इस वाक्य में 'गंगा के किनारे' पद का अर्थ गंगा नदी का वह तट है, जो जल के समीप है। यहाँ अभिधा से अर्थ निकलता है। अभिधा शक्ति पद और पदार्थ के स्वाभाविक सम्बन्ध का ज्ञान कराती है। पर जब हम उक्त वाक्य को इस प्रकार कहते है कि 'गंगा पर एक कुटी है' तो यहाँ वाच्य अर्थ में बाधा पड़ती है क्योंकि गंगा शब्द का अर्थ गंगा की धारा है और धारा में कुटी नहीं हो सकती। अत यहाँ वाच्य अर्थ नहीं लिया जा रहा। इस उदाहरण में गंगा पद का अर्थ जलधारा न लेकर 'किनारा' लिया जा रहा है। इसी अर्थ को लक्ष्य अर्थ कहते

हैं। इस अर्थ का बोध कराने वाली शक्ति लक्षणा शक्ति है। व्यंग्य अर्थ वक्ता और श्रोता की इच्छा के अनुसार होता है। उदाहरण के लिए ''कोई व्यक्ति किसी व्यक्ति से पूछता है कि मैं आपसे कहाँ मिलूँ? तब इस वाक्य का उत्तर होगा। 'आप मुझे गंगा के किनारे कुटी पर मिलें, जो निर्जन स्थान है।' यहाँ निर्जन शब्द नहीं है किन्तु प्रसंगवश पूरे वाक्य का अर्थ केवल निर्जन स्थान ही है। यह व्यंग्य अर्थ है। इस अर्थ का बोध कराने वाली शक्ति व्यंजना है।''[7]

भोजदेव ने समस्त वाङ्मय को तीन भागों में विभक्त किया है– ''वक्रोक्ति, रसोक्ति एवं स्वभावोक्ति।''[8] रसोक्ति के अन्तर्गत सम्पूर्ण सौन्दर्य परक दृष्टि एवं वक्रोक्ति में समूची व्यंग्यपरकता को व्यक्त करने वाला दृष्टिकोण तथा स्वभावोक्ति में रूप और गुण को सजाकर प्रस्तुत किया जाता है। बाणभट्ट की 'कादम्बरी' एवं 'अमरूशतक' में परिहास पूर्व सम्भाषण के अर्थ में वक्रोक्ति का प्रयोग मिलता है। जो परिहास एवं व्यंग्योक्ति से बहुत कुछ समानता रखता है। इससे प्रकट होता है कि तत्कालीन आचार्यों का व्यंग्य की मूलभूत धारणाओं से यत्किंचित परिचय अवश्य रहा होगा।

इस प्रकार समूचे परम्परागत संस्कृत साहित्य में समाहित काव्य-पंक्तियों की त्रयी में से व्यंग्यार्थ तथा वक्रोक्ति के विवेचन से ही व्यंग्य की सत्ता के अस्तित्व की आंशिक स्थिति स्वीकार की जा सकती है।

व्यंग्य की परिभाषा के सन्दर्भ में विद्वानों के मत एक से नहीं रहे। कुछ लोग हास्य और व्यंग्य को एक ही दृष्टि से देखते हैं। यहाँ भारतीय और पाश्चात्य विद्वानों द्वारा दी गयी परिभाषाओं का उल्लेख करते हुए व्यंग्य सम्बन्धी अवधारणा स्पष्ट करने का प्रयास किया गया।

भारतीय विद्वानों द्वारा प्रतिपादित परिभाषा

व्यंग्य के सम्बन्ध में भारतीय विद्वानों की अलग-अलग मान्यताएँ हैं। व्यंग्य के स्वभाव को ठीक-ठीक स्पष्ट करने के लिए ये परिभाषाएँ यहाँ उद्धृत करना अधिक समीचीन होगा। डॉ. हजारी प्रसाद द्विवेदी के कथनानुसार, ''व्यंग्य वह है जहाँ कहने वाला अधरोष्ठ में हँस रहा हो और सुनने वाला तिलमिला उठे; और फिर भी कहने वाले को जबाब देना अपने-आपको और भी उपहास्यास्पद बना लेना हो जाता है।''[9]

डॉ. रामकुमार वर्मा के अनुसार, ''आक्रमण करने की दृष्टि से वस्तुस्थिति को विकृत कर उससे हास्य उत्पन्न करना ही व्यंग्य है।''[10]

प्रो. कान्ति कुमार जैन के अनुसार, ''व्यंग्य की सबसे बड़ी विशेषता उसकी तात्कालिकता और सन्दर्भ से उसका लगाव है, जो आलोचक शाश्वत साहित्य की बात करते हैं, उनकी दृष्टि से व्यंग्य पत्रकारिता के दर्जे की वस्तु मान

लिया गया है। उन्हें लगता है कि साहित्यकार व्यंग्य का उपयोग चटखारेबाजी के लिए भले ही कर ले, कभी गम्भीर लक्ष्य के लिए उसका उपयोग नहीं किया जा सकता।"[11] व्यंग्य के स्वभाव को दर्शाते हुए डॉ. वीरेन्द्र मेंहदीरत्ता ने व्यंग्य की परिभाषा इस प्रकार की है–"शास्त्रीय दृष्टि से व्यंग्य मानव तथा जगत् की मूर्खताओं तथा अनाचारों को प्रकाश में लाकर उनके उपहास्य अथवा घृणोत्पादक रूप पर आलोचनात्मक प्रहार करने में समर्थ एक साहित्यिक अभिव्यक्ति है।"[12] व्यंग्य को थोड़ा विस्तार देते हुए डॉ. शेरजंग गर्ग कहते हैं कि, "व्यंग्य एक ऐसी साहित्यिक अभिव्यक्ति या रचना है जिसमें व्यक्ति तथा समाज की कमजोरियों, दुर्बलताओं, कथनी और करनी के अन्तरों की समीक्षा निन्दाभाव को टेढ़ी भंगिमा देकर अथवा कभी-कभी पूर्णतः सपाट शब्दों में प्रहार करते हुए की जाती है। वह पूर्णत अगम्भीर होते हुए भी गम्भीर हो सकती है। निर्दयी लगते हुए दयालु हो सकती है। अतिश्योक्ति एवं अतिरंजना का आभास देने के बावजूद पूर्णतः सत्य हो सकती है।"[13] इसके आगे शेरजंग गर्ग कहते हैं कि "व्यंग्य महज एक साहित्यिक अभिव्यक्ति ही नहीं है क्योंकि व्यंग्य तो सामाजिक असंगतियों और अन्तर्विरोधों के बीच में पैदा होता है। वह तटस्थ रहकर प्रहार करता है।"[14] हरिशंकर परसाई ने व्यंग्य को परिभाषित करते हुए कहा कि "व्यंग्य जीवन से साक्षात्कार कराता है। जीवन की आलोचना करता है विसंगतियों, मिथ्याचारों और पाखण्डों का पर्दाफाश करता है।"[15] परसाई व्यंग्य को एक दायित्वपूर्ण गम्भीर कर्म मानते हैं। वे कहते हैं "सच्चा व्यंग्य जीवन की समीक्षा करता है। मनुष्य को सोचने के लिए बाध्य करता है, अपने से साक्षात्कार कराता है, चेतना में हलचल पैदा करता है और जीवन में व्याप्त मिथ्याचार, पाखण्ड, असामंजस्य और अन्याय से लड़ने के लिए उसे तैयार करता है।"[16] श्रीलाल शुक्ल व्यंग्य को परिभाषित करते हुए कहते हैं कि, "व्यंग्य दरअसल रचनाकार की संवेदनशीलता और उसके तीक्ष्ण कलात्मक रूपान्तरण का निकष होता है। व्यंग्यकार की जिम्मेदारी मानवीय यथार्थ के पुनः सृजन तक ही खत्म नहीं होती–बल्कि इससे बहुत आगे उस यथार्थ की मामूली लगने वाली सतहों को वह इतने रचनात्मक ताप और तेजी के साथ पेश करता है कि वे मामूली सतह ही गम्भीर मानवीय प्रश्न बन जाती है।"[17] इस प्रकार श्रीलाल शुक्ल ने व्यंग्य को समाजधर्मी और यथार्थ प्रेमी बताया है। व्यंग्यकार रवीन्द्रनाथ त्यागी का कथन है कि, "व्यंग्य मानवीय अस्तित्व के आधारभूत समाज से सीधे टकराता है और अमानवीय और विसंगत स्थितियों का जायजा ले-देकर ही सन्तुष्ट नहीं हो जाता, वरन् उनके कारणों और निहित शक्तियों को भी उभारता है। इसलिए व्यंग्य अधिपक्षधर और प्रतिबद्ध किस्म का लेखन है।"[18]

अनेक पाश्चात्य मनीषियों द्वारा व्यंग्य की परिभाषा दी गयी है। प्रसिद्ध

आलोचक मेरीडेथ व्यंग्य की परिभाषा देते हुए कहते हैं कि, "व्यंग्यकार नैतिकता का ठेकेदार होता है। बहुधा वह समाज की गन्दगी की सफाई करने वाला होता है, उसका कार्य सामाजिक विकृतियों की गन्दगी को साफ करना होता है।"[19] मेरीडेथ ने अपनी परिभाषा में नैतिकता और अनीति पर विशेष बल दिया है। उनकी परिभाषा के अनुसार, व्यंग्य का मुख्य लक्ष्य समाज के किसी अंग का सुधार है। जेम्स सदरलैंड अपनी पुस्तक 'इंग्लिश सटायर' में व्यंग्य और व्यंग्यकार की व्याख्या करते हुए कहते हैं कि "व्यंग्यकार का कार्य न्यायाधीश की भाँति न्याय पालन कराने का तथा शिष्ट समाज की मर्यादाओं की रक्षा करना है। उसका कार्य स्त्री-पुरुषों को नैतिक, बौद्धिक, सामाजिक एवं अन्य कसौटियों पर खरे उतरने के लिए सचेत करने का है।"[20] ए. निकाल ने व्यंग्य के बारे में परिभाषा देते हुए लिखा है कि, "व्यंग्य इस सीमा तक कटु हो जाता है कि वह किंचित् भी हास्यजनक न हो। व्यंग्य बहुत तीखा वार करता है। इसमें कोई नैतिक बोध नहीं होता। इसमें दया, विनम्रता एवं उदारता का लेशमात्र भाव भी नहीं होता। व्यक्ति के शारीरिक गठन पर कभी-कभी वह पूरी निर्दयता से प्रहार करता है। वह व्यक्तियों के चरित्र पर आक्रमण करता है। वह युग की समूची परिस्थितियों पर प्रहार करता है। वह व्यक्तियों के चरित्र पर आक्रमण करता है। वह युग की समूची परिस्थितियों की धज्जियाँ किसी को भी क्षमा किये बगैर उड़ाता है।"[21] हॉरेस का कथन है कि "व्यंग्यकार हँसते-हँसते सत्य का कथन करते हैं। ऐसा करके वे सामाजिक और नैतिक समस्याओं की विवेचना गम्भीरतापूर्वक, किन्तु सरल ढंग से करते हैं। इस प्रकार वे व्यंग्योक्ति द्वारा व्यंग्य के उद्देश्य पर आ जाते हैं।"[22]

एल.जे. पोट्स ने व्यंग्य का जन्म गाली-गलौज के रूप में हुआ माना है। उनके अनुसार, "व्यंग्य द्वारा लक्ष्य के विकृत रूप का सीधे-सीधे उपहास उड़ाया जाता है।"[23] जोनाथन स्विफ्ट कहता है कि "मैं मनुष्य को अपमानित करने के लिए और उसे नीचा दिखाने के लिए लिखता हूँ।" लेकिन इसके विपरीत मार्क ट्वेन कहते हैं, "मैं बुनियादी तौर पर एक शिक्षक हूँ। मेरा मानना है कि कोई भी सच्चा व्यंग्य लेखक मनुष्य को नीचा नहीं दिखाना चाहता।"[24] इयान जैक ने व्यंग्य को मनुष्य की उस इच्छाशक्ति से उदभूत माना है जिसके द्वारा वह सामाजिक विद्रूपताओं से अपना बचाव करने का प्रयास करता है। उनका मानना है कि "बचाव की इच्छाशक्ति व्यंग्य को जन्म देती है, कलात्मक बचाव ही व्यंग्य है।"[25]

ऑक्सफोर्ड इंग्लिश डिक्शनरी के अनुसार, "व्यंग्य वह पद्यमय अथवा गद्यमय रचना है जिसमें प्रचलित दोषों अथवा मूर्खताओं का, कभी-कभी कुछ अतिरंजना के साथ मजाक उड़ाया जाता है। इसका अभीष्ट किसी व्यक्ति विशेष

अथवा व्यक्तियों के समूह का उपहास करना होता है और इस प्रकार वह एक व्यक्तिगत आक्षेप लेख जैसा होता है।"[26]

इनसाइक्लोपीडिया ब्रिटानिका के अनुसार, "व्यंग्य की साहित्यिक तथा ग्राह्य परिभाषा हास्यास्पद अथवा निन्दक तथ्यों की मनोरंजक अथवा घृणोत्पादक अभिव्यक्ति के रूप में दी जा सकती है, बशर्ते उस अभिव्यक्ति में हास्य तत्त्व साहित्यिक रूप में स्पष्टतः परिलक्षित हो। हास्य के अभाव में व्यंग्य काली का रूप धारण कर लेता है तथा साहित्यिकता के बिना वह विदूषकी ठिठोली मात्र बनकर रह जाता है।"[27]

इस प्रकार पाश्चात्य लेखकों और समीक्षकों के व्यंग्य-सम्बन्धी उपर्युक्त मन्तव्यों को देखने के पश्चात् एक बात स्पष्ट रूप से प्रकट होती है कि व्यंग्य का जन्म हमारे चारों ओर व्याप्त विकृतियों से होता है, जो निरन्तर व्यक्ति को कचोटती रहती हैं। निश्चय ही इन विकृतियों अथवा अव्यवस्थाओं का विरोध करना व्यंग्य का लक्ष्य है। लेकिन केवल विरोध ही व्यंग्य का लक्ष्य नहीं है, बल्कि समूची विकृत स्थितियों की ऐसी अभिव्यक्ति करना उसका उद्देश्य होता है जो कलात्मक हो। इस प्रकार निषेधात्मक वस्तु सामग्री होते हुए भी व्यंग्य का स्वरूप सृजनात्मक होता है। अपने इसी भाव के कारण व्यंग्य की सबसे बड़ी उपादेयता उसकी सामाजिक परिष्कार की क्षमता है।

सामान्यतया व्यंग्य एक ऐसी साहित्यिक अभिव्यक्ति या रचना है जिसमें व्यक्ति तथा समाज की कमजोरियों, दुर्बलताओं, कथनी एवं करनी के अन्तरों की समीक्षा अथवा निन्दा भाषा की टेढ़ी भंगिमा देकर की जाती है। वह पूर्णतः अगम्भीर होते हुए, गम्भीर हो सकती है, निर्दय एवं कठोर लगते हुए भी दयालु हो सकती है, प्रहारात्मक होते हुए तटस्थ लग सकती है, मखौल लगती हुई बौद्धिक हो सकती है। वह अतिश्योक्ति एवं अतिरंजना का आभास देने के बावजूद पूर्णतः सत्य हो सकती है। अतः व्यंग्य में आक्रमण की उपस्थिति अनिवार्य है।

सन्त कवि कबीरदास के काव्य में व्यंग्य के तीक्ष्ण एवं प्रखर रूप मिलते हैं। आधुनिक हिन्दी साहित्य में व्यंग्य का चित्रण भारतेन्दु युग से दिखाई देता है।

भारतेन्दु युग (1850-1885)

भारतेन्दु युग हिन्दी साहित्य में पुनर्जागरण काल के नाम से जाना जाता है। यह युग हिन्दी निबन्ध के साथ-साथ हिन्दी व्यंग्य का भी शैशव काल है। यह विषम परिस्थितियों का काल था। भारतेन्दु का जन्म उस समय हुआ था जब देश दासता की जंजीरों में जकड़ा था। भारतीय साहित्यकारों को सीधे-सीधे और स्पष्ट

शब्दों में आक्रोश प्रकट करने की स्वतन्त्रता नहीं थी। ऐसी स्थिति में भारतेन्दु तथा उनके युग के अन्य साहित्यकारों ने जनता में जागरूकता लाने के लिए अति कुशलतापूर्वक व्यंग्य को अस्त्र के रूप में अपनाया। उन लोगों ने व्यंग्य के माध्यम से सामान्य जन में चेतना जगाकर उन्हें देश की दुर्दशा और उनकी हीनता, पशुता, अकर्मण्यता से अवगत कराया। भारतेन्दु का प्रसिद्ध निबन्ध 'पाँचवा चूसा' (पैगम्बर) ''अंग्रेज़ी सभ्यता और विलायती रोशनी वाले सुधारकों पर करारा व्यंग्य है।''[28] आपसी फूट पर लिखा गया 'आधुनिक जयचन्द' में आकर्षात्मक व्यंग्य है।

भारतेन्दु गद्य शिरोमणि ही नहीं व्यंग्य शिरोमणि भी हैं। कविता में उनका संस्कार है, गद्य में विचार है। एक के लिए वे ब्रजभाषा को पकड़े हुए हैं और दूसरे के लिए खड़ी बोली को अपनाते हैं। भारतेन्दु विचारों से जितने आधुनिक थे, उतने संस्कारों से नहीं। व्यंग्य या परिहास भारतेन्दु के जीवन का नाभि केन्द्र या एक अपरिहार्य हिस्सा ही था, जो उनकी रचनाओं में जगह-जगह और बार-बार झाँकता है तथा अनेक रूपों और शक्लों में अभिव्यक्त होता है। उनका 'अन्धेर नगरी' नाटक व्यंग्य के इतिहास की बहुमूल्य रचना है।

भारतेन्दु की कविताओं में भी जगह-जगह व्यंग्य के तेवर दिखलाई पड़ते हैं जब बे कहते हैं कि—''हा-हा भारत दुर्दशा देखी न जाई।'' लिखते हैं तो वे एक तरह से समूची भारतीय जनता के भीतर छिपे हुए गुस्से और आक्रोश को एक तीखी व्यंग्यात्मक धार दे रहे होते हैं। अंग्रेज़ी स्त्रोत में भारतेन्दु लिखते हैं कि, ''तुम बुद्ध हो क्योंकि वेद के विरुद्ध हो, तुम कल्कि हो क्योंकि शत्रु संहारकारी हो। अतएव, हे दश बिधि रूप धारिन्! हम तुमको नमस्कार करते हैं। खजाना तुम्हारा पेट है, लालच तुम्हारी क्षुधा है, सेना तुम्हारा चरण है, खिताब तुम्हारा प्रसाद है, अतएव हे विराट रूप अंग्रेज़ हम तुमको प्रणाम करते हैं।''[29] भारतेन्दु का उक्त कथन उनकी व्यंग्य प्रहारशक्ति के साथ-साथ उनकी सामाजिक प्रतिबद्ध ता एवं नवनिर्माण की कामना को भी व्यक्त करता है। किन्तु भारतेन्दु के व्यंग्य का चरमोत्कर्ष उनके 'अन्धेर-नगरी' नाटक में प्रकट हुआ है। इसमें उन्होंने हज़ारों साल से चली आयी राजशाही और सामन्तशाही पर तीखा प्रहार करते हुए अंग्रेज़ों की पूरी शासन व्यवस्था पर चोट की है। 'अन्धेर-नगरी' का विश्लेषण करने पर यह बात उभरकर आती है कि इसमें भारतेन्दु ने यह दर्शाने की कोशिश की है कि अंग्रेज़ों ने जो शासन व्यवस्था हम पर लादी थी उससे जनता के हित और न्याय का कोई रिश्ता नहीं था। वह एक मजाक की वस्तु थी। इस प्रकार भारतेन्दु हरिश्चन्द्र ने 'अन्धेरे-नगरी' द्वारा व्यंग्य विधा का एक नया इतिहास रचा।

भारतीयों के अंग्रेज़ी प्रेम और आधुनिक शिक्षा प्रणाली पर व्यंग्य करते हुए वे कहते हैं कि—

"भीतर तत्त्व न झूठी तेजी क्यों सखि सज्जन नहीं अंग्रेज़ी।।
आँखें फूटे भरा न पेट। क्यों सखि सज्जन नहीं ग्रेजुएट।।"[30]

इस प्रकार हम देखते हैं कि सामाजिक और राजनीतिक विसंगतियों पर व्यंग्य भारतेन्दु काल में ही प्रारम्भ हो गया था। इसका कारण शायद युग की अपनी चेतना और प्रगतिशीलता थी। बाद के कई वर्षों तक भारतेन्दु की उस परम्परा को पनपने की ज़मीन नहीं मिली। छायावादी युग में व्यंग्य का चरमोत्कर्ष हमें निराला के 'कुकरमुत्ता' में मिलता है। सन् 1930 के लगभग एक बार फिर यथार्थ चेतना का एहसास लेखकों में गहराया और व्यंग्य को पुनः धारदार बनाने का प्रयोग चल पड़ा। उसे हाशिए से उठाकर एक स्वतन्त्र लेखन की अहमियत दी जाने लगी।

भारतेन्दु युग में हिन्दी की व्यंग्य परम्परा को समृद्ध बनाने में बालकृष्ण भट्ट का नाम भी विशेष उल्लेखनीय है। कुछ विद्वान तो इनसे ही हिन्दी निबन्ध लेखन का शुभारम्भ मानते हैं। भट्ट जी ने लगभग एक हज़ार निबन्ध विभिन्न विषयों पर विविध-शैलियों में लिखे। इन्होंने व्यंग्य एवं वक्रता का सहारा लेकर सामाजिक, साहित्यिक, राजनीतिक एवं नैतिक विषयों पर भी निबन्ध लिखे। जब कभी वे कोई अन्याय एवं अत्याचार देखते थे उसकी तीखी व्यंग्यात्मक आलोचना करते थे।

भट्ट जी विषयों का चयन अत्यन्त असाधारण रूप में करते थे। "सौ अजान और एक सुजान', 'गदहे में गदहापन क्या है', 'नाक निगोड़ी भी बुरी बला है,' 'भडुआ कौन है,' 'दिल बहलाने के जुदे-जुदे तरीके', 'इंग्लिश पढ़े सो बाबू होय, 'हुक्का स्तवन', 'खलवन्दना' जैसे विषयों द्वारा उन्होंने सामाजिक राजनीतिक, धार्मिक एवं आर्थिक विसंगतियों की खिल्ली उड़ाई है।"[31] भट्ट जी ने अपने व्यंग्य निबन्ध द्वारा समाज में फैली विविध कुरीतियों, कुप्रथाओं एवं कुसंस्कारों का विरोध करते हुए समाज में नयी चेतना जाग्रत करने का प्रयास किया। अपने इन निबन्धों द्वारा उन्होंने "साधु, वैरागी एवं तपस्वी की वेशभूषा में घूमने वाले पाखण्डियों का निरूपण किया है।"[32] उन्होंने समाज में व्याप्त पुराने रीति-रिवाजों का बिना सोचे-समझे अन्धानुकरण का व्यंग्यात्मक शैली में विरोध किया है।

भट्ट जी के व्यंग्य निबन्धों में युग की हीन अवस्था का सजीव चित्रण, अनाचार एवं अत्याचार के विरुद्ध क्षोभ एवं असन्तोष, भारत को मुक्त कराने की तीव्र आकांक्षा शासन की पक्षपातपूर्ण नीति का विरोध समाहित है। इसीलिए उनके व्यंग्य निबन्ध जीवन्त और जुझारू हैं।

"भारतेन्दु युग के व्यंग्य निबन्धकारों में प्रतापनारायण मिश्र का नाम भी अपना मौलिक महत्त्व रखता है। उन्होंने गम्भीर विषयों से लेकर जनसामान्य

के साधारण हित तक के विषयों पर अपनी लेखनी उठाई है। मिश्र जी लोक और समाज का मंगल चाहते थे। मूल्यों के हो रहे क्षरण का अनुभव करते हुए उन्होंने व्यंग्यात्मक तेवर में उसकी अभिव्यक्ति की। समाज में प्रचलित रूढ़ियों, अन्धविश्वासों, धर्म के नाम पर होने वाले कुकर्मों पर मिश्र जी द्वारा किया गया व्यंग्य झकझोर के रख देता है। धार्मिक एवं सांस्कृतिक पतन की व्यंग्यात्मक अभिव्यक्ति उनके 'कलिकोश' में देखी जा सकती है।''[33] उनकी व्यंग्य-विनोद से परिपूर्ण 'ब्राह्मण' रचना भी अद्वितीय है। इसमें उन्होंने समाज के सर्वश्रेष्ठ मार्गदर्शक एवं डींग हाँकने वालों के चरित्र को उजागर किया है। 'समझदार की मौत है' निबन्ध में मिश्र जी लिखते हैं कि सच है, सबसे 'भले है मूढ़, जिन्हें न व्यापै जगत गति।' इस प्रकार उनके कटु व्यंग्य यथार्थ पर आश्रित होने के कारण मंगलमूलक है। इस प्रकार हम कह सकते हैं कि उनके उक्त निबन्ध हिन्दी व्यंग्य की स्थायी निधि हैं।

प्रतापनारायण मिश्र के लेखों को देखने के पश्चात् यह स्पष्ट होता है कि उनकी लेखन कला में भारतेन्दु की झलक मिलती है, परन्तु उनकी शैली में कुछ विभिन्नता भी लक्षित होती है। प्रतापनारायण जी में विनोदप्रियता विशेष थी। उनकी वाणी में भी व्यंग्यपूर्ण वक्रता थी। वह कभी-कभी ग्राम्य की कहावतें भी बेधड़क इस्तेमाल किया करते थे। दुरूह से दुरूह विषयों में भी व्यंग्य की सामग्री ढूँढ़ लेते थे।

इस प्रकार यदि देखा जाये तो हिन्दी में व्यंग्य लेखन का वास्तविक स्वरूप आधुनिक युग में ही प्रकट हुआ है। भारतेन्दु युग तक आते-आते समकालीन लेखकों ने तत्कालीन पश्चिमी सभ्यता के प्रति आकर्षण, समाज में व्याप्त रूढ़िवादिता और अन्धविश्वासों पर मार्मिक व्यंग्य किये हैं। ''भारतेन्दु युग के ऐसे लेखकों और कवियों में पण्डित बद्रीनारायण चौधरी 'प्रेमधन', पण्डित बालकृष्ण भट्ट, पण्डित अम्बिकादत्त व्यास, पण्डित प्रतापनारायण मिश्र, पण्डित रामशंकर व्यास आदि प्रमुख थे जिन्होंने हास्य-व्यंग्य लेखन द्वारा हिन्दी साहित्य को समृद्ध किया है। इनके बाद पण्डित रूद्र दत्त ने 'स्वर्ग में सब्जेक्ट कमिटी', बाल मुकुन्द गुप्त ने 'शिवशम्भु के चिट्ठे', पण्डित शिवनाथ शर्मा ने 'मिस्टर व्यास की कथा', 'नागरी' निरादर', आदि द्वारा हास्य-व्यंग्य के प्रवाह को बनाये रखा।''[34]

उपर्युक्त लेखकों के उपरान्त पण्डित जगन्नाथ चतुर्वेदी, पण्डित मन्नन द्वि वेदी गजपुरी, बदरीनाथ भट्ट, ईश्वरीप्रसाद शर्मा, जी.पी. श्रीवास्तव आदि ने हास्य-व्यंग्य की विधा को विकसित किया। श्री जी.पी. श्रीवास्तव की बहुचर्चित व्यंग्य रचना 'आप भी ओ हैं' में अफ़सरों की लीला का वर्णन है जो भारतीय समाज की साहबी वृत्ति पर चोट करता है।

द्विवेदी युग

इस युग में भारतेन्दु युग जैसी ज़िन्दादिली, चुहलबाजी और फक्कड़पन नहीं रहा। अत भारतेन्दु युग के समान हास्य-व्यंग्यपूर्ण रचनाओं का प्राचुर्य द्विवेदी युग में नहीं रहा।

भारतेन्दु युग व्यंग्य निबन्धों की दृष्टि से बहुत गतिशील था। द्विवेदी युग में यह परम्परा कुछ शिथिल हो गयी। इसी समय आचार्य महावीरप्रसाद द्विवेदी हिन्दी निबन्ध के क्षेत्र में एक नूतन युग के प्रवर्तक हुए। "सन् 1903 में प्रयाग के इण्डियन प्रेस में 'सरस्वती' पत्रिका का प्रकाशन आरम्भ हुआ। तथा आचार्य महावीरप्रसाद द्विवेदी उसके सम्पादक हुए।"[35] इसमें उन्होंने अनेक उच्च कोटि के लेख लिखे तथा पूर्ववर्ती स्वच्छन्दता, अराजकता एवं अनगढ़पन पर नियन्त्रण-सा कर दिया। उन्होंने भाषा की अराजकता, व्याकरण की अशुद्धता एवं सीमित शब्द भण्डार को अपने चिन्तन का विषय बनाया। सरस्वती के सम्पादन काल में उनकी प्रेरणा से बहुत से नये लोग खड़ी बोली की कविता करने लगे। उनकी भेजी हुई कविताओं की भाषा आदि दुरुस्त करके वे 'सरस्वती' में दे दिया करते थे। इस प्रकार लगातार संशोधन से धीरे-धीरे बहुत से कवियों की भाषा साफ हो गयी। उन्हीं नमूनों पर और लोगों ने भी अपना सुधार कर लिया।[36] इस प्रकार हम कह सकते हैं कि द्विवेदी युग नैतिक उपदेशों, भाषा सुधार, आत्मोत्सर्ग, बलिदान एवं विश्व मानवतावाद का युग रहा। अब हिन्दी ने अपना आभिजात्य रूप धारण कर लिया था। जनसाधारण की सहजता अब हिन्दी भाषा में विलुप्त हो रही थी। वह एक विशेष वर्ग की भाषा बनती जा रही थी। द्विवेदी जी की इस प्रवृत्ति से हिन्दी साहित्य उर्ध्वगामी तो हुआ लेकिन व्यंग्यात्मकता का विकास अवरूद्ध हो गया। यही कारण रहा कि उत्तम साहित्य भण्डार के होते हुए भी इस युग में व्यंग्य साहित्य का अभाव ही रहा। द्विवेदी युग के साहित्यकारों ने व्यंग्यात्मक और विध्वंसकारी प्रहार के स्थान पर सांस्कृतिक आदर्श और भाषीय उत्थान को अधिक महत्त्व दिया।

आचार्य महावीरप्रसाद द्विवेदी ने अधिकांश लेख गम्भीर विषयों पर ही लिखे किन्तु आवश्यकता पड़ने पर उद्देश्य विशेष की गम्भीरता के अनुरूप उन्होंने कभी-कभी व्यंग्य भी लिखे हैं। पैसे के बल पर प्रतिष्ठित से प्रतिष्ठित कुर्सी पाने वालों के आचरण से क्षुब्ध होकर वे लिखते हैं, "इस म्युनिसपैलिटी के चेयरमैन (जिसे अब कुछ लोग कुर्सी मैन भी कहने लगे) श्रीमान बूचाशाह हैं बाप-दादा की कमाई का लाखों रुपया आपके घर भरा है। पढ़े-लिखे आप राम का नाम ही हैं। चेयरमैन आप सिर्फ़ इसलिए हुए हैं कि अपनी कारगुजारी गवर्नमेण्ट को दिखाकर आप रायबहादुर बन जायें और खुशामदियों से आठ पहर चौसठ घड़ी

घिरे रहें। म्युनिसपैलिटी का काम चाहे चले न चले, आपकी बला से। इसके मेम्बर हैं बाबू बख्शीश राय। आपके साले साहब ने भी रुपये तीन चार पसेरी का भूसा म्युनिसपैलिटी को देने का ठेका लिया है। आपका पिछला बिल दस हज़ार रुपये का था। पर कूड़ागाड़ी के बैलों और भैसों के बदन पर सिवा हड्डी के मांस नजर नहीं आता।''[37] अंग्रज़ों की दोगली राजनीति पर व्यंग्य करते हुए आचार्य महावीरप्रसाद द्विवेदी ने 'मुँह में राम बगल में छुरा' निबन्ध लिखा है। उसमें वे कहते हैं भैया तुम अभी नादान और नासमझ बच्चे हो। हम तुम्हें सभ्य, सच्चरित्र और सुशिक्षित बनाने आये है। अभी तुम शासन करने योग्य नहीं हो। तुम्हें राजकार्य में पटु करके हम स्वयं ही अपने घर चले जायेंगे। ''निःसन्देह! मेष-मण्डली की रक्षा और उन्नति करने का अधिकारी परम कारुणिक श्रीमान वृकराज बहादुर से बढ़कर कोई नहीं है।''[38]

रूढ़िवादिता और अन्धविश्वास पर व्यंग्य करते हुए द्विवेदी जी लिखते हैं, ''हमारी समझ में तो कुछ ऐसा है कि दुनिया में जितनी घटनाएँ होती हैं, उनका कारण ये नटखट ग्रह ही होते हैं।''[39]

धर्मान्धता पर कटाक्ष करते हुए द्विवेदी जी व्यंग्यशैली में कहते हैं कि ''भाइयों, स्वामी दयानन्द सरस्वती अपने शिष्यों से कह गये हैं और लिख भी गये हैं कि हिन्दुओं के वेद ही प्रकृत ईश्वर वाणी है, कुरान और बाइबिल दोनों ही झूठे हैं। यदि यही बात है तो ईश्वर ने किरिस्तानों और मुसलमानों को निज कृत धर्मग्रन्थ न देकर उन्हें उनसे वंचित क्यों रखा? उनके लिए जैसे हिन्दू, वैसे ही किरिस्तान, वैसे ही मुसलमानो। हिन्दुओं के विषय में उनका पक्षपात कैसा? हिन्दुओं ने क्या ईश्वर को घूस दिया था, या उसे मालपुवे और मोहनभोग खिलाया था जो वेद उन्हें देकर औरों के साथ उन्हें अन्याय करना पड़ा।''[40]

आचार्य द्विवेदी ने 'सरगौ नर ठेकाना नाहिं' में कल्लू लल्हैत के माध्यम से गाँव को छोड़कर शहर जाने वाले तथा विदेशी सभ्यता का अन्धानुकरण करने वाले लोगों की हास्यास्पद स्थिति का चित्रण इन शब्दों में किया है—

''अचकुन पहिरि बूट हम डाटा, बाबू बनेन डेरात-डेरात।
लागेन आवै जाप समन माँ कण्ठु फूट तब बना बतात।''[41]

इस प्रकार आचार्य महावीरप्रसाद द्विवेदी के व्यंग्य का विषय राजनीतिक शोषण, सामाजिक कुरीतियाँ, धर्माडम्बर, लकीर की फकीरी, विदेशीयता का अन्धानुकरण, फैशनपरस्ती, व्यभिचार आदि हैं।

उपर्युक्त विवेचना के पश्चात् हम यह पाते हैं कि आचार्य द्विवेदी ने व्यंग्य कर सकने की क्षमता से पूर्ण होते हुए खुलकर व्यंग्य का सृजन नहीं किया। ऐसा लगता है कि उनका आचार्यत्व उनकी व्यंग्य प्रतिभा पर लगाम लगाता रहा।

बालमुकुन्द गुप्त, द्विवेदी युग के एक सशक्त व्यंग्यकार हैं। उनके व्यंग्य में

गम्भीरता और गहरी चोट करने की क्षमता है। गुप्त जी के निबन्धों में व्यंग्य का अदभुत साहस दिखाई पड़ता है। उन्होंने तत्कालीन वायसराय लॉर्ड कर्जन को अपने व्यंग्य का प्रमुख पात्र बनाया था। लॉर्ड कर्जन द्वारा भारतवासियों को झूठा कहने पर उन्होंने व्यंग्यात्मक भाषा में तीखा प्रहार किया था।

"हमसे सच की सुनो कहानी जिससे मरे झूठ की नानी
सच है सभ्य देश की चीज़, तुमको उसकी कहाँ तमीज?
औरों को झूठा बतलाना अपने सच की डींग उड़ाना।
ये ही पक्का सच्चापन है, सच कहना तो कच्चापन है।
बोले और करे कुछ और, यही सभ्य सच्चे के तौर।
मन में कुछ मुँह पे कुछ और,
यही सत्य है कर लो गौर।"[42]

'कर्जनाना' शीर्षक कविता में भी उन्होंने कर्जन को अपने मुँह मियाँ मिट्ठू की उक्ति को चरितार्थ करते हुए हास्य का पात्र बनाया है।'[43] 'आजकल का सुख' कविता में उन्होंने खुशामद करने वालों और विलासियों की व्यंग्यात्मक शैली में खिंचाई की है।[44]

इस प्रकार बालमुकुन्द गुप्त जी ने भारतीय समाज की दरिद्रता, लाचारी, गुलामी और अंग्रेज़ों की शोषण की प्रवृत्ति पर व्यंग्यात्मक शैली में तीखा प्रहार किया है।

द्विवेदी युग के व्यंग्यकारों में नाथूराम शर्मा शंकर का भी विशिष्ट स्थान है। 'गर्भरंडा-रहस्य' उनकी सुप्रसिद्ध व्यंग्य कविता है। जिसमें उन्होंने गर्भ में विधवा हो जाने वाली बालिका के माध्यम से सामाजिक कुरीति का पर्दाफाश किया है। "अपने व्यंग्य में एक तरफ वो सामाजिक धार्मिक कुरीतियों पर कटाक्ष करते हैं तो दूसरी ओर अपनी सभ्यता, संस्कृति और परम्परा को छोड़कर पाश्चात्य सभ्यता के अनुरागियों पर फब्तियाँ कसते हैं।"[45] देश प्रेम, स्वदेशी प्रयोग, समाज-सुधार, हिन्दी अनुराग तथा विधवाओं और अछूतों का दारूण दुःख श्रीशर्मा की कविता का प्रमुख विषय रहा है। सामाजिक कुरीतियों, आडम्बरों, अन्धविश्वासों, बालविवाह आदि पर इन्होंने तीखे व्यंग्य किया है।

चन्द्रधरशर्मा गुलेरी भी द्विवेदी युग के अत्यन्त महत्त्वपूर्ण निबन्धकार हैं। उन्होंने अपने निबन्ध 'कछुआ धर्म' और 'मारेसि मोहि कुठाऊँ' में सामाजिक विसंगतियों पर तीखा व्यंग्य किया है। गुलेरी जी कभी कोई छोटी-सी बात भी कहते हैं तो उसके पीछे एक बड़ी सांस्कृतिक पीठिका नजर आती है। 'काशी की नीर और नूपुर' में गुलेरी जी ने उन विद्या व्यसनियों पर चोट की है जिनके भीतर इस बात का ज़रा भी दर्द नहीं है कि विदेशी शासकों ने किस तरह

निर्दयता से भारत की जनता का खून चूसा है। यह सब भूलकर वे मस्ती की दुनिया, नूपुरों की खनक और नशे की ठसक में मगन हैं। वे अपना सब कुछ अंग्रेज़ चौकीदार को सौंपकर सो रहे हैं, भले ही चौकीदार उन्हें लूट-लूटकर अपनी जेबें भर रहा हो। गुलेरी जी के व्यंग्य में लालित्य और आदर्श है। लेकिन उसमें तीखापन कम नहीं है। इस प्रकार गुलेरी जी द्विवेदी युग के विरल विशिष्ट व्यंग्यकार एवं निबन्धकार हैं। उनकी रचनात्मक समता अप्रतिम थी। उन्होंने निबन्ध रचना के क्षेत्र में व्यंग्य-प्रधान शैली को जन्म दिया है।

अध्यापक पूर्ण सिंह भी द्विवेदी युग के श्रेष्ठ निबन्धकार रहे हैं। उन्होंने अपने निबन्धों में यत्र-तत्र व्यंग्योक्तियों का प्रयोग किया है। हिन्दी में उन्होंने छह निबन्ध लिखे हैं–'सच्ची वीरता', 'कन्यादान', 'पवित्रता', 'आचरण की समस्या', 'मजदूरी और प्रेम' और 'अमेरिका का मस्त जोगी वाल्ट हिटमैन'। अध्यापक पूर्ण सिंह के सभी निबन्ध भावात्मक संवेदना एवं व्यंग्य-विनोद से परिपूर्ण है।[46] पुस्तकीय ज्ञान पर इतराने वालों, शेखी बघारने वालों तथा विद्वता का दम्भ भरने वालों पर व्यंग्य करते हुए वे कहते हैं कि, "पुस्तकों के लिखे नुस्खों से तो और भी बदहजमी हो जाती है।"[47] इस प्रकार लाक्षणिक भाषा, चमत्कारिक कथनभंगिमा एवं भावपूर्ण शैली के माध्यम से अध्यापक पूर्ण सिंह जी ने समाज में व्याप्त ढकोसलों और छद्म व्यवहार पर आघात किया है। उनको द्विवेदी युग का श्रेष्ठ आत्मव्यंजक निबन्धकार कहा जा सकता है।

विश्वम्भरनाथ शर्मा कौशिक ने श्री विजयानन्द के नाम से तत्कालीन समाज तथा सामाजिक समस्याओं पर व्यंग्यात्मक प्रहार किया। उन्होंने 'दुबेजी की चिट्ठियाँ' और 'दुबे की डायरी' के माध्यम से व्यंग्य किया है।[48] श्रीधर पाठक द्वारा 'हिन्दुस्तान क्या है?' में 'एक कल्पवृक्ष' द्वारा स्वाधीनता की रक्षा के लिए व्यंग्यात्मक चोटें की गयी हैं। सीताराम के निबन्ध 'मनुष्य की आयु' और हरिहरनाथ के निबन्ध 'बाबू द्विवेदी जी की साहबी' में भी व्यंग्य के छींटे मिलते हैं।

इस युग के व्यंग्य निबन्धकारों में पं. माधवप्रसाद मिश्र का नाम भी उल्लेखनीय है। पण्डित रामचन्द्र शुक्ल ने 'हिन्दी साहित्य का इतिहास' नामक अपनी पुस्तक में गद्य साहित्य का आविर्भाव शीर्षक प्रकरण में कहा कि, "भारतेन्दु हरिश्चन्द्र के परवर्ती काल में जिस समय निबन्ध लिखने की परम्परा कुछ शिथिल-सी पड़ गयी थी, उस समय पण्डित गोविन्द नारायण मिश्र, पण्डित माधवप्रसाद मिश्र, पण्डित महावीरप्रसाद द्विवेदी ऐसे दो चार गिने चुने लेखक ही शुद्ध साहित्यिक निबन्ध लिख रहे थे।"[49] उनके निबन्धों में व्यंग्य के तीखेपन की अनुभूति की जा सकती है। 'रामलीला' शीर्षक निबन्ध में वे लिखते हैं आठ सौ वर्ष तक हिन्दुओं के सिर पर कृपाण चलती रही परन्तु 'रामचन्द्र' जी की जय

तब भी बन्द नहीं हुई। सुनते हैं कि औरंगजेब ने असहिष्णुता के कारण एक बार कहा था कि, 'हिन्दुओं! अब तुम्हारे राजा रामचन्द्र नहीं हैं, हम हैं। इसलिए रामचन्द्र की जय बोलना राजद्रोह करना है।' औरंगजेब का कहना किसी ने न सुना। उसने रामभक्त हिन्दुओं का रक्तपात किया। सही, पर 'रामचन्द्र जी की जय' को न बन्द कर सका। कहाँ हैं वह अभिमानी लोग? अब रामचन्द्र जी के विश्व ब्रह्माण्ड को देखें और उसकी मृणमय समाधि (कब्र) को देखें और फिर कहें कि राजा कौन है?"[50]

देश की तत्कालीन विषम स्थिति का उल्लेख करते हुए श्री मिश्र जी लिखते हैं, "जिस प्रजा की प्रसन्नता के लिए इस देश के प्राचीन नृपतियों ने अपने पुत्र कलत्र को निर्वासित कर दिया था, आज उसी प्रजा के लिए इस देश के राजपुरुष अपने सजातियों को दण्ड देने में भी कुण्ठित है। निर्धनता का यहाँ तक राज्य है कि लाखों आदमी भरपेट खाने को भी नहीं पाते। चीन, जापान आदि में भयानक युद्धों में भी उतने मनुष्य हताहत नहीं हुए जितने यहाँ प्लेग की भेंट हो चुके और होते जा रहे हैं। विद्वान मर रहे हैं, मूर्ख बढ़ रहे हैं और शिक्षा की जड़ कट रही है।"[51]

द्विवेदी युग के बाद छायावादी युग में आचार्य रामचन्द्र शुक्ल, बाबू गुलाबराय, पं. माखनलाल चतुर्वेदी, चतुरसेन शास्त्री, जयशंकर प्रसाद, सूर्यकान्त त्रिपाठी निराला आदि प्रमुख निबन्धकार रहे हैं। इस युग में भावात्मक दृष्टिकोण की प्रधानता के कारण निबन्ध लेखकों में भी भावुकता की प्रवृत्ति प्रधान रूप से कार्य करती हुई दिखाई पड़ती है। जनसंवेदना की ओर इनका ध्यान नहीं है। जबकि व्यंग्य लेखन की नींव मानवीय संवेदना से बनती है। बाबू गुलाबराय और निराला ही ऐसे दो लेखक थे जिन्होंने युग की धारा को मोड़कर व्यंग्य लिखने की पहल की। आचार्य शुक्ल ने अपने निबन्धों में व्यंग्य, आक्षेप और वक्रोक्ति की त्रिवेणी प्रवाहित की है। 'चिन्तामणि' प्रथम भाग एवं 'लोभ और प्रीति' में उनके व्यंग्य प्रकट हुए हैं। बाबू गुलाबराय ने 'ठलुआ क्लब', 'फिर निराशा क्यों' 'मेरी असफलताएँ' आदि प्रसिद्ध व्यंग्य संग्रहों की रचना की। चतुरसेनशास्त्री ने 'अन्तस्तल', 'तरलाग्नि', 'मरी', 'खाल की हाय' आदि निबन्धों की रचना की है। निराला ने 'कुकुरमुत्ता', 'चतुरी चमार', 'कुल्ली भाट' और 'बिलेसुर बकरिया' आदि रचनाओं में व्यंग्य का उत्कृष्ट प्रयोग किया है।[52]

गुलाबराय भी इस युग के श्रेष्ठ निबन्धकार थे " 'ठलुआ-क्लब', 'फिर निराश क्यों', 'मेरी असफलताएँ', आदि संग्रहों में उनके श्रेष्ठ व्यक्तिगत निबन्ध संकलित है।"[53] इन निबन्धों में उन्होंने अपनी गम्भीर आलोचकीय मुद्रा को त्यागकर सर्वथा अनौपचारिक बातचीत शैली में अपने व्यक्तिगत जीवन तथा आसपास की तुच्छ दीख पड़ने वाली वस्तुओं के सम्बन्ध में भावपूर्ण उद्गार

और चलती हुई प्रतिक्रियाएँ व्यक्त की है। उन्होंने एक तरफ वकील, डॉक्टर, लेखक, समालोचक आदि प्रबुद्ध वर्ग के अधकचरे ज्ञान और विसंगतियों पर कटाक्ष किया तो दूसरी तरफ, नाई, ठग लोग भी उनकी पैनी दृष्टि से बच नहीं पाये। बाबू गुलाबराय ने बाजारवाद में बढ़ती विज्ञापन बाजी, शहरी आकर्षण के कारण उत्पन्न मकान समस्या जैसी सामाजिक एवं राष्ट्रीय समस्याओं को भी व्यंग्य के माध्यम से उजागर किया। डाक्टर पेशे को व्यावसायिक बनाने वालों पर वे 'ठलुआ क्लब' में कहते हैं, "आप साधारण जल को बहुमूल्य औषधि बना उसमें से लक्ष्मी देवी का प्रादुर्भाव कर समुद्र मंथन का काम नित्य अभिनय करते हैं आप विष द्वारा अमृत का काम करते हैं। सुरासुर दोनों को ही सन्तुष्ट रखते हैं।"[54]

बाबू गुलाबराय का दूसरा प्रसिद्ध संग्रह 'मेरी असफलताएँ' है जिसमें 'बाल्यावस्था', 'विद्यार्थी जीवन', 'स्टेट की नौकरी', 'वापसी', 'गृह निर्माण', 'व्यवसाय एवं लेखन वृत्ति' आदि निबन्ध हैं। ये सभी निबन्ध व्यंग्यात्मक शैली से परिपूर्ण है।

इस प्रकार बाबू गुलाबराय का व्यंग्य बड़ा शिष्ट और शालीन है, लेकिन बात की बात में भीतरी मर्म खोलना जानता है। उन्होंने अपने निबन्धों में तटस्थ भाव से व्यंग्य किया है। कभी-कभी वे स्वयं अपने पर भी खुलकर व्यंग्य करते हैं। वे लिखते हैं कि, "मैंने आप लोगों के मनोरंजन के लिए स्वयं अपने को ही बलि का बकरा बनाया है। यदि मेरे साथ दो-एक सज्जन भी लपेट में आ गये हों तो उनसे मैं हार्दिक क्षमा चाहता हूँ। मैं अपनी जीवन की असफलताओं पर स्वयं हँसा हूँ।"[55] बाबू गुलाबराय ने हास्य के सृजन के लिए एक नयी शैली का प्रयोग किया है। उन्होंने प्रायः "संस्कृत की कहावतों और प्रयोगों में वक्रतापूर्ण परिवर्तन करके, क्लिष्ट शब्दावली का प्रयोग करके, लाक्षणिक प्रयोगों को अभिधात्मक बनाकर, प्राचीन सन्दर्भों को आधुनिक परिस्थितियों पर फिट करके और बेमेल बातों को मिलाकर हास्य उत्पन्न किया है।"[56]

इस प्रकार प्रस्तुत अध्याय में हमने द्विवेदी युग के प्रसिद्ध साहित्यकारों की व्यंग्य दृष्टि को व्याख्यायित किया है। यद्यपि इस युग में व्यंग्य का अभाव रहा है तथापि तत्कालीन परिस्थितियों का अंकन करने वाले आक्रोशयुक्त व्यंग्य इस युग में भी मिल जाते हैं।

शुक्ल युग में व्यंग्य

भारतेन्दु हरिश्चन्द्र एवं आचार्य महावीरप्रसाद द्विवेदी के बाद आचार्य रामचन्द्र शुक्ल व्यंग्य साहित्य में युगान्तर उपस्थित दर्ज करते हैं। इनके व्यंग्य बड़े शिष्ट, संयत, सरस और मार्मिक है। श्री शुक्ल स्वयं लिखते हैं कि शिष्ट और परिष्कृत

हास का जैसा सुन्दर विकास पाश्चात्य साहित्य में हुआ है वैसा यहाँ अभी नहीं देखने में आ रहा है। इसी कारण उनके रचे ग्रन्थों में अनेक स्थलों पर हृदयग्राही हास-परिहास की झलक दिखलायी पड़ती है। उनके हास्य-व्यंग्य बड़े निर्विकार और प्रगल्भ है। उनमें फबतियाँ और चुटकियाँ तो हैं, चटकीलापन और चित्तप्रसादक चमत्कार भी पर्याप्त हैं।

चिन्तामणि के प्रथम भाग में 'श्रद्धाभक्ति' नामक निबन्ध में कला के प्रति मनुष्य की श्रद्धा का व्यंग्यात्मक विवेचन करते हुए वे लिखते हैं, "संगीत के पेंचपाँच देखकर भी हठयोग याद आता है। जिस समय कोई कलावन्त पक्का गाना गाने के लिए आठ अँगुल मुँह फैलाता है और 'आ-आ' करके विकल होता है उस समय बड़े-बड़े वीरों का धैर्य छूट जाता है दिन भर चुपचाप बैठे रहने वाले बड़े-बड़े आलसियों का आसन डिग जाता है। जो संगीत नाद की मधुर गति द्वारा मन में माधुर्य का संचार करने के लिए था वह इन पक्के लोगों के हाथ पड़कर केवल स्वर ग्राम की लम्बी चौड़ी कवायद हो गया। श्रद्धालुओं की अन्तःकरण की मार्मिकता इतनी स्तब्ध हो गयी कि एक स्वर-श्वान के गले से भी इस लम्बी कवायद को ठीक उतरते देख उनके मुँह से 'वाह-वाह' 'ओहो-हो' निकलने लगा। काव्य पर शब्दालंकार आदि का इतना बोझ लादा गया कि उसका सारा रूप ही छिप गया। बात यह हुई कि इन विविध कलाओं के जितने अभ्यासगम्य और श्रमसाध्य अंग थे वे तो हद से बाहर घसीटे गये और जितने सहृदयता से सम्बन्ध रखने वाले थे उन पर ध्यान ही न रहा। यदि ये कलाएँ मूर्तिमान रूप धारण करके सामने आतीं तो दिखाई पड़ता कि किसी को जलोदर हुआ है तो किसी को फीलपाँव। इनकी दशा सोने और रत्नों से जड़ी गुठली धार की तलवार की सी हो गयी।"[57]

चिन्तामणि के पहले भाग में 'लोभ और प्रीति' शीर्षक वाले निबन्ध में आचार्य रामचन्द्र शुक्ल ने लोभ और प्रेम का विश्लेषण बड़ी सूक्ष्मदर्शिता से किया है। इसमें उन्होंने व्यंग्य का तीर ऐसे लोगों पर चलाया है जो आधुनिक युग में मानवता की सेवा का स्वाँग रचकर नाम और दाम दोनों कमाते हैं "जन्म भूमि का प्रेम, स्वदेश प्रेम यदि वास्तव में अन्तःकरण का कोई भाव है तो स्थान के लोभ के अतिरिक्त और कुछ नहीं है। इस लोभ के लक्षणों से शून्य देशप्रेम कोरी बकवास या फैशन के लिए गढ़ा हुआ शब्द है। यदि किसी को अपने देश से प्रेम है तो उसे अपने देश में मनुष्य, पशु-पक्षी, लता, गुल्म, पेड़े, पत्ते, वन, पर्वत, नदी, निर्झर सबसे प्रेम होगा, सबको वह चाह भरी दृष्टि से देखेगा, सबकी सुध करके वह विदेश में आँसू बहायेगा। जो यह भी नहीं जानते कि कोयल किस चिड़िया का नाम है, जो यह भी नहीं सुनते कि चातक कहाँ चिल्लाता है जो आँख भर यह भी नहीं देखते कि अब आम प्रणय सौरभपूर्ण मंजरियों से कैसे

लदे हुए हैं, जो यह भी नहीं झाँकते कि किसानों के झोंपड़ों के भीतर क्या हो रहा है वे यदि दस बने-ठने मित्रों के बीच प्रत्येक भारतवासी की औसत आमदनी का परता बनाकर देशप्रेम का दावा करें तो उनसे पूछना चाहिए कि भाइयों बिना परिचय का यह प्रेम कैसा? जिनके सुख-दुख के तुम कभी साथी न हुए, उन्हें तुम सुखी देखना चाहते हो, यह समझते नहीं बनता। उनसे कोसों दूर बैठे-बैठे, पड़े-पड़े या खड़े-खड़े तुम विलायती बोली में अर्थशास्त्र की दुहाई दिया करो, पर प्रेम का नाम उसके साथ न घसीटो। प्रेम हिसाब-किताब की बात नहीं है। हिसाब-किताब करने वाले भाड़े पर भी मिल सकते हैं, पर प्रेम करने वाले नहीं। हिसाब-किताब से देश की दशा का ज्ञान-मात्र हो सकता है। हित चिन्तन और हित साधन की प्रवृत्ति इस ज्ञान से भिन्न है। रसखान तो किसी की 'लकुटी और कामरिया' पर तीनों पुरों का राजसिंहासन तक त्यागने को तैयार थे, पर देशप्रेम की दुहाई देने वालों में से कितने अपने किसी थके-माँदे भाई के फटे-पुराने कपड़ों और धूल भरे पैरों पर रीझकर या कम-से-कम न खीझकर बिना मन मैला किये कमरे की फर्श भी मैली होने देंगे? मोटे आदमियों तुम जरा-सा दुर्बल हो जाते अपने अंदेशे से ही सही तो न जाने कितनी ठठरियों पर मांस चढ जाता।"[58]

चारित्रिक पतन पर उनका व्यंग्य बहुत ही कटाक्ष है, "'लोभियों' तुम्हारा आक्रोश, तुम्हारा इन्द्रिय-निग्रह, तुम्हारी मानापमान-समता, तुम्हारा तप अनुकरणीय हैं, तुम्हारी निष्ठुरता, तुम्हारी निर्लज्जता, तुम्हारा अविवेक, तुम्हारा अन्याय विग्रहणीय है। तुम धन्य हो। तुम्हें धिक्कार है।"[59]

"मानवीय मूल्यों की उपेक्षा करने वालों पर वे जमकर अपना आक्रोश प्रकट करते हुए कहते हैं कि धन के लोभ की प्रबलता किसी हद तक मनुष्य को मार देती है। लोभियों का दमन योगियों के दमन से किसी प्रकार कम नहीं होता। लोभ के बल से वे काम और क्रोध को जीतते हैं। जिससे वे कुछ पाने की आशा रखते हैं, वह यदि उन्हें दस गालियाँ भी देता है तो उनकी आकृति पर न रोष का चिह्न प्रकट होता है और न मन में ग्लानि होती है, न उन्हें मक्खी चूसने में घृणा होती है और न रक्त चूसने में घृणा होती है और न रक्त चूसने में दया। तुच्छ व्यक्ति के सामने हाथ फैलाने में वे लज्जित नहीं होते।"[60]

सूत्रात्मक शैली में आचार्य शुक्ल जी के अनेकों व्यंग्य मुहावरों और कहावतों का सा प्रभाव छोड़ती है। जैसे, "पक्के लोभी लक्ष्य-भ्रष्ट नहीं होते, कच्चे हो जाते हैं।"[61] "ईर्ष्या अत्यन्त लज्जामयी वृत्ति है, वह अपने धारणकर्ता स्वामी के सामने भी मुँह खोलकर नहीं आती।"[62] "धज के साथ धर्म की ध्वजा लेकर चलने वाला धोखे में भी क्रोध को पाप का बाप ही कहेगा।"[63]

"जिसमें समाज को साधुवाद की सम्भावना होती है तो उनका पेट फूलने

लगता है।"[64] "कहीं जीवो जीवस्य जीवनम् का सिद्धान्त चलता दिखाई पड़ता है, कहीं लाठी और भैंस का"[65] उपर्युक्त व्यंग्योक्तियाँ न सिर्फ़ शुक्ल जी की व्यथा को व्यक्त करती हैं, अपितु उनकी व्यंग्य क्षमता को भी रेखांकित करती है।

चिन्तामणि के दूसरे भाग में आचार्य जी ने 'काव्य में रहस्यवाद, शीर्षक निबन्ध में रहस्यवादी कवियों पर अनेकों व्यंग्य किये हैं जिनमें एक व्यंग्य निम्न प्रकार का है, "जब किसी वाद के सहारे वेदना की तटी पर सवार और अन्धड़ और अन्धकार के बीच असीम की ओर यात्रा होगी सामने अलौकिक ज्योति फूटती दिखाई देगी, लोक-लोकान्तर और कल्प-कल्पान्तर के समाहत अरुणोदय में असीम-ससीम के मिलन पर विश्वहृदय की तन्त्री के सब तार झंकारोत्सव करने लगेंगे, आप ही आपको खोजने का स्वप्न टूटने पर अट्टहास होने लगेगा, तब सहृदयता और भावुकता तो कोई और ठिकाना ढूँढ़ेगी, हाँ, अज्ञानोपासना सिद्धता का मुकुट या पैगम्बरों का चौगोशिया ताज पहनाने के लिए ठहरे तो ठहरे।"[66]

काव्य ग्रन्थों के दार्शनिक अर्थ करने वालों के सम्बन्ध में वे लिखते हैं कि–"यदि कोई व्यक्ति अभिज्ञानशाकुन्तलम् की आध्यात्मिक व्याख्या करे, मेघ की यात्रा को जीवात्मा के परमात्मा में लीन होने का साधन पथ बताये तो कुछ लोग तो विरक्ति से मुँह फेर लेंगे पर बहुत से लोग आँखें फाड़कर काष्ठ-कौशिक की तरह ही ताकते रह जायेंगे।"[67]

आचार्य रामचन्द्र शुक्ल जी का ग्रन्थ 'हिन्दी साहित्य का इतिहास' भी अनेकानेक सरस, साहित्यिक व्यंग्य-विनोद से परिपूर्ण है। 'गोस्वामी तुलसीदास', 'त्रिवेणी', 'रस मीमांसा' आदि उनके ग्रन्थ भी व्यंग्य से भरे हैं। हिन्दी साहित्य में शुक्ल जी की रचनाओं में जितने रस संचारी व्यंग्य-विनोद मिलते हैं उतने किसी लेखक की रचनाओं में नहीं मिलते हैं। उनके पहले के युग की रचनाओं में जो व्यंग्य मिलते हैं वे साहित्यिक रसानुभूति कराने में उतने समर्थ नहीं है जितने शुक्ल जी का व्यंग्य शुक्ल जी के व्यंग्य। बड़े गूढ़, मर्मस्पर्शी और बहुत ऊँचे साहित्यिक सन्धान के हैं। शिवपूजन सहाय जी कहते हैं वे सहृदय-हृदय संवेद्य और हिन्दी व्यंग्य-साहित्य के हृदयोल्लासी शृंगार भी हैं।"[68]

चिन्तामणि के दूसरे भाग में आचार्य शुक्ल चुटकियाँ लेते हुए लिखते हैं कि, "उनका रंग भी कैसा सुहावना है, बगीचे के वर्णन में पेड़ों और चिड़ियों की फेहरिस्त है, जो बहेलियों से भी मिल सकती है।"[69] घोड़ों का वर्णन है तो घोड़ों के पचासों भेदों के नाम सुन लीजिए, जिन्हें शायद घोड़े के व्यवसायी ही जानते होंगे। भोजन का वर्णन करते हैं तो पूरी, कचौरी...आदि जितनी चीज़ों के नाम कवि जी जानते सबका उल्लेख किया है। "आचार्य शुक्ल जी द्वारा इन व्यंजनों को पाठकों में समक्ष रखने का एकमात्र कारण पाठकों को ललचाना ही दिखायी पड़ता है। पर काव्य भूख जगाने के लिए तो है ही नहीं। जिस व्यक्ति

को रोग आदि के कारण भोजन से अरूचि हो गयी हो वह किसी अच्छे वैद्य के नुस्खे का सेवन करेगा।"[70]

इस प्रकार शुक्ल जी ने अपने सम्पूर्ण साहित्य को रोचक, आकर्षक एवं प्रभावोत्पादक बनाने के लिए व्यंग्य का प्रयोग किया है।

शुक्लोत्तर युग

छायावाद के परवर्ती युग उत्तर छायावाद में कई प्रखर व्यंग्यकार हुए। जिससे व्यंग्य की अभूतपूर्व श्रीवृद्धि हुई। शिवपूजन सहाय के 'मुरौवत' निबन्ध में उनके बहुगुणी व्यंग्य का नमूना देखने को मिलता है। इस युग के लक्ष्मीकान्त झा जी ने भी 'खोई वस्तु की खोज', 'किफायत', 'सफरनामा', 'बंक में', 'रात का सफर', 'मैजीशियन', 'जासूसी' आदि निबन्धों के माध्यम से व्यंग्य का कुशल प्रयोग किया है। सियारामशरण गुप्त भी इस युग के पैने व्यंग्यकार रहे। 'झूठा-सच' आपका महत्त्वपूर्ण निबन्ध संग्रह है। जिसमें उन्होंने निर्मल, हास्य, सरल विनोद और तीखे व्यंग्य किये हैं। पदुमलाल पन्नालाल बख्शी ने भी 'पंच पात्र' में अनेकों व्यंग्यात्मक निबन्ध लिखे हैं। जिसमें सामाजिक रूढ़ियों, साम्प्रदायिकता, जातिभेद आदि पर तीव्र प्रहार किया है।[71] इस युग में पाण्डेयशर्मा 'उग्र' भी अपनी प्रखर व्यंग्यशैली के लिए प्रख्यात हैं। उन्होंने 'बुढ़ापा', 'गाली' आदि निबन्धों में सामाजिक और आर्थिक विषमताओं का व्यंग्यात्मक प्रतिपादन किया है। वियोग हरि ने भी व्यंग्य प्रधान वैयक्तिक निबन्ध लिखे हैं। अपने निबन्ध संग्रह 'यों भी तो देखिए' में अनेकों समस्याओं को उजागर किया है। कृष्णदेव प्रसाद गौड़ 'बेढब बनारसी' इस युग के एक अन्य हास्य-व्यंग्यकार हुए जिन्होंने, 'हुक्का पानी' संग्रह में साहित्यिक, राजनीतिक, धार्मिक और सामाजिक क्षेत्रों में व्याप्त विसंगतियों पर व्यंग्य किया है। नागार्जुन भी इस युग के ख्यात और प्रख्यात व्यंग्यकार हुए हैं। उनका व्यंग्य बहुत ही तीक्ष्ण और प्रभावशाली रहा है। सामाजिक व्यंग्य की परम्परा भारतेन्दु युग के बाद जो प्रायः अवरुद्ध-सी हो गयी थी नागार्जुन ने उसे पुनः जीवित कर दिया। शोषण का व्यंग्यात्मक दर्शन कराने में नागार्जुन सिद्धहस्त हैं। 'गेहूँ दो, चावल दो', 'सौन्दर्य प्रतियोगिता', 'खाली नहीं और खाली' आदि शीर्षकों के द्वारा व्यंग्य का विशाल रूप प्रकट किया गया है।[72] देश की आर्थिक स्थिति पर व्यंग्य करते हुए वे लिखते हैं–

"मकान नहीं खाली दे
दुकान नहीं खाली दे
स्कूल नहीं खाली, खाली नहीं कॉलेज
खाली नहीं टेबुल खाली नहीं मेज

खाली अस्पताल नहीं
खाली है हाल नहीं
खाली नहीं चेयर, खाली नहीं सीट
खाली नहीं फुटपाथ, खाली नहीं स्ट्रीट
खाली नहीं ट्राम, खाली नहीं ट्रेन
खाली नहीं माइण्ड, खाली नहीं क्रेन
खाली है हाथ, खाली है पेट
खाली है थाली, खाली है प्लेट।''[73]

इस प्रकार हम देखते हैं कि नागार्जुन की व्यंग्य रचनाओं में कबीर की तल्खी मिलती है।

इस युग के आचार्य हजारी प्रसाद द्विवेदी भी व्यंग्य साहित्य के उत्कृष्ट एवं प्रभावकारी निबन्धकार रहे हैं। "'अशोक के फूल', 'कुटज', 'कल्पलता' आदि निबन्धों में राजनेताओं की पदलिप्सा, नैतिक एवं चारित्रिक पतन, समझौता परस्त प्रवृत्ति पाखण्डी शास्त्रार्थ पद्धति, विदेशी भाषा के प्रति अन्धमोह, सतही शिक्षा पद्धति पर धारदार व्यंग्य किया है।''[74] प्रभाकर माचवे भी इस युग में लोकप्रिय व्यंग्यकार रहे हैं। 'कुत्ते की डायरी', उनकी उत्कृष्ट रचना है। उपर्युक्त व्यंग्यकारों के अतिरिक्त इस युग के अन्य प्रधान व्यंग्य लेखकों में कान्तानाथ पाण्डेय, 'चोंच' ने अपनी रचना 'छड़ी बनाम सोंटा', मोहनलाल गुप्ता ने 'बनारसी रईस' निबन्ध में, गोपालप्रसाद व्यास ने 'बुरे फँसे', 'भोला पण्डित की बैठक', 'नेता और अभिनेता', 'टालू मिक्सचर' आदि में गम्भीर व्यंग्य किये हैं।[75]

सत्ता और व्यवस्था के संवेदनशून्य हो जाने पर बीस-पच्चीस वर्ष पहले विवश होकर अनेक लेखकों ने व्यंग्य को हथियार के रूप में इस्तेमाल किया। इनमें रामदरश मिश्र, हरिशंकर परसाई, श्रीलाल शुक्ल, विद्यानिवास मिश्र, धर्मवीर भारती, विवेकी राय, निर्मल वर्मा, शरद जोशी, रवीन्द्रनाथ त्यागी, सुदर्शन मजीठिया, कुबेरनाथ राय, गोपाल चतुर्वेदी, ज्ञान चतुर्वेदी आदि विशेष उल्लेखनीय हैं।

"शिवपूजन सहाय का गद्य वैविध्यपूर्ण किन्तु संयमित है। उसमें जीवन की समग्रता को समझने तथा औचित्य के आधार पर निर्णय लेने की प्रवृत्ति प्रधान है।''[76] अपनी इसी विधा के कारण अपने निबन्ध संग्रह में तुच्छ से तुच्छ विषय को भी मोहक बना दिया। उनके निबन्ध, संख्या में अधिक नहीं है पर जो हैं वे उनकी शिष्ट हास्य, मार्मिक व्यंग्य और परिष्कृत परिमार्जित शैली के कारण हिन्दी साहित्य में महत्त्वपूर्ण स्थान रखते हैं। आचार्य रामचन्द्र शुक्ल के व्यंग्य ने उन्हें विशेष रूप से आकृष्ट किया था। 'मुरौवत' निबन्ध में वे लिखते हैं कि, "मुरौवत महारानी की माया का जादू जिस पर चल गया, उसका बचपन बिगड़ गया, जवानी जहन्नुम में गयी, बुढ़ापा बर्बाद

हुआ। यह जादू की छड़ी अगर किसी भोले-भाले बालक पर फिर गयी तो वह अभागा मनचली दुनिया के लिए अमिया की चटनी बन गया उसकी वह बेचारी माँग भरी होकर भी रंडापा खेयेगी। अगर कोई अल्हड़ बालिका या अल्हड़ युवती गर्भवती हुई तो भँवर में नैया पड़ी, रेती में बजारा फँस गया, मझधार में बेड़ा डूबा।''[77] उनके निबन्धों में विश्लेषणों का भी प्रचुर मात्रा में प्रयोग किया गया है। '''हृदयहीन है, बेलौस है, रूखा है, नीरस नींबू है, मक्खीचूस है, शील-संकोच घोलकर पी गया, आँखों का पानी डल गया, न कहते देर न उलटते देर, गिरगिट का रंग बदलता है, सोनार का सपूत है, चाणक्य का चाचा है।''[78] श्री सहाय बहुगुणी व्यंग्य का भी प्रयोग करते हैं मुरौवत महारानी की बहुत तारीफ करके कहते हैं कि, ''वकीलों, मुख्तारों, डॉक्टरों, वैद्यों से महारानी झेंपती है।''[79] सहाय जी की यह अदभुत व्यंग्य क्षमता है कि, ''वह सदस्य सम्भावनाओं को एकत्र कर अचानक विपरीत दिशा में मुड़ जाते हैं। वे तुकान्त गद्य के भी बिरले लेखक हैं। होठों पर पान की लाली है मगर पेट घी-दूध से खाली है। आँत में सत्तू, दाँत में कलाबत्तु, जैसे तुकान्तों की भरमार है उनके साहित्य में।''[80]

इस प्रकार आचार्य शिवपूजन सहाय ने अपने निबन्धों में व्यंग्य विधा को पिरोकर रख दिया है। यह उनकी साहस, निर्भीकता और स्पष्टवादिता का द्योतक है।

बाद की पीढ़ी के व्यंग्यकारों में हरिशंकर परसाई, शरद जोशी, शंकर पुणतांबेकर, प्रेम जनमेजय, अजातशत्रु, गोपाल चतुर्वेदी और सूर्यबाला आदि अनेक साहित्यकारों का नाम आदर से लिया जा सकता है।

'हरिशंकर परसाई' जी की पहली रचना 'स्वर्ग से नरक जहाँ तक' है, जो कि मई 1948 में प्रहरी में प्रकाशित हुई थी। इस रचना में उन्होंने धार्मिक पाखण्ड और अन्धविश्वास के खिलाफ पहली बार जमकर लोहा लिया था। धार्मिक पाखण्ड उनके लेखन का पहला प्रिय विषय था। हरिशंकर परसाई कार्ल मार्क्स से अधिक प्रभावित थे। हरिशंकर परसाई की अब तक प्रकाशित किताबें हैं—'हँसते हैं, रोते हैं', 'तब की बात और थी', 'भूत के पाँव पीछे', 'जैसे उनके दिन फिरे', 'बेईमानी की परत', 'पगडण्डियों का जमाना', 'निठल्ले की डायरी', 'मेरी श्रेष्ठ व्यंग्य रचनाएँ', 'एक लड़की पाँच दीवाने', 'प्रतिनिधि व्यंग्य', 'रानी नागफनी की कहानी', 'काग भगोड़ा' इत्यादि। परसाई जी की प्रमुख रचनाओं में 'सदाचार का ताबीज' एक थी जिसमें रिश्वत लेन-देन के मनोविज्ञान को प्रमुखता से दर्शाया गया है। वे बोलचार की सामान्य भाषा का प्रयोग करते हुए चुटीला व्यंग्य करने में बेजोड़ थे। हिन्दी व्यंग्य को प्रतिष्ठा दिलाने वाले प्रमुख व्यंग्यकारों में 'शरद जोशी' भी एक हैं। इनकी रचनाओं में समाज में पायी जाने वाली सभी विसंगतियों का बेबाक चित्रण मिलता है। इनकी प्रमुख

व्यंग्य कृतियाँ 'परिक्रमा', 'किसी बहाने', 'जीप पर सवार इल्लियाँ', 'तिलस्म', 'रहा किनारे बैठ', 'दूसरी सतह', 'प्रतिदिन', दो व्यंग्य नाटक 'अन्धों का हाथी' और 'एक था गधा' है।

रवीन्द्रनाथ त्यागी का नाम हरिशंकर परसाई और शरद जोशी के साथ लिया जाता है। त्यागी जी ने प्रचुर मात्रा में व्यंग्य लेखन किया है। इनके प्रसिद्ध व्यंग्य-संग्रह–'कृष्ण वाहन की कथा', 'बैठे-ठाले', 'देवदार के पेड़', 'फूलों वाले कैक्टस, 'भद्र पुरुष' इत्यादि हैं।

शंकर पुणतांबेकर का व्यंग्यकारों में अपना एक विशिष्ट स्थान है। इनकी रचनाएँ 'तमाचा', 'सरिता', 'रेडीमेड कपड़े' इत्यादि में व्यंग्य का एक नया ही स्वरूप देखने को मिलता है।

नरेन्द्र कोहली ने अपनी रचनाओं द्वारा परिवेश की क्षुब्धता, अभाव, पीड़ा अनाचार को बड़ी ही मार्मिकता से व्यंजित किया है। 'जगाने का अपराध', 'मेरी श्रेष्ठ व्यंग्य रचनाएँ' तथा 'आधुनिक लड़की की पीड़ा' नरेन्द्र कोहली के प्रसिद्ध व्यंग्य-संकलन हैं।

लतीफ घोंघी के व्यंग्य में सामाजिक बैचेनी खुलकर सामने आयी है। उनके व्यंग्य का पैनापन पूर्णतः सराहनीय हैं। उनके प्रमुख निबन्ध संग्रहों में 'खबरदार व्यंग्य', 'जूते का दर्द', 'कुत्ते से साक्षात्कार' 'सोने का अण्डा' 'चोरी न होने का दुख', 'मुर्दानामा', 'मेरी मौत के बाद', 'बुद्धिजीवी के चप्पलें', 'ज्ञान की दुकान' आदि प्रमुख हैं। 'बालेन्दु शेखर तिवारी' वर्तमान के प्रसिद्ध व्यंग्यकार एवं समीक्षक हैं। उनके व्यंग्य में भी भारतीय समाज की सच्चाई झलकती है। 'किरायेदार का साक्षात्कार' और 'मेरी प्रिय व्यंग्य रचनाएँ' आदि उनकी प्रमुख रचनाएँ हैं।

'प्रेम जनमेजय' वर्तमान के उन व्यंग्यकारों में प्रमुख हैं। जो सामाजिक विडम्बनाओं को अपने व्यंग्य साहित्य के माध्यम से अभिव्यक्त कर रहे हैं, अपनी प्रसिद्ध पत्रिका 'व्यंग्य यात्रा' के माध्यम से जनमेजय जी व्यंग्य विधा को बढ़ावा दे रहे हैं। अब तक उनकी प्रकाशित रचनाओं में 'बेशर्ममेव जयते', 'पुलिस! पुलिस', 'मैं नहीं माखन खायो', 'आत्मा महाठगिनी' आदि प्रमुख हैं।

ठीक इसी प्रकार लक्ष्मीकान्त वैष्णव द्वारा भी अपने व्यंग्यों के माध्यम से समाज के विविध पक्षों की विडम्बनाओं और दिखावेपन को चित्रित किया जा रहा है। वैष्णव जी रचनाओं में 'मेरी श्रेष्ठ व्यंग्य रचनाएँ', 'व्यंग्य यात्रा' विशेष चर्चित रहीं।

ऐसे ही व्यंग्यकारों में सुरेशकान्त जी का 'पड़ोसियों का दर्द', 'बलिहारी गुरु' और कृष्ण चराटे का 'मुहल्ले का सूर्योदय' तथा 'साहब का टेलीफोन' आदि प्रमुख हैं।

बीसवीं सदी के अन्तिम दशक के व्यंग्यकारों में डॉ. हरीश नवल, ओमप्रकाश कश्यप, ज्ञान चतुर्वेदी, राजेन्द्र तिवारी और सुधीर ओखदे आदि विद्वानों का नाम लिया जा सकता है। हरीश नवल के प्रसिद्ध व्यंग्य-संग्रह 'बातपत के खरबुजे, 'पीली छत का काला निशान', 'दिल्ली चढ़ी पहाड़' आदि विशेष चर्चित रहें।

सुधीर ओखदे ने 'बुझदिल कहीं के', 'व्यंग्य संग्रह में गम्भीर विषयों पर लेखनी चलाई है। अरविन्द तिवारी के 'अलादिन की ख्वाइश', 'मानवीय मन्त्रालय', उल्लेखनीय व्यंग्य संग्रह हैं। तिवारी जी के व्यंग्य में तिलमिलाहट उत्पन्न करने की ताकत है। विष्णु नागर के 'जीवजन्तु पुराण', पवन चौधरी के 'व्यंग्य के रंग', अक्षय जैन के 'अंग्रेज़ों भारत वापिस आओ', वेद प्रकाश भारद्वाज के 'शोर मत करो', 'भगवान सोना चाहता है', 'ओंकारनाथ चतुर्वेदी के 'आँखिन देखी', 'कबीरा आप ठगाइए', ब्रह्मदेव के 'भगवान को आराम करने दो' महत्त्वपूर्ण व्यंग्य संग्रह हैं। सत्यप्रकाश अग्रवाल 'उमंग' ने 'भ्रष्टाचार की पाठशाला' व्यंग्य कथा के माध्यम से हँसते-हँसते निस्संग भाव से भ्रष्टाचार पर व्यंग्य किया है।

इस प्रकार यह कहना उचित होगा कि व्यंग्य साहित्य का वर्तमान और भविष्य उज्जवल दिखाई दे रहा है। वर्तमान में लेखकों का एक बड़ा वर्ग है जो अन्य विधाओं के साथ-साथ व्यंग्य लेखन का कार्य भी बड़ी कुशलता से कर रहा है। ऐसे साहित्यकारों में सूर्यबाला, ज्ञान चर्तुर्वेदी, शेरजंग गर्ग, अशोक शुक्ल, वीरेंद्रकुमार जैन, डॉ. बरसानेलाल चतुर्वेदी, शशिकान्त, घनश्याम अग्रवाल, हरीश नबल आदि को रखा जा सकता है।

हिन्दी व्यंग्य परम्परा एवं श्रीलाल शुक्ल

स्वतन्त्रता के बाद भारत में प्रजातन्त्र का प्रवेश हुआ। सैकड़ों वर्षों के औपनिवेशिक शोषण से देश को मुक्ति मिली। पर यह स्वतन्त्रता एक खास वर्ग के लिए ही रह गयी। हमारे यहाँ पूँजीवादी और सामन्तवादी व्यवस्था अभी भी मौजूद है। यही कारण है कि मनुष्य की कथनी और करनी में फर्क है। स्वार्थ में लिप्त नेतृत्व ने सारे नीति-नियमों व आदर्शों को ताक में रख दिया है। सारी राजनीति पूँजीवादी अर्थतन्त्र के शिकंजे में है। घूसखोरी, चोर बाजारी और भ्रष्टाचार का ताण्डव नृत्य हो रहा है। आदर्श पर चलने वाले मूर्ख माने जाने लगे हैं। सिद्धान्तविहीन जाति आधारित नेतृत्व और भ्रष्ट नौकरशाही सम्पूर्ण तन्त्र को अपने आगोश में जकड़ रही है। साहित्यकारों की स्थिति सुविधाजनक हो गयी। उनके समक्ष एक गम्भीर चुनौती है वे व्यंग्य की चली अपनी परम्परा का अनुसरण करे या भोगवाद में लिप्त हो जाये। एक तरह से समाज-सुधार के प्रति मोहभंग की स्थिति है। देश की वर्तमान विसंगतिमय परिस्थितियाँ निरन्तर व्यंग्य

लेखन को प्रोत्साहन दे रही हैं। व्यंग्य इस काल के लिए एक अनिवार्य साहित्य बन गया है। 'स्वातन्त्र्योत्तर युग में कतिपय प्रखर और यथार्थद्रष्टा रचनाकारों ने व्यंग्य को एक स्वतन्त्र महत्त्व प्रदान किया। उन्होंने अपनी रचनाओं के माध्यम से व्यंग्य की विधा को उसकी सारी क्षमताओं के साथ प्रस्तुत किया तथा समाज के विकृत स्वरूप को उद्‌भासित किया। सम-सामायिक जीवन का शायद ही कोई पहलू हो जो इस युग में व्यंग्यकारों से छूट पाया हो।[81] समाज की बहुविध विसंगतियों और विद्रूपताओं को जिन व्यंग्यकारों ने अत्यन्त सशक्त ढंग से अभिव्यक्त किया, उनमें श्रीलाल शुक्ल का नाम विशेष रूप से उल्लेखनीय है।

श्री शुक्ल 1955 से निरन्तर लिखते रहे। किन्तु 1959 में 'अंगद का पाँव' के प्रकाशन के बाद हिन्दी व्यंग्य लेखन के क्षेत्र में उनकी एक अलग पहचान बन गयी। वह उनके विविध व्यंग्य निबन्धों का संग्रह है। जिसमें उनकी सामाजिक संलग्नता, चिन्ता और अपनी दुनिया के प्रति उनका नजरिया समग्रतापूर्वक उद्‌भासित हुआ है।

हर लेखक सामान्यतः अपना लेखन कविता से प्रारम्भ करता है। इस सनातन मान्यता के अनुसार श्री शुक्ल ने भी कविता से अपने लेखन की शुरुआत की। अपनी पहली व्यंग्य रचना जो कविता के माध्यम से निःसृत हुई के बारे में श्री शुक्ल ने 1963 में 'धर्मयुग' में लिखा है, 1945 की बात है तब विश्वविद्यालयों में विद्यार्थियों को देखते ही उसे लफंगा मानने का चलन नहीं हुआ था। ऐसे प्रोफेसर काफ़ी संख्या में थे जो लड़कों को 'जेंटिलमैन' कहकर सम्बोधित करते थे, यही नहीं, उन्हें ऐसा समझते भी थे। मैं प्रयाग विश्वविद्यालय में था। वातावरण सब प्रकार से विद्यार्थी को जेंटिलमैन बना डालने वाला था। हमारे छात्रावासों के मीटिंग-हॉल में योग्य और विशिष्टता पाने वाले विद्यार्थियों की वार्षिक सूचियाँ टँगी थीं। ये आई.सी.एस. में, पी.सी.एस. में, इसमें, उसमें किसी भी तुक की सरकारी नौकरी की परीक्षा में सफल होने वालों की सूचियाँ थीं। हम किसी न किसी दिन इन्हीं सूचियों में टँगने की उम्मीद बाँधे चुपचाप किताबें पढ़ते रहते, उससे भी ज्यादा चुप होकर छात्रावास के पुरातनकालीन शौचालयों, गन्ध भरे लगभग गन्दे भोजनालयों और बिना पानी के गुसलखानों में आते-जाते हुए अपने को जेंटिलमैन बनाये रखने की कला सीखते।

मेस और रेलवे बोर्ड की भाषा में संडास तो जैसे-तैसे चले जाते, क्योंकि वे जैसे-तैसे अपने उद्देश्य की पूर्ति कर लेते थे, पर बिना पानी का गुसलखाना कहाँ तक सहा जाता? शायद पानी का दबाव कम था। जो भी हो, नल से बूँद-बूँद पानी टपकता था। बूँद-बूँद से घण्टे भर में बाल्टी भरती थी और चौथाई मिनट में रीती हो जाती थी। गुसलखाने के आगे 'क्यू' लगता था, पर 'क्यू' का कोई नियम न था। नहाने वालों की भीड़ में 'दंगे' की स्थिति पैदा हो जाती थी।

इस स्थिति ने कुछ नेता पैदा किये। नेताओं ने नहाने की व्यवस्था में सुधार करना चाहा। तब तक हम सीख गये थे कि किसी भी सुधार के लिए धुआँधार आन्दोलन करना ही एकमात्र तरीका है। हम आन्दोलन पर उतर आये।

सिर्फ़ बाथरूमी चप्पल और पाजामे पहने हुए, हाथ में तौलिया और साबुन लिये नंगे बदन जवाँमर्दो का एक जत्था हमारे छात्रावास से बाहर निकला। जुलूस की शक्ल में हम वाइस चांसलर डॉ. अमरनाथ झा (जो विश्वविद्यालय में खलीफा के नाम से विख्यात थे) के बंगले की ओर बढ़े। आसपास के छात्रावासों के लड़के भी हमारे दुःख से दुःखित होकर जिस्म के कपड़े उतारकर, तौलिया झटकाते हुए जुलूस में शामिल हो गये। इन्कलाब जिन्दाबाद का वातावरण बन गया। 'लोटे-लोटे की झनकार, सारे बाथरूम बेकार' के नारों से खुद हमारे ही दिमाग गूँज उठे। ऐसे मौके पर प्रयाणगीत के लिए मैंने एक कविता लिखी जो इस प्रकार है–

"हम बिना बाथरूम के मर जायेंगे।
नाम दुनिया में अपना भी कर जायेंगे।
यह न पूछो कि मरकर किधर जायेंगे।
होगा पानी जिधर, बस उधर जायेंगे।
जून में हम नहाकर थे, घर से चले,
अब नहायेंगे फिर जब कि घर जायेंगे।
यह हमारा वतन भी अरब हो गया,
आज हम भी खलीफा के घर जायेंगे।
यह मेरी पहली व्यंग्य रचना थी।"[82]

श्री शुक्ल तब से लेकर मृत्यु पर्यन्त तक एक परिपक्व दृष्टि से व्यंग्य लेखन करते रहे। उन्होंने जीवन को समग्रता के रूप में ग्रहण किया। उनके लिए मनुष्य की नैतिकता का प्रश्न और राजनीति का प्रश्न समान रूप से महत्त्वपूर्ण रहा। 'अंगद का पाँव', 'यहाँ से वहाँ', 'मेरी श्रेष्ठ व्यंग्य रचनाएँ', 'उमरावनगर में कुछ दिन', 'कुछ ज़मीन पर कुछ हवा में', 'आओ बैठ लें कुछ देर', 'अगली शताब्दी का शहर', 'जहालत के पचास साल' आदि उनके श्रेष्ठ व्यंग्य संग्रह हैं। श्री शुक्ल का समाज बोध अत्यन्त गहन था। 'राग दरबारी' उसका सर्वोत्तम उदाहरण है।

अस्तु यह कहा जा सकता है कि यद्यपि आधुनिक युग गद्य का युग है और गद्य का सीधा रिश्ता अपने समय की बोलचाल, रोजमर्रा की जिन्दगी और मोटे तौर से यथार्थ की गहरी उथल-पुथल एवं उधेड़बुन से है। पर गद्य को इतना सम्पन्न करने में जिस असाधारण अस्त्र का सबसे बड़ा योगदान है उसका नाम है, व्यंग्य। भारतेन्दु युग और उसके बाद व्यंग्य लेखन हिन्दी

साहित्य में महत्त्वपूर्ण हो गया। अनेकों कवियों और लेखकों ने सशक्त व्यंग्य रचनाएँ लिखकर अपना-अपना सहयोग दिया है। किन्तु व्यंग्य लेखन को अपना उपजीव्य मानकर साहित्य सृजन करने वाले साहित्यकारों की परम्परा ही व्यंग्य की परम्परा के लिए महत्त्वपूर्ण है। इस दृष्टि से व्यंग्य लिखने वाले लेखकों में कुबेरनाथ राय, विवेकी राय, शरद जोशी, हरिशंकर परसाई, रवीन्द्रनाथ त्यागी, श्रीलाल शुक्ल, रवीन्द्र कालिया, आदि का नाम अग्रणी है जिन्होंने एक समर्थ व्यंग्य शैली विकसित की है। सामाजिक, राजनीतिक, आर्थिक, नैतिक, साहित्यिक, सांस्कृतिक सभी क्षेत्रों पर इन व्यंग्यकारों का ध्यान है, हालाँकि ज्यादातर व्यंग्य राजनीतिक व्यंग्य के रूप में ही उभरे हैं।

श्रीलाल शुक्ल ने व्यंग्य के माध्यम से स्वातन्त्र्योत्तर भारत में उपजी समस्त सामाजिक विकृतियों पर प्रहार किया है। उन्होंने अपने उत्कृष्ट व्यंग्य उपन्यास 'राग-दरबारी' में शहर से लगे एक गाँव की जिन्दगी के बहाने भारत की लंगड़ी और बदबूदार जिन्दगी को अत्यन्त तीक्ष्ण और सच के रूप में उद्भासित किया है। उन्होंने जातिवाद, भाई-भतीजावाद, भ्रष्टाचार की जमकर खबर ली है।

सन्दर्भ सूची

1. हिन्दी कविता में व्यंग्य : शेरजंग गर्ग, पृष्ठ 28
2. हिन्दी भाषा और साहित्य : शिवपूजन सहाय, पृष्ठ 111
3. शब्द-कल्पद्रुम : चतुर्थ भाग, पृष्ठ 530
4. साहित्य-दर्पण विश्वनाथ, व्याख्याकार : सत्यव्रत सिंह, पृष्ठ 39
5. भारतीय तर्कशास्त्र का आधुनिक परिचय : प्रो. संगमलाल पाण्डेय, पृष्ठ 25
6. वही, पृष्ठ 25
7. वही, पृष्ठ 25-26
8. सरस्वती कंठाभरण : भोजदेव
9. कबीर : हजारी प्रसाद द्विवेदी, पृष्ठ 24,
10. स्वातन्त्र्योत्तर हिन्दी कविता में व्यंग्य : शेरजंग गर्ग, पृष्ठ 24
11. हिन्दी व्यंग्य साहित्य और हरिशंकर परसाई : डॉ. मदालसा व्यास, पृष्ठ 3
12. व्यंग्य का स्वरूप : डॉ. मेंहदीरत्ता, प्रतिशोध पत्रिका, चण्डीगढ़, पृष्ठ 32
13. स्वातन्त्र्योत्तर हिन्दी कविता में व्यंग्य : शेरजंग गर्ग, पृष्ठ 27-29
14. वही, पृष्ठ 28
15. सदाचार की ताबीज : हरिशंकर परसाई, कैफियत, पत्रिका, पृष्ठ 10
16. परसाई रचनावली, खण्ड 7 : कमला प्रसाद व अन्य, पृष्ठ 249
17. मेरी श्रेष्ठ व्यंग्य रचनाएँ : श्रीलाल शुक्ल, प्रथम संस्करण, कवर पेज
18. वही, कवर पेज
19. आइडिया ऑफ कॉमेडी : मेरीडिथ, लन्दन, 1943, पृष्ठ 82
20. इंग्लिश सटायर : प्रो. जेम्स सदरलैण्ड, पृष्ठ 199

21. एन इंट्रोडक्शन टू ड्रामेटिक थ्योरी : ए. निकाल, पृष्ठ 212
22. दि एनाटॉमी ऑफ सटायर : गिल्बर्ट हाइट, पृष्ठ 234
23. कॉमेडी : एल.जे. पोट्स, पृष्ठ 153
24. परसाई रचनावली, खण्ड 7 : सं. कमला प्रसाद व अन्य, पृष्ठ 249
25. सटायर : आर्थर पोलैण्ड, पृष्ठ 7
26. ऑक्सफोर्ड इंग्लिश डिक्शनरी, खण्ड 9, पृष्ठ 119
27. इनसाइक्लोपीडिया ब्रिटानिक, खण्ड 20, पृष्ठ 5
28. भारतेन्दु ग्रन्थावली : सं. ब्रजरत्नदास, भाग 3, पृष्ठ 870
29. वही, पृष्ठ 858
30. भारतेन्दु ग्रन्थावली : भाग 2, पृष्ठ 811
31. हिन्दी गद्य लेखन में व्यंग्य और विचार : सुरेशकान्त, पृष्ठ 88
32. हिन्दी प्रदीप, फरवरी 1880, पृष्ठ 10
33. हिन्दी गद्य लेखन में व्यंग्य और विचार : सुरेशकान्त, पृष्ठ 91
35. साहित्य अमृत व्यंग्य विशेषांक 2009, पृष्ठ 68
36. हिन्दी साहित्य का उद्भव और विकास : हजारी प्रसाद द्विवेदी, पृष्ठ 236
37. हिन्दी साहित्य का इतिहास : आचार्य रामचन्द्र शुक्ल, पृष्ठ 429
38. हिन्दी साहित्य का बृहद् इतिहास, भाग 13, पृष्ठ 98
39. हिन्दी गद्य लेखन में व्यंग्य और विचार : सुरेशकान्त, पृष्ठ 103
40. साहित्य सन्दर्भ, पृष्ठ 73
41. वही, पृष्ठ 150-151
42. हिन्दी साहित्य का इतिहास : डॉ. नगेन्द्र, डॉ. हरदयाल, पृष्ठ 480
43. वही, पृष्ठ 481
44. वही, पृष्ठ 481
45. वही, पृष्ठ 481
46. वही, पृष्ठ 481
47. हिन्दी गद्य लेखन में व्यंग्य और विचार : सुरेशकान्त, पृष्ठ 102
48. अध्यापक पूर्ण सिंह के निबन्ध : मजदूरी और प्रेम, पृष्ठ 142
49. माधव मिश्र निबन्ध माला, प्रथम भाग, चतुर्वेदी द्वारका प्रसाद शर्मा एवं श्री झावरमल्ल शर्मा, पृष्ठ 3
50. वही, पृष्ठ 13-14
51. माधवप्रसाद मिश्र : निबन्धमाला, भाग 4, पृष्ठ 20
52. हिन्दी गद्य लेखन में व्यंग्य और विचार : सुरेशकान्त, पृष्ठ 118
53. ठलुआ क्लब : बाबू गुलाबराय, पृष्ठ 18-19
54. मेरी असफलताएँ भूमिका : बाबू गुलाबराय, पृष्ठ 21
55. हिन्दी का गद्य-साहित्य : डॉ. रामचन्द्र तिवारी, पृष्ठ 610
56. चिन्तामणि, भाग 1, श्रद्धाभक्ति : आचार्य रामचन्द्र शुक्ल, पृष्ठ 25
57. चिन्तामणि, भाग 1, लोभ और प्रीति : आचार्य रामचन्द्र शुक्ल, पृष्ठ 76-77
58. वही, पृष्ठ 116-117
59. वही, पृष्ठ 116
60. वही, पृष्ठ 117
61. वही, पृष्ठ 167

62. वही, पृष्ठ 186
63. वही, पृष्ठ 40
64. वही, पृष्ठ 51
65. चिन्तामणि, भाग 2, पृष्ठ 93
66. वही, पृष्ठ 93
67. हिन्दी भाषा और साहित्य : शिवपूजन सहाय, पृष्ठ 127
68. चिन्तामणि, भाग 2 : आचार्य रामचन्द्र शुक्ल, पृष्ठ 26
69. वही, पृष्ठ 31
70. वही, पृष्ठ 75
71. वही, पृष्ठ 76
72. सतरंगे पंखों वाली : नागार्जुन, पृष्ठ 41
73. हिन्दी गद्य लेखन में व्यंग्य और विचार : सुरेशकान्त, पृष्ठ 119
74. हिन्दी का गद्य साहित्य : डॉ. रामचन्द्र तिवारी, पृष्ठ 83
75. हिन्दी साहित्य का इतिहास : डॉ. नगेन्द्र, हरदयाल, पृष्ठ 570
76. वही, पृष्ठ 41
77. कुछ उथले कुछ गहरे : शिवपूजन सहाय, पृष्ठ 6-7
78. वही, पृष्ठ 12
79. वही, पृष्ठ 7
80. वही, पृष्ठ 98
81. यथार्थवाद : शिवकुमार मिश्र, पृष्ठ 191
82. हिन्दी गद्य लेखन में व्यंग्य विचार : सुरेशकान्त, पृष्ठ 271-272

अध्याय 2

श्रीलाल शुक्ल : व्यक्ति परिचय एवं व्यंग्य सम्बन्धी अवधारणा

श्रीलाल शुक्ल अप्रतिम व्यंग्य शिल्पी के रूप में विख्यात हैं। प्रतिभा, श्रम, निष्ठा और संघर्ष क्षमता के बल पर साहित्य-सर्जन के शिखर तक पहुँचने वाले रचनाकारों में उनका अन्यतम स्थान है। आपने कविता, कहानी, उपन्यास, व्यंग्य लेखन आदि अनेक विधाओं को समृद्ध किया। शुक्ल जी उन यशस्वी लेखकों में रहे हैं, जिनके व्यंग्य में परम्परा और आधुनिकता, कलात्मक औदात्य, बौद्धिक सघनता, वैचारिक ईमानदारी, संवेदनात्मक गहनता, प्रतिरोधात्मक साहस का मेल उनके सम्पूर्ण लेखन में विद्यमान रहा है। व्यंग्य परम्परा की इतनी उज्ज्वलता और समृद्धि कम व्यंग्य शिल्पियों में मिलती है। उन्होंने कथा की ऊँचाई की जो लकीर अपने लिए खींची, उसे लगातार बनाये रख कर आजीवन साहित्य सर्जना की। उनके व्यंग्य का दायरा विस्तृत है। इन्हीं गुणों के कारण वे आधुनिक गद्य साहित्य के क्लासिक मॉडल रहे हैं।

2.1.1 जन्म एवं वंश परम्परा

श्रीलाल शुक्ल का जन्म उत्तर प्रदेश के अन्तर्गत, लखनऊ जिले के एक छोटे से गाँव अतरौली में 31 दिसम्बर 1925 को हुआ था। प्रायः देखा गया है कि गाँव ही असाधारण प्रतिभाशाली महानुभावों के जन्म-स्थान रहे हैं। शुक्ल जी के पितामह पण्डित गदाधर प्रसाद शुक्ल संस्कृत, हिन्दी, उर्दू व फारसी के प्रकाण्ड विद्वान थे। पिता पण्डित ब्रजकिशोर शुक्ल भी हिन्दी, उर्दू एवं संस्कृत का व्यावहारिक ज्ञान रखते थे। अपने पिता के बारे में शुक्ल जी ने स्वयं लिखा है : "मेरे पिता को निर्धनता, सदाचार, साहित्य और संगीत का संस्कार विरासत में मिला। वह गरीब थे, पर उनके संस्कार गरीब के न थे।"[1] पिता को साहित्य में रुचि थी इसलिए उन्होंने अपने पुत्र को बचपन से ही संस्कृत तथा हिन्दी में मुक्तदान दिया। घर के पठन-पाठन के माहौल का प्रभाव श्रीलाल शुक्ल पर छाया रहा। उनमें सृजनात्मकता के बीज बचपन

से ही विद्यमान थे। गाँव और घर के साहित्यिक माहौल में उसे खूब पनपने का अवसर मिला। किसी भी प्रतिभाशाली व्यक्ति में एक ऐसी असाधारण-शक्ति रहती है जो उसे दूसरों से बड़ा बना देती है। वह शक्ति जिसमें होती है उसका परिचय बचपन से ही मिलने लगता है। भस्माच्छादित अग्नि जिस तरह अपने को अधिक समय तक छिपा नहीं सकता, उसी तरह प्रतिभा की प्रभा को भी कोई रोक नहीं सकता। श्रीलाल शुक्ल की प्रतिभा का परिचय भी लोगों को उसी अवस्था में मिलने लग गया था, जब वे हाईस्कूल में थे। इसी समय उन्होंने कविताएँ लिखने का छिटपुट प्रयास प्रारम्भ कर दिया था। बालक श्रीलाल शुक्ल धीरे-धीरे काव्य सम्मेलनों में भाग लेने लगे और स्थापित कवियों के बीच उदीयमान सूर्य की भाँति अपना प्रकाश फैलाने लगे।

2.1.2 शिक्षा

इनकी आरम्भिक शिक्षा गाँव में ही हुई थी। हाईस्कूल की परीक्षा इन्होंने कान्यकुब्ज वोकेशनल कॉलेज लखनऊ से उत्तीर्ण की। इण्टरमीडिएट की पढ़ाई के लिए वे कान्यकुब्ज कॉलेज, कानपुर चले गये। बी.ए. इन्होंने इलाहाबाद विश्वविद्यालय, इलाहाबाद से किया। इस प्रकार गाँव से प्रारम्भ हुई उनकी शिक्षा की परिणति इलाहाबाद विश्वविद्यालय में हुई। बी.ए. से आगे की पढ़ाई न कर सके।

इलाहाबाद में उनका सम्पर्क केशवचन्द्र वर्मा, धर्मवीर भारती, विजयदेव नारायण साही, सर्वेश्वर दयाल सक्सेना, जगदीश गुप्त जैसे उभरते हुए साहित्यकारों के साथ हुआ। अब उन्होंने पद्य के स्थान पर कहानी लिखना प्रारम्भ किया।

2.1.3 आजीविका

प्रतिभा सम्पन्न श्रीलाल शुक्ल जी ने सन् 1949 में उत्तर प्रदेश सिविल सर्विस की परीक्षा उत्तीर्ण की और डिप्टी कलेक्टर के रूप में उनकी नियुक्ति हो गयी। वर्ष 1973 में आई.ए.एस. के रूप में उनकी पदोन्नति हो गयी। उत्तर प्रदेश सरकार के अनेक उच्च पदों पर कार्य करने के उपरान्त वे विशेष सचिव चिकित्सा एवं स्वास्थ्य के पद से 30 जून 1983 को सेवामुक्त हुए।

2.1.4 परिवार

श्रीलाल शुक्ल जी का विवाह श्रीमती गिरजा देवी से सन् 1948 में हुआ था। उनके तीन पुत्रियाँ—रेखा, मधूलिका, विनीता तथा एक पुत्र आशुतोष हैं। सभी उनके दिये हुए संस्कारों को बढ़ा रहे हैं। वर्ष 1997 में एक लम्बी बीमारी के उपरान्त पत्नी गिरजा देवी का देहावसान हो गया। 28 अक्टूबर 2011 में श्रीलाल शुक्ल जी का भी देहावसान हो गया।

श्रीलाल शुक्ल जी सरकारी नौकरी में होते हुए भी व्यंग्य-लेखन के सारे खतरे उठाते रहे। एक सफल लेखक के साथ-साथ एक उच्च कोटि के आदर्श पुरुष थे। उनमें सरलता, सहजता, उदारता, बड़प्पन, नम्रता, सादगी, विनय, मधुरभाषिता तथा निश्छलता समाहित थी। वे स्वाभिमानी भी थे। वे प्रकाण्ड विद्वान थे। अपनी विशिष्ट शैली में व्यंग्य विधा को प्रस्तुत करने के लिए वे चर्चित रहे। उनके पास चोट करने वाली सक्षम भाषा और आरपार देख सकने वाली तेज दृष्टि थी। वे एक उच्च अधिकारी थे पर अधिकारी के तेवर उनमें नहीं थे। वे एकदम सरल और मृदुभाषी थे। वे पद से मिलने वाले लाभों के गुलाम नहीं रहे। प्रशासन में उनका नाम था, धाक थी, साख थी। पूरा संवर्ग उनको पाकर गौरवान्वित था।

2.1.5 सम्मान एवं पुरस्कार

श्रीलाल शुक्ल जी को मिले पुरस्कारों की सूची लम्बी है। 1970 में 'राग दरबारी' के लिए 'साहित्य अकादमी पुरस्कार' पाने के उपरान्त 1978 में मध्य प्रदेश हिन्दी साहित्य परिषद द्वारा पुरस्कृत हुए। 1988 में केन्द्रीय हिन्दी संस्थान का 'साहित्य भूषण पुरस्कार' मिला। 1991 में कुरुक्षेत्र विश्वविद्यालय द्वारा 'गोयल साहित्यिक पुरस्कार' प्रदान किया गया। 1994 में हिन्दी संस्थान ने 'लोहिया सम्मान' से पुरस्कृत किया। 1996 में मध्य प्रदेश सरकार का 'शरद जोशी सम्मान' मिला। 1997 में मध्य प्रदेश सरकार के 'मैथिलीशरण गुप्त सम्मान' द्वारा पुरस्कृत किये गये। 1999 में इन्हें बिरला फाउण्डेशन द्वारा 'व्यास सम्मान' से भी पुरस्कृत किया गया। 2005 में उत्तर प्रदेश सरकार का 'यश भारतीय सम्मान' और 2008 में भारत के राष्ट्रपति द्वारा 'पद्मभूषण' से अलंकृत किये गये। अन्ततः वर्ष 2011 में इन्हें भारत का सर्वोच्च साहित्यिक सम्मान ज्ञानपीठ पुरस्कार से सम्मानित किया गया।[2]

रचनाएँ : संक्षिप्त परिचय

श्रीलाल शुक्ल जी का नियमित लेखन वर्ष 1953 से प्रारम्भ हुआ। वे स्वयं कहते हैं कि "अगर किशोरावस्था में किये गये घपलों को न गिनें तो साहित्य में मेरे प्रयोग 27 वर्ष की अपेक्षाकृत परिपक्व आयु में शुरू हुए। एक दिन आकाशवाणी की रूमानी गिचिर-पिचिर से बौखलाकर उसके विरोध में मैंने 'स्वर्णग्राम और वर्षा' नामक निबन्ध लिख डाला और उसे धर्मवीर भारती के पास प्रकाशनार्थ भेज दिया। यह निबन्ध उस समय की प्रतिष्ठित पत्रिका 'निकश' में छपा। इसके बाद लोग धर्मवीर भारती से पूछने लगे कि लेखक श्रीलाल शुक्ल कौन हैं?"[3]

'स्वर्णग्राम और वर्षा' नामक निबन्ध के बाद श्रीलाल शुक्ल के गद्य लेखन की धारा अबाध गति से प्रवाहित होने लगी। उन्होंने हिन्दी की

प्रतिष्ठित पत्रिका 'ज्ञानोदय', 'धर्मयुग', 'साप्ताहिक हिन्दुस्तान', 'कल्पना', 'नयी कहानियाँ', 'तुंग शृंग', 'माध्यम', 'सारिका' आदि सभी में लेख लिखे।

श्रीलाल शुक्ल साहित्य को जीवन से गहराई से सम्बद्ध मानते थे। साहित्य उनके लिए जिन्दगी का अनिवार्य अंग ठीक इसी तरह है जैसे जिन्दगी उनके लिए साहित्य का एक अनिवार्य अंग है। साहित्य की कसौटी के प्रसंग में अपना विचार रखते हुए वे कहते हैं कि जब कोई साहित्य की परख के लिए कसौटी की बात उठाता है तो वह मानकर चलता है कि साहित्य को खरे सोने जैसा होना चाहिए। पर साहित्य में खरे की तलाश करते समय मैं दो बातों की याद दिलाता रहता हूँ, पहला यह है कि जिन्दगी में खरा सोना ही सब कुछ नहीं है, कभी लोहे की भी जरूरत होती है और कभी मिट्टी की भी। दूसरी, सभी चमकने वाली वस्तु सोना नहीं है। इस प्रकार उनका मानना है कि जिसे उत्कृष्ट साहित्य समझा गया, उसका एक बहुत बड़ा हिस्सा आज की रुचि के अनुसार उबाऊ है पर उनके उबाऊ होते हुए भी असामान्य साहित्य अनुभव सृजित करने की सामर्थ्य उनमें रहती है।

श्रीलाल शुक्ल ने साहित्य के क्षेत्र में नयी उपलब्धियाँ प्राप्त की थीं। उनकी लेखन शैली अन्य लेखकों से एकदम अलग है। वे रचना प्रक्रिया में न जाकर विषय-निरूपण में एकाग्रचित्त होते थे। अपनी रचनाओं के माध्यम से उन्होंने सामाजिक बन्धनों, समाज में फैली कुरीतियों, समाज में चारों ओर व्याप्त भ्रष्टाचार का सख्त विरोध किया था। वे समाज के टूटे हुए और टूटते मूल्यों को पुनः स्थापित करना चाहते थे।

इस प्रकार श्रीलाल शुक्ल हिन्दी साहित्य के उन लब्ध प्रतिष्ठित श्रेष्ठ व्यंग्यकारों में से हैं जिनके व्यंग्य का दायरा विस्तृत है। बौद्धिक बारीकियों से युक्त होने के कारण आपका व्यंग्य एक खास तरह के पाठक की माँग करता है। आपके व्यंग्य लेखन की सबसे बड़ी विशेषता यह है कि आप किसी भी गद्य विधा को व्यंग्य गर्भित बना देते हैं। यहाँ तक कि आपका यात्रा-वृत्तान्त भी व्यंग्य लेख बन जाता है। उन्होंने हिन्दी लेखन के मिजाज को बदला। ढेरों साहित्य लिखकर हिन्दी साहित्य की श्रीवृद्धि की। उनकी रचना यात्रा का परिचय डॉ. सुरेश पटेल ने अपनी पुस्तक 'श्रीलाल शुक्ल : एक परिचय' में इस प्रकार दिया है–

व्यंग्य साहित्य

1. अंगद का पाँव, 1958 - भारतीय ज्ञानपीठ प्रकाशन
2. यहाँ से वहाँ, 1970 - राजकमल प्रकाशन
3. मेरी श्रेष्ठ व्यंग्य रचनाएँ, 1979 - नेशनल पब्लिशिंग हाउस

4. उमरावनगर में कुछ दिन, 1986 - राजकमल प्रकाशन
5. कुछ ज़मीन पर कुछ हवा में, 1990 - राजकमल प्रकाशन
6. आओ बैठ लें कुछ देर, 1995 - राजकमल प्रकाशन
7. अगली शताब्दी का शहर, 1996 - किताबघर प्रकाशन

उपन्यास

8. सूनी घाटी का सूरज, 1957 - राजकमल प्रकाशन
9. अज्ञातवास, 1962 - राजपाल एण्ड सन्स
10. राग दरबारी, 1968 - राजकमल प्रकाशन
11. आदमी का जहर, 1972 - राजकमल प्रकाशन
12. सीमाएँ टूटती हैं, 1973 - राजकमल प्रकाशन
13. मकान, 1976 - राधाकृष्ण प्रकाशन
14. पहला पड़ाव, 1987 - राजकमल प्रकाशन
15. बिश्रामपुर का सन्त, 1998 - राजकमल प्रकाशन
16. राग विराग, 2002 - किताबघर प्रकाशन

कहानी साहित्य

17. यह घर मेरा नहीं, 1979 - किताबघर प्रकाशन
18. सुरक्षा तथा अन्य कहानियाँ, 1991 - राजकमल प्रकाशन

निबन्ध

19. भगवतीचरण वर्मा, 1989 - साहित्य अकादेमी प्रकाशन
20. अमृतलाल नागर, 1994 - साहित्य अकादेमी प्रकाशन

आलोचना

21. अज्ञेय कुछ रंग, कुछ राग, 1999 - प्रभात प्रकाशन

श्रीलाल शुक्ल जी की कई पुस्तकों का अन्य भाषाओं में अनुवाद हुआ है। उनके उपन्यास 'राग दरबारी' का अंग्रेज़ी सहित सभी प्रमुख भारतीय भाषाओं में अनुवाद हुआ है। अंग्रेज़ी अनुवाद जिलियन राइट ने किया है। 'पहला पड़ाव' का अंग्रेज़ी अनुवाद डेविड रूबिन ने किया है। 'मकान' का बंगला भाषा में अनुवाद हुआ है।[4]

2.2 श्रीलाल शुक्ल की व्यंग्य सम्बन्धी अवधारणा

श्रीलाल शुक्ल मूलतः एक रचनाकार हैं। अन्तः उन्होंने व्यंग्य के सन्दर्भ में आलोचक की तरह विधिवत चिन्तन-मनन तो नहीं किया है किन्तु समय-समय पर विशेषतः अपने साक्षात्कारों के दौरान व्यंग्य सम्बन्धी अपने विचार न केवल प्रकट किये बल्कि एक विशिष्ट आलोचकीय दृष्टि से व्यंग्य के विविध पक्षों पर

भी अपनी राय दी है। उनका अध्ययन क्षेत्र बड़ा ही विस्तृत है। उन्होंने हिन्दी के नये-पुराने व्यंग्यकारों और आलोचकों को ही नहीं, विदेशी रचनाकारों को भी गम्भीरता से पढ़ा है।

श्रीलाल शुक्ल जी व्यंग्य की प्रचलित अवधारणा से प्रायः असहमत दिखाई देते हैं और तर्कपूर्ण ढंग से व्यंग्य सम्बन्धी अपनी अवधारणा को स्पष्ट करते हुए व्यंग्य के मनोवैज्ञानिक और सामाजिक प्रभाव को भी संकेतों में व्यक्त करते हैं। एक व्यंग्यकार होने के नाते वे अपनी व्यंग्य रचनाओं और वर्तमान तथा पुरानी पीढ़ी के प्रारम्भिक व्यंग्यकारों की शैली, शिल्प और कथ्य की दृष्टि से तुलनात्मक अध्ययन भी करते हैं।

ममता कालिया से बातचीत के दौरान व्यंग्य विधा पर बोलते हुए उन्होंने कहा है, "आज प्रत्येक सार्थक लेखन में व्यंग्य एक सशक्त व मूलभूत स्वर है। आपने सप्रयत्न व्यंग्य नहीं लिखा लेकिन उपन्यास का मूल स्वर व्यंग्य है। व्यंग्य लिखकर मैं किसी विधा विशेष का उद्धार नहीं कर रहा हूँ। व्यंग्य महत्त्वपूर्ण विधा है या नहीं इस बहस में न पड़कर अपने कथ्य को अच्छी तरह व्यक्त करना ही ज़्यादा महत्त्वपूर्ण है।"[5]

अपने पूर्ववर्ती रचनाकारों के साहित्य में व्यंग्य के पुट को लेकर शुक्ल जी अपना विचार प्रकट करते हैं, "पूर्ववर्ती रचनाकारों में निराला को छोड़कर अन्य रचनाकारों ने व्यंग्य को इतना महत्त्व नहीं दिया है जबकि इधर बहुत से रचनाकारों ने व्यंग्य के माध्यम से अपनी अभिव्यक्ति को प्रखर बनाया है। रघुवीर सहाय और धूमिल की कविताओं में आप मेरी बात के प्रमाण प्राप्त कर सकते हैं। नागार्जुन के पूरे साहित्य में व्यंग्य का स्वर प्रभावी है। ज्ञानरंजन, काशीनाथ सिंह, उदय प्रकाश, अखिलेश, हरिचरण प्रकाश वगैरह ने व्यंग्य का अत्यन्त सार्थक उपयोग किया है। 'मुझे चाँद चाहिए' उपन्यास में सुरेन्द्र वर्मा ने व्यंग्य के पारम्परिक उपादानों का विलक्षण इस्तेमाल किया है। रवीन्द्र कालिया और ममता कालिया में आप देख सकते हैं। ममता का उपन्यास 'बेघर' एक ट्रैजिक कथा है जिसे व्यंग्यात्मक भाषा शैली द्वारा निरूपित किया गया है। कह सकते हैं कि समस्त आधुनिक साहित्य में व्यंग्य एक सामान्य प्रवृत्ति है। इसका उद्देश्य मखौल, मजाकिया कटाक्ष होता है। तो इस क्षेत्र में ढाई-तीन दर्जन नाम हैं जो बहुत छपते हैं, बहुत प्रसिद्ध हैं। अच्छा भी लिखा है, बहुत भी लिखा है। कुछ ने 20-30 पुस्तकें लिख डाली हैं। अख़बारों में स्थायी रूप से व्यंग्य का स्तम्भ रहता ही है मगर देखता हूँ कि लेखक का अपना रवैया क्या है। व्यंग्य तो सामाजिक आलोचना है। आप कुछ कहने से पहले अपना स्टैंड तो साफ करेंगे। इस दृष्टि से मैं बहुत उत्साहजनक स्थिति नहीं मानता। अधिकांश व्यंग्य लेखन अच्छा है मगर उसमें प्राण प्रायः गायब है।"[6]

मधुसूदन पाटिल के साथ एक साक्षात्कार के दौरान उपन्यासकार और व्यंग्यकार दोनों में अन्तर स्पष्ट करते हुए शुक्ल जी कहते हैं, 'मेरे लिए इस प्रश्न का उत्तर आसान नहीं है क्योंकि इसके पीछे आपके और सतही ढंग से लिखी जाने वाली हिन्दी आलोचना के एक विशेष समुदाय के कई प्रत्यक्ष-अप्रत्यक्ष आग्रह दिख रहे हैं। मैं केवल लिखने की, लेखन धर्म में सक्रिय होने की कोशिश करता हूँ और अपनी समझ से, अपने कथ्य के अनुरूप विधा का चुनाव करता हूँ। वह उपन्यास भी हो सकता है कहानी भी। ललित निबन्ध और हास्य-व्यंग्य कथा भी, जीवनी भी हो सकती है।

उपन्यासकार के लिए व्यंग्य का सहारा लेना वर्जित होने अथवा अपनी समझ से व्यंग्य का सार्थक सहारा लेने के कारण उपन्यासकार का अस्तित्व खत्म हो जाने और मात्र बन जाने के पीछे कार्यरत सिद्धान्त के सन्दर्भ में मधुसूदन पाटिल का कहना है–''वास्तव में इस प्रकार के प्रश्न उन पूर्वाग्रहों से प्रेरित होते हैं जो विश्व उपन्यास के विकास या ह्रास की स्थिति को नज़रअन्दाज़ करने के कारण पैदा हुए हैं। हास्य और व्यंग्य का इतना मधुर प्रयोग करने के बावजूद डिकेंस के अधिकांश उपन्यासों को आप क्या कहेंगे या आज के जीवित लेखकों में सालबेलो, गुंटर ग्रास या नायपॉल के अनेक उपन्यासों को कहाँ रखेंगे? हिन्दी में ही निराला की 'कुल्ली भाट', भगवतीचरण वर्मा के 'अपने खिलौने', 'भूले बिसरे चित्र', 'प्रश्न और मरीचिका' (और पुराना तीन वर्ष) या अमृतलाल नागर की 'बूँद और समुद्र', 'नाच्यो बहुत गोपाल' इन सबके प्रचुर व्यंग्य-विनोद को क्या बिलकुल भुलाया जा सकता है।''[7]

वर्तमान में हास्य और व्यंग्य का महत्त्व स्पष्ट करते हुए इनका मत है कि हमारा देश प्रजातान्त्रिक देश है इसीलिए ''व्यंग्य आज तिरस्कृत होने की विधा नहीं है, अधिनायकवादी शासनों की बात जाने दें, प्रजातन्त्र का पूरा ढाँचा ही खुली आलोचना पर आधारित है। हिन्दी हास्य-व्यंग्य लेखक स्वेच्छा से शहीदाना अन्दाज़ अपनाए रहें, यह उनका निजी मामला है; पर समझा यही जाता है कि आर्थिक दृष्टि से आज वही साहित्यकार सबसे ज्यादा सफल हैं जो हास्य-व्यंग्य लिखते हैं (पद्य में ही नहीं गद्य में भी) और मंच पर खड़े होकर हज़ारों के जनसमुदाय तक अपने को सम्प्रेषित करते हैं।''[8]

व्यंग्य के बेअसर होते जाने के सम्बन्ध में शुक्ल जी कहते हैं, 'एक तेजी से बदलते जीवन की जटिल समस्याओं जैसे दरिद्रता, हिंसा, असुरक्षा आदि से जूझते समाज को शब्द नहीं कोई सुसम्पादित कार्य योजना ही उत्साहित कर सकती है। इसीलिए सुव्यवस्थित निजी और सामाजिक जीवन के अभाव में व्यंग्य ही नहीं शब्द पर सभी विधाएँ अपना प्रभाव खो रही हैं।''[9]

यद्यपि व्यंग्य को शुक्ल जी ने महत्त्वपूर्ण माना है लेकिन वे निरा व्यंग्य के

सम्बन्ध में बहुत आश्वस्त नहीं हैं। साहित्य के समग्र अनुभव से कटकर अकेले व्यंग्य पर निर्भर रहना न लेखकों को प्रिय होता है न पाठकों को। अन्तरराज्यीय और अन्तरराष्ट्रीय साहित्य बाजार में व्यंग्य और व्यंग्यकारों की दशा-दिशा के सन्दर्भ में पूछे जाने पर शुक्ल जी कहते हैं, "मैं इस पर कोई व्यापक तथ्यपरक व्याख्या नहीं दे सकता। पर इतना स्पष्ट है कि अन्तरराष्ट्रीय स्तर पर अकेले व्यंग्यकार नामक जन्तु कुछ कम ही लिखते हैं, मिलते हैं। हास्य लेखकों या मंच पर हास्य कार्यक्रम देने वालों का समुदाय अवश्य सक्रिय है। व्यंग्य का अपेक्षाकृत सुशिक्षित और सधा हुआ प्रयोग पत्रकारिता में विशेष स्तम्भों द्वारा अवश्य हो रहा है और उसकी व्यापक स्वीकृति भी है फिर भी साहित्य के समग्र अनुभव से कटकर अकेले व्यंग्य पर पोषित रहना न पाठक ही को रास आता है ना अधिकांश लेखकों को ही। तभी इंग्लैंड में 'पंच' जैसी पुरानी पत्रिका को बन्द होना पड़ा। इसके अलावा उपन्यास, कहानी, नाटक, आदि में विडम्बना, फैंटेसी, अन्योक्ति आदि शैलियों के बढ़ते प्रयोग के कारण जो मूलत व्यंग्य के ही उपादान हैं, स्वतन्त्र रूप से व्यंग्य लेखन का महत्त्व घटा है। वास्तव में प्रकृतिवादी लेखन की परम्परा के छीजने के बाद कथा-साहित्य आदि ने सहज ही व्यंग्य को अपनी अन्तरंग शक्ति के रूप में अपना लिया है।"[10]

अपने लेखन में व्यंग्य के प्रभाव और उसके स्वरूप को स्पष्ट करते हुए शुक्ल जी कहते हैं, "ऐसा जरूर है कि 'मकान' और 'पहला पड़ाव' जैसे मेरे उपन्यासों में व्यंग्य का तत्त्व प्रखर है। पर 'वहाँ' व्यंग्य के प्रयोग में और 'राग दरबारी' के व्यंग्य में कुछ मूलभूत अन्तर है। 'राग दरबारी' में मैंने व्यंग्य की उस शैली का प्रयोग किया है जो प्रायः अख़बारी स्तम्भों में मिलती है। उसका चरम स्तर पर औपन्यासिक प्रयोग मैंने लगभग कोलाज के रूप में किया है। ऐसा सचेतन ढंग से किया गया पाठक को जबरन समकालीनता की दलदल में खींचने के लिए। पर 'मकान' या 'पहला पड़ाव' में व्यंग्य उसके ताने-बाने में अनुस्यूत है। वह प्रायः साहित्यशास्त्रीय व्यंजना के रूप में अभिधात्मक या प्रकृतिवादी लेखन के विपरीत प्रयुक्त हुआ है। मुझे लगता है कि व्यंग्य का यह ज्यादा सार्थक प्रयोग है जिसे भारतीय लेखन में फकीर मोहन सेनापति या शरत्चन्द्र जैसे लेखक कर चुके हैं। 'नशा', 'गुल्ली डंडा' जैसी कहानियों में प्रेमचन्द भी। पश्चिम में सालबेलो या गुंटर ग्रास जैसे लेखक हैं जिनके कथा लेखन में व्यंग्य की प्रखर भंगिमा है। सलमान रुश्दी भी, पर वे 'राग दरबारी' और मकान के बाद के लेखक हैं।'[11]

साहित्य में व्यंग्य की अनिवार्यता के सन्दर्भ में इनका मानना है कि साहित्य के क्षेत्र में व्यंग्य की अनिवार्यता बहुत कुछ सिद्ध होती जा रही है। "प्रकृतिवादी और यथातथ्यवादी शैली की सम्पूर्ण सम्भावनाएँ चुक जाने के बाद और भाषा के

व्यावसायिक तथा अख़बारी प्रयोग की अनाचारिता के कारण अब कविता, नाटक, कथा-साहित्य आदि में व्यंग्य एक अपरिहार्य आन्तरिक जरूरत बन गया है और इस प्रवृत्ति को हिन्दी में आज व्यापक स्तर पर लक्षित किया जा सकता है।"[12]

इस तरह शुक्ल जी व्यंग्य लेखन को समर्थ मानते तो हैं लेकिन व्यंग्य ही सर्वाधिक समर्थ है, इसका पुरजोर विरोध भी करते हैं। पौराणिक ग्रन्थों का उदाहरण देते हुए वे कहते हैं कि, "व्यंग्य समर्थ है। लेकिन व्यंग्य ही सर्वाधिक समर्थ है, सबसे सशक्त माध्यम है, यह बात सही नहीं है। जितने भी महाकाव्य हैं उन्हें देखिए। मानस में राम और रावण की अवधारणा सर्वाधिक विसंगतिपूर्ण है। महाभारत में विद्रूप का विस्फोट द्रौपदी के चीरहरण में दृष्टिगत होता है। फिर भी नाटक, उपन्यास, कविता, कहानी मूलतः जीवन की विसंगति व विद्रोह पर ही आश्रित नहीं है जबकि व्यंग्य की यह सीमा है कि वह विसंगति और विद्रूपताओं पर आश्रित है।"[13]

आज व्यंग्य साहित्य से भी अधिक हास्य-व्यंग्य का साहित्य पाठकों को आकर्षित करता है। पाठक हर बात को हास्य के पुट के साथ पढ़ना पसन्द करते हैं। कई बार हास्य-व्यंग्य से व्यंग्य के अन्तर को लेकर बहसें चलती रहती हैं। हास्य और व्यंग्य में अन्तर तथा व्यंग्य के लिए हास्य की उपयोगिता होने के सन्दर्भ में अपना दृष्टिकोण स्पष्ट करते हुए शुक्ल जी कहते हैं, "हास्य, व्यंग्य का विरोधी नहीं है। वह व्यंग्य को अधिक मनोरंजक और स्वीकार्य बनाता है किन्तु हास्य जिन परिस्थितियों में उत्पन्न होता है उसका क्षेत्र बहुत विश्वस्त है। प्राचीन काव्यशास्त्र के अनुसार शृंगार और शान्त रस से भी हास्य की सृष्टि हो सकती है। मगर व्यंग्य का कार्य मुख्यतः आलोचनात्मक है जो चारों ओर से जीवन का बारीकी से निरीक्षण करके उसकी खामियों को उजागर करने में निहित है। व्यंग्य वस्तुतः एक सुशिक्षित मस्तिष्क की देन है और पाठक के स्तर पर भी सुशिक्षित प्रतिक्रिया की माँग करता है। वह पाठक को गुदगुदाने के लिए नहीं बल्कि किसी विसंगति और विडम्बना के उद्घाटन से उसके सम्पूर्ण संस्कारों को विचलित करने की प्रक्रिया है। व्यंग्य के लिए हास्य का होना अनिवार्य नहीं है। मगर व्यंग्य के कई तत्त्व हैं जैसे विडम्बना, अन्योक्ति, अतिशयोक्ति, फंतासी, पैरोडी आदि। उनमें हास्य का तत्त्व बहुत हद तक अपने आप सन्निहित होता है। कुछ ऐसे भी समर्थ लेखक होते हैं जैसे मेरे ही समकालीनों में शरद जोशी और केशवचन्द्र वर्मा जिन्होंने अपनी रचनात्मक क्षमता द्वारा व्यंग्य में हास्य का इतना सन्तुलित और आकर्षक प्रयोग किया है कि उनके लेखन में कहीं-कहीं हास्य और व्यंग्य की परिभाषागत सीमाएँ ध्वस्त होती हुई नजर आती हैं।"[14]

व्यंग्य को आलोचकों द्वारा लम्बे समय तक विधा का दर्जा नहीं मिल पाया

था। जबकि यह साहित्य में एक अलग स्वरूप में अपनी उपस्थिति दर्ज करा चुकी थी। व्यंग्य विधा को पृथक् विधा के रूप में मान्यता न मिलने और केवल रचना में अन्तर्भूत स्पिरिट माने जाने के सन्दर्भ में शुक्ल जी का मत है, "व्यंग्य विधा नहीं अभिव्यक्ति की शैली है, ज्यादा से ज्यादा एक विधा। व्यंग्य की परिभाषागत अलग पहचान करना कठिन है। व्यंग्य आज कथा साहित्य के मूल स्वर में बदल गया है। फंतासी पहले व्यंग्य का ही हथियार थी। अब कथा-लेखन के शिल्प में भी फंतासी स्वीकार्य है। अधिकांश व्यंग्य लेखक इस बात से बेखबर हैं। व्यंग्य का अधिकांश कार्य यथार्थवाद की प्रतिष्ठा के बाद कविता, कहानी, उपन्यास और नाटक द्वारा पूरा हो रहा है। विदेशी साहित्य में व्यंग्य लगभग समाप्त हो गया है जबकि हिन्दी साहित्य में यह अपने उत्कर्ष की ओर है। प्रेमचन्द की कहानी 'बड़े भाई साहब', अमृतलाल नागर की 'नवरंगी लाल', निराला की 'कुल्ली भाट' और 'बिल्लेसुर बकरिहा', धूमिल की 'पटकथा', रघुवीर सहाय की 'आत्महत्या के विरुद्ध', और अमरकान्त की कहानी 'हत्यारे' में व्यंग्य का प्रखर स्वरूप मौजूद है।"[15]

व्यंग्य के छोटे कैनवास में सामाजिक, आर्थिक व राजनीतिक स्थितियों की अभिव्यक्ति कहाँ तक सम्भव है? महावीर अग्रवाल की इस जिज्ञासा का समाधान करते हुए वे कहते हैं, "व्यंग्य का कैनवास छोटा नहीं है। पुराने व्यंग्य लेखकों सर्वान्टीज, रैब्ले, स्विफ्ट आदि ने व्यंग्य को बड़ा कैनवास दिया है। बड़े व्यापक फलक पर जीवन और समाज की आलोचना की है। हमारे यहाँ भी आजादी के बाद अशिक्षा, दरिद्रता, रुढ़िग्रस्तता आदि से बाधित समाज में परिवर्तन की सहज आकांक्षा उभर रही थी। सत्तातन्त्र के उपेक्षापूर्ण रुख के लिए उनके मन में प्रबल आक्रोश था। सीधी और कड़ी आलोचना करना सम्भव नहीं था। ऐसी दशा में प्रबुद्ध साहित्यकारों ने व्यंग्य को माध्यम बनाया और व्यंग्य खूब लिखा गया। व्यंग्य लेखन का स्वरूप इस अर्थ में सीमित हो सकता है कि वह मूलतः एक बौद्धिक प्रक्रिया है। पर जीवन की विविधता की दृष्टि से उसके फलक को सीमित या छोटा नहीं कहा जा सकता है।"[16]

साहित्य की अन्य विधाओं से व्यंग्य की भाषा को अलग होने की जरूरत है। व्यंग्य अभिधा में नहीं लिखा जा सकता। व्यंग्य की भाषा पर्याप्त भिन्न हो सकती है और ऐसा होना उसकी समृद्धि की निशानी है। "किसी फ्रेम में बँधी हुई एक निश्चित भाषा साहित्य में नहीं होती। व्यंग्य की भाषा अपनी विविधता के कारण ही लोकप्रिय हुई है। कथ्य के अनुरूप भाषा बदलती है, बदलनी चाहिए। शरद जोशी के व्यंग्य की भाषा पाठक को अभिभूत कर देती है। मुझे लगता है कि थर्बर आदि की परम्परा में अपनी कला का यानी शाब्दिक कला का शरद जोशी कहीं ज्यादा प्रखर इस्तेमाल करते हैं। व्यंग्य का प्रयोग अभिधा के सहारे

नहीं किया जा सकता। इकहरेपन वाली भाषा नाकाफी साबित होती है। शब्दों का बहुआयामी प्रयोग व्यंग्य को पैना बनाता है।''[17]

शुक्ल जी 'राग दरबारी' को व्यंग्य उपन्यास कहे जाने को उचित नहीं मानते बल्कि उपन्यास को सीमित कर देने जैसा मानते हैं, ''राग दरबारी को व्यंग्य उपन्यास कहना उसका परिसीमन है। हिन्दी में जिस परिभाषा के आधार पर व्यंग्य उपन्यास कहा जाता है उसी मानदण्ड पर विश्व साहित्य के अनेक बड़े उपन्यासकार हैं जिनको आप व्यंग्य उपन्यासकार कहने लगेंगे। लेकिन यह उनकी रचनात्मक हैसियत का परिसीमन मात्र है। मेरा संकेत गेब्रियल गार्सिया मार्केज, गुंटर ग्रास, सालबेलो, सलमान रुश्दी आदि की ओर है।''[18]

आप व्यंग्य क्यों लिखते हैं इस प्रश्न के उत्तर में शुक्ल जी कहते हैं, ''पहली बात तो यह है कि मैं मूलतः एक लेखक हूँ। और व्यंग्य के रूप में मैं व्यंग्य नहीं लिखता। उपन्यास, कहानी, जीवनी, हास्य कथाएँ और साहित्यिक आलोचनाएँ भी लगातार लिखता रहा हूँ। व्यंग्य स्केच भी लिखे हैं। अब भी लिखता हूँ। विषयवस्तु और अभिव्यक्ति की माँग को देखते हुए जहाँ मुझे लगता है कि व्यंग्यात्मक शैली का उपयोग अधिक उपयुक्त और स्वाभाविक होगा वहाँ मैं व्यंग्य का प्रयोग करता हूँ। हिन्दी का अधिकांश कथा साहित्य और व्यंग्य साहित्य, विशेषतः मध्य प्रदेश से थोक में आने वाला व्यंग्य साहित्य, केवल इन दो-तीन बातों पर आश्रित है कि सारे नेता भ्रष्टाचारी हैं, सब बड़े अफ़सर संवेदनशून्य हैं और समाज रसातल को जा रहा है। सवाल उठता है ऐसा क्यों है? यदि आपकी आँख खुली हुई है कान आवाज को सुनते हैं और बुद्धि आपका साथ दे रही है तो थोड़ा गहरे जाते ही आपकी ऊपरी अवधारणाएँ बदलने लगती हैं। आप इन स्थितियों को ऐतिहासिक परिप्रेक्ष्य में देखना शुरू कर देते हैं। इस प्रकार व्यंग्य को व्यापक क्षेत्र और बड़ा कैनवास मिलता है। प्रत्येक लेखक की अपनी दृष्टि होती है लेकिन मैं व्यंग्य के लिए ही व्यंग्य नहीं लिखता। व्यंग्य का प्रयोग मेरे लिए रचना की अभिव्यक्ति सम्बन्धी आवश्यकता से जुड़ा हुआ है।''[19]

बीसवीं शताब्दी व्यंग्य के क्षेत्र में अंग्रेज़ी तथा दूसरे यूरोपियन साहित्य के लिए कमजोर साबित हुई है। इन सभी लेखकों के साहित्य की जब मैं प्रशंसा करता हूँ तो इसका यह अर्थ नहीं है कि स्वयं मेरे लेखन पर इसका कोई चेतन प्रभाव है। जहाँ तक भारत में व्यंग्य लेखन का प्रश्न है मैंने मुख्यतः हिन्दी और उर्दू का साहित्य ही पढ़ा है। सटायर के अर्थ में व्यंग्य की विकासमान और नियमित धारा हिन्दी साहित्य में भारतेन्दु युग से शुरू होती है। भारतेन्दु बाबू हरिश्चन्द्र का मात्र 35 वर्ष की अल्पायु में देहान्त हुआ। इसके बावजूद उन्होंने उस काल की पूरी साहित्यिक पीढ़ी को प्रभावित किया। बालमुकुन्द गुप्त और

प्रतापनारायण मिश्र का मैं आदरपूर्वक स्मरण करता हूँ। प्रेमचन्द के लेखन में भी जहाँ हास्य-व्यंग्य का पुट है, उसे भुलाना मुश्किल है। विश्वम्भरनाथ शर्मा कौशिक, द्विवेदी युग के विशिष्ट व्यंग्यकार हैं। उन्होंने 'दुबे जी की चिट्ठियाँ' नाम से एक स्तम्भ लिखा और सामाजिक, राजनीतिक विसंगतियों पर तीखा प्रहार किया। इनके साथ ही और भी अनेक व्यंग्यकार पुरानी पीढ़ी से हुए हैं। मुझे इनकी कृतियाँ पसन्द हैं पर मैं सचेत रूप से प्रभावित नहीं हूँ।''[20]

व्यंग्यकार के लिए वैचारिक प्रतिबद्धता जरूरी होने के प्रश्न पर शुक्ल जी कहते हैं, ''व्यंग्य लेखन का सम्बन्ध सामाजिक स्थिति की मूल्यगत आलोचना से है इसलिए सार्थक लेखन के लिए जरूरी है कि लेखक की जीवन मूल्यों के विषय में तथा जीवन की गुणवत्ता के विषय में बहुत स्पष्ट दृष्टि हो। कमजोर, विपन्न और वंचित लोगों के साथ मैं वैचारिक रूप से प्रतिबद्ध रहा हूँ। इसके साथ ही मैं यह भी मानता हूँ कि वामपन्थी प्रतिबद्धता का अर्थ पार्टी लिटरेचर लिखना नहीं है। यदि आइडियोलॉजी का प्रचार करना है तो हमें साहित्यकार होने के बदले पार्टी का कार्यकर्ता होना चाहिए। लेखन मेरे लिए एक स्वच्छन्दता का क्षेत्र है : सीमाओं, आग्रहों, या प्रतिबद्धताओं का नहीं। आखिरकार प्रतिबद्धता भी एक प्रकार से व्यक्तित्व का परिसीमन है; फिर भी यह बात स्मरण रखना जरूरी है कि व्यंग्य लेखन वैचारिक शून्य में नहीं किया जा सकता। इसके लिए मूलगत विचार होना अनिवार्य है, अन्यथा ऐसा लेखन ऊपरी चमक-दमक के बावजूद निरर्थक सिद्ध होगा। अपने समसामयिक परिवेश को नज़रअन्दाज़ करके रचनात्मक लेखन भोथरा होगा। मैं किसी लेखकीय संघ या संस्था का सदस्य कभी नहीं रहा लेकिन सामाजिक परिस्थितियों के सन्दर्भ में मुझको यह चुनाव करने में कोई कठिनाई नहीं हुई कि मैं शोषित और कमजोर के साथ खड़ा हुआ हूँ।''[21]

लेखक के अनुसार सामाजिक दायित्वबोध और व्यक्ति के निजी जीवन में कोई अन्तर्विरोध नहीं होना चाहिए। यह न होना निजी जीवन को सार्थकता प्रदान करता है, ''अपने समसामयिक तात्कालिक परिवेश को नज़रअन्दाज़ करके उत्तम रचनात्मक लेखन नहीं कर सकता। व्यंग्यकार की रचना में जिस व्यंग्य क्षमता, स्पष्टवादिता और दृढ़ता का दर्शन होता है वह व्यंग्यकार की इस अन्तर्निहित मान्यता का प्रमाण है कि साहित्य उनके लिए वाणी विलास नहीं है, वह एक गम्भीर दायित्व के निर्वाह का माध्यम है।''[22]

व्यंग्य में प्रतीक तथा मिथकों के विषय में शुक्ल जी का मानना है कि इनके उपयोग को लेकर कोई एक राय नहीं दी जा सकती। कथ्य और विषय के आधार पर इनके उपयोग का निर्धारण किया जाना चाहिए। ''व्यंग्य में प्रतीक तथा मिथकों के उपयोग को लेकर कोई निर्देश नहीं दिये जा सकते। मूलतः व्यंग्य लेखन के ये भी वैसे ही उपादान हैं जैसे विडम्बना, फंतासी, अतिशयोक्ति,

पैरोडी आदि। हिन्दी में हास्य-व्यंग्यपूर्ण निबन्धों और कहानियों में व्यंग्य की एक नयी प्रवृत्ति देखने को मिली जिसने व्यंग्य को एक अलग अस्मिता दी। इसमें प्रतीक और मिथकों की प्रचुरता भी है और विविधता भी।"[23]

'समकालीन आलोचक और व्यंग्य लेखन विषय पर शुक्ल जी का मत है कि, "हिन्दी व्यंग्य के विषय में लिखी जाने वाली आलोचना या समीक्षाएँ मैंने अधिक नहीं पढ़ी हैं क्योंकि लिखी ही कम गयी हैं। फिर भी जितना देखा और पढ़ा है, उससे मुझे लगता है कि हिन्दी व्यंग्य लेखन ने स्तरीय आलोचकों को अभी तक ज्यादा आकृष्ट नहीं किया है। वस्तुतः व्यंग्य लेखन एक अत्यन्त सुशिक्षित सुसंस्कृत विधा है और उसकी आलोचना के लिए जिस व्यापक स्तर की बौद्धिक तैयारी की जरूरत है, वह वर्तमान समीक्षकों और आलोचकों में प्रायः देखने में नहीं आती।"[24]

हिन्दी साहित्य में व्यंग्य विधा के महापुरुष हरिशंकर परसाई के व्यंग्य को लेकर शुक्ल जी ने अपना मत दिया है। व्यंग्य की अपनी अवधारणा को व्यक्त करने के लिए पूछे जाने पर उन्होंने परसाई के लेखन पर अपना मत व्यक्त किया—

"हरिशंकर परसाई का साहित्य बड़ा विशाल है। परसाई जी में व्यंग्य क्षमता के साथ ही सामाजिक चेतना और आधुनिकता का बोध बेहद शक्तिशाली था। यही कारण है कि उनके चिन्तनपरक गम्भीर लेखन में विषय बहुलता और सोद्देश्यता की दृष्टि से पर्याप्त प्रौढ़ता है। फंतासी, लोककथा, अन्योक्ति और अनेक शिल्पगत तन्त्रों के प्रयोग से वह किसी भी कोण से पाठक की चेतना को झकझोर सकते हैं। उन्हीं के लेखन का कदाचित यह फल है कि व्यंग्य छिटपुट वाग्विलास न रहकर हिन्दी में एक सशक्त और नियमित लेखन प्रक्रिया बन गया। उनके व्यंग्य में असन्तोष का मुख्य आधार आज की राजनीतिक और सामाजिक मूल्यहीनता है जिसके प्रति उनकी दृष्टि एक ऐसे कलाकार की है जो विपन्नों, वंचितों और संघर्षशील वर्गों के प्रति स्पष्ट रूप से प्रतिबद्ध है। आधुनिक साहित्य में अगर हिन्दी व्यंग्य की स्वतन्त्र पहचान बनी है तो उसका अधिकांश श्रेय परसाई को ही है।"[25]

शरद जोशी की व्यंग्य-शैली के सम्बन्ध में इनकी मान्यता है कि "शरद जोशी का लेखन अत्यन्त मोहक और वैविध्यपूर्ण है जरा उसमें हास्य-व्यंग्य की विभाजक रेखाएँ क्षीण हो जाती हैं और दोनों तत्त्वों के मिश्रण का वहाँ बड़ा आकर्षक परिणाम प्रकट होता है। उन्होंने बोलचाल की जिस विशिष्ट शैली का प्रयोग किया है, वह गम्भीर चिन्तन को भी हल्के-फुल्के ढंग से व्यक्त करने की क्षमता रखती है। शरद जोशी व्यंग्य और हास्य के चिरन्तन और शास्त्रीय अन्तर को अपने सहज स्वभाव से मिटाते नजर आते हैं। उनका परिहास भाव व्यंग्य

को कुंठित नहीं करता वरन बड़ी सहजतापूर्वक एक भयानक सामाजिक परिस्थिति से हमारा सीधा साक्षात्कार कराता है। शरद जोशी ने एक ओर हास्य और व्यंग्य की रूढ़ सीमाओं को तोड़कर उन्हें नजदीक लाने का असम्भव कार्य किया, वहीं उन्होंने साहित्य की लिखित और वाचिक परम्परा को उसी तरह एकात्म बनाने की उपलब्धि अर्जित की जो शताब्दियों से कबीर, तुलसी, सूर आदि के साथ जुड़ी है।''[26]

हिन्दी व्यंग्य के भविष्य के बारे में शुक्ल जी का स्पष्ट विचार है कि आनेवाले समय में यह विधा अन्य विधाओं में अन्तर्निहित हो जायेगी, ''हिन्दी व्यंग्य ही नहीं व्यंग्य मात्र के विषय में मुझे लगता है कि वह साहित्य की दूसरी विधाओं में नाटक, उपन्यास, कविता, कहानी आदि से अलग से अपना अस्तित्व खोकर उनका अन्तरंग बनकर समाविष्ट हो जायेगी। जैसे-जैसे प्रकृतिवादी और सहज वर्णन परक शैली, उबाऊपन के कारण या दूसरे संचार माध्यमों की चमत्कारी क्षमता के सामने अस्वीकार्य होती जायेगी वैसे-वैसे कविता, कहानी, नाटक, आदि में व्यंग्य की अभिव्यक्ति सम्बन्धी सारे शास्त्रीय उपादान अधिक से अधिक मात्रा में परिलक्षित होते जायेंगे।''[27]

हिन्दी व्यंग्य की वर्तमान स्थिति के विषय में वे कहते हैं, ''जैसा कि मैंने कहा व्यंग्य रचना के भीतर अन्तर्निहित तत्त्व है। विभिन्न रचनाओं के जरिए वह सशक्त तरीके से आ रहा है। हमारे साथ हमारे समय का विद्रूप ही व्यंग्य में डालना चाहिए। सामान्य रूप से हम इसे कविताओं, कहानियों, उपन्यासों, निबन्धों आदि में देखते रहते हैं। यहाँ तक कि आम बोलचाल की भाषा में भी इसके दर्शन होते हैं। कहते हैं न कि आप कौन बड़ी भीम हो, बड़े लाट साहब हो। यह सब क्या है व्यंग ही तो है। फंतासी, जुगुप्सा जनक दृश्य, अन्योक्ति, वक्रोक्ति सन्दर्भशीलता, अतिशयोक्ति आदि यह जितनी युक्तियाँ हैं बात रखने की, व्यंग्य ही हैं आज। आज की तमाम रचनाओं में उन्हें आसानी से देखा जा सकता है। इन्हीं के कारण आज की रचनाएँ अधिक सशक्त और महत्त्वपूर्ण बन रही हैं। व्यंग्य की ज़मींदारी आज की मुख्यधारा वाले रचनाकारों ने छीन ली है।''[28]

अन्य साहित्यकारों की रचनाओं में व्यंग्य बोध की सटीकता और प्रचुरता को रेखांकित करते हुए शुक्ल जी बताते हैं कि ''क्या रघुवीर सहाय की कविताओं में व्यंग्य नहीं है ''फटा सुथन्ना पहने गुन हर चरना गाता है'' जैसी पंक्तियाँ क्या हैं? बाबा नागार्जुन की तमाम कविताओं को क्या व्यंग्य कविताएँ करार देंगे? धूमिल की कविता मोचीराम का केन्द्रीय तत्त्व क्या है? इसी तरह ममता कालिया का उपन्यास बेघर तो एक शोकांतिका है लेकिन उसमें धारदार व्यंग्य भी उपस्थित है। रघुवीर सहाय की कहानियाँ 'रास्ता किधर से है' में जो

यथार्थ है दरअसल वही व्यंग्य का असली रूप है। मैं तो जगदम्बा प्रसाद दीक्षित के उपन्यास 'मुर्दाघर' में भी भरपूर व्यंग्य देखता हूँ। इस उपन्यास में वर्णित विडम्बनाएँ ही व्यंग्य है।''[29]

व्यंग्य की तीन कोटियों मसलन हल्के-फुल्के व्यंग्य, मनोरंजक और मन में गुदगुदी पैदा करने वाले व्यंग्य के सन्दर्भ में शरद पगारे द्वारा पूछे गये प्रश्न का उत्तर देते शुक्ल जी इसे स्पष्ट करते हैं, ''आपके इस प्रश्न में कई प्राग्धारणाएँ अन्तर्निहित हैं जिन्हें यथावत स्वीकार करना मुश्किल है। उदाहरणार्थ आप व्यंग्य की एक ऐसी कोटि का जिक्र करते हैं जो मनोरंजक है या मन में गुदगुदी पैदा करता है। साधारणतया उस कोटि के लेखन को परिहास या हास्य की कोटि में रखा जाता है, यह व्यंग्य है ही नहीं। आप सत्तातन्त्र की खिल्ली उड़ाने को एक विशेष प्रकार का व्यंग्य मानकर 'राग दरबारी' को उदाहरण के रूप में प्रस्तुत करते हैं। यह सही है कि खिल्ली उड़ाना अर्थात् विडम्बना कटूक्ति आदि के द्वारा किसी परिस्थिति की कड़ी आलोचना करना व्यंग्य का एक उद्देश्य है किन्तु व्यंग्य की परिधि इतनी ही नहीं, इससे अधिक व्यापक है और 'राग दरबारी' व्यवस्था की केवल खिल्ली नहीं उड़ाता है। वह समाज के विविध पक्षों में व्याप्त विसंगतियों और उनके कारणों की पड़ताल भी करता है। मुझे लगता है कि 'राग दरबारी' के इन और ऐसे अनेक सूक्ष्म तन्तुओं की पड़ताल होना अभी बाकी है। आपने हिन्दी में ऐसे व्यंग्य की कमी का जिक्र किया जिसे पढ़कर मन में टीस उठती हो या आक्रोश उत्पन्न होता है। मुझे लगता है स्थिति एकदम ऐसी नहीं है। भारतेन्दु हरिश्चन्द्र और बालमुकुन्द गुप्त जैसे हिन्दी के आरम्भिक गद्य लेखकों ने जैसे प्रखर व्यंग्य की सृष्टि की है वह ऐसा ही है जिसकी आप हिन्दी में कमी बताते हैं। हरिशंकर परसाई के व्यंग्य में आक्रोश की जो प्रखरता मिलती है वैसी हिन्दी में नहीं, अनेक विकसित साहित्य में भी दुर्लभ है।''[30]

व्यंग्य के सन्दर्भ में शुक्ल जी अक्सर कृष्णा सोबती के 'यारों के यार' और ममता कालिया के 'बेघर' उपन्यास की चर्चा करते हैं। शरद पगारे द्वारा व्यंग्य के सन्दर्भ में इन रचनाओं के महत्त्व और समावेश को स्पष्ट करते हुए शुक्ल जी कहते हैं, '''समस्या यह है कि आप व्यंग्य को एक परिनिष्ठित विधा के रूप में लेकर उसे एक खास ढाँचे में पहचानने की कोशिश करते हैं। जबकि स्थिति यह है कि अपनी बहुविध भंगिमाओं के साथ व्यंग्य किसी रचना में इस प्रकार भी अन्तर्नियोजित हो सकता है कि पहली निगाह में वह पहचान में न आये। 'यारों के यार' को ही लें, अगर विडम्बना, फूहड़ भाषा, अक्खड़पन आदि व्यंग्य के उपादान हैं तो इस रचना में वह आपको प्रचुर मात्रा में मिलेंगे। रचना में पूर्णतया अन्तर नहीं तो और घुले-मिले सहज व्यंग्य का उत्कृष्ट उदाहरण ममता कालिया का बेघर है।''[31]

आलोचक साहित्यकार और पाठक सभी 'राग दरबारी' को एक तरह से व्यंग्य उपन्यास मानते हैं लेकिन कुछ आलोचकों के अनुसार इसमें व्यंग्य टिप्पणियों में है न कि स्थितियों में। इस पर शुक्ल जी के विचार व्यंग्य के शैलीगत पक्ष को स्पष्ट करते हैं। वे ऐसे आलोचकों पर टिप्पणी करते हुए कहते हैं कि "वे मान कर चलते हैं कि व्यंग्य को स्थितियों में ही अन्तर्निहित होना चाहिए। अपनी उसी मान्यता पर वे 'राग दरबारी' को कसते हैं। जबकि मैं दूसरी तरह की लेखन शैली अपने लिए चुनता हूँ। और यह तो मानना ही पड़ेगा कि कोई लेखक अपनी विषय वस्तु के अनुरूप शैली चुनने के लिए स्वतन्त्र है। अगर यथार्थ के उद्घाटन में मेरी शैली आलोचकों के ढाँचे से अलग चली जाती है तो यह दोष मेरा नहीं है, उनके बने-बनाये पूर्व निर्धारित ढाँचे की अपर्याप्तता है।"[32]

शुक्ल जी व्यंग्य को एक विधा न मानकर उसे शैली का दर्जा देते हैं। "भारतीय साहित्य की परम्परा में व्यंग्य अभिव्यक्ति की एक भंगिमा है। अभिधा, लक्षणा, व्यंजना में व्यंजना का प्रयोग करते समय आपका जो आधार होता है वह व्यंग्य है। इस रूप में भारतीय साहित्य में व्यंग्य को कभी वैसी विधा नहीं माना गया जिस रूप में नाटक या कविता आदि थे। पाश्चात्य साहित्य में जरूर यह एक विधा के रूप में रहा, मगर बीसवीं सदी तक आते-आते वहाँ भी एक विधा के रूप में समाप्त प्राय हो गया। हुआ यह कि व्यंग्य के सभी महत्त्वपूर्ण तत्त्व सामान्य लेखन में घुलमिल गये। कहानी में, कविता में, उपन्यास में उन सभी विशेषताओं का समावेश हो गया जो प्राचीन समय में व्यंग्य के उपादान माने जाते थे। लेकिन जब मैं यह कहता हूँ तो उसका इसका मन्तव्य यह नहीं है कि व्यंग्य नाम की चीज़ ही समाप्त हो गयी। आज भी व्यंग्यात्मक शैली में लिखी गयी कहानियाँ या उपन्यास का रस दूसरा होगा, दूसरी शैली में लिखी गयी रचना का दूसरा।"[33]

इस प्रकार व्यंग्य विधा को लेकर शुक्ल का अपना स्वतन्त्र विचार है। उन्होंने सार्थक व्यंग्य-रचनाएँ लिखी हैं और आलोचनाएँ भी पढ़ी हैं। इसलिए वे इस विधा को लेखन के अतिरिक्त आलोचकीय दृष्टि से भी देखते हैं। उपर्युक्त विवेचन के माध्यम से शुक्ल जी की व्यंग्य सम्बन्धी पहली अवधारणाएँ इस रूप में प्रकट हुई हैं कि व्यंग्य विधा नहीं एक अभिव्यक्ति शैली है। दूसरी महत्त्वपूर्ण धारणा उनकी यह है कि व्यंग्य का प्रयोग लगभग सभी विधाओं में होता रहा है। रचनाकार इसका प्रयोग कथ्य के अनुसार करता है। तीसरे व्यंग्य सिर्फ़ विसंगतियों का उद्घाटन मात्र नहीं करता बल्कि उसकी पड़ताल कर उसके प्रति आक्रोश भी प्रकट करता है जिससे प्रतिरोध की पृष्ठभूमि निर्मित हो सके।

सन्दर्भ सूची

1. सारिका, अगस्त 1975, गर्दिश के दिन : श्रीलाल शुक्ल, पृ. 74
2. मेरी श्रेष्ठ व्यंग्य रचनाएँ : श्रीलाल शुक्ल, पृ. 4
3. kavitakosh.org (blog)
4. श्रीलाल शुक्ल : एक अध्याय : डॉ. सुरेश पटेल, पृ. 22
5. मेरे साक्षात्कार : श्रीलाल शुक्ल, पृष्ठ 19
6. वही, पृष्ठ 25
7. वही, पृष्ठ 43
8. वही, पृष्ठ 44
9. वही, पृष्ठ 45
10. वही, पृष्ठ 45-46
11. वही, पृष्ठ 49
12. वही, पृष्ठ 49
13. वही, पृष्ठ 54
14. वही, पृष्ठ 54
15. वही, पृष्ठ 55
16. वही, पृष्ठ 55
17. वही, पृष्ठ 56
18. वही, पृष्ठ 56
19. वही, पृष्ठ 57
20. वही, पृष्ठ 57-58
21. वही, पृष्ठ 58
22. वही, पृष्ठ 58
23. वही, पृष्ठ 59
24. वही, पृष्ठ 60
25. वही, पृष्ठ 61
26. वही, पृष्ठ 61
27. वही, पृष्ठ 62
28. वही, पृष्ठ 74-75
29. वही, पृष्ठ 75
30. वही, पृष्ठ 82
31. वही, पृष्ठ 83-84
32. वही, पृष्ठ 91
33. मेरे साक्षात्कार : श्रीलाल शुक्ल, पृष्ठ 100

अध्याय-3

श्रीलाल शुक्ल के साहित्य में सामाजिक स्थितियों पर व्यंग्य

साहित्य और समाज एक-दूसरे से अतःसम्बद्ध होते हैं। समाज में जो कुछ भी होता है, साहित्य उससे अछूता नहीं रहता। साहित्य का मुख्य स्रोत समाज ही होता है। साथ ही, साहित्य समाज को नयी सोच और दिशा भी प्रदान करता है। इसीलिए समाज में व्याप्त विद्रूपताओं और विसंगतियों को व्यंग्यकार जहाँ अपने साहित्य में व्यंग्य के माध्यम से उजागर करता है, वहीं वह इन सामाजिक विसंगतियों पर करारी चोट भी करता है। इस तरह व्यंग्यकार को समाज से प्रेरणा मिलती है। समाज से कटा हुआ व्यंग्य, व्यंग्य न होकर भौंडा मज़ाक़ होता है। व्यंग्य जब जीवन से जुड़कर आता है तो वह हमारी सोच, हमारी जीवनशैली, हमारे जीवन और समाज को बदलने का माद्दा रखता है। हमारे आसपास, तमाम तरह की विसंगतियाँ बिखरी पड़ी हैं, जिनको देखा-समझा और ठीक किया जा सकता है। लेकिन प्रायः हम उसे देखते और फिर आगे बढ़ जाते हैं। सजग रचनाकार ऐसी परिस्थितियों को देखकर आगे नहीं बढ़ता बल्कि उसकी जड़ तक पहुँचता है। उसे गहराई से समझता है और फिर अपनी लेखनी के माध्यम से हमें समझाने-बताने की कोशिश करता है। श्रीलाल शुक्ल जी ने भी अपने आसपास घटित हो रही घटनाओं को देखा, समझा और इसमें व्याप्त विकृतियों, विसंगतियों, विरोधाभासों तथा अन्तर्विरोधों पर अपने साहित्य के माध्यम से व्यंग्यात्मक प्रहार किया है। इन्होंने अपने साहित्य में वर्तमान समाज में व्याप्त ऐसे अनेक महत्त्वपूर्ण विषयों को उठाया है जो हमें और हमारे समाज को बहुत ही गहराई तक प्रभावित करते हैं।

श्रीलाल शुक्ल जी ने आजादी के बाद के बदलते समाज को बड़ी ही बारीकी से देखा-परखा है। इसीलिए सामाजिक जीवन को उसकी समग्रता में चित्रित किया है। समाज में व्याप्त विकृतियाँ उन्हें निरन्तर उद्वेलित करती रही हैं। उनका समग्र साहित्य इसका गवाह है। ग्रामीण समाज की बेचारगी, दहेज प्रथा, वेश्याओं की बहुलता, न्यायालयों का आडम्बरपूर्ण न्याय, अपराधियों को

पुलिस-संरक्षण, वैवाहिक विसंगतियाँ, नारी जीवन की विभिन्न विडम्बनाओं के साथ-साथ युवा वर्ग से जुड़ी विसंगतियों पर इन्होंने अपनी व्यंग्यात्मक दृष्टि के साथ कलम चलाई है।

श्रीलाल शुक्ल ने अपने अनेक व्यंग्य-निबन्धों रचनाओं में समाज में व्याप्त विसंगतियों पर प्रहार किया है। इनमें 'कुत्ते और कुत्ते', 'कुंती देवी का झोला', 'गाँव गया था गाँव से भागा', 'दुभाषिए', 'धुँधलके में समाज-सेवा', 'पूड़ी सब्जी', 'प्रोग्राम', 'श्रीराम भक्ति', 'आलू आदी', 'खलनायक की कहानी', 'एक बहुत सीधा आदमी', 'एक निर्लिप्त भावुक की कथा', 'सम्पर्क जी का सम्पर्क', 'सफेद कालर का विद्रोह', 'महिला बनाम स्त्री', 'बेचारे डाकू', 'जैसी करनी वैसी भरनी', 'एक बोध-कथा', 'भविष्य निर्माण का कारखाना', 'एम एस टी और आतंकवाद', 'बताने का अधिकार और जानने का भी', 'किस्सा एक नामाकूल बहू का', 'गाँव से शहर की ओर क्यों? क्या महत्वाकांक्षा के कारण?', 'तलाश जारी है आम आदमी की', 'अपराधियों का चंदनवन', 'यत्र नार्यस्तु पूज्यंते', 'रद्दी अख़बार और खाली बोतलें', और 'लम्बी उम्र का राज', आदि ऐसे ही व्यंग्य निबन्ध हैं। इनके अतिरिक्त इनके समूचे कथा-साहित्य विशेषतः 'राग दरबारी' में भी सामाजिक-विसंगतियों पर कटाक्ष किया गया है।

सामाजिक विसंगतियों पर शुक्ल जी की रचनाओं में किये गये व्यंग्य के सन्दर्भ में शेरजंग गर्ग ने लिखा—"राग दरबारी आधुनिक समाज के हर व्यवस्थावादी मोर्चे को व्यंग्यात्मक आक्रमणों का शिकार बनाने की पूरी क्षमता रखता है। इसके व्यंग्य की मार से न तो पेशकार बचता है, न ही पटवारी न थानेदार बचता है और न ही कांस्टेबल। विसंगतियों को दसों दिशाओं से छीलता हुआ इस उपन्यास का व्यंग्य अपनी उस गरिमा को बनाये रख सका है जो हँसते-हँसते भी आँखों में आँसू ले आती है तथा जिसके आँसू आसानी से सूख नहीं सकते।"[1]

व्यक्ति के जीवन और समाज से व्यंग्यकार के जुड़ाव और उसकी प्रतिबद्धता पर प्रकाश डालते हुए डॉ. घनश्याम अग्रवाल ने भी शुक्ल जी को परखते हुए लिखा—"व्यंग्य दरअसल रचनाकार की संवेदनशीलता और उसके तीक्ष्ण कलात्मक स्थानान्तरण का निकष होता—इस सन्दर्भ में श्रीलाल शुक्ल की व्यंग्य रचनाएँ जीवन के जीवन्त प्रश्नों को रूबरू लाकर खड़ा कर देती हैं। इस दृष्टि से इनकी इन रचनाओं में मन को उद्वेलित करने और सक्रियता लाने की शक्ति है।"[2]

रचनाकार अपने समय के सवालों से निरन्तर जूझता है। अतः वह समकालीन जीवन की सच्चाई से अपने पाठकों को भी रूबरू कराता है लेकिन कई बार उसकी आधुनिकता और समकालीनता पर सवाल भी खड़े किये जाते

हैं। 'यहाँ से वहाँ' रचना पर लिखते हुए श्री रघुवीर सहाय ने इस सन्दर्भ में लिखा—''शायद हर व्यंग्य की तरह श्रीलाल को भी इस सवाल का सामना करना पड़ सकता है कि वह समकालीनता वाले हैं या आधुनिकता वाले या प्रतिश्रुति वाले; ऐसे जिज्ञासुओं को इशारा दिया जा सकता है कि व्यर्थताबोध और मृत्युबोध वाले तो वह नहीं हैं। एक और अता-पता यह भी बताया जा सकता है कि उनके लेखन का विषय एक सामाजिक जानवर है, मानवप्राणी नहीं। यों ऊब पर श्रीलाल ने बहुत लिखा है, ऊब जो जलसे ने, आदमी और शहर ने पैदा की, और खुद बहुत कम ऊब पैदा करते हुए लिखा है। जब भी कभी ऐसी ऊब से (एक पद्मभूषण का अभिनन्दन) वह पाठ को गुजार ले गये हैं तो उन्होंने उसे इतना रिझाया नहीं कि वह उस ऊब से मुक्त हो जाय, इतना चिढ़ाया नहीं कि वह अपने पर तरस खाने लगे और इतना समझाया नहीं कि उसके ज्ञान-चक्षु खुल जायें।''[3]

निर्मल मौर्य अपने एक लेख 'विश्रामपुर का सन्त और सामाजिक सरोकार' में लिखते हैं कि व्यंग्य सामाजिक शिवत्व की एक साधना है। यह साहित्यकार की विशेष अनुभूति है। विषम परिस्थितियों पर प्रहार करने के कारण व्यंग्य का स्वरूप आक्रामक होता है। इसका तेवर बड़ा ही कटु होता है। इसे ग्राह्य बनाने के लिए इसमें हास्य को भी जोड़ा जाता है अतः यह मान सकते हैं कि व्यंग्य शक्कर की चासनी में लिपटी हुई एक ऐसी गोली है जिसमें कड़वाहट अवश्य है परन्तु सुधार की सम्भावना भी है। व्यंग्यकार उपदेशक नहीं होता बल्कि सत्य की प्रतिष्ठा पर बल देते हुए पाप का भांडाफोड़ करता है। शुक्ल जी के व्यंग्य प्रीट के समान हैं जो जलन देते हैं और ठण्डक भी पहुँचाते हैं। 'इस उम्र में' श्रीलाल शुक्ल का कहानी संग्रह है। इस संग्रह की कहानियों में यथार्थता, गम्भीरता, संवेदनशीलता और सांकेतिकता अपनी भरपूर शक्ति के साथ प्रयुक्त हुए हैं। पहली कहानी का नाम ही 'इस उम्र में' है। इसमें जरा शब्दों का प्रयोग देखिए इस सम्बन्ध में सायं-सायं गायब हो गयी थी सिर्फ़ आयं-बायं बची थी। इसमें एक बूढ़े आदमी को केन्द्र में रखकर कहानी का विकास हुआ है और इसे सामाजिक सरोकार से जोड़ा गया है। यह बूढ़ा दुर्घटनाग्रस्त हो जाता है। जब वहाँ पुलिस आती है तो वह उस व्यक्ति से बहुत अच्छी तरह बात करती है। जिसके घर के सामने दुर्घटना हुई थी। लेखक कहते हैं—''पता नहीं क्यों वह मुझसे पुलिस की तरह नहीं सभ्य पुरुषों की तरह बात कर रहे थे। शायद इसलिए कि मैं खूब साफ-सुथरा खादी का कुर्ता और पायजामा पहने था। उनकी निगाह में मेरा परिचय इज्जत का हकदार था। जिन्दगी के कुचक्र, जिजीविषा का नया चमकदार आकाश का टुकड़े-टुकड़े होकर झाँकना; आँखों के आगे काले-काले धब्बे तैरना, बाहर-भीतर सब ओर सन्नाटा, बचेखुचे समय

को निकृष्टता की दलदल में फँस जाने दो, जैसे शब्दों का प्रयोग कर लेखक ने विभिन्न सामाजिक सरोकारों को अभिव्यक्ति दी है।"[4]

इन सभी उत्कथनों के परिप्रेक्ष्य में शुक्ल जी की व्यंग्य-रचनाओं में सामाजिक स्थितियों एवं विकृतियों-विसंगतियों पर किये गये व्यंग्य-प्रहार का विवेचन-विश्लेषण करने का प्रयास यहाँ किया गया है।

3.1 समाज की वर्ग एवं वर्ण व्यवस्था

भारतीय समाज में आर्य-काल से ही वर्ण व्यवस्था चली आ रही है। इसे हम आज विकराल रूप में देख सकते हैं। एक समय था जब वर्ण व्यवस्था बहुत सोच समझकर समाज में लोगों के कर्म के आधार पर लागू की गयी थी। वर्ण के आधार पर हम यह जान पाते थे कि व्यक्ति किस पेशे से सम्बन्ध रखता है। यहाँ ऊँच-नीच का कोई भाव नहीं था। बल्कि यह केवल व्यक्ति के कर्म का पहचान-पत्र था लेकिन बाद में इसी वर्ण-भेद ने समाज में एक गहरी खाई का निर्माण किया है। कलह तथा छुआछूत की प्रवृत्ति निकल पड़ी। इस संसार में मनुष्य एकमात्र ऐसा जीव है जो जाति तथा वर्ण को लेकर आपस में संघर्ष करता रहता है। 'कुत्ते के पिल्ले की नसीहत' निबन्ध में शुक्ल जी लिखते हैं–"इन्सानों की अपेक्षा हम कुत्तों में कुछ स्वाभाविक अच्छाइयाँ हैं। हम सब काले, पीले, सफेद जाति के कुत्ते बिना किसी भेद-भाव के आपस में रह लेते हैं।"[5]

मनुष्य वर्ण के आधार पर एक-दूसरे से दूरियाँ कायम कर लेता है और फिर उन्हीं दूरियों को आधार बनाकर भेदभाव पैदा करता है। रंग-रूप तथा जाति, वर्ण भेदों के सन्दर्भ में लेखक का कहना हैं, "और देखो तो एक बैल काला है, और एक सफेद है। पर इनमें काले-गोरे का भेदभाव नहीं है। गे दोनों एक ही जगह बैठकर खाना खाते हैं। कन्धे से कन्धा मिलाकर चलते हैं। एक ही बैलगाड़ी में साथ-साथ जुतते हैं। इन बैलों से उन बहुत से देशों को एक शिक्षा मिल सकती है, जहाँ वर्ण भेद के कारण...।"[6]

शुक्ल जी की एक कहानी है 'पतंग और लुटेरे' जिसमें उन्होंने बड़े ही सहज किन्तु सटीक शब्दों में उच्च और निम्न वर्ग के बीच की खाई को उजागर किया है। इस कहानी का पात्र एक डॉक्टर है जो यह देखता है कि पतंग को ढेर सारे लड़के लूटने के लिए एक साथ दौड़े जा रहे हैं। वह सोचने लगता है कि इससे पहले मैंने इतनी संख्या में एक साथ इतने लड़कों को क्या कभी देखा था, उसे याद नहीं आता है। डॉक्टर ने अपनी जिन्दगी में हज़ारों बीमार बच्चे देखे थे और उनमें हर बच्चा अपनी तरह का अलग था। डॉक्टर अपने मरीज के साथ अपने रिश्ते का सामंजस्य बना सकता है लेकिन आज अचानक इतने सारे इकट्ठा दौड़ते बच्चों को देखकर वह उनका साथ कहीं छोड़ नहीं पाता है और उनका सरोकार इनके साथ सध नहीं पाता है।

आज समाचार-पत्रों में वही घिसे-पिटे समाचार पढ़ने को मिलते हैं जिनका हमारे व्यक्तिगत जीवन से और बहुत कुछ सामाजिक जीवन से भी कोई लेना-देना नहीं है। लेखक पत्रकारिता की इस स्थिति से क्षुब्ध है। इसीलिए वर्तमान औपचारिकतामय जीवन पर टिप्पणी करते हुए 'जीवन का एक सुखी दिन' में शुक्ल जी लिखते हैं–''अख़बार में मैंने देखा, न उस दिन किसी विदेशी ने हिन्दुस्तानी को तरक्की की सनद दी थी, न प्रधानमन्त्री की कोई स्पीच ही आयी थी। अब मैं इत्मीनान से बिना ऊबे अख़बार पढ़ने लगा। रेलवे क्रासिंग पर रेलवे के प्वाइंटमैन ने बस को आता हुआ देखकर भी फाटक को खुला रहने दिया। बस बिना रुके हुए ऐसे आसानी से फाटक पार कर गयी मानो ऐसा रोज ही हुआ करता हो। कॉलेज के पास बस रुकते ही मैं बिना किसी को ढकेले, बिना किसी के घुटनों से टकराए, बिना 'थैंक्यू' और सॉरी कहे नीचे उतर आया।''[7]

धन के आधार पर लोगों की अमीरी-गरीबी को आँकने की प्रवृत्ति को नकारते हुए शुक्ल जी अपने व्यंग्य निबन्ध 'तलाश जारी है' में लिखते हैं कि ''आम आदमी न कोई गरीब है, न कोई भूखा। आम आदमी एक दृष्टि है और वह दृष्टि करोड़ों आदमियों की मुक्ति है।''[8]

सामाजिक व्यवस्था में जो विसंगतियाँ हैं वे त्योहारों तक में समाई हुई हैं। जहाँ धनी लोग त्योहारों पर अधिक खर्च करते हैं। दिल खोलकर धन का व्यय कर खुशी प्राप्त करने की कोशिश करते हैं, वहीं एक सर्वहारा वर्ग है जो अपनी दैनंदिन की जरूरतों को भी जुटा पाने में असमर्थ है और उसके लिए भी उसे अत्यधिक संघर्ष और श्रम करना पड़ता है। 'दीवाली, जुआ और कविगण' में इसी व्यवस्था पर व्यंग्य है। शहरी तथा ग्रामीण जीवन की तुलना करते हुए वे लिखते हैं–''शहर में दीवाली का कुल यही अभिप्राय है कि अमीर इतनी ज्यादा अमीरी दिखाए कि गरीबों में अपनी गरीबी का एहसास और भी गाढ़ा हो जाये। लोग सफेद और काले पैसे का करिश्मा देखते-देखते इतना उकता जायेंगे कि अपने आप क्रान्ति कर बैठेंगे।''[9]

'दुराचरण' कहानी एक दलित नौजवान की स्वाभिमान की कथा है यह नरयीना पासी के लड़के नेताराम की कहानी है जो सूअरों के पीछे गाँव के खेतों में नंगे पाँवों भटकता फिरता था जो काम मिलने पर कड़ी ज़मीन में दिनभर फावड़ा चलाने की ताकत रखता था इस ऊबड़-खाबड़ मैली धातु और मोटे होंठों वाले लड़के को गाँव के ही कॉलेज के सवर्ण प्रिंसिपल ने झूठे आरोप में कॉलेज से नाम कटवा दिया था।

नेताराम उर्फ 'नेतुआ' का दुराचरण यही है कि वह इस स्कूल के दिनों में प्रिंसिपल के भतीजे के कन्धे पर हाथ रखकर घूमता था। इस कहानी में पिता

कहता है कि इस सूअर की औलाद की यह हिम्मत कि सड़क पर तेरे कन्धे पर हाथ रखकर घूमे लेकिन बाद में प्रिंसिपल वर्मा साहब बदल जाते हैं और भतीजे को शिक्षा मन्त्री नेताराम के साथ सम्बन्ध बनाने की सलाह देते हैं और उसी में उसका भविष्य उन्हें नजर आता है।

इसी प्रकार, 'कुत्ते के पिल्ले को नसीहत', 'अंगद का पाँव', 'पतंग और लुटेरे', 'जीवन का एक सुखी दिन', 'कुछ ज़मीन में कुछ हवा में', 'दीवाली, जुआ और कविगण' आदि रचनाओं में भी शुक्ल जी ने समाज में व्याप्त वर्ग एवं वर्ण व्यवस्था पर व्यंग्य किया है।

3.2 बदलते सामाजिक-पारिवारिक सम्बन्ध

आधुनिकता और अन्धानुकरण की दौड़ में आज हमारे सामाजिक और पारिवारिक सम्बन्धों का भी ह्रास हो रहा है। एक ओर जहाँ लोग अपने परिवार से उस आत्मीयता से नहीं जुड़े रह पा रहे हैं, वहीं इसका असर सामाजिक ताने-बाने पर भी पड़ रहा है। स्वार्थ-लालच और अधिक से अधिक पा लेने की लालसा के चलते लोग अपने सम्बन्धों को भी उसी मापदंड पर परख रहे हैं। रिश्तों के बनने-बिगड़ने का खेल भी इसी से तय हो रहा है। कौन किसके लिए कितना उपयोगी है, यह सबसे अधिक मायने रखता है। इसी के चलते सम्बन्धों की गर्माहट भी ठण्डी पड़ रही है। व्यक्ति समाज से पहले अपना सोच रहा है और उसका सम्पूर्ण कर्म अपने निहित स्वार्थों के इर्द-गिर्द ही घूम रहा है। सम्बन्धों में आया यह बदलाव श्रीलाल शुक्ल के उपन्यासों में साफ लक्षित होता है।

रिश्तों के इस पतन को आये दिन हम समाचारों में देख-सुन रहे हैं। इसी सन्दर्भ में पिता की मौत से मिलने वाले पैसों के लिए आतुर पुत्रों पर श्रीलाल जी व्यंग्य करते हुए लिखते हैं कि "पिता जी जिस टेढ़ी-मेढ़ी ऊँची-नीची पहाड़ी सड़क से बस द्वारा आप तीर्थ की ओर जायेंगे, उसके एक किनारे ऊँचे-ऊँचे पहाड़ हैं और दूसरी ओर भयावह खड्ड। उस पर चलने वाली बसों के ड्राइवर कभी न कभी अपनी बस को पहाड़ से टकराते ही हैं, और ऐसा न हुआ तो खड्ड में तो झोंक ही देते हैं। इस प्रक्रिया में कुछ गिने-चुने यात्री ही देहधारी रह पाते हैं। ज्यादातर यात्री देह छोड़कर आत्मा का रूप ग्रहण कर लेते हैं...जो भी हो बस के खड्ड में जाते ही राहत कार्य शुरू होता है। पहले जिला मेजिस्ट्रेट देहधारियों को अस्पताल पहुँचाता है। वह घायल देहधारियों के लिए थोड़े द्रव्य पर मुक्त आत्माओं के नाम पर एक बड़ी राशि की सहायता घोषित करता है उसके बाद परिवहन संगठन और सरकार अलग से अपनी सहायता की घोषणा करते हैं।"[10]

गाँवों से लोग अब ऊब चुके हैं। गाँव के घर पर कार्य करने की बजाय

शहरों के सिनेमाघरों में द्वारपाल बनना कबूल है। शहर आकर ये लोग दो वक्त की रोटी तो कमा लेते हैं पर मन से विस्थापित ही रह जाते हैं। शहरों में ये दूध भी बेचते हैं और रिक्शा भी चलाते हैं। शहर में तो खप जाते हैं लेकिन वहाँ का सामाजिक जीवन इन्हें स्वीकार नहीं कर पाता। न तो ये गाँव के रह जाते हैं न शहर के। इनका जीवन सामाजिक असंगति बन जाता है शहर आने के बाद। इस सन्दर्भ में शुक्ल जी लिखते हैं–"चाहे आलसी रईस हों, या गाँव से उखड़े हुए नवशिक्षित, भूमिहीन मजदूर हों या बेरोजगार कारीगर इन सबका शहर में लगभग एक-सा भविष्य है। कुछ संघर्ष के बाद वहाँ पैर जमा लेते हैं, पर गाँव में जिस तरह वे एक बृहत्तर जीवन के आत्मीय अंग थे, उस तरह वे शहर में नहीं हो पाते। पेट की चिन्ता से मुक्त होकर वे मन की चिन्ता से आक्रान्त हो जाते हैं। फुटपाथों की बियावान भीड़ की ओर पथराई निगाहों से देखते हैं, वहाँ के भावलोक में विस्थापित बनकर घूमते हैं, वहाँ की अजनबी जिन्दगी के सौतले बेटों की तरह रहते हैं और उनमें ज्यादातर अन्त में एक सामाजिक असंगति बनकर रह जाते हैं।"[11]

इसी तरह 'अज्ञातवास' कहानी में भी पारिवारिक सम्बन्धों में बढ़ रही दूरी चित्रित हुई है। रजनीकान्त गाँव का होकर भी शहर की चमक-दमक और आधुनिकता के मोह में फँसकर माता-पिता और अपनी गाँव की पत्नी तक को भूल जाता है। अब उनके पास अपनों से बात करने के लिए विषय तलाशने पड़ते हैं, "माँ का स्नेह उन्हें अच्छा लगता, फिर जल्दी उबा देता, गाँव में उन्हें जाना पड़ता। धूल पहले से ज्यादा हो गयी है। घास के मैदान वीराने-से लगते। पिता के पास बैठते और उन्हें बातचीत के विषयों की कमी जान पड़ने लगती।"[12]

इसी मनःस्थिति के कारण आज समाज में युवा पीढ़ी अपने माता-पिता के प्रति कठोर वचनों का प्रयोग करती है और उनके सम्मान की धज्जियाँ उड़ा देती है। इस पर व्यंग्य करते हुए श्रीलाल शुक्ल लिखते हैं–"सड़क के किनारे एक नाराज नौजवान अपने निकम्मे बाप को डाँट रहा था। तुम्हें शर्म नहीं आती? तुम भी 1942 में जेल गये थे। देश के लिए तुम उतना कर सकते थे, पर लड़कों के लिए इतना भी नहीं कर सकते, जितना आज देवीदीन जी ने सड़क पर इधर से उधर जाते कर दिया है।"[13]

'शिष्टाचार' कहानी में पहाड़ से आये जगन्नाथ बापू का परिवार है जिसमें उनका बेटा इंजीनियर बन गया है। उनका 8 बरस का पोता है और एक नौकर है जिसका नाम है रामेश्वर। बहू है। धीरे-धीरे रमेसर बाबूसाहब को सर कहने लगता है क्योंकि उनके बेटे को बाबूसाहब कहना अच्छा नहीं लगता। नये ज़माने ने अब इतनी तरक्की कर ली है कि मालिक के सिंहासन से उतारकर उन्हें

सर की कुर्सी पर बिठा दिया गया है। यानी अब यह बाबूसाहब नहीं रहे कोई पंचायत राज अधिकारी बन गये। उनका पोता नौकर को रमेसर कहकर पुकारता है जो बाबूसाहब को अच्छा नहीं लगता। एक तरफ बाबूसाहब अपने पोते को यह सिखाते हैं कि वह नौकर को रमेसर भइया बुलाए और जब बबलू उसे रमेसर भैया बुलाता है तो उन्हें परम्परा की जीत लगती है। लेखक यहाँ परम्परा की नयी परिभाषा पर व्यंग्य करते दिखाई देते हैं। किन्तु रमेसर भइया नहीं बन पाता और परिवार छोड़कर भाग जाता है।

श्रीलाल शुक्ल जी का एक व्यंग्य 'बेचारी डाकू' है जिसमें उन्होंने गाँव में लोगों के बीच की एकता के विषय पर व्यंग्य किया है। वे लिखते हैं कि किसी गाँव में जब डाकू अचानक डाका डालते हैं तो गाँववाले उनका मुकाबला करते हैं और उन्हें भगा देते हैं। इतना ही नहीं, डाकुओं के पास जो भी धन होता है। उसे लूट भी लेते हैं और लाठी चलाते समय अचानक एक डाकू की मृत्यु भी हो जाती है। जब थानेदार वहाँ तहकीकात करने आता है तो गाँववाले उन्हें बताते हैं कि उन्होंने डाकू को जानबूझकर नहीं मारा बल्कि अचानक में उसकी मृत्यु हो गयी और यह एक संयोग था। थानेदार को खाली हाथ वापस जाना पड़ता है। गहाँ शुक्ल जी ने गाँववालों की एकता के बारे में बताते हुए उनकी व्यवहारकुशलता और चालाकी तथा शातिरपना को भी साथ साथ दर्शाने का प्रयास किया है क्योंकि इस प्रकार की एकता शहरों में न के बराबर होती है।

इस तरह शुक्ल जी ने समाज और परिवार दोनों स्तरों पर सम्बन्धों में आये बदलावों और गिरावटों के विषय में आगाह किया है। उनका मुख्य उद्देश्य अपने पाठकों को उन विसंगतियों से परिचित कराना रहा है जो समाज और परिवार में व्याप्त हैं। आधुनिकता के प्रभाव और परम्परा का ह्रास समानान्तर घटनेवाली प्रक्रिया है। स्वाभाविक रूप से इसका प्रभाव या कि कुप्रभाव हमारी युवा पीढ़ी और बच्चों पर अधिक पड़ता है। शुक्ल जी ने इन्हीं प्रभावों और उनके स्वरूपों को अपने रचनाओं में व्यक्त किया है।

3.3 युवा वर्ग

शुक्ल जी अपने समकालीन परिवेश से भलीभाँति परिचित रचनाकार हैं। अपने समय के हर बदलाव और उसके स्वरूप से वे अवगत हैं। अतः उन्होंने सटीक रूप से नयी पीढ़ी के स्वभाव को परखा एवं चित्रित किया है। इस पीढ़ी की विशिष्टताओं और इसकी दशा-दिशा पर इनकी रचनाओं में सटीक व्यंग्य मिलता है। वे यह नहीं कहते कि बदलाव कोई अनहोनी या अशुभ घटना है लेकिन बदलावों के कारण हमारी समृद्ध परम्परा में जो ह्रास आता है, वह उनकी रचनाओं में व्यंग्य का विषय रहा है।

आज की युवा पीढ़ी अपने प्रेम को लेकर चाहे वह क्षणिक हो या दीर्घकालिक, इतनी संवेदनशील और व्यग्र है कि उसे पा लेने और न पा लेने के बीच के क्षणों को वह अपने जीवन-मरण का प्रश्न बना लेती है। शुक्ल जी एक स्थान पर स्पष्ट कहते हैं कि पारिवारिक सम्बन्ध हों या सामाजिक, रिश्ते-नातों में आज सरल और उदात्त प्रेम कहीं दिखाई नहीं देता। इस प्रकार के रिश्तों का एक तरह से मजाक उड़ाते हुए इन्होंने व्यंग्य कसा—"प्रमोद आज कोर्ट में तुम्हारा सूखा मुँह देखकर मेरा हृदय विदीर्ण हो गया। सच मानो प्रमोद, मैं वहीं मर गयी। अब इस मुर्दा शरीर का, पिताजी विनोद के साथ ब्याह रचा रहे हैं... प्रमोद, मुझे सहारा दो। प्रमोद! तुम भी विवाह कर लो। सुखी होकर किसी ऊँची नौकरी में चले जाओ। प्रमोद! तभी मेरा त्याग सार्थक होगा। मैं प्रति साँस में तुम्हें याद करूँगी, प्रमोद।"[14]

यह आधुनिक जीवन की विडम्बना ही है कि आज का मनुष्य आधुनिकता के नाम पर आधुनिक जीवन और फैशन के चक्कर में कई बुरी बातों और रिवाजों को अपना चुका है। परम्परा की बातें उसे अब आउटडेटेड लगती हैं। बदलाव के नाम पर मनुष्य कुछ भी कर गुजरने को तैयार है उसे किसी की कोई परवाह नहीं है। दुर्गादास नामक आदमी आधुनिक जीवन के नाम पर अपनी बीवी के मरने के पन्द्रह दिन बाद ही अपनी शादी के लिए इश्तहार छपवा देता—"एक बीवी के मरने पर इतनी जल्दी शादी करना भी अब बुरा नहीं माना जाता। इसका बुरा मानना अब फैशन के पुरानेपन तक में नहीं शुमार किया जाता, इसे अब तो सभी जानते हैं कि एक पत्नी मरते ही दूसरी शादी करने में उसकी कितनी इज्जत है।"[15]

आज के बेरोजगार युवाओं में राजनीतिज्ञों का कार्यकर्त्ता या पिछलग्गू बनना एक आम प्रचलन है। शुक्ल जी ने नेताओं के पीछे घूमने वाले इन कार्यकर्ताओं के बारे में भी लिखा है। नेताजी चुनाव हार जाने के बाद अचानक से बेकार हो जाते हैं ऐसे लोगों के पास कोई काम नहीं होता है और यहाँ-वहाँ अपना समय बर्बाद करते हैं इस पर व्यंग्य करते हुए श्रीलाल शुक्ल जी 'भविष्य निर्माण का कारखाना' नामक व्यंग्य-निबन्ध में नेता, जनता, पुलिस और विद्यार्थी इन चारों को अलग-अलग करके यह समझने का संकेत देते हैं कि आज की युवा-पीढ़ी बेकार में ही नेताओं के पीछे-पीछे घूमती है और कुछ जनता भी इनके साथ लगी होती है। कुछ पुलिस वाले अड्डों पर बैठकर राजनीति की चर्चा करते हैं और अपना समय बर्बाद करते हैं। समाज का बंटाधार करने के लिए ऐसे लोग भी जिम्मेदार होते हैं।

युवा पीढ़ी किस समस्या से सबसे अधिक परेशान है? बचपन से ही उसे किसलिए तैयार किया जाता है? किसके बोझ तले उसका स्वाभाविक विकास

ही नहीं हो पाता? यदि इन सभी प्रश्नों का कोई एक उत्तर देना चाहें तो वह रोजगार ही होगा। आजाद देश में हम किस मूल्य व्यवस्था को पैदा करने में लगे हैं? और कहाँ गये वे आजादी के मूल्य जो स्वाधीनता की लड़ाई में हमारे पूर्वजों ने पाले थे और जिसका मतलब केवल सत्ता की स्वाधीनता नहीं बल्कि सामाजिक और व्यक्तिगत स्वाधीनता भी था। इन तमाम प्रश्नों से शुक्ल जी जूझते हैं। 'यह घर मेरा नहीं' में एक पिता अपने पुत्र को बड़ी ही बेशर्मी से समझाते हुए कहता—"वे ज़माने बीत गये जब सातवीं कक्षा पास आदमियों के पास नौकरी का फरमान अपने आप आता था। आज संघर्ष का युग है। जरा चूके नहीं कि गये। समझे। जो बाजी मार ले गया, वह मार ले गया। समझे? उसके बाद उसी की तरक्की, उसी की फर्स्ट क्लास शादी, मोटा दहेज, सब कुछ उसी का। बाकी सब आधी-आधी उम्र तक मक्खियाँ मारा करते हैं। समझे कुछ? बड़ा कठोर संघर्ष है आज के जीवन में। कुछ आया समझ में?"[16]

वर्तमान पीढ़ी की नारियाँ शहरी चमक-दमक से आज इस कदर प्रभावित हो रही हैं कि उन्हें सब ऐशोआराम, पैसा, मोटरगाड़ी आदि आधुनिक सुख-सुविधाओं से अत्यधिक लगाव होता है। ये गरीब नौजवान से ज्यादा अधेड़ उम्र के डाक्टर, इंजीनियर से रोमांस और शादी भी करती हैं और इसे वे इतनी सहजता से लेती हैं जैसे यह कोई बेहद आम बात हो। "हिन्दुस्तानी नौजवान को अपनी उम्र की लड़कियों के साथ रोमांस तक करने का हक नहीं है, वे लड़कियाँ सिर्फ़ ऐसे अधेड़ लोगों की जायदाद हैं, जो वकील हैं, डाक्टर हैं, इंजीनियर हैं, प्रोफेसर हैं, व्यापारी हैं, जिनके पास मोटरें हैं, पैसा है, लड़कियों को घुमाने का उन्हें ऐश कराने का बूता है।"[17]

शुक्ल जी का 'पहला पड़ाव' एक ऐसा उपन्यास है जिसमें शिक्षित बेरोजगारों और राज-मजदूरों के जीवन को दर्शाया गया है। यहाँ ईंट-पत्थर होते आदमी की त्रासदी को व्यक्त किया गया है और साथ ही उन हालातों का खुलासा भी किया गया है, जिनमें भारतीय युवावर्ग नितान्त उबाऊ जीवन जीने को विवश है।

वर्तमान समाज में मध्यवर्ग का युवा अपने को हमेशा असन्तुष्ट बनाये रहता है। और इसी असन्तोष में वह अपने भविष्य की प्रगति का, बड़ा आदमी बनने का सपना देखता है। छोटी-मोटी नौकरी पाते ही वह इस सपने को हकीकत में बदलने की कल्पना करने लगता है। हमारे समाज में ऐसी कई विसंगतियाँ हैं जो मध्यमवर्गीय लोगों के जीवन का हिस्सा हैं। 'सफेद कॉलर का विद्रोह' में शुक्ल जी कहते हैं, "सफेद कॉलर के विद्रोह यानी मध्य वित्त लोगों की युद्ध कविता भी मध्यवर्गीय लोगों की इच्छाओं पर लगाम लगाना चाहती है क्योंकि ऐसे लोगों की इच्छाएँ जब अधिक बढ़ जाती है। तो वह समाज मे

भ्रष्टाचार का कारण बन जाती है और अपनी आय से अधिक की सुविधाएँ और साधन प्राप्त करने के लिए व्यक्ति रिश्वत लेता है और भ्रष्टाचार को फैलाता है।"[18] इस तरह के लोगों को शुक्ल जी ने सफेद कॉलर वाले लोगों का विद्रोह कहा है।

हमारा देश विकसित हो रहा है जिसका सबसे बड़ा प्रमाण यह है कि हमारे गाँवों का शहरीकरण हो रहा है। शहरी वेशभूषा और फिल्म का रोग व्याप्त हो गया है। परिणामस्वरूप ग्रामीण युवावर्ग भी दिन-ब-दिन निकम्मा होता जा रहा है। शुक्ल जी ने इस बात को लेकर व्यंग्य करते हुए लिखा—"वे फटे-पुराने, पर रंगीन पतलूनों-पायजामों के सहारे अपनी दुबली-पतली टाँगों को ढँककर और सीने पर गोश्त हो या न हो, सीने के अन्दर सायराबानू के साथ सोने का अरमान भरकर, गली-कूचों में अपने पान की पीक फैलाते हुए निरुद्देश्य घूमा करते थे।"[19]

इस प्रकार युवा वर्ग की फैशनप्रियता, बड़ा बन जाने का तुरन्ता सपना, अपनी औकात से ज्यादा का दिखावा, अन्धानुकरण की अप्रौढ़ प्रवृत्ति, बनावटी और अपरिपक्व प्रेम प्रसंग, युवा वर्ग का राजनीति की ओर झुकाव, आदि सभी पर लेखक ने विविध रचनाओं में व्यंग्यात्मक शैली में प्रकाश डाला है।

3.4 वैवाहिक विसंगतियाँ, दहेज, अन्तर्जातीय विवाह, अविवाहित नारी

भारतीय संस्कृति में विवाह प्रथा को धर्म का एक महत्त्वपूर्ण अंग और जीवन का अभिन्न हिस्सा तक माना गया है। इसे पवित्र बन्धन के रूप में स्थान दिया गया है। मर्यादा पुरुषोत्तम श्रीराम तक एक पत्नीव्रता के रूप में पूजे गये। गृहस्थ जीवन को लेकर विवाह के समय ही अग्निकुण्ड के चारों ओर घूमकर सात फेरे के साथ सात वादे करने का नियम बनाया गया। आदर्श गृहस्थ जीवन के अनेक दृष्टान्त और आदर्श स्थापित किये गये लेकिन यह सब कुछ यदि वर्तमान परिदृश्य के सन्दर्भ में हम देखें तो वही अन्तर मिलेगा जो आदर्श और यथार्थ के बीच में पाया जाता है।

चारित्रिक पतन ने पुरुष और स्वच्छन्दता की आकांक्षा ने स्त्री के जीवन तथा उनके आदर्शों में आमूलचूल परिवर्तन ला दिया है। यहाँ वैवाहिक जीवन में पति-पत्नी के बीच संघर्ष, विवाह के लिए दहेज लोभी माता-पिता, बने-बनाये खाँचों और रूढ़ परम्पराओं से बाहर निकलती स्त्री द्वारा किये जा रहे अन्तर्जातीय विवाह, और अविवाहित नारी द्वारा विवाह पूर्व सम्बन्ध बनाने की पश्चिमी संस्कृति और उसमें अपनी आजादी ढूँढ़ती मॉडर्न युवती भी है।

शुक्ल जी ने ऐसी सभी परिस्थितियों में व्याप्त विसंगतियों पर अपनी रचनाओं में कटाक्ष किया है।

'किस्सा एक नामाकूल बहू का' में शुक्ल जी लिखते हैं—"वह सचमुच ही

अपने बाप के घर चली गयी। यही नहीं, रास्ते में रिपोर्ट लिखाती गयी कि हम लोग दहेज में रंगीन टी.वी. माँग रहे हैं। इस एम.ए. पास नामाकूल बहू को क्या कहें, जो इस टी.वी. के पीछे शौहर को छोड़ दे रही है। बाजारू औरत की तरह तलाक-तलाक चिल्ला रही है। कहती है कि हम दहेज माँग रहे हैं।"[20]

समाज में और पुरुषों की नजर में नारी की दृष्टि का उल्लेख करते हुए निर्मला मौर्य अपने एक लेख में लिखती हैं, 'चारों ओर अन्धेरा घना जंगल था' कहानी में कंजरवेटर साहब अपनी शादियों की बात बताते हैं। अपनी पहली पत्नी के मरने पर जिस अन्दाज में वे अफसोस जताते हैं उससे लगता है जैसे किसी छिपकली ने अपनी दुम गँवा दी हो और उसके तुरन्त बाद दीवार के कीड़ों पर मुँह मार रही हो। यहाँ लाक्षणिक भाषा द्वारा व्यंग्य की स्थिति उत्पन्न हुई है। नारी के सन्दर्भ में उनकी सोच उद्घाटित करते हुए शुक्ल जी लिखते हैं—नारी बेचारी है, पुरुष की मारी है। मनुष्य नाम का प्राणी है जो उसकी माता को प्रकृति ही ने इंपीरियल बनाया है। नारी बेचारी है। समाज में नारियों के प्रति घटिया और पिलपिली सोच बहुत से पुरुषों में देखी जा सकती है। कंजरवेटर साहब विवाह करते जाते हैं और पत्नियों को छोड़ते जाते हैं। दूसरी पत्नी ने उनके कथनानुसार जहर खाकर जान दे दी थी और तीसरी के पास इतना पैसा था कि उनका खर्चा बड़े आराम से चलता था किन्तु उसकी एक टाँग कट जाने पर वह उनके लिए बेकार हो गयी थी। इस कहानी में लेखक भूख की बड़ी विलक्षण परिभाषा देता है। वह कहता है—खाने के लिए भूख होना जरूरी नहीं है। यह एक सिविलाइज्ड एक्विटी भी है। फिर उनकी पाँचवीं शादी का तजुर्बा भी इस प्रकार सुनाते हैं—"वह लड़की जिसके साथ मेरे सम्बन्धों को सुनयना देवी शक की निगाह से देखती थीं..., सीधी-सादी बिस्तरबाजी थी।"[21]

'अज्ञातवास' उपन्यास का कथानायक सिंचाई विभाग का सुपरिंटेंडिंग इंजीनियर श्री रजनीकान्त है, जिसने अपने शहरी संस्कारों की झोंक में ग्रामीण पत्नी रानी को निकाल दिया है। रजनीकान्त को अपनी पत्नी रानी, प्रेमिका डॉ. सीता की तुलना में गँवार लगती है। इसलिए वह पत्नी को घर में कैदी के समान रखता है। उसके शरीर पर अत्याचार और हमेशा उसकी अवहेलना करता है। एक दिन रानी बिना कुछ कहे रजनीकान्त का घर छोड़कर चली जाती है। अपने मायके में प्रभा को जन्म देती है। अन्त में टाइफाइड की बीमारी से उसकी मृत्यु हो जाती है। डॉ. सीता ने भी अपने पति को छोड़ रखा है। रानी के बारे में सब बातें पता चलने पर वह रजनीकान्त को भी छोड़ देती है। रजनीकान्त अपनी बीती हुई जिन्दगी के बारे में सोचकर व्यथित होता है। अपने दिल का बोझ हल्का करने के लिए वह अपना दुःख-दर्द पुत्री प्रभा को बता देता है। प्रभा संवेदनशील है। प्रभा अपने पापा

की देखभाल करती हुई उन्हें प्रेम, संवेदना देती है। उनसे घृणा नहीं करती। रजनीकान्त अपने आपको असफल, हारा हुआ, बौना महसूस करता है। रजनीकान्त के अतीत का संकेत करके उनके मित्र डॉ. गंगाधर, प्रो. विनायक जो विश्वविद्यालय में संस्कृत का प्रोफेसर था और सफल वकील देवदत्त उसके वनवासी जीवन से छेड़खानी किया करते थे।

'एक खानदानी नौजवान' कहानी में दहेज की समस्या पर व्यंग्य दिया गया है। इसके प्रमुख चरित्र डाक्टर चिरंजीत की नियुक्ति एक गाँव में होती है। वह रोज शहर से गाँव आने की बात कार में सोचता है। दहेज में मिलने वाली कार के कारण वह शादी कर लेता है। "उसको सिर्फ़ एक फिक्र थी। एक कार की कमी थी, वह हो जाती तो देहात की डॉक्टरी के साथ-साथ शहर की पुरानी जिन्दगी भी चलायी जा सकती थी। कार पाने का एक तरीका था। जिस तरह बाजार में एक खास किस्म का साबुन खरीदने पर एक रूमाल मुफ्त में मिल जाता है। वैसे ही माँ की राय के अनुसार एक खास परिवार में शादी करने पर एक कार मुफ्त में मिल सकती थी।"[22]

'अज्ञातवास' उपन्यास में विश्वविद्यालय में संस्कृत के प्रोफेसर विनायक मनुष्य के अनैतिक, दुराचारी व्यवहार पर व्यंग्य कसते हुए कहते हैं–"इधर हम लोगों के ये हाल हैं, कि वेश्याओं का तिरस्कार करते हैं। उन्हें पुरानी संस्कृति का कलंक मानते हैं। उनसे सम्बन्ध रखने को दुराचार समझने लगे हैं। उनके मुकाबले किसी मित्र की बीवी से सीधा सम्बन्ध रखने की कोशिश करते हैं। इससे आपके जीवन में नवीनता आती है, थकान और घुटन कम होती है, अपनी बेसिक वाइफ को छोड़कर किसी दूसरे की पत्नी को आप अपनी ओर खींच सकते हैं, यह समझकर आपको आत्मसन्तोष मिलता है और सबसे बड़ी बात कि यह लेन-देन पैसे का नहीं केवल भावुकता का है। अपने सुख के लिए, या पैसे बचाने के लालच में पर–स्त्री पर कुदृष्टि डालना उचित है? साथियो यह पाप है। इससे समाज की व्यवस्था हिल जाती है।"[23]

'किस्सा एक नामाकूल बहू का' एक ऐसी रचना है जिसमें लेखक ने दहेज लेने की शैली में आये परिवर्तन पर व्यंग्य किया है। वे कहते हैं कि आज पिता दहेज में सोना नहीं चाहते बल्कि वह कहते हैं कि बेटी ही हमें आप दें लेकिन दूल्हे को तो गाड़ी और बाकी घर गृहस्थी के सामान तो देना ही है। कुछ लोग इस तरह भी कहते हुए पाये जायेंगे कि हम दहेज के विरोध में हैं। लेकिन वे अन्दर ही अन्दर सब कुछ लेते रहते हैं। ऐसे लोगों पर व्यंग्य करते हुए लेखक लिखते हैं कि बहू पर ससुर द्वारा रंगीन टीवी लाने का दबाव डाला जाता है जबकि दहेज में जो कुछ लाने की बात हुई थी वह पहले ही दिया जा चुका था। बहू इसका खुलेआम विरोध करती है लेकिन उसका कोई

फायदा नहीं होता। जब बहू मायके जाने की तैयारी में रहती है तो ससुराल वाले धमकी भरे लहजे में कहते हैं कि लौटते समय रंगीन टीवी साथ में जरूर होना चाहिए। इस तरह से लेखक ने समाज में चल रहे दहेज के बहाने शोषण की इस समस्या को अपनी व्यंग्यात्मक शैली में व्यक्त करने का प्रयास किया है।

निराशा के उन्माद में युवा पीढ़ी या अविवाहित युवा के व्यक्तिगत चरित्र के पतन की ओर संकेत करते हुए शुक्ल जी लिखते हैं—"निराशा के उन्माद में अचानक उसका मन शराब ही के लिए नहीं, उन सबके लिए भी तिलमिला उठा जिनका मीनाक्षी के यहाँ आते ही उसके जीवन में निषेध हो जायेगा। न जाने क्यों, इस मौके पर उसे श्यामा के मोटे और कटावदार होठों की याद आयी और इसके बाद जिस हवेली पर उसने 'प्रवेश-निषेध' का साइनबोर्ड लगाया और उसके फाटक को वह अपने ही हाथों तोड़ने के लिए उतावला हो गया। हवेली का फाटक तोड़कर वह उसकी सातवीं मंज़िल वाली बारादरी की ओर दौड़ा जहाँ सिम्मी बैठी उसकी राह देख रही होगी।"[24]

इस प्रकार लेखक व्यंग्यात्मक शैली में अपने समय समाज के उन रूपों से पाठक को परिचित कराता है जिनका सम्बन्ध विवाह व्यवस्था या वैवाहिक जीवन की विसंगतियों से है। यह हमारे समाज की भयावह सच्चाई है कि यह व्यवस्था अपनी जड़ें गँवा रही है और धीरे-धीरे पश्चिम की आँधी अपनी संस्कृति के साथ हमारे समाज में प्रवेश कर रही है। हमारा सामाजिक, सांस्कृतिक तानाबाना छिन्न-भिन्न हो रहा है। और यह सब कुछ न तो व्यक्तिगत स्तर पर और न ही सामाजिक स्तर पर शुभ माना जा सकता है।

3.5 बुद्धिजीवी, पूँजीपति, समाजसेवक, अपराधी वर्ग

हर कालखंड में समाज को स्वस्थ दिशा देने का दायित्व बुद्धिजीवियों पर होता है। इनके विचारों का प्रभाव व्यापक रूप में समाज पर पड़ता है। इसके अलावा पूँजीपति वर्ग जो कि वर्ग व्यवस्था के आधार पर हमारे समाज में शीर्ष पर प्रतिष्ठित होता है, भौतिक समृद्धि की दृष्टि से महत्त्वपूर्ण होता है। यह वर्ग अपनी अर्थशक्ति के बल पर अपनी आमदनी बढ़ाने तथा लोगों पर आर्थिक दृष्टि से शासन करने की हरसम्भव कोशिश भी करता रहता है। इनके अतिरिक्त एक और वर्ग भी समाज में महत्त्वपूर्ण भूमिका निभाता है और वह है समाजसेवक। यह वर्ग समाज की निःस्वार्थ सेवा का लबादा ओढ़कर उसकी आड़ में बहुत कुछ करता है। समाजसेवक ऐसा भ्रम फैलाता है कि वह समाज-सेवा कर रहा है लेकिन वह अपनी ही सेवा कर रहा होता है। इन्हीं के वरदहस्त के नीचे कुछ अपराधी वर्ग भी सक्रिय होते हैं जो या तो व्यक्तिगत हित के लिए या फिर इन्हीं के स्वार्थों और उद्देश्यों की पूर्ति

के लिए तमाम तरह के अवैध तरीकों से अपने काम को अंजाम देते हैं। श्रीलाल शुक्ल जी ने अपनी पैनी दृष्टि से इन सभी के क्रियाकलापों की विडम्बनाओं को अपने व्यंग्यों में उद्‌घाटित किया है।

बुद्धिजीवी बनने का पाखण्ड आज के समय की सबसे मारक स्थिति है। ऐसे बुद्धिजीवियों पर व्यंग्य करते हुए शुक्ल जी ने अनेक व्यंग्य रचनाएँ की हैं। 'राग दरबारी' के एक प्रसंग को देखा जा सकता है। प्राध्यापकों में दिन-रात चापलूसी की भावना रहती है। शोध, योजनाओं की आड़ में विदेश यात्रा करने का प्रलोभन और स्वयं को बुद्धिजीवी कहलाने का आकर्षण प्रबल रहता है। इन बातों पर व्यंग्य कसते हुए प्रिंसिपल, शोधकार्य करने वाले रंगनाथ से कहते हैं—"युनिवर्सिटी में लेक्चरर न होने का भी कोई गम नहीं है। वहाँ तो और भी नरक है। पूरा कुम्भीपाक। दिन-रात चापलूसी। कोई सरकारी बोर्ड दस रुपल्ली की ग्रांट दे देता है और फिर कान पकड़कर जैसे चाहे वैसी थिसिस लिखा देता है। जिसे देखो कोई-न-कोई प्रोजेक्ट हथियाए हैं। कहते हैं कि रिसर्च कर रहे हैं, पर रिसर्च भी क्या, जिसका खाते हैं उसी का गाते हैं और कहलाते हैं बुद्धि जीवी। तो हालत यह है कि बुद्धिजीवी को विलायत का एक चक्कर लगाने के लिए यह साबित करना पड़ जाये कि हम अपने बाप की औलाद नहीं हैं तो साबित कर देंगे। चौराहे पर दस जूते मार लो पर एक बार अमेरिका भेज दो। ये हैं बुद्धिजीवी।"[25]

कला की दुनिया में भी बुद्धिजीवियों के हथकंडे काम करते हैं। वे अपनी हर क्रिया को सही ठहराने के लिए कोई तर्क निकाल लेते हैं—"चित्रकला के अनपढ़ व्यक्ति भी कागज़ में कूची चलाकर बड़े कलाकार बन जाते हैं। पैसा देकर ये लोग आर्ट गैलरियों में अपनी पेंटिंग सजा लेते हैं। ऐसे चित्रकारों को लेखक ने आड़े हाथों लिया है। कह तो दिया जनाब कि कहीं सिर्फ़ तिकोन बनाइये, कहीं चौकोर नक्शे खींचिए, कहीं खरपतवार उगाकर बीच में एक आँख बना दीजिए, कहीं सर बनाइये तो पैर न बनाइये या पैर बनाइये तो सिर्फ़ पैर ही पैर बनाइये, इसी सबसे आपका मतलब है न, तो इसी भोलेपन की बदौलत आपके आर्टिस्ट विलायत का मुकाबला करने चले हैं?"[26] इसी स्थिति के बाद भी जब यह कहा जाये कि तुम्हें कला की समझ नहीं तो हद हो जाती—"प्रोफेसर साहब! असल बात यह है कि आजकल की चित्रकला के बारे में आप कुछ नहीं जानते। इसकी सुन्दरता समझने के लिए आँख नहीं, दिमाग चाहिए।"[27]

अपनी युवावस्था के आवेशपूर्ण क्षण में ही उन्होंने देश की जैसी दशा देखी थी उसमें सम्भवतः अनुमान कर लिया था कि इस देश में आम नागरिक के जगने से अधिक आवश्यक है बुद्धिजीवियों का जागना और बुद्धिजीवियों को जगाने के लिए सहज रास्ता सही नहीं होगा। व्यंग्य से ही उन्हें सही तरीके से

जगाया जा सकता है। व्यंग्य के मामले में शुक्ल जी की राय है कि "व्यंग्य वस्तुतः एक सुशिक्षित मस्तिष्क की देन है और पाठक के स्तर पर भी सुशिक्षित प्रतिक्रिया की माँग करता है। वह पाठक को गुदगुदाने के लिए नहीं बल्कि किसी विसंगति या विडम्बना के उद्घाटन से उसके सम्पूर्ण संस्कारों को विचलित करने की प्रक्रिया है। तभी उसमें कड़वापन नहीं होता। अभिव्यक्ति शिल्प के अधिकाधिक उपादानों का खुलकर प्रयोग होता है।"[28]

'रद्दी अख़बार और खाली बोतलें' में शुक्ल जी लिखते हैं कि बहुत से ऐसे लोग हैं जो अधिवेशन, सम्मेलन और पंचायतों में बैठकर ढेर सारा समय बर्बाद कर देते हैं इससे तो बेहतर होता कि वह कुछ समाज की भलाई का कार्य करते। कम से कम ऐसे लोग कबाड़ीवाला बनकर कबाड़ी खरीदने जाते तो भी समाज से कुछ बेकार की चीज़ों की कमी हो जाती। जो लोग करोड़ों रुपये खर्च कर अधिवेशन करते हैं या सम्मेलन करते हैं, उनका समाज पर कोई खास प्रभाव नहीं पड़ता और न ही समाज में होने वाली कुप्रथाओं का अन्त होता है। न्याय पंचायतों में भी हज़ारों विषयों पर तर्क-विमर्श चलता रहता है। लेकिन सामाजिक विसंगतियों में बदलाव आने का कोई संकेत नहीं मिलता।

'हिमालय के दो सप्ताह' में लेखक ने दो दिन में जो दृश्य देखे उसका वर्णन है। सिर्फ़ हिमालय को देख भर लेने से व्यक्ति क्या से क्या बन जाता है। उस सन्दर्भ में लेखक लिखते हैं—"हिमालय को इतना निकट से देख लेने पर मुझे यकीन हो गया कि मैं अब चित्रकारी भी कर सकता हूँ, प्रेमगीत लिख सकता हूँ, किसी टूरिस्ट एजेंसी का डायरेक्टर बन सकता हूँ और जगदीश गुप्त को, जिन्होंने मुझ पर पर्वत न देख सकने का आरोप लगाया था, आउट ऑफ डेट बना सकता हूँ।"[29]

बुद्धिजीवियों के प्रति शुक्ल जी अपनी रचनाओं में जो लिखते हैं वह नरेन्द्र कोहली के इस वक्तव्य से भी स्थापित होता है। वे लिखते हैं—"श्रीलाल शुक्ल अपने ग्रामों का चित्रण ही नहीं करते, वे अपनी कमेंट्री शैली, अपनी टीका-टिप्पणी तथा अपने क्षेपकों के माध्यम से बार-बार पूछते हैं कि हमारे ग्रामों का जीवन इतना गलित-पतित तथा यातनापूर्ण क्यों है? इसके लिए कौन जिम्मेदार है। इस प्रश्न के उत्तर में वे देश के राजनीतिक नेतृत्व को तो इसके लिए उत्तरदायी ठहराते ही हैं किन्तु बुद्धिजीवी को भी वे क्षमा नहीं करते जो इस गलितावस्था को देखता और महसूस तो करता है किन्तु उसका प्रतिरोध न कर उससे पलायन कर जाता है।"[30]

इसी तरह पूँजीपति और व्यापारी वर्ग में व्याप्त विसंगतियों पर भी इन्होंने प्रखर व्यंग्य किये हैं। 'अपनी-अपनी डफली' व्यंग्य रचना में राजनीति और शेयर बाजार का चित्रण है। लेखक शेयर के व्यवसाय को भारत का असली उद्योग

बताकर उस पर व्यंग्य करते हैं–"यह जो शेयरों का व्यवसाय है। इसकी हैसियत सूअर के बच्चे जैसी है। चाहे जितनी मुलायमत से उसे छूने के लिए आप हाथ बढ़ायें, वह जरा-सी हरकत देखते ही जोर से चिंचिआने लगता है। शेयर मार्केट की भी यही हालत है।"[31]

जीवन में रुपये को ही सबसे अधिक महत्त्व देने की प्रवृत्ति पर व्यंग्य करते हुए 'लम्बी उम्र का राज' नामक व्यंग्य में शुक्ल जी चार बूढ़े लोगों का साक्षात्कार करते हैं और उन्हें यह पता चलता है कि लम्बी उम्र का राज अलग-अलग होता है। कुछ लोग अपनी लम्बी उम्र का राज शाकाहारी भोजन को मानते हैं तो कुछ लोग यह मानते हैं कि पेट भर के खाओ शाकाहारी हो या मांस अगर नियमित रूप से व्यायाम करेंगे तो लम्बी उम्र जी सकेंगे। लेकिन शुक्ल जी ऐसा मानते हैं कि लम्बी उम्र का राज तो रुपये में ही है। जिस व्यक्ति के पास रुपया है वह अपनी आनेवाली तमाम बीमारियाँ के साथ लड़ सकता है। हमारे शरीर में तमाम तरह-तरह की बीमारियाँ हैं जिनसे लड़ने के लिए रुपये की जरूरत होती है। शुक्ल जी यह भी स्वीकार करते हैं कि भाग्य संयोग और भगवान की कृपा से ही मनुष्य लम्बी उम्र प्राप्त कर सकता है।

समाज में बहुत से बेरोजगार लोग हमें देखने को मिल जाते हैं और ऐसी बेरोजगारों की बेरोजगारी को मिटाने के लिए बहुत से सामाजिक कार्यकर्ता भी अपना प्रयास कर रहे होते हैं। श्रीलाल शुक्ल ने 'एक निर्लिप्त भावुक कथा' नामक व्यंग्य में इस विषय को उठाया है। बाबूलाल एक पात्र है जो बचपन में ही अनाथ हो जाता है और उसका बचपन पार्कों, सड़कों और गलियों तथा नालियों के आसपास बीतता है। बाद में वह अपने नाम के आगे निर्लिप्त उपनाम रख लेता है और अपने को बड़ा सामाजिक कार्यकर्ता मानने लगता है और सेवाकार्य में भी लग जाता है। वह अपने इस कार्यकर्ता पद को सँभालने के लिए तीन तरह के उपाय करता, रो-रोकर लेक्चर देना, अनाथ लड़कों के साथ कोरस गाना और बेहिसाब चन्दा जेब में ठूँसना। इन तीनों तरीकों के द्व ारा वह बहुत भावुक होकर जीवन जीने लगता है और बाद में भारतीय संगीत के गाने भी सीख लेता है। शुक्ल जी यहाँ बताना चाहते हैं कि बाबूलाल जैसे लोग एक प्रकार से ढोंगी कार्यकर्ता हैं जो समाज को लूटने के लिए समाजसेवा का ढोंग रचते हैं।

'धुँधलके में समाजसेवा' नामक व्यंग्य में शुक्ल जी बताते हैं कि एक न्यायाधीश थे जो रात को भोजन के बाद अपनी पत्नी के साथ सैर करने निकलते हैं। रास्ते में सड़क के किनारे अन्धेरे में एक आदमी पड़ा हुआ दिखाई देता है। जिसके मुँह से खून निकल रहा है। न्यायाधीश और उनकी पत्नी सोचते हैं कि इस व्यक्ति की सहायता करनी चाहिए। शायद वह दर्द से तड़प रहा है।

अगर इसे सही समय पर अस्पताल पहुँचा दिया जाये तो उसकी जान बच सकती है। ऐसा सोच कर भी पुलिस वाले को फोन करते हैं और उसे वहाँ का पता बताते हैं पुलिस के आने के बाद जब भी दोनों वापस उस जगह पहुँचते हैं तो देखते हैं कि वह आदमी वहाँ से गायब है। न्यायाधीश साहब को आश्चर्य होता है कि मृत्यु की घड़ी गिनने वाला व्यक्ति खुद से उठकर कैसे जा सकता है। तब हवलदार बताता है कि साहब पीकर पड़ा होगा। न्यायाधीश कहते हैं कि लेकिन उसके मुँह से तो खून निकल रहा था। हवलदार बताते हैं कि पान खाकर सोया होगा। इस प्रकार शुक्ल जी पीकर यहाँ-वहाँ पड़े लोगों पर व्यंग्य करते हुए यह बताते हैं कि बुद्धिजीवी वर्ग के लोग भी कई बार सामान्य ज्ञान न होने के कारण धोखा खा जाते हैं।

अपराधी वर्ग को सत्ता में बैठे नेतागण एवं पुलिस का संरक्षण तमाम सामाजिक समस्याओं का कारण बनता है। 'राग दरबारी' में शिवपालगंज के दरोगाजी चोर जोगनाथ को वैद्यजी का आदमी होने के कारण दण्डित नहीं कर सके। उल्टा अदालत में उन पर जोगनाथ की बेइज्जती और झूठा जुर्म लगाने के आरोप में आठ हज़ार रुपये हर्जाना लग गया। यह खबर शहर में अनेक साप्ताहिकों में दिलचस्प तब्दीलियाँ करके छपी। इस बात का 'राग दरबारी' में व्यंग्यात्मकता से प्रहार किया गया—"उस शहर में लगभग आधे दर्जन हिन्दी और उर्दू के चीथड़े निकलते थे जिन्हें वहाँ साप्ताहिक पत्र कहा जाता है। चीथड़े उड़ाने वाले कुछ अर्द्धशिक्षित लोग थे जो अपने को पत्रकार कहते थे और जिनको पत्रकार लोग शोहदा कहते थे। इसी तरह के एक चीथड़े ने दरोगाजी के खिलाफ जोगनाथ के दावे की खबर घसीटकर अपने मुखपृष्ठ पर उछाल दी और खबर को कोई बासी न कहे, इस उद्देश्य से उसमें कुछ दिलचस्प तब्दीलियाँ करके चीथड़े में उसे कई बार कई ढंग से छापा।"[32]

'पहला पड़ाव' में गुण्डा नेता गरीब मजदूर की हत्या करता है। मुंशी नेता की हत्या की जाँच करवाना चाहता है मगर पुलिस और अदालत की अव्यवस्था की वजह से कुछ भी नहीं हो पाता। एक दिन रघुनाथ चुनावों में दूसरे गुण्डों द्वारा मारा जाता है। तब मुंशी न्यायालयों में होने वाली देर पर व्यंग्य कसता हुआ कहता—"वाह, भगवान के क्या कहने हैं। इस मामले में तो उन्होंने देर भी नहीं की। यह तो हमारी अदालतों में होता है। देर तो होती है, ज्यादातर अन्धेर भी हो जाता है।"[33]

'अपराधियों का चंदनवन' व्यंग्य में लेखक बताते हैं कि बेरोजगारी एक बहुत बड़ा कारण है युवाओं और लोगों के अपराधी और आतंकवाद में प्रवृत्त होने का। अपराधी और आतंकवादी प्रवृत्ति के लोग घने जंगलों को ही अपना सुरक्षित स्थान मानते हैं। इसलिए शुक्ल जी इसे अपराधियों का चंदनवन कहते

हैं। सरकारी नौकरियों की जो स्थिति है या उनकी जिस संख्या में उपलब्धता है शुक्ल जी उसे ऊँट के मुँह में जीरा के समान मानते हैं। कुल मिलाकर उनका संकेत वीरप्पन जैसे चंदन तस्करों के विषय में है। वह जंगलों में आराम की जिन्दगी बिता रहा है और लोगों की हत्या भी करता है और धन की कमी उसके पास हो तो वह अपहरण का भी काम करता है।

'सीमाएँ टूटती हैं' उपन्यास का पात्र, एक वकील, मुकदमों में होनेवाले झूठ के व्यापार पर व्यंग्य कसते हुए कहता—"यह सच्चाई की शपथ लेकर झूठ बोलने वाले का देश है। नेशन ऑफ पर्जरर्स। यहाँ अगर दुबारा सुनवाई करने की व्यवस्था कर दी जाय तो आप जानते हैं क्या होगा? हर किसी मुजरिम को उसके पैरोकार निर्दोष साबित करने के लिए झूठा सबूत इकट्ठा करेंगे और दूसरी सुनवाई की माँग करेंगे। अजीब नहीं कि पेशेवर गुण्डों को रुपये का लालच देकर उनसे जुर्म का इकबाल भी करवाना शुरू कर दें।"[34]

'गाँव गया था गाँव से भागा' में पुलिस महकमे का जिक्र आता है। गाँव में एक व्यक्ति है जिसके घर के पिछवाड़े दो महुए के पेड़ हैं। वह व्यक्ति बिना परमिशन लिए पेड़ों को काटता है और तब पुलिसवाला आकर उस व्यक्ति को दंडित करने की बजाय कुछ रिश्वत लेकर चला जाता है। इस व्यंय में पुलिस की रिश्वतखोरी को और लोगों द्वारा पुलिस को रिश्वत दिये जाने की बात पर लेखक ने व्यंग्य किया है।

लेखक ने हमेशा ऐसे विषयों को अपने व्यंग्य लेखन के लिए चुना जो व्यापक रूप से समाज में विद्यमान हैं और जिनका व्यापक और गहरा प्रभाव आम जनता के जीवन पर पड़ता है। अपने उपन्यासों और कहानियों में उन्होंने बुद्धिजीवियों, पूँजीपतियों, समाजसेवकों और अपराधी वर्ग पर व्यंग्य किया है। ये वर्ग एक प्रकार से समाज का प्रभावशाली और सम्पन्न तबका है। इसके पास अर्थ बल और बुद्धि या शक्तिबल होता है। इसी के सहारे ये आम नागरिकों का शोषण करते हैं और समाज में आतंक और भय भी पैदा करते हैं। इसके अलावा कई अन्य स्तरों पर भी इनके विशिष्ट स्वभाव और व्यवहार का परिचय हमें मिलता है।

3.6 मूल्यों का विघटन

व्यंग्य, मानव जीवन को सार्थकता प्रदान करने वाली साहित्य-विधा है। मानवीय संवेदना के बिना मानव मूल्यों की कल्पना निरर्थक है। अतः हर मनुष्य में मूल्यबोध का होना जितना अनिवार्य है, उतना ही अनिवार्य संवेदनाओं का होना भी है। स्वाभाविक रूप से मूल्यबोध व्यंग्य का अनिवार्य हिस्सा है। श्रीलाल शुक्ल जी की रचनाओं में भी यह मानवीय संवेदना और उसके तहत उपजे मूल्यों का

सर्वत्र दर्शन मिलता है। संस्कृति और समाज के अनेको आयाम ऐसे हैं जिनको शुक्ल जी ने अपने व्यंग्यों में दर्शाया है।

संस्कृति और परम्परा के नाम पर भारतीय पुराण और इतिहास से 'वृद्ध स्य तरुणी भार्या' के सैकड़ों उदाहरण दिये जा सकते हैं कि "निहायत बूढ़े और शिथिल च्यवन ऋषि से नवयुवती सुकन्या का विवाह हुआ था...ययाति ने देवयानी से विवाह रचाकर शर्मिष्ठा से रति प्रसंग चालू किया, जिस पर उन्हें शाप मिला था, कि तुम असमय ही बूढ़े हो जाओ। पर शुक्राचार्य के एक संशोधन से उन्हें मौका मिल गया था कि उनका बुढ़ापा स्थानान्तरणीय, यानी ट्रांसफरेबल हो जाये। चट से उन्होंने अपने बेटे पुरु को अपना बुढ़ापा पकड़ा दिया, और उसकी जवानी खींच ली। बूढ़े की भोग लिप्सा और पिता के प्रति त्याग का कैसा ज्वलन्त उदाहरण है! है ना?"[35]

अपराधी दो प्रकार के होते हैं एक वे जो खुलकर घोषित रूप से अपराध करते हैं और समाज या आम जनता जानती है कि ये अपराधी हैं दूसरे वे जो शराफत का लबादा ओढ़कर उसकी आड़ में अपराध करते हैं और ऐसे लोगों को आमजन सभ्य और सज्जन मानकर उन पर भरोसा करते रहते हैं। छिपकर अपराध करने वाले ये लोग बाद में अपने अपराध को छिपाये रखने के लिए और दूसरे तरह के अपराध करते हैं। रिश्वत देते हैं डराते धमकाते हैं ऐसे लोगों की विशेषताएँ बताते हुए शुक्ल जी ने लिखा—"छिपकर किये गये दुष्कर्म। उनको छिपाने के लिए ब्लैकमेल में दिये गये रुपये। साथियों से धोखेबाजी। जो कहना, उसे न करना। जो कहना और करना उसकी डींग हाँकना। जहाँ बोलना हो, वहाँ चुप रहकर गम्भीर व्यक्तित्व की ख्याति लूटना। जहाँ प्रशंसा करनी चाहिए, वहाँ मुस्कराहट से, व्यंग्य से या स्पष्टवादिता की स्पष्ट ख्याति के सहारे निन्दा करना।"[36]

इस रचना में दिखाया गया है कि स्टेडियम के आसपास दुकानें कैसे खुल जाती हैं? ये दुकानें श्री जनता होटल, होजरी-सिलाई की दुकानें तथा डिस्पेंसरी भी यहाँ खुलती है। डिस्पेन्सरी में जो दो नर्सें हैं उसके आकर्षण के कारण स्टेडियम के आसपास की जगह गुलजार जैसी हो जाती—"उसके कुछ ही दिनों बाद वहाँ एक छोटी-सी डिस्पेंसरी खुल गयी और उसमें दो नर्सें आ गयीं। दोनों नर्सें स्वभाव से मिलनसार थीं और दुखी लोगों के लिए सहानुभूति से छलछला रही थीं। उनके आते ही खेलकूद में सरगर्मी आ गयी; जो चुप रहते थे वे भी झगड़ने और चोट खाने लगे। होटल का कारोबार बढ़ गया; होजरी की दुकान जनरल स्टोर्स में बदल गयी, टेलरिंग हाउस का रेट बढ़ गया और डिस्पेंसरी में भीड़ लगने लगी।"[37]

व्यक्ति अपने व्यक्तित्व का बड़प्पन दिखाने के लिए, बनावटी प्रेम करते

हैं। अपनी झूठी शान के लिए कभी कला-प्रेम का दम्भ भरते हैं। 'अज्ञातवास' उपन्यास में रजनीकान्त ऐसा पात्र है जिसे गाँव से अपनी अशिक्षित पत्नी से नफरत है पर वह ग्राम-गीतों के प्रति बनावटी प्रेम दिखाता है। रजनीकान्त का दोस्त विनायक इस बात पर व्यंग्य कसते हुए कहता—"तुम्हारे पापा ग्राम-गीतों से बनावटी प्रेम दिखाते हैं तो ठीक है। वे ऊपर से नीचे तक बने हुए आदमी हैं।"[38]

'अंगद का पाँव' में एक साहब के लिए रेलवे स्टेशन पर लोग गये हैं। विदाई की सारी विधि पूरी हो गयी, पर गाड़ी चलने का नाम ही नहीं लेती। वर्तमान व्यवस्था की तरह वह गतिहीन हो गयी है। खोखली परम्पराओं पर जबरदस्त व्यंग्य करते हुए लेखक ने संकेत किया—"अब भीड़ तितर-बितर होने लगी थी और मित्र के मुँह पर एक ऐसी दयनीय मुस्कान आ गयी थी जो अपने लड़कों से झूठ बोलते समय, अपनी बीवी से चुराकर सिनेमा देखते समय या वोट माँगने में भविष्य के वादे करते समय हमारे मुँह पर आ जाती होगी। लगता था कि, वे मुस्कराना तो चाहते हैं पर किसी से आँख नहीं मिलाना चाहते हैं।"[39]

'पत्रकारी मूल्यों का विघटन बताने का अधिकार' व्यंग्य में श्रीलाल शुक्ल जी लिखते हैं कि, वर्तमान युग में समाचार-पत्रों में जो कुछ भी छपता है, वह बेहद बेकार और अप्रासंगिक और लोगों के लिए अनुपयोगी होता है। ऐसे बहुत ही कम अख़बार हैं, जिनमें कुछ बातें सार्थक छपती हों। तमाम तरह के ऐसे विषयों पर यहाँ लिखा जाता है जो कि समाज और युवा वर्ग के लिए फायदेमन्द नहीं सिद्ध होते। ज्यादातर पत्र पत्रिकाओं में वह फोर्स की मछली, मोदी हत्याकांड, पाकिस्तानी गायिका नूरजहाँ की भारत यात्रा, चन्द्रास्वामी जैसे बेकार विषयों के बारे में ही बहुत से लेख छपे होते हैं लेकिन स्वामी अखंडानंद जैसे बड़े सन्त के देहान्त पर भी कोई रचना नहीं छपती या कि, उनके द्वारा दिये जाने वाले ज्ञान से परिचित कराने वाला कोई लेख नहीं छपता।

'एक शोक प्रस्ताव' रचना में कलाकार की मृत्यु पर जो शोक सभा आयोजित होती है उसमें नितान्त औपचारिकता के अलावा और कुछ नहीं होता, इस पर कटाक्ष है। श्रीलाल शुक्ल ने यहाँ मनुष्य के स्वभाव का वर्णन किया है। यहाँ व्यंग्यकार ने पेशेवर लोगों के कारनामों का पर्दाफाश किया है। किसी भी व्यक्ति की शोक सभा में वे अपनी विद्वत्ता की छाप छोड़ना चाहते हैं। 'एक शोक प्रस्ताव' में अध्यक्ष महोदय की कथनी पर लेखक व्यंग्य करते हैं कि "व्यापार के वक्त वह खादी का कुर्त्ता-पायजामा पहनता। विधान परिषद में टेरीलीन का सूट। इस वक्त वह शेरवानी पहने था और छाती पर लाल गुलाब की एक कली लगाये था। उसके आकस्मिक देहावसान से आज सारा देश शोकमय है। वे हमारे महान राष्ट्र नायक थे। मैंने उसके कान में धीरे से कहा,

"करुणा शंकर दफेदार मर गया है। यह उसकी शोक सभा है। प्रधानमन्त्री की नहीं।"[40]

शुक्ल जी का एक और व्यंग्य है 'दुभाषिए' जिसमें उन्होंने ऐसे लोगों पर व्यंग्य कसा है, जो सामने तो हँसते हुए बातें करते हैं और पीछे जाकर बुराई करते हैं। समाज में ज्यादातर व्यक्तियों की आदतें ऐसी ही होती हैं। लोग अपने द्वारा खरीदी गयी नयी चीज़ दूसरों को दिखाना चाहते हैं। अगर हम मान लें कि, कोई कार खरीद ले और उसे लोगों को ले जाकर दिखाता है और उनसे प्रशंसा की उम्मीद रखता है। आजकल एक प्रकार का चलन है कि, खरीदी हुई नयी चीज़ को दिखाने के लिए ही कई लोग पार्टियाँ करते हैं और ऐसे समाज में ईर्ष्या रखने वाले बहुत से लोग भी होते हैं। यदि किसी मित्र का प्रमोशन हो जाये या वह कोई नया घर खरीद ले या कोई गाड़ी खरीद ले तो लोग उसके सामने उसकी प्रशंसा करते हैं। उसे बधाई देते हैं। पर पीठ पीछे जाकर उस पर व्यंग्य करते हैं। ऐसे लोगों के लिए ही लेखक ने दुभाषिए नाम रखा है। इस व्यंग्य में श्रीमान और श्रीमती खन्ना हैं जो अपने बच्चों के साथ अपने मित्र लाल के यहाँ अपनी नयी गाड़ी लेकर जाते हैं। उसे दिखाने के लिए उस समय लाल इन लोगों से बहुत मीठी मीठी बातें करता है। लेकिन इनके चले जाने के बाद वह कहता—"बेईमान कहीं का, आया था मोटर दिखाने। हम भी दो-दो रुपये मिस्त्रियों से वसूलते होते तो ऐसी दस मोटर खरीद लेते।"[41]

इस प्रकार मूल्यों में तेजी से हो रहे विघटन के इस दौर का अक्स श्रीलाल शुक्ल जी की रचनाओं में देखा जा सकता है। सरलता के लोप और दिखावे के इस युग में हर व्यक्ति जो है उससे अलग कुछ दिखाने की कोशिशों में लगा हुआ है और यही है मानवीय मूल्यों का पतन। अपनी स्वार्थपूर्ति के लिए अमानवीय आचरण को अपनाना और कई बार औरों को भी उसपर चलने के लिए प्रेरित या मजबूर करना वर्तमान जीवन की एक सच्चाई बन गयी है। इस पर शुक्ल जी ने करारा व्यंग्य किया है।

3.7 आचरण में अन्तर्विरोध एवं नारी जीवन की विसंगतियाँ

वर्तमान दौर नारी स्वतन्त्रता, नारी के अपने अधिकारों के प्रति जागरूक होने का, नारी सशक्तिकरण का, नारी विमर्श का और समान अधिकारों की माँग का है। ऐसी सभी माँगें नारी को उसके अधिकारों के संरक्षण के लिए जरूरी हैं। इसके अतिरिक्त कई बार अतिवादी नारीवादी विचारधारा अपना रास्ता भटक जाती है और अन्धानुकरण करते हुए पतन की राह पर चल पड़ती है। उसकी अपनी सोच तक नहीं बचती बल्कि विरोध का चश्मा लगाये वह सब कुछ को कुचल देने और उसके ऊपर चढ़कर चले जाने को आतुर दिखाई देती है।

वैवाहिक जीवन का गणित तो युगों से मानव समाज में चला आ रहा है। समय-काल-परम्परा के अनुसार उसका स्वरूप बदलता अवश्य रहा है लेकिन कुल मिलाकर जो बड़ा बदलाव है, वह है अविश्वास, और स्वेच्छाचारिता का। वैवाहिक जीवन का सबसे बड़ा आधार है एक-दूसरे पर विश्वास का होना जो आज कहीं क्षरित होता जा रहा है। इन विषयों पर लेखक श्रीलाल शुक्ल जी की टिप्पणियाँ और वह भी व्यंग्यात्मक लहजे में पठनीय होने के साथ-साथ प्रभावशाली भी हैं।

'आदमी का ज़हर' उपन्यास में हरिश्चन्द्र अपनी बीवी पर बिना सोचे-समझे उसे विश्वास में लिए बिना उस पर अजीत सिंह नामक दूसरे व्यक्ति के साथ सम्बन्ध होने का आरोप जड़ देता है। बाद में उसकी हत्या भी कर देता है। किन्तु सच्चाई जानने के बाद पछताता—"मुझे दिन-रात यही बात कचोटती रहती है कि मैंने रूबी के साथ बेइन्साफी की है। अजीत सिंह उसे दो साल से सता रहा था, पर मैंने उसकी मुसीबत को नहीं समझा। मदद करने के बजाय मैं उसके चरित्र पर सन्देह करता रहा।"[42]

समाज में कुछ लोग ऐसे होते हैं जिनकी शक्ल बहुत भयानक होती है, लेकिन फिर भी स्वभाव से बहुत ही विनम्र होते हैं। साथ ही कुछ ऐसे लोग भी होते हैं जो दिखने में बड़े सीध-सादे भोले-भाले होते हैं लेकिन वे अक्सर वैसे होते नहीं हैं। ऐसे ही लोगों पर व्यंग्य करते हुए श्रीलाल शुक्ल ने 'एक बहुत सीधा आदमी' नामक रचना लिखी है। इसमें रामभरोसे नामक एक आदमी है जो बहुत ही सीधा-सादा है। उसे उद्योग विभाग में नौकरी मिलती है और अचानक एक मिल का व्यवहार लेने के लिए उसे 20 दिन के लिए वहाँ भेज दिया जाता है। मालिक रामभरोसे को सीधा आदमी समझ कर कुछ गलत व्यवहार देते हैं और 20 दिन बीतने के बाद रामभरोसे अपने दफ्तर जाने के बाद मिल मालिक को पन्द्रह लाख रुपये लगान चुकाने को कहता है। यहाँ पर शुक्ल जी ने इस व्यंग्य के माध्यम से समाज के सीधे-सादे आदमियों को दर्शाया है।

'यत्र नार्यस्तु पूज्यन्ते' में शुक्ल जी भ्रूण हत्या के विषय में लिखते हैं कि, पुराने समय में इस बात की सुविधा हमारे समाज में नहीं थी कि, पता चल सके कि, जन्म लेने वाला शिशु बच्चा है या बच्ची। लेकिन आज तकनीकी विकास के चलते ऐसा सम्भव हो पाया है। जिसकी वजह से लोग उसे जन्म से पूर्व ही मौत के घाट उतार देते हैं। इस प्रकार आधुनिकता और बदले हुए समाज में संसाधनों की सुलभता के कारण भी ऐसे अपराधों में तेजी आयी है।

'सूनी घाटी का सूरज' उपन्यास की युवती सत्या प्यार रामदास से करती है मगर उसका 'संस्मरण' पढ़ने के बाद उसके दोस्त रामानुज से शादी कर लेती है। शादी के बाद रामानुज उसे कहता है, "लोग कहते थे कि रामदास तुमसे बहुत प्यार करता था। यहाँ तक सोचा जाता था कि तुम लोग विवाह कर लोगे?"

इस पर सत्या कहती है, "तुम गलत सोचते थे। रामदास में वह जड़ता नहीं जिससे वह अपने संसार को भुला दे, जिसके सहारे वह किसी को तुम्हारी तरह प्यार कर सके।"[43]

लेखक अपने 'खलनायक की कहानी' नामक व्यंग्य में, समाज में व्याप्त विचारधारा को सामने लाते हैं, जिसमें यह कहा जाता है कि प्रेम करने के लिए उम्र, जाति, अमीरी, गरीबी आदि का कोई महत्त्व नहीं होता। वर्तमान समाज में लड़कियाँ अपने से कम और अधिक उम्र के अध्यापकों, ट्यूशन मास्टर, व्यापारियों आदि अन्य लोगों से प्रेम कर बैठती हैं। इस कहानी में प्रमोद नाम का एक ट्यूशन मास्टर है जो लता नामक लड़की को ट्यूशन पढ़ाता है। इसी दौरान दोनों में प्रेम हो जाता है और लता प्रमोद से शादी करने का फैसला करती है लेकिन ऐसा सम्भव नहीं हो पाता क्योंकि अधिकांश मामलों में अभिभावक ही इसका विरोध करते हैं चाहे उनका लड़का हो या लड़की कोई फर्क नहीं पड़ता। प्रमोद और लता के प्रेम में उनके अभिभावक शादी का विरोध करते हैं और लता की शादी उसी की कक्षा में पढ़ने वाले एक विद्यार्थी विनोद से कर दी जाती है। प्रमोद और लता आपस में प्रेम करते थे, इसलिए विनोद अब एक खलनायक के रूप में देखा जाने लगता है। यहाँ व्यंग्य में आधुनिक समाज में हो रहे प्रेम प्रसंगों को उठाया गया है। साथ ही यह भी बताया गया है कि ऐसे मामलों में प्रेमियों को संघर्ष करना पड़ता है। बदलते हुए समाज का भी चित्रण करते हुए बताते हैं कि आज की तारीख में इस व्यवस्था में बदलाव आ रहा है और लोग कुछ हद तक ही सही, इसे स्वीकार करने लगे हैं।

आधुनिक नारी आज़ाद है। पुरुष के समान महत्त्वपूर्ण योगदान दे रही है। वह आत्मबल व मनोबल में पुरुष से भी बलवती है। 'यत्र नार्यस्तु पूज्यन्ते' में लेखक लिखते हैं कि "गाँवों से निकलकर यह प्रथा शहर के सम्भ्रान्त वर्गों में आ गयी है। वे अब कन्या के जन्म की प्रतीक्षा नहीं करते, वे भ्रूण परीक्षण कराते हैं और अगर शिशु कन्या की सम्भावना हुई तो बड़ी निस्संगता से गर्भपात का रास्ता अपनाते हैं। अगर कन्या हो ही गयी तो उसे तुरन्त मारा नहीं जायेगा। किसी दूसरे खानदान की औरतें मिट्टी का तेल सँजोकर उसके बहू के रूप में आने की प्रतीक्षा करेंगी। हम वैसे ही वहशी हैं फर्क सिर्फ़ इतना आया है कि, नारी हत्या अब उसके जन्म के पहले होने लगी है या जन्म के बीस-पच्चीस साल बाद।"[44]

नारी जीवन की विसंगतियाँ अपार हैं, अनन्त हैं। जीवन से लेकर अन्तिम साँस तक पहले तो पिता के घर और फिर पति के साथ और बाद में अपनी सन्तान के साथ उसे जीवन बिताना पड़ता है। इस दौरान उस पर समाज द्वारा स्थापित कई जिम्मेदारियाँ होती हैं जिनका उसे निर्वाह करना होता है।

अधिकारों की बातें बहुत कम होती थीं लेकिन आज शायद केवल अधिकारों की बातें ही हो रही हैं। नारी अपने जीवन के सभी छोटे-बड़े फैसले खुद लेना चाहती हैं। वह आर्थिक रूप से आत्मनिर्भर है लेकिन समाज में घर से बाहर पुरुष बाहुल्य समाज में वह कई बार अबला भी बन जाती है।

3.8 नारी और नैतिकता

नारी जीवन के लिए कई प्रकार के संस्कार और नियम हमारे समाज में पुरातन काल से चले आ रहे हैं। उन नियमों की आड़ में उसका शोषण भी होता आया है। आधुनिक समाज में नारी सशक्तीकरण के प्रयासों के बाद नारी ने अपने शोषण के विरुद्ध आवाज उठानी शुरू की है और उसमें काफी हद तक सफल भी हुई है। आज परिस्थितियाँ बदली हैं। वह पुरुष समाज के साथ कन्धे से कन्धा मिलाकर खड़ी है और हर क्षेत्र में अपना झंडा गाड़ रही है। इस दौड़ और विरोध की आँधी में कहीं उसने नैतिकता के मापदंडों को भी कुचल दिया है। उनका उल्लंघन कर गयी है। नैतिकता वह नहीं है जो केवल स्त्रियों के लिए बनाई गयी है बल्कि, मानवीय नैतिक मूल्यों का उल्लंघन हुआ है। शुक्ल जी अपनी रचनाओं में उन परिस्थितियों, घटनाओं, प्रसंगों को सामने रख हमारे समाज को और नारी जाति को अक्स दिखाने का प्रयत्न करते नजर आते हैं।

शुक्ल जी ने आधुनिक नारी के आधुनिकता के नाम पर किये जाने वाले दुर्व्यवहार पर व्यंग्य कसा है। आज की नारी पुराने रिवाजों को नहीं मानती। परम्परागत शादी के बन्धन वह आसानी से तोड़ सकती है। वह कई पुरुषों के साथ शादी करना आधुनिकता समझती है। शुक्ल जी की एक ऐसी ही नारी पात्र–डॉ. सीता, जो इन आधुनिक नारियों का प्रतिनिधित्व करती है। डॉ. सीता दत्त! उन्होंने अपने पति को छोड़ रखा था। सरकारी अस्पताल में डॉक्टर थीं। आकर्षक युवती। आर्थिक रूप से स्वतन्त्र। कहती, "मैं नयी रामायण लिख रही हूँ। सीता को राम ने बिना अपराध के छोड़ दिया था, मैं वैसी सीता नहीं। अपना अपमान करने वाले राम को मैं स्वयं छोड़ चुकी हूँ।"[45] शुक्ल जी ने डॉ. सीता को व्यंग्य से 'आज की सीता' कहा है। "वह आज की सीता थी। अपने राम को घर से निकाल चुकी थी।"[46]

वैदिक युग में नारी अर्धांगिनी, सहधर्मचारिणी, धर्मपत्नी, गृहिणी, गृहस्वामिनी तथा भार्या आदि थी। प्राचीन काल में गार्गी, मैत्रेयी, सुलभा आदि नारियाँ वेदमन्त्रों की व्याख्याता थीं। सीता, सावित्री, अनसूया, द्रौपदी, अहिल्याबाई, लक्ष्मीबाई आदि मर्यादा का प्रतीक थीं। बाद में स्त्रियों का स्थान छिन गया। वे वासनापूर्ति का साधन और सन्तानोत्पत्ति की यन्त्र मात्र रह गयीं।

शुक्ल जी ने एक श्रममन्त्री की सिर्फ़ बकवास करने वाली समाजसेवी पत्नी

पर व्यंग्य कसा है। "मन्त्री जी अपनी इस पत्नी के कारण ज्यादा मशहूर थे। उससे भी ज्यादा मशहूर वे एक ऐसी समाजसेवी महिला के पति होने के नाते थे जो साँवली-सलोनी, बकवास में प्रवीण और सबके बीच में खुश रहने वाली और सबको खुश रखने वाली थी।"[47]

इस प्रकार शुक्ल जी ने वर्तमान समाज में नारियों के बदलते चरित्र को बड़े ही सरलता से उद्घाटित किया है। वर्तमान में नारी अपने सहज स्वभाव एवं गुण शील-संकोच, चारित्र्य को छोड़कर स्वच्छन्द एवं अतिआधुनिकतावादी हो गयी है। आज नारी का जो नैतिक व चारित्रिक पतन हुआ है वह इनके साहित्य के नारी पात्रों में सर्वत्र झलकता है।

निष्कर्ष

साहित्य हमेशा से ही चाहे वह जिस विधा का रहा हो अपने समाज और अपने परिवेश से जुड़ा रहा। साहित्यकार भी समाज में ही जीता रहा है और समाज को निकट से देखने, जानने का अवसर सुलभ होता है। समाज से कटकर कोई साहित्य लिखा तो जा सकता है लेकिन अधिक समय तक वह अपने को ज़िन्दा नहीं रख सकता क्योंकि समाज से कटे साहित्य की न को उपयोगिता होती है न कोई प्रासंगिकता। हाँ काल्पनिक साहित्य या रहस्यपूर्ण या ऐय्यारी रचनाओं का अपना महत्त्व और पाठक वर्ग अवश्य है लेकिन वह मनोरंजन के सिवा जीवन को कहीं प्रभावित नहीं करता। विचारधारा को आन्दोलित करने की क्षमता उसके पास नहीं होती।

श्रीलाल शुक्ल जी की व्यंग्य रचनाएँ भी अपने समय और समाज से उपजी हैं और इसीलिए उनमें समकालीन समाज और उसकी परिस्थितिगाँ बहुतायत से दिखाई देती हैं। व्यंग्य-लेखन विसंगतियों, विषमताओं, विडम्बनाओं और विद्रूपताओं पर आधारित होता है इन्हीं के बरअक्स व्यंग्य साहित्य रचा जाता है। शुक्ल जी ने मानव जीवन के हर कोने को देखा-परखा और उस पर अपनी स्वतन्त्र दृष्टि से विचार किया है। इसीलिए इनकी व्यंग्य रचनाओं में इन्हें बदलने या इसके प्रति पाठक को जागरूक करने का भाव भी रहा है।

शुक्ल जी ने व्यंग्य विधा में समाज में व्याप्त वर्ग व्यवस्था की खामियों को उजागर किया है और साथ ही वर्ण व्यवस्था के वर्तमान स्वरूप पर भी प्रहार किया हैं। पूँजीपति, बुद्धिजीवी, अपराधी वर्ग के समाज में बढ़ते वर्चस्व और उनके खोखले दावों तथा उनकी शोषणवादी प्रवृत्तियों को अपने व्यंग्य का विषय बनाया है। वैवाहिक जीवन में आनेवाली विसंगतियों, दहेज प्रथा के अभिशाप और उनसे उपजी समस्याओं, अविवाहित नारी की सामाजिक स्थिति और उसके चाल-चलन को भी शुक्ल जी ने अपनी रचनाओं में जगह दी है।

शुक्ल जी की मुख्य चिन्ता वर्तमान समाज में जीवन के प्रत्येक क्षेत्र में हो रहे मानवीय मूल्यों के विघटन को लेकर है। मनुष्य अपनी न्यूनतम मर्यादाओं और सामाजिक नियमों का पालन करना भी अब बोझ मानने लगा है और उसका उल्लंघन करने में खुद को बड़ा आधुनिक और विकसित मानता है। ऐसा करने के पीछे जो कारक हैं, लेखक उस पर भी प्रहार करता है।

नारी जीवन की विसंगतियों के विभिन्न आयाम शुक्ल जी की रचनाओं में दिखाई देते हैं। व्यंग्य के माध्यम से उन्होंने नारी जीवन से जुड़ी नैतिकताओं और उसके बरअक्स सामाजिक शोषण को दिखाया है। एक बिन्दु पर जाकर शोषण का विरोध स्वच्छन्द और अतिवादी हो जाता है। लेखक बताते हैं कि नारी स्वातन्त्र्य की वह सीमा जहाँ समानता की माँग की जाती है, वह तो उचित है किन्तु जहाँ यह समानता की माँग अतिवादी रूप धारण कर लेती है, अपने मूल उद्देश्य से भटक जाती है।

शुक्ल जी ने अपने उपन्यासों में कई सशक्त नारी पात्रों का चित्रण भी किया है। 'आम आदमी का ज़हर' की रूबी लेक्चरर बनती है तो 'पहला पड़ाव' की जसोदा अपने पति की मृत्यु के बाद खुद को समाज की नजरों से बचाती है। 'बिस्रामपुर का सन्त' की सुन्दरी भूदान आन्दोलनकर्ता बनकर अपने जीवन को अपनी तरह से जीती है। 'सूनी घाटी का सूरज' उपन्यास में सत्या अपना जीवन साथी स्वयं चुनती है, तो वहीं 'अज्ञातवास' की डॉ. सीता दत्त अपने पति राम को ही बनवास देती है और रानी अपने पति रजनीकान्त को छोड़ देती है। इसी तरह 'राग दरबारी' की बेला दुनिया की आँखों में धूल झोंककर अपने प्रेमी बद्री से मिलने रात के अन्धेरे में चली जाती है। इस तरह ये नारी चरित्र कई स्थानों पर स्थापित मान्यताओं को तोड़कर भी अपने सुदृढ़ चरित्र को उजागर करते हैं।

सन्दर्भ सूची

1. व्यंग्य के मूलभूत प्रश्न : लेखक डॉ. शेरजंग गर्ग, पृष्ठ 146
2. आधुनिक श्रेष्ठ व्यंग्य : सम्पादक डॉ. घनश्याम अग्रवाल, श्रीलाल शुक्ल, पृष्ठ 31
3. यहाँ से वहाँ : श्रीलाल शुक्ल, पृष्ठ 2-3
4. विस्रामपुर का सन्त और सामाजिक सरोकार—निर्मल मौर्य : श्रीलाल शुक्ल, पृष्ठ 164
5. (कुत्ते की पिल्ले को नसीहत (मेरी श्रेष्ठ व्यंग्य रचनाएँ) : श्रीलाल शुक्ल, पृष्ठ 8)
6. बैलगाड़ी से (अंगद का पाँव) : श्रीलाल शुक्ल, पृष्ठ 82
7. मेरी श्रेष्ठ व्यंग्य रचनाएँ, पृष्ठ 2
8. कुछ ज़मीन में कुछ हवा में : श्रीलाल शुक्ल, पृष्ठ 182
9. जहालत के पचास साल : श्रीलाल शुक्ल, पृष्ठ 72
10. एक नया हितोपदेश (कुछ ज़मीन पर, कुछ हवा में) : श्रीलाल शुक्ल, पृष्ठ 155

11. कुछ ज़मीन पर कुछ हवा में : श्रीलाल शुक्ल, पृष्ठ 176
12. अज्ञातवास : श्रीलाल शुक्ल, पृष्ठ 24
13. चौराहे पर, मेरी श्रेष्ठ व्यंग्य रचनाएँ : श्रीलाल शुक्ल, पृष्ठ 124
14. खलनायक की कहानी, यहाँ से वहाँ : श्रीलाल शुक्ल, पृष्ठ 50
15. अज्ञातवास : श्रीलाल शुक्ल, पृष्ठ 37
16. यह घर मेरा नहीं : श्रीलाल शुक्ल, पृष्ठ 30
17. सीमाएँ टूटती हैं : श्रीलाल शुक्ल, पृष्ठ 24
18. सफेद कॉलर का विद्रोह : जहालत के पचास साल : श्रीलाल शुक्ल, पृष्ठ 24
19. राग दरबारी : श्रीलाल शुक्ल, पृष्ठ 232
20. कुछ ज़मीन पर, कुछ हवा में : श्रीलाल शुक्ल, पृष्ठ 151
21. विचार, विश्लेषण एवं जीवन : सं. प्रेम जनमेजय, पृ. 167
22. एक खानदानी नौजवान : श्रीलाल शुक्ल, पृष्ठ 34
23. अज्ञातवास : श्रीलाल शुक्ल, पृष्ठ 36
24. मकान : श्रीलाल शुक्ल, पृष्ठ 254
25. राग दरबारी : श्रीलाल शुक्ल, पृष्ठ 250
26. अंगद का पाँव : श्रीलाल शुक्ल, पृष्ठ 43
27. वही, पृष्ठ 44
28. आत्म विज्ञापन से निर्लिप्त लेखक : देवीशंकर नवीन, पृष्ठ 170
29. हिमालय के दो सप्ताह : श्रीलाल शुक्ल, पृष्ठ 70
30. व्यंग्यम 7 : सम्पादक रमेश शर्मा, आधुनिक व्यंग्य का आख्यान शिल्प, लेखक नरेन्द्र कोहली, पृष्ठ 35
31. अपनी-अपनी डफली : श्रीलाल शुक्ल - पृष्ठ 31-38
32. राग दरबारी : श्रीलाल शुक्ल, पृष्ठ 353
33. पहला पड़ाव : श्रीलाल शुक्ल, पृष्ठ 228
34. सीमाएँ टूटती हैं : श्रीलाल शुक्ल, पृष्ठ 165
35. एन.टी.आर की वकालत में—आओ बैठ लें कुछ देर : श्रीलाल शुक्ल, पृष्ठ 113
36. अज्ञातवास : श्रीलाल शुक्ल, पृष्ठ 24
37. यहाँ से वहाँ : श्रीलाल शुक्ल, पृष्ठ 58-59
38. अज्ञातवास : श्रीलाल शुक्ल, पृष्ठ 69
39. अंगद का पाँव : श्रीलाल शुक्ल पृष्ठ 156
40. मेरी श्रेष्ठ व्यंग्य रचनाएँ : श्रीलाल, शुक्ल पृष्ठ 39
41. जहालत के पचास साल : श्रीलाल शुक्ल, पृष्ठ 118
42. आदमी का ज़हर : श्रीलाल शुक्ल, पृष्ठ 87
43. सूनी घाटी का सूरज : श्रीलाल शुक्ल, पृष्ठ 181-82
44. यत्र नार्यस्तु पूज्यन्ते : श्रीलाल शुक्ल, पृष्ठ 83
45. अज्ञातवास : श्रीलाल शुक्ल, पृष्ठ 88
46. वही, पृष्ठ 60
47. पहला पड़ाव : श्रीलाल शुक्ल, पृष्ठ 116

अध्याय-4

श्रीलाल शुक्ल के साहित्य में राजनीतिक स्थितियों पर व्यंग्य

वर्तमान समय में व्यक्ति जीवन को सबसे अधिक प्रभावित करने वाला तत्त्व राजनीति है क्योंकि राजनीति से जुड़े राजनेता ही सत्ता पर काबिज होते हैं और वे ही कानून व्यवस्था और नीतियों का निर्धारण एवं संचालन करते हैं जिसके आधार पर सामाजिक और व्यक्ति जीवन संचालित होता है। आज राजनीति सिर्फ़ देशसेवा के लिए नहीं रह गयी है, बल्कि इसमें भी कुछ लोग व्यावसायिक अवसर तलाशते हुए मिलते हैं। ऐसे राजनीतिज्ञों का क्रिया-कलाप तमाम छल-छद्म से युक्त होता है। उनकी कथनी और करनी में ज़मीन-आसमान का अन्तर होता है। विशेष रूप से चुनाव के समय किये गये वादे और सत्ता मिलने के बाद इनका कार्य व्यवहार बिल्कुल मेल नहीं खाता। खोखले वादे और अवसरवादिता के कारण अनेक विसंगतियाँ उत्पन्न होती हैं। इन नेताओं का उद्देश्य किसी भी तरह सत्ता हथियाना होता है इसलिए वे हर तरह के हथकंडे अपनाते हैं। एक सजग व्यंग्यकार जीवन को सर्वाधिक प्रभावित करने वाली राजनीति में फैले इस छल-छद्म और अन्तर्विरोधों को न सिर्फ़ व्यंग्यात्मक अभिव्यक्ति देता है, बल्कि उसके विरुद्ध आक्रोश और क्षोभ भी प्रकट करता है। श्रीलाल शुक्ल जी ने भी राजनीति के क्षेत्र में व्याप्त इन तमाम विसंगतियों पर प्रहार किया है।

इनका सर्वाधिक प्रसिद्ध उपन्यास 'राग दरबारी' का रचनाकाल नेहरू युग के बाद का है। यह समय मोहभंग का था। भारतीय राजनीति में बड़ा परिवर्तन आ रहा था, जहाँ कांग्रेस का एकाधिकार समाप्त हो रहा था। संसद में लोहिया का गैर-कांग्रेसवाद लोगों को नयी राह दिखा रहा था। राज्यों में कुछ गैर-कांग्रेसी सरकारें बन रही थीं। नक्सल आन्दोलन की शुरुआत और इन्दिरा युग का आरम्भ हो रहा था।

गोपाल राय देश की इस राजनीतिक स्थिति पर टिप्पणी करते हुए लिखते हैं "आजादी के दो दशक बाद वैसा नहीं रह गया है। राजनीति की गन्दगी गाँवों में भी पहुँच गयी। पंचायतों, ग्राम सभाओं, सहयोग समिति और स्कूलों-कॉलेजों की प्रबन्ध समितियों में चुनावों के वे सभी हथकंडे और घृणित उपाय काम में लाये जाने

लगे जो विधानसभा या संसद के चुनावों में लाये जाते थे। चोरी-डकैती, शोहदागिरी, गबन, भ्रष्टाचार आदि मामलों में गाँव शहरों से होड़ लेने लगे।''[1]

श्रीलाल शुक्ल ने अपनी कई रचनाओं द्वारा राजनीति में मौजूद इन विसंगतियों को उजागर किया है जैसे 'अगली शताब्दी का शहर', 'नेता ऐसा चाहिए', 'वह संसद में जाना चाहता है', 'एक हारे हुए नेता का इंटरव्यू', 'एक जीते हुए नेता से मुलाकात', 'फरमाबरदारी, वफादारी और खिदमत', 'राजनीतिज्ञों की पंचायत', 'दुराचार बनाम भ्रष्टाचार', 'जनवाणी बनाम महाजनवाणी', 'दो पाटों के बीच', 'रहे या ना रहे', 'घुड़सवार राजाओं का सफर', 'भ्रष्टाचार और शिष्टाचार का घालमेल', 'देश का नेता कैसा हो', 'पिटे हुए विधाता', तथा 'राजनीति का धर्म और धर्म की राजनीति' आदि।

इनकी रचनाओं में देश की राजनीतिक विसंगतियों पर किये गये व्यंग्य को यहाँ विवेचित-विश्लेषित करने का प्रयास किया गया है।

4.1 राजनीतिक विसंगतियाँ

हमारे देश की राजनीति दुनिया के किसी भी देश की राजनीति से अलहदा है। यहाँ के राजनेता भी अपने तरह के अनोखे हैं। यहाँ राजनीति स्वार्थ नीति में परिवर्तित हो चुकी है। जोड़-तोड़ गुटबाजी, येन-केन प्रकारेण सत्ता प्राप्त करना और उस पर काबिज रहने का प्रयास करना ही उनका सर्वोपरि धर्म है। इस प्रयास में वे तमाम राजनीतिक विसंगतियों के जनक बनते हैं।

श्रीलाल शुक्ल ने 'हाथी की याददाश्त', 'उमरावनगर में कुछ दिन', 'लोगों को भीड़ मत बनने दो', 'अफ्रीका में पोर्ट ब्लेयर', 'पुष्पक विमान की सवारी', 'आँधी के आम', 'एक ताजा पहल की बासी खबर' और 'भूकम्प के बाद' आदि व्यंग्य निबन्धों में इन राजनीतिक विसंगतियों का पर्दाफाश गया है।

राजनीति के क्षेत्र में व्याप्त भ्रष्टाचारों पर व्यंग्यकारों ने बार-बार प्रहार किया है। हर नेता दूसरे नेता को भ्रष्ट सिद्ध करने की पूरी कोशिश करता है। नेता और भ्रष्टाचार शब्द, दोनों एक-दूसरे के पर्यायवाची सिद्ध हो चुके हैं और यदि कोई भ्रष्टाचारी न हो तो उसे नेता मानने में दिक्कत होती है। कुछ रचनाकार तो यहाँ तक कहते हैं कि यदि नेता भ्रष्टाचार छोड़ दे तो सन्त ना हो जाये! धार्मिक भेदभाव पैदा करना, दंगे भड़काना, लोगों को आपस में लड़वाना, अलग-अलग कारणों से लोगों को बाँटना, जनता को वोटबैंक समझना और केवल चुनाव के दौरान ही उनकी सुध लेना, ये सभी गुण राजनेताओं को वास्तव में राजनेता बनाते हैं।

'राजनीतिज्ञों की पंचायत' में सत्ता के विकेन्द्रीकरण के मूल में छिपी केन्द्रीकरण की प्रवृत्ति जैसे उलझे हुए पहलुओं पर व्यंग्यकार ने गम्भीर टिप्पणी की—''कौन जाने, सत्ता के विकेन्द्रीतकरण के नाम पर केन्द्रीकरण की यह फूहड़ कोशिश भी कोई

अजीब नतीजा दिखा दे। क्या पता कि पार्टी के निठल्ले देहाती बछेड़ों के लिए जो चरागाह तैयार की जा रही है, वह एक ऐसे सामाजिक बदलाव का रंगमंच बन जाये जिसके नीचे सत्ताधीश और सत्ता के दलाल एक-दूसरे का मुँह ताकते रह जायें।"[2]

श्रीलाल शुक्ल रेलगाड़ी और राजनीति की तुलना करते हुए लिखते हैं, "हमारी राजनीति और हमारी रेलगाड़ी ये दोनों चीज़ें एक हैं। दोनों ही पहियों पर लुढ़कते हुए बड़े-बड़े गाँवों की तरह हैं, जो आधुनिक होकर भी प्रागैतिहासिक हैं, रेलगाड़ी बेइन्तहा गन्दी है। मूँगफली के छिलके, थूक, कोयला, कालिख, बीड़ी की अधजली कड़ियाँ, लुढ़का हुआ पानी और बच्चों का पेशाब चारों ओर यही सब छितरा है। अख़बारों और फैले हुए गुटबन्दों के ताबड़तोड़ बयानों की तरह।"[3] यहाँ रेलगाड़ी के प्रतीक द्वारा श्रीलाल जी ने पूरी विकृत राजनीति को उद्घाटित कर दिया है।

आज की राजनीति में ऐसे-ऐसे नेताओं ने अपना कब्जा जमा लिया है कि उनका अपना शारीरिक अंग तक ठीक से काम नहीं करता, फिर भी वे राजनीति के सिरमौर बने हुए हैं। 'एक हारे हुए नेता का इंटरव्यू' में शुक्ल जी लिखते हैं, "अस्सी साल से ऊपर था, और अपनी नकली इंद्रियों के सहारे यानी चश्मा, नकली दाँत, इयरफोन आदि, फिट करके देश की राजनीति का संचालन करता था।"[4] शुक्ल जी ने 'देश का नेता कैसा हो' निबन्ध में ऐसे नेताओं की लालची प्रवृत्ति पर भी चुटकी ली है, "अचानक कल उन्हें बताया गया कि विकास की आँधी आयी है। उसमें जो आम गिरे हैं वे संसद सदस्यों के घर भेजे जा रहे हैं। हर सांसद को अपने चुनाव क्षेत्र के विकास के लिए एक करोड़ रुपया वार्षिक मिला करेगा। इस खबर ने लगभग उनकी जान ले ली। चुनाव हारने का उन्हें अभी तक सदमा नहीं पहुँचा था। अब पहुँचा कि उनके यहाँ एक करोड़ का डाका पड़ गया है।"[5]

'राग दरबारी' में सनीचर नेताओं की उम्र को लेकर व्यंग्य करते हुए कहते हैं—"भैया लठैती का काम कोई असेम्बली का काम तो है नहीं। असेम्बली में जितने ही बूढ़े होते जाओ, जितनी अक्ल सठियाती जाये उतनी ही तरक्की होती है यही हरनाम सिंह को देखो चलने को उठते हैं तो लगता है गिरकर मर जायेंगे। पर दिन पर दिन वही उनकी पूछ बढ़ रही है। यही लठैती में कल्ले के जोर की बात है। जब तक चले, तब तक चले। जब नहीं चले, तब हलाल हो गये।"[6]

इस तरह उन्होंने वर्तमान राजनीति के भ्रष्ट चरित्र को उजागर करते हुए उसमें व्याप्त भ्रष्टाचार, सत्ता लोलुपता, गुटबाजी, भाई-भतीजावाद, चाटुकारिता आदि उन तमाम प्रवृत्तियों का उल्लेख किया है, जिनके कारण उसका स्वरूप निरन्तर विकृत होता जा रहा है।

4.2 प्रजातन्त्र

भारतीय लोकतन्त्र की प्रतिष्ठा के मूल में दुनिया के तमाम विकसित देशों में अपनायी

गयी शासन व्यवस्था की अच्छाइयों को स्वीकारने और आम नागरिकों के जीवन को बेहतर बनाने का उद्देश्य रहा है, लेकिन आज जिस तरह लोकतान्त्रिक व्यवस्था के नाम पर एक परिवार की सत्ता चल रही है अथवा जिस तरह पूँजीपतियों का सरकारी कामकाज में दखल बढ़ा है, उसे देखकर लगता है कि प्रजातन्त्र हमारे देश में सिर्फ़ नाम के लिए है। तमाम बुद्धिजीवियों और रचनाकारों ने खुले तौर पर हमारे प्रजातन्त्र की कमियों को उद्‌घाटित किया है। यहाँ के प्रजातन्त्र की संरचना को प्रतीकात्मक ढंग से व्यक्त करते हुए शुक्ल जी लिखते हैं, "जैसे कालिदास को इस बैलगाड़ी से उत्कृष्ट साहित्य की प्रेरणा मिली थी वैसे ही आजकल यह प्रजातन्त्र की प्रेरक शक्ति है। ये बैल कैबिनेट के समान है। गाड़ीवान प्रेसीडेंट का काम करता है जो बैलों को चलाता है और नहीं भी चलाता। यह गाड़ी है, यह गाड़ीवान, ये सब हमारे हैं। हम जनता हैं।"[7]

अपने एक अन्य निबन्ध 'राजनीति और रेलगाड़ी पर' में शुक्ल जी देश की राजनीतिक दशा-दिशा पर टिप्पणी करते हुए बताते हैं कि आज की राजनीति रेलगाड़ी के समान हो गयी है। आधुनिकता का पहनावा पहनकर भी देह वही रूढ़िवादी और प्रागैतिहासिक बनी हुई है—"हमारी राजनीति और हमारी रेलगाड़ी ये दोनों चीज़ें एक हैं। दोनों ही पहियों पर लुढ़कते हुए बड़े-बड़े गाँवों की तरह हैं, जो आधुनिक होकर भी प्रागैतिहासिक हैं।"[8]

इसी कड़ी में प्रजा के उस रूप का भी परिचय दिया गया है जब उसके सब्र का बाँध टूट जाता है। उड़ीसा के मुख्यमन्त्री बीजू पटनायक की कर्मचारियों द्वारा जो पिटाई हुई थी उस पर व्यंग्य कसते हुए शुक्ल जी 'पिटे हुए विधाता' नामक व्यंग्य में लिखते हैं कि हमारे देश के बहुत से नेता जनता से पिटने के बाद भी ऐसा अभिनय करते हैं जैसे कुछ हुआ ही न हो। झूठा आश्वासन देने के कारण किस तरह से अपने ही राज्य की एक फैक्ट्री के कर्मचारी द्वारा बीजू पटनायक की पिटाई होती है, इसका विवरण इस कहानी में दिया गया है। लेखक बताते हैं कि किस प्रकार जनता अत्याचार को सह तो लेती है लेकिन एक सीमा के बाद उग्र हो जाती है और अपने ही राज्य के पदासीन मुख्यमन्त्री की पिटाई कर देती है।

'राग दरबारी' में शान्तिलाल की तरह वैद्यजी भी अपने विरोधियों के आक्षेपों को शालीनतापूर्वक सहन करते हुए कहते हैं, "विरोधी से भी सम्मानपूर्ण व्यवहार करना चाहिए। देखो न, प्रत्येक बड़े नेता का एक-एक विरोधी है। सभी ने स्वेच्छा से अपना विरोधी पकड़ रखा है। यह जनतन्त्र का सिद्धान्त है। हमारे नेतागण कितनी शालीनता से विरोधियों को झेल रहे हैं।"[9]

शुक्ल जी प्रजातन्त्र की वर्तमान स्थिति को लेकर अपनी रचनाओं में काफी चिन्तित और दुखी दिखाई देते हैं। उनकी निराशा और विसंगतियों के प्रति आक्रोश साफ दिखाई देता है। उन्होंने इसके लिए व्यंग्योक्तियों एवं प्रतीकों का भरपूर प्रयोग किया है।

4.3 वोट की राजनीति, भाई-भतीजावाद, चुनावी छल-छद्म और दलबदल

देश में राजनेता अपनी पूरी ताकत सत्ता पर काबिज होने में लगा देते हैं। इस प्रयास में वे राजनीति के मूल तत्त्व वोट को अपने पक्ष में डलवाने के लिए उन्हें तरह-तरह से लुभाने की कोशिश करते हैं। भाई-भतीजावाद हमारी राजनीति का एक अहम मुद्दा है। देश की लगभग सभी पार्टियाँ खानदानी पार्टियाँ है। दल का मुखिया अपने बेटे को ही दल का अगला मुखिया बनाना चाहता है और सत्ता पर उसे काबिज करने के लिए वरिष्ठों का बलिदान देने में संकोच नहीं करता। कांग्रेस, शिवसेना, समाजवादी पार्टी, बसपा, बीजू जनता दल समेत अधिकांश पार्टियों का यही हाल है।

चुनाव जीतने के लिए राजनीतिक दल बाहुबलियों को टिकट देते हैं या फिर उनके जेल जाने पर उनके परिवारवालों को। जिस दल के खिलाफ चुनाव लड़ते हैं उन्हीं के साथ मिलकर सरकार बनाते हैं। जिसे कुछ दिन पहले भ्रष्टाचारी और अपराधी कहते थे चुनाव के बाद उसी से मंच पर गले लगने में कोई संकोच नहीं होता। सत्ता प्राप्त करने के लिए कोई भी छल-छद्म करने को गलत नहीं मानते।

'नया हितोपदेश' नामक व्यंग्य में शुक्ल जी लिखते हैं, ''दरअसल पिताजी, 15000 में मुझे वहाँ के नगर विकास प्राधिकरण में छोटी-मोटी नौकरी मिल जायेगी, यही मेरी महत्वाकांक्षा है। कुछ वर्षों में ही आप स्वर्ग से देखेंगे कि आधे नगर की ज़मीन नामी हो या बेनामी मेरी है। यह दूसरी बात है कि एंटी करप्शन वालों के लिए आज महाराजाओं की सी समृद्धि लेकर भी अपना रहन-सहन सन्तों जैसा रखना पड़ेगा।''[10]

इन थोड़े से वाक्यों में लेखक ने सरकारी प्रशासन व्यवस्था, रिश्वतखोरी, अर्थलोभ, धोखाधड़ी, मानवीय संवेदना के गिरते हुए स्वरूप और आडम्बरपूर्ण जीवन के साथ ही कई समाज विरोधी तत्त्वों पर प्रहार किया है।

अच्छे पढ़े-लिखे नौजवानों को बिना सिफारिश और घूस दिये नौकरी नहीं मिल सकती। 'पहला पड़ाव' में एक पात्र नौकरी न पा सकने की स्थिति में कहता है—''न घूस दी थी, न ऊँची सिफारिश थी, इसलिए इंटरव्यू में फेल होना ही था। पर धुप्पल के भरोसे चला गया था क्योंकि घूस, सिफारिश, गुटबन्दी, गुण्डागर्दी के तर्क जहाँ रोज चलते हैं, वहाँ कभी-कभी बिना किसी तर्क के धुप्पल भी चल जाता है। पर धुप्पल नहीं चला।''[11]

'जनवाणी बनाम महाजनवाणी' लेख में व्यंग्यकार श्रीलाल शुक्ल ने दूरदर्शन पर होने वाले वार्तालापों पर तंज कसा है। प्रायः जब मन्त्रियों का साक्षात्कार दूरदर्शन पर होता है तो पत्रकार जनसरोकारों से जुड़े सवाल करते हैं। इस पर मन्त्री जी अपनी ही वाणी यानी महाजनवाणी में जवाब देते हैं। प्रायः वह जवाब कोई ना कोई जरूर

देता है लेकिन उसका अर्थ शायद ही निकलता हो। ऐसी गोलमटोल और घुमावदार बातें करते हैं जिनका अर्थ समझना मुश्किल होता है। कई बार तो केवल कोरे आश्वासन ही होते हैं। इस प्रकार लेखक ने दूरदर्शन पर दिये जाने वाले वार्तालाप और साक्षात्कारों पर व्यंग्य किया है।

सरकारी कार्यालयों में घूसखोरी का काम ज्यादा चलता है। छोटेबाबू से लेकर बड़ेबाबू तक सभी भ्रष्टाचार करते हैं। जिस प्रकार का काम हो, उस प्रकार की घूस भी चलती है। पहला पड़ाव का यह संवाद द्रष्टव्य है–"मेरी समझ में कोई छोटा मसला है। किसी गोपनीय नोट की जानकारी की कोशिश या शराब-कबाब से चल जाने वाला कोई अदना-सा काम। फाइल गायब करानी हो तो दो-चार हज़ार की सीधी घूस चलती, ऐसा काम दारू-वारू के बूते का नहीं।"[12]

शुक्ल जी ने उन महिला नेताओं पर व्यंग्य किया है जो सिर्फ़ भाषण देती हैं और कुछ काम नहीं करती हैं और केवल अपने भाषणों के कारण ही विभिन्न पत्रिकाओं में फायर ब्राण्ड के नाम से जानी जाती हैं। ऐसी महिला नेताओं पर व्यंग्य करते हुए शुक्ल जी लिखते हैं, "सोचिए झाँसी की रानी लक्ष्मीबाई और दुर्गावती के ज़माने में आज की उन कई तीसमारखाँ महिला नेताओं की क्या गति होती जो सिर्फ़ ज़बान चलाने की ताकत पर अख़बारों में फायर ब्राण्ड कहे जाने की ताकत पर सत्ता की किसी भी मंज़िल पर बैठ सकती हैं।"[13]

हमारे देश में प्रायः प्रधानमन्त्री अपने व्यक्तिगत फायदे के विषय में ही सोचता है। उसे इस बात की चिन्ता रहती है कि कल वह उस दल में रहेगा या नहीं रहेगा। आजकल प्रधानमन्त्री अपने मन्त्रिमण्डल से असन्तुष्ट ही रहते हैं और इसी कारण समय-समय पर अपने मन्त्रिमण्डल में बदलाव करते रहते हैं। कई बार मन्त्रियों के पद भी बदल दिये जाते हैं। इस प्रकार लेखक ने 'रहें या न रहें' व्यंग्य लेख में प्रधानमन्त्री के इस स्वभाव को व्यंग्यात्मक ढंग से उद्‌घाटित किया है।

'आदमी का जहर' में नेताजी चुनाव के दिनों में और उससे पहले काफी सतर्कता बरतते हैं ताकि उनके किसी ऐसे काम का बुरा प्रभाव चुनाव परिणामों पर न पड़ जाये जिसे पहले वे धड़ल्ले से करते रहे हैं, "मैंने उसे पैराडाईज होटल के 'बार' में बुलाया था, पर उसने कहा कि आजकल चुनाव के दिन हैं। इन दिनों में मैं अपने इलाके के होटलों में शराब नहीं पी रहा हूँ। उसे डर है कि वहाँ कोई ऊलजलूल हालत में उसका फोटो लेकर अख़बारों में न छपा दे। वोटरों पर इसका बड़ा बुरा असर पड़ेगा।"[14]

इसी में आगे वे बताते हैं कि नेताजी और राजनीतिक दल वोटों के लिए पानी की तरह पैसा खर्च करते हैं। इसके लिए वे कई बार अपना पैसा भी लगा देते हैं अन्य पूँजीपति जो उन पर दाँव लगाते हैं वो भी। यदि जीत गये तो चारों हाथ से रुपया बटोरना ही है। 'आदमी का जहर' में चुनाव में खड़ा नेता जसवंत कहता है,

''आजकल तो चुनाव में मेरा रुपया पानी की तरह बह रहा है। पाँच-पाँच सौ रुपये की तो शराब ही रोज खर्च हो रही है।''[15]

राजनीति के क्षेत्र में भी अन्धविश्वास किस तरह गहरी जड़ें जमाये बैठा है इसका उदाहरण देते हुए शुक्ल जी लिखते हैं कि आज के हमारे राजनेता चुनाव हार जाने के बाद कई बार उसका ठीकरा ज्योतिषी पर फोड़ देते हैं। 'एक हारे हुए नेता का इंटरव्यू' नामक व्यंग्य लेख में शुक्ल जी लिखते हैं कि नेता हार का कारण जातिवाद, नीतियाँ, विकास कार्य और सिद्धान्त या जनता का फैसला न मानकर ज्योतिषियों की बातों पर विश्वास करता है। पत्रकार के साथ साक्षात्कार में हारा हुआ नेता बताता है कि उसके हारने का कारण जनता नहीं, बल्कि शनैश्च और राहु हैं।

सफेदपोश नेतागण अब सामाजिक, राजनीतिक भेड़ियों का प्रतीक बन गये हैं। इन सफेदपोशों के सन्दर्भ में श्रीलाल जी ने लिखा है—''जब और जहाँ सफेदपोश हैं तब और तहाँ धोबी है और जहाँ धोबी हैं, वहाँ गधा है।''[16]

'एक हारे हुए नेता का इंटरव्यू' के माध्यम से नेताओं के चरित्र का उद्घाटन करने के साथ-साथ शुक्ल जी एक और व्यंग्य लिखते हैं 'एक जीते हुए नेता से मुलाकात'। यहाँ वे बताते हैं कि नेता चुनाव जीतकर जब सत्ता हासिल कर लेता है तो उसके पास जनता अपने काम के लिए आती है और नेता समस्या को सुनने के बाद अपने सहायक से कहता है कि इसे रजिस्टर में दर्ज कर लें। उनके अनुसार रजिस्टर में दर्ज होते ही काम हो गया समझो। जब एक व्यक्ति उनसे क्लर्क की नौकरी दिलाने की माँग करता है तो नेताजी उसे डॉक्टर कहते हुए कहते हैं कि वह बहुत छोटे पद की माँग उनसे कर रहा है। जब व्यक्ति कहता है कि तो कलेक्टर एवं एम्बेसडर ही बनवा दो तो नेता अपने सहायक से कहता है कि इसके एम्बेसडर बनने की बात अपने रजिस्टर में दर्ज कर लो। इस प्रकार यह तथ्य प्रकट होता है कि राजनीतिज्ञ कितने झूठे, मक्कार और आडम्बर वाले होते हैं।

शुक्ल जी के व्यंग्य रचनाओं में स्पष्ट रूप से नेताओं का वह रूप दिखाई देता है जो वे जनता से छुपाते हैं। व्यंग्यकार ने उनके छद्म रूप को दिखाने का हरसम्भव प्रयास किया है इन स्थितियों को उद्घाटित करने के लिए उन्हें अलग से कोई प्रयास नहीं करना पड़ता है, बल्कि इनके पात्रों के संवादों के माध्यम से सब कुछ व्यक्त हो जाता है। उन्हें अलग से टिप्पणी की आवश्यकता ही नहीं पड़ती।

4.4 स्वार्थी नेतृत्व एवं कुर्सी मोह

भारत में राजनीति में सत्ता और पूँजी का सबसे आसान शिकार बना है ग्रामीण समाज। स्वन्तत्रता के बीच यह स्थिति जस-की-तस बनी रही। आजादी से पहले लूटने वालों की शक्ल और नाम दूसरा था बाद में उसका स्वरूप बदल गया। कभी तो भारतीयता की सांस्कृतिक विरासत का लबादा ओढ़कर आडम्बर रचते रहे तो

कभी पाश्चात्य का अनुकरण कर आधुनिक बनने का दिखावा करते रहे। परिणाम यह निकला कि कहीं के न रहे और अन्त में मजाक बनकर रह गये। शुक्ल जी अपनी कई रचनाओं में इन परिस्थितियों पर व्यंग्य करते हैं।

'मम्मीजी का गधा' में कहीं प्रशासन पर व्यंग्य है तो कहीं राजनीति पर। बिजली विभाग का उपसचिव, जो जर्मनी से इंजीनियरिंग की डिग्री लेकर आया है, रातों-रात नेता बनना चाहता है और अन्त में बन भी जाता है। उसके समर्थन में हड़ताल के जो प्रसंग हैं, वे भी परीकथा जैसे दिखाई देते हैं। राज्यसभा का जब वह सदस्य बन जाता है और उसकी सारी सुविधाएँ जब उसको मिलने लगती हैं तब वह अपनी मम्मी को विदित करता है कि अब वह उनका गधा नहीं रहा। इस पर उसके पिता की टिप्पणी देखने योग्य है–''बेटा, यह सही है। यहाँ तक पहुँचकर तुम अपनी मम्मी के भी गधे नहीं रहे। पर वह कौन है जो इन दस सांसदों के मुँह से तुम्हें राजनीति के मैदान में दुलत्ती झाड़ने को बुला रहा है? मत भूलो, तुम्हें पता भी नहीं है और अनजाने ही तुम किसी दूसरे के गधे बन चुके हो। अब तुम खुद पता लगाओ कि तुम्हें गधा बनाकर अपनाने वाले तुम्हारे नये पापा या नयी मम्मी कौन हैं?''[17]

सत्ता पर काबिज होने के लिए नेता कैसे-कैसे खेल खेलते हैं इसे शुक्ल जी ने अपनी रचना 'अगली शताब्दी का शहर' में दिखाया है–''काफी उखाड़-पछाड़ के बाद भी अपने राज्य के मुख्यमन्त्री बनने पर भी उसे जनादेश कहते थे। दो-चार दिन उन्हें सब कुछ अटपटा-सा जान पड़ा पर जल्दी ही समझ में आ गया कि यह खेल भी बिल्कुल कबड्डी जैसा है जिसे वह बहुत सालों तक खेल चुके हैं। डूडू-डूडू करते हुए आप दूसरों के पाले में अचानक कूद पड़े तो घबराकर भी खुद पीछे हटने लगेंगे। बस इतना देखना है कि आप को छू न पायें और साँस बरकरार रहे।''[18]

शुक्ल जी भ्रष्टाचार पर तीखी टिप्पणी करते हुए लिखते हैं, ''सहकारी दुकानों पर बिक्री अच्छी होती थी। सिर्फ़ सीमेन्ट की खपत नहीं थी। शायद उसी को बढ़ावा देने के लिए दो साल के भीतर ही पहली कोठी बनने लगी। कोठी संघ के अध्यक्ष की थी। जब वह बन चुकी तब उनके विरोधियों ने भ्रष्टाचार का नाम लेकर चिल्ल-पों मचायी। उन दिनों भ्रष्टाचार को थोड़ा बुरी चीज़ माना जाता था। इसलिए अध्यक्ष ने सार्वजनिक जीवन में स्वस्थ परम्पराओं की रक्षा के लिए अपने पद से इस्तीफा दे दिया। जिला सहकारी संघ एक-दूसरे अध्यक्ष के पास चला गया। कोठी भूतपूर्व अध्यक्ष के पास रही।''[19]

वर्तमान राजनीति में बुजुर्ग नेताओं के कुर्सी मोह पर टिप्पणी करते हुए शुक्ल जी लिखते हैं कि, ''आज राजनीति में ऐसे कई नेता हैं जो कब्र में पैर लटकाये हैं लेकिन वह अपनी कुर्सी छोड़ने के लिए तैयार नहीं है और हर चुनाव में किसी न किसी सीट से लड़ने को तैयार रहते हैं। साथ ही वे ऐसे नेताओं पर भी टिप्पणी

करते हैं जो चुनाव जीतने के बाद समाज-सेवा और सुशासन के बजाय सारे समय आपस में झगड़ते रहते हैं। सत्ता की प्राप्ति के लिए इस तरह का वातावरण संसद में आज भी देखा जा सकता है। जहाँ सांसद आपस में कुत्तों की तरह लड़ते हैं।'' 'वह संसद में जाना चाहता है' नामक व्यंग्य में शुक्ल जी लिखते हैं, ''हिन्दुस्तान की भी यही हालत है न। वह मौत के कगार पर बेहोश पड़ा है और वे उधर नहीं देखते, सिर्फ़ आपस में एक-दूसरे पर चीख रहे हैं।''[20]

जनता के साथ बड़े-बड़े वादे करके और असल को छुपाने वाली बात को उजागर करते हुए शुक्ल जी 'फरमाबरदारी वफ़ादारी और खिदमत' नामक व्यंग्य लेख में लिखते हैं–''इस माहौल को पीछे ठेलकर आज की राजनीति ज्यादा ठोस आधार पर ड्यूटी वगैरह को पकड़ती है। वह सारे सिद्धान्तों को अपने प्यारे नेता की कंचन काया में, विचार में उसकी आवाज में और उसकी फरमाबरदारी में देखने लगती है। यानी पार्टी सिद्धान्त की है और कल्चर गिरोह का है।''[21]

'राजनीतिज्ञों की पंचायत' नामक व्यंग्य में शुक्ल जी ने पंचायतों के निष्क्रिय बनते जाने, सत्तारूढ़ पार्टी के ग्रामीण कार्यकर्ताओं तथा निरंकुश नौकरशाही का मिलन और ग्रामीण विकास के क्षेत्र में पंचायतों के माध्यम से स्थानीय पहल के स्थान पर बैंक मैनेजर, सरकारी दलाल, लाभार्थी के सहारे फैलते भ्रष्ट सत्तातन्त्र का वर्णन किया है।

सत्ता की लालसा और ऊँचे पद पर आसीन होने की महत्वाकांक्षा हर राजनेता में होती है। हर मन्त्री अपने भीतर प्रधानमन्त्री बनने का सपना सँजोये बैठा रहता है। सभी मन्त्रियों का एक ही सपना होता है कि एक दिन वे भी प्रधानमन्त्री बनेंगे इसलिएं प्रधानमन्त्री बनने के लिए उन्हें जो भी रास्ता अपनाना पड़े, उसके लिए वे तैयार रहते हैं। लेखक ने इन्हीं घटनाओं पर व्यंग्य करते हुए अपना 'घुड़सवार राजाओं का सफर' निबन्ध लिखा है।

स्पष्ट है कि नेता जब राजनीति में उतरता है तो उसका एक ही सपना होता है कि किसी न किसी दिन वह कुछ भी करके सत्ता हासिल कर लेगा। एक बार कुर्सी मिल जाने के बाद वह आखिरी साँस तक सत्ता से चिपके रहना चाहता है। सत्ता का मोह भी ऐसा होता है जो आदमी की आखिरी साँस तक उसका पीछा नहीं छोड़ता। हमारे देश में कब्र में पैर लटकाया नेता भी सत्ता सुख भोगना चाहता है। इसके लिए दूसरे दलों से गठजोड़ करना पड़े चाहे जनता से झूठे वादे। वह सबके लिए तैयार रहता है। इन लोलुप प्रवृत्तियों पर शुक्ल जी ने तीखा प्रहार किया है।

4.5 सरकारी नीतियाँ

सरकारी नीतियाँ किसी भी देश की जनता के विकास की पहली सीढ़ी होती हैं। सरकार नीतियाँ बनाने का काम तो करती हैं लेकिन उनके अनुपालन की कोई ठोस व्यवस्था नहीं होती। राजीव गाँधी ने लाल किले से कहा था कि सरकार जनता के

लिए एक रुपया आवंटित करती है तो उसके पास केवल दस पैसा पहुँचता है। नब्बे पैसे बीच में ही कोई खा जाता है। धूमिल ने भी उस तीसरे आदमी की बात की थी जो रोटी से खेलता है और संसद इस प्रश्न पर मौन ही बनी रहती है।

देश में हर प्रशासनिक कार्य की प्रगति धीमी है। इस कारण समय पर योजनाओं का कार्यन्वयन नहीं हो पाता। 'राग दरबारी' का रंगनाथ कहता है, तुम्हारा गियर तो बिल्कुल अपने देश की हुकूमत जैसा है। वहीं एक प्रशासनिक अधिकारी द्वारा अपने ऊपर काम के अधिक दबाव का हवाला देने के सन्दर्भ में व्यंग्यकार ने लिखा है कि, "दरोगाजी किसी को भुनभुनाते हुए गाली देने लगे। थोड़ी देर में उनका मतलब यह निकला कि काम के मारे नाक में दम है। इतना काम है कि अपराधों की जाँच नहीं हो पाती, मुकदमों का चालान नहीं हो पाता, अदालतों में गवाही नहीं हो पाती। इतना काम है कि सारा काम ठप्प पड़ गया है।

अपने उपन्यास 'राग दरबारी' के एक प्रमुख पात्र कालिका प्रसाद के विषय में शुक्ल जी लिखते हैं–"कालिका प्रसाद का पेशा सरकारी ग्रांट और कर्जे खाना था। वे सरकारी पैसे के द्वारा, सरकारी पैसे पर जीते थे। इस पेशे में उनके तीन सहायक हैं क्षेत्रीय एम.एल.ए., खद्दर की पोशाक और उनका यह वाक्य 'अभी तो वसूली की बात ही नहीं कीजिए। आपको कार्यवाही रोकने में दिक्कत न हो, इसीलिए मैंने ऊपर भी दरख्वास्त लगा दी है।' विकारा के नाम पर सरकार की तमाम कागजी योजनाएँ आज भी बदस्तूर जारी हैं। वे नये-नये हलकों में पहुँच रही हैं। चारा घोटाला या स्टैम्प घोटाला तो मात्र उदाहरण हैं।"[22]

'पान बनाम न्यायालय' में लेखक न्यायालय व्यवस्था पर टिप्पणी करते हुए कहते हैं कि जो भी व्यक्ति गवाही देने के लिए आता है वह मुँह में पान लिए होता है इसलिए न्यायाधीश उस व्यक्ति को पहले पान थूकने और मुँह साफ करने के लिए कहते हैं जबकि उस व्यक्ति की गवाही लेने वाले वकील साहब स्वयं मुँह में पान ठूँसे हुए रहते हैं या कि अपने दूसरे वकील से तम्बाकू की डली लेकर मुँह में डाले हुए होते हैं। शुक्ल जी कहते हैं कि ऐसी स्थिति में न्यायाधीश वकीलों को तो कुछ नहीं कहता है। हमारे देश में इस तरह के नारे हैं कि कानून सबके लिए समान होता है लेकिन उसी न्यायालय में कानून का समान रूप से पालन नहीं होता, उसे तोड़ा जाता है। कानून के मन्दिर में ही कानून को तोड़ा जाना लेखक के अनुसार देश का दुर्भाग्य है। उनका मानना है कि कानून केवल दूसरों को सजा देने के लिए होता है जिस तरह से उपदेश केवल देने के लिए होता है। जो व्यक्ति कानून जानता है वह दूसरे को कानून सिखाता है लेकिन खुद कानून तोड़ता रहता है। लेखक के अनुसार ऐसी व्यवस्था को ही अन्धा कानून का नाम दिया गया है।

समाज विरोधी जो तत्त्व होते हैं उनका रवैया सरकारी नीति के प्रति कैसा है यह लेखक ने दिखाया है। वे लिखते हैं–"उमरावनगर का यह पहला पक्का मकान

है। आम के ठूँठ से आप सोच सकते हैं और सही है कि यहाँ पहले एक अमराई थी। उसके वे पेड़ जो सड़क के किनारे नहीं थे, पहले ही शहरवालों के चूल्हे-भाड़ में जा चुके हैं। सड़क के किनारे वाले पेड़ सरकारी हैं। इसलिए वे 'काटे बिना ही काट-देने की पद्धति' से सिर्फ़ ठूँठ बनाकर छोड़ दिये गये हैं।"[23]

सूदखोरों द्वारा किसानों के शोषण की कहानी को भी लेखक ने अपने व्यंग्य लेखों का विषय बनाया है। गरीब किसान पर सार्वजनिक सरकारी तथा निजी क्षेत्र के दुष्ट सूदखोरों द्वारा जो आक्रमण हो रहा है उस पर टिप्पणी करते हुए शुक्ल अपने व्यंग्य 'होरी और उन्नीस सौ चौरासी' में लिखते हैं—"संक्षेप में 1935 में होरी को जहाँ नदी के इस किनारे पर पड़े मगरमच्छ निगलने को झपटते थे वहीं अब उसे दोनों किनारों पर अलग-अलग शक्ल वाले पर एक ही नस्ल के मगरमच्छों का सामना करना पड़ता है। होरी की यह अजीब नियति है कि इस नदी को छोड़कर कहीं भाग नहीं सकता।"[24]

हरितक्रान्ति का सपना भारत के लिए सिर्फ़ एक सपना है। लेखक लिखते हैं—"हरितक्रान्ति अब हरित स्वप्न बन चुकी है। आत्मनिर्भरता पलामू के किसी गाँव में भूखों मर रही है। अब हम लगभग 1000 करोड़ रुपये का गेहूँ विदेशों से मँगा रहे हैं। दुनिया जान गयी है कि हमें रोटियों के लाले पड़ रहे हैं। यानी अब हम अन्न के लिए भी विदेशों पर निर्भर हैं और उसकी कीमत के भुगतान के लिए भी।" (आओ बैठ लें कुछ देर, कवर पेज)

आजादी के बाद से न जाने कितनी सरकारी नीतियाँ बनीं जिनका घोषित उद्देश्य जनता की भलाई एवं विकास था, लेकिन उनमें से कितनी यथावत् लागू की गयीं और कितनी ठण्डे बस्ते में डाल दी गयीं इसका भी कोई हिसाब जनता के मस्तिष्क में नहीं है। नीतियाँ बनाई जाती हैं वोटरों को लुभाने या फिर उनके मन में यह भ्रम पैदा करने के लिए कि सरकार उनकी भलाई के लिए कुछ कर रही है। प्रायः कई नीतियाँ जनता को किसी और रूप में समझाई, बताई, दिखाई जाती हैं जबकि उनका लाभ किसी दूसरे वर्ग को मिलना होता है।

उपर्युक्त उद्धरणों से स्पष्ट है कि देश की सरकारी नीतियों के कार्यान्वयन में हो रहे विलम्ब और बिचौलियों द्वारा स्वार्थ सिद्ध करना वे मूल कारण रहे हैं, जिनके कारण आम आदमी तक सरकारी नीतियों का लाभ नहीं पहुँचता। इस विसंगति पर शुक्ल जी ने बड़ी शिद्दत के साथ प्रहार किया है।

4.6 अफ़सरशाही एवं पुलिस प्रशासन

व्यंग्यकार श्रीलाल शुक्ल स्वयं एक अफ़सर रह चुके हैं अतः प्रशासन में क्या-क्या होता है उससे वे भली-भाँति परिचित हैं। सरकार में रहकर भी उन्होंने सरकारी दोषों को अपने व्यंग्य का माध्यम बनाया है। ऐसी हिम्मत सिर्फ़ व्यंग्यकार के पास

ही होती है। लेखक ने सम्मेलनों पर, शिक्षा पर, राजनीति पर प्रहार किये हैं–"इस बीच विद्यालय निरीक्षक के दो आदेश आये। एक तो यह कि दसादीन शर्मा ट्रेनिंग पास करें, नहीं तो हेडमास्टर न रह सकेंगे और दूसरा यह कि कॉलेज की नाजायज कक्षाएँ तोड़ दी जायें। अखिल भारतवर्षीय कवि सम्मेलन होगा, जिसका सभापतित्व सुप्रसिद्ध विद्वान एम.ए. पास श्री जनार्दनदास विद्यालय निरीक्षक करेंगे।"[25]

कार्यालयों में गोश्त खाने की प्रवृत्ति को लेकर शुक्ल जी ने 'स्वामी से भी ज्यादा स्वामीभक्त' नामक व्यंग्य लिखा है। जो अधिकारी घूस लेने में जितना ज्यादा माहिर होता है उसे उसी हिसाब से पद दिया जाता है। वित्त विभाग गोश्त खाने वालों के लिए मुनाफ़िक जगह है जहाँ वह लगातार तरक्की प्राप्त करता है। इस व्यंग्य में एक प्रशासक है जिससे मिलने नगरविकास मन्त्री दो पत्रकारों के साथ आते हैं। कार्यालय की जाँच-पड़ताल करने के बाद वहाँ जो कुछ भी कमियाँ और कामकाज के सन्दर्भ में जो गड़बड़ियाँ दिखाई देती हैं उसके बारे में अधिकारी से बात की जाती है। अधिकारी हर सवाल का जवाब बड़ी ही सावधानी के साथ देता है और इन सबके लिए सरकार को जिम्मेदार ठहराता है। किसी भी सरकारी कार्यालय या नगर प्रशासन में किस प्रकार के अधिकारी होते हैं और कैसा बर्ताव करते हैं या जवाब देते हैं, इसके बारे में शुक्ल जी ने इस व्यंग्य में बताया है–"पुराने नगर प्रशासक के बारे में मशहूर था कि वह पैसे ज्यादा खाता है और घूस उससे भी ज्यादा लेता है। इसलिए सजा के तौर पर उसका तबादला राज्य वित्त निगम के प्रबन्ध-निदेशक के पद पर कर दिया गया था। नया प्रशासन उससे भिन्न न था वह पैसे नहीं खाता था। फिर भी शिकायतों की कमी नहीं हो रही थी। नगर बदइंतजामी का जंगल बनता जा रहा था।"[26]

प्रशासनिक कर्मचारी भी हममें से ही एक होते हैं। वे भी अधिक-से-अधिक धन कमा लेने की इच्छा पाले रहते हैं। ऊपरी कमाई एक ऐसा जरिया है जिससे वे अधिक धन कमा सकते हैं। कई पदों पर तो स्थापित होते ही करोड़पति या लखपति होना तय हो जाता है। लेखक को भी अपने जीवन में इन परिस्थितियों का सामना करना पड़ा था और उन्हें इसका व्यक्तिगत अनुभव था। वे स्वयं जिलाधिकारी के पद पर आसीन रह चुके थे।

'बसन्त और बजट के दिन' रचना में लेखक खुद एक पात्र है। उत्तर प्रदेश सचिवालय में लेखक श्रीलाल शुक्ल ने बीस बरस नौकरी की। उनका काम सचिवालय विभाग में नियोजन और विकास पर था। उनका यह काम अधिक बसन्त में ही आता था। अतः लेखक को दुःख है कि वे बसन्त का वैभव न देख पाये। इस रचना में लेखक ने नौकरशाही पर व्यंग्य किया है–"पर वास्तव में उसे यह माहौल बहुत रास आता है क्योंकि उसे अब ज्यादा सोचने की जरूरत नहीं रही। उसका काम सिर्फ़ कुछ खाली बचे खानों से भर देना है।"[27]

हमारी न्याय-व्यवस्था पुलिसवालों पर कुछ ज्यादा ही मेहरबान होती है। यदि सैनिक किसी व्यक्ति पर गोली चला दे तो वह अपराधी हो जाता है जबकि, पुलिस-अधिकारी किसी पर गोली चला दे तो उसे एनकाउण्टर कहा जाता है। हमारी पुलिस-व्यवस्था और न्याय व्यवस्था दोनों आपस में गहरी दोस्ती निभाती हैं। 'जहाँ दवा भी मर्ज बन जाती है' निबन्ध में शुक्ल जी लिखते हैं, "साल पहले हमने एक आदर्श व्यवस्था का सपना देखा था। उसके अन्तर्गत न्याय देने का काम विशुद्ध न्यायिक अधिकारियों को सौंपा गया। पुलिस का काम था इस विशुद्ध व्यवस्था की मदद करना। पर हुआ यह कि न्यायपालिका कानूनी गोरखधन्धे में उलझ गयी, कार्यपालिका उसकी गूँगी गवाह बनकर रह गयी और व्यवहार में आदि से अन्त तक अपराधियों से निबटने का अधिकांश काम पुलिस के हाथ में आ गया। यानी जो दवा थी वही अब मर्ज बन गयी।"[28]

'है कोई शिक्षित—इस शिक्षा विभाग में?' रचना में अपने पुत्र का अंकफल गलत आने पर पिता परीक्षा तन्त्र के पास जाते हैं। पर इतने बड़े विभाग में वह किसके पास जायें? जिस बाबू के पास जाते हैं वह कहता है कि यह काम मेरा नहीं है आप दूसरे बाबू से बात करिए। उस पिता की हालत का चित्र लेखक ने खींचा हैं—"इस कमरे से उस कमरे में, इस मेज से उस मेज तक वे बार-बार चक्कर काट रहे हैं, किसी एक को वे जब पूरी बात समझा चुकते है तो वह सिर्फ़ इतना कहता है, आप सही कहते हैं पर इसे गलत जगह पर कह रहे हैं। यही बात अब जाइए, उधर जाकर उनसे कहिए।"[29]

राजनीति की जो स्थिति है हमारे देश में प्रशासनिक महकमे की स्थिति भी उससे बेहतर नहीं है। वे भी नेताओं की तरह ही अपने को जनता का मालिक या स्वामी समझने लगते हैं। सेवा करना तो दूर शोषण करने की फिराक में सिर खपाते रहते हैं। किस तरह जनता का अधिक-से-अधिक धन लूटकर नेताओं की, अपनी बिरादरी की और अपनी तिजोरी भर ली जाये। किसी भी सरकारी कार्यालय में चले जाइए कोई ईमानदार आदमी ढूँढ़ना हो तो आपको काफी समय खर्च करना होगा उसकी तलाश में। यानी ईमानदारी से अपने कर्तव्य का पालन करने वाला बड़ी मुश्किल से आपको सरकारी कार्यालय में मिल पायेगा। काम में देरी करना, देर से कार्यालय पहुँचना, फाइलों का अम्बार जमाये रहना, लोगों को इस टेबल से उस टेबल बिना मतलब दौड़ाना, जितना हो सके परेशान करना, ताकि शायद वह कुछ चाय-पानी या रिश्वत देकर जल्दी काम करवाने के लिए मजबूर हो जाये। ये सब हथकंडे अफ़सरों और सरकारी कार्यालय के बाबुओं के हैं।

न्यायालय की प्रशासन व्यवस्था पर व्यंग्य करते हुए शुक्ल जी 'एक मुकदमा' में लिखते हैं कि आज तक कानून व्यवस्था में अधिकांश यही होता आया है कि निरपराधी को अपराधी और अपराधी को निरपराधी बना दिया जाता है। समाज

में जो अपराधी है वह तो आराम से बाहर घूम रहा होता है और सन्देह के घेरे में कोई आम आदमी आ जाता है और वह वर्षों तक जेल में सड़ता है। इस व्यंग्य में एक व्यक्ति जो रात को दो बजे चोरी करते हुए पकड़ा जाता है तो घर का मालिक किसान उसे पीट कर थाने ले जाता है। मुकदमा जब कोर्ट में शुरु होता है तो चोर रात के दो बजे उठने का कारण चाँदनी रात बताता है। क्योंकि खुद वह एक शायर होता है। चाँदनी रात की सुन्दरता के कारण वह शायरी करने के लिए टहल रहा था और अचानक किसान उसे चोर समझकर पीटने लगता है और थाने ले आता है। ऐसे बयान को सुनकर न्यायालय उसे क्षमा कर देता है। इस तरह एक चोर सजा पाने से बच जाता है।

'दुभाषिये' रचना में भ्रष्ट नौकरशाही पर करारा व्यंग्य है—"देखने में वह अच्छे व्यवहार का, मितभाषी युवक है पर वास्तव में वह स्थानीय गुटबन्दी और षड्यन्त्र को प्रोत्साहन देने लगा है। इसी अल्पकाल में उसके विरुद्ध अत्यधिक मदिरापान और दुराचरण की भी शिकायत आयी है। ऐसे व्यक्ति को फैक्ट्री में किसी उत्तरदायित्वपूर्ण पद पर रखना किसी भी समय अवांछित परिस्थितियाँ पैदा कर सकता है।"[30]

रेल प्रशासन की लापरवाही पर टिप्पणी करते हुए लेखक 'अंगद का पाँव' में लिखते हैं कि एक अधिकारी जब अपने शहर लौटता है तो गाँव के ज्यादातर लोग और दफ्तर के लोग उसे विदा करने आते हैं, लेकिन स्टेशन में उस अधिकारी को विदा करने जितने भी लोग आये थे वह उससे मजबूरन काफी देर तक बात करते हैं क्योंकि कई बार 2 मिनट में गाड़ी छूटने की सूचना घोषित होने के बाद भी गाड़ी नहीं छूटती।

'कुत्ते और कुत्ते' व्यंग्य रचना में खुशामद करने वाले व्यापारियों और जिनकी खुशामद व्यापारी करते हैं ऐसे अधिकारियों पर व्यंग्य है। इस रचना में अफ़सरशाही वर्ग को प्रतीक बनाया है। यहाँ अफ़सरों की दिनचर्या पर व्यंग्य है और सबसे तीक्ष्ण व्यंग्य कुत्ता कल्याण समितियों पर है—"वे जहाँ-जहाँ तबादले पर गये, वहाँ-वहाँ उनकी अध्यक्षता में कुत्ता कल्याण समितियाँ बनाई गयीं। सफलता की इन मंज़िलों को पार करके आखिर में उन्हें यह आध्यात्मिक अनुभव हुआ कि उनके भी जीवन का एक अर्थ है और उस अर्थ का नाम कुत्ता है।"[31]

'तुमने भी कभी कष्ट किया' में लेखक डाकघर के प्रशासन में होने वाली विसंगतियों पर प्रकाश डालते हैं। लेखक स्वयं जब पार्सल के सिलसिले में डाकघर जाते हैं तो वहाँ पर कोई काउण्टर नहीं होता केवल एक पोस्टमास्टर होता है जिस पर लोग मौखिक हमला करते हैं तो वह गुस्से में जवाब देता है। वह लेखक को अपने घर के पास के डाकघर में जाकर पार्सल भेजने को कहता है और अधिक जानकारी माँगने पर वह बड़े अधिकारियों से जाकर पूछने की बात कहता है। लेखक के अनुसार डाकघरों की स्थिति बेहद चिन्ताजनक बन गयी है।

'कुंतीदेवी का झोला' व्यंग्य कथा में डाकुओं और पुलिस के आतंकवाद का बेजोड़ चित्रण किया गया है, जिसका शिकार अन्ततः निर्दोष जनता को बनना पड़ता है। हिम्मतपुर गाँव में कुंतीदेवी और उसके साथियों की डकैत टोली आ जाती है। कुंतीदेवी उस गाँव में किसी दूसरे गाँव से लूटे हुए जेवरों का झोला भूल जाती है। उसके बारे में गाँव वालों से पूछने के लिए यह इकट्ठे आ धमके हैं। गाँव वाले को धमकाया जाता है कि उन्होंने कुंतीदेवी का झोला ढूँढ़कर वापस नहीं किया तो उन्हें बरबाद किया जायेगा। एक डकैत के फिल्मी संवाद पर व्यंग्य किया गया है, तीसरे डकैत ने कहा, "और खबरदार, अगर इस सबके बारे में पुलिस को बताया तो किसी की खैर नहीं। तुममें से एक-एक को गोलियों से भून दिया जायेगा।' आवाज़ ही नहीं, संवाद भी फिल्मी था।"[32]

उसी दिन पुलिस भी आकर गाँववालों को डरा-धमकाकर कहती है कि उन्होंने पुलिस को 'कुंती का गिरोह' के बारे में इत्तला क्यों नहीं दी? पुलिस भी गाँववालों को धमकाकर गयी कि कुंतीदेवी का झोला पुलिस के हवाले नहीं किया तो पूरे गाँव पर दफा चार सौ बारह चलेगी। डाकुओं और पुलिस के आतंक पर तीखा व्यंग्य करते हुए व्यंग्यकार ने कहा है कि, "कभी डाकू आते, कभी पुलिस वाले। गाँववालों की छाती पर बिछे हुए किसी अनदेखे तख्ते के एक छोर पर डाकू और दूसरे छोर पर बैठे पुलिस के लोग 'सीसॉ' का खेल खेलते रहे।"[33]

गाँव के लोग दोनों की तरफ से पिसते गये। "अपनी भावी योजना की बानगी के तौर पर डाकुओं ने तीन झोपड़ियाँ जला दीं और पुलिस ने उतने ही आदमियों का नाजायज शराब बनाने के जुर्म में चालान कर दिया।"[34]

'दो स्थितियाँ—जनतन्त्र क्वार्टर और जनता मन्दिर' व्यंग्य में शुक्ल जी ने सरकारी नौकरों को मकान बाँटने की व्यवस्था पर करारी चोट की है। हमारे यहाँ इस व्यवस्था में बहुत भेदभाव होता है। छोटे नौकरों को ऐसे मकान दे दिये जाते हैं जो रहने लायक नहीं होते। केवल कामचलाऊ तरीके के मकान होते हैं जिनमें रहना मुश्किल होता है। इन मकानों के कमरे बहुत छोटे होते हैं जबकि बड़े अधिकारियों को बड़े बँगले की व्यवस्था की जाती है जिनमें चार-पाँच परिवार भी रह सकते हैं जबकि मध्यमवर्गीय कर्मचारियों को एक ठीक-ठाक मकान भी नहीं दिया जाता है।

जब संकट का समय आता है तो कर्फ्यू लगाने के सिवाय उसके पास कोई दूसरा उपाय नहीं होता। ऐसी घटनाओं के बढ़ने को लेकर व्यंग्य करते हुए शुक्ल जी कानूनी प्रशासन की अक्षमता पर चुटकी लेते हुए कहते हैं कि क्या कर्फ्यू के सिवाय कोई और रास्ता नहीं है इनके पास। इसी व्यंग्य में लेखक ने सी.आर.पी. एफ. के जवानों के हाथ एक महिला के बलात्कार करने का भी जिक्र किया है। उनका कहने का मूल उद्देश्य यह है कि ऐसी परिस्थितियों का कुछ लोग नाजायज फायदा भी उठा लेते हैं। उनके अनुसार दंगे-फसाद में भी कर्फ्यू के बजाय किसी

और रास्ते को अपनाया जाना चाहिए। 'शहर में कर्फ्यू' नामक अपने व्यंग्य लेख में इसी मुद्दे को उठाते हैं ।

'सरकार और उलूक तन्त्र' में स्टेट बैंक की बिसंगतियों को उभारा गया है। बैंक वाले पेंशन लेने वाले वरिष्ठ नागरिकों को किस तरह परेशान करते हैं यह बताने का प्रयास किया गया है। सरकार का यह नियम है कि जो पेंशन लेने वाले हैं वे सब अपना भुगतान बैंकों से करवाएँ। इसी तरह यहाँ लेखक स्वयं एक बार पेंशन लेने स्टेट बैंक जाते हैं तो उन्हें तरह-तरह के सवालों का सामना करना पड़ता है और समय पर पेंशन नहीं मिल पाती। इस तरह बैंकों में भी प्रशासनिक व्यवस्था काफी लचर है और आम आदमी के लिए सुविधाजनक नहीं है।

डॉक्टरों की नाजायज हरकतों को लेकर हमारी सरकार कुछ नहीं कर रही। इस बात को शुक्ल जी 'आप किसकी तरफ है' व्यंग्य में उठाते हैं। सरकार में आसीन लोग देश से ज्यादा विदेश में अपना इलाज करवाते हैं। यही कारण है कि देश के सरकारी अस्पतालों की दुर्व्यवस्था का सामना केवल आम नागरिकों को ही करना होता है। हालाँकि सत्तर प्रतिशत लोग हमारे देश के प्राइवेट डॉक्टरों पर ही निर्भर हैं। कुछ सरकारी डॉक्टर ऐसे भी हैं जिनकी नौकरी गाँव में होती है लेकिन वे शहरों में रहते हैं। गाँव में केवल महीने में एक बार जाते हैं, वह भी तनख्वाह लेने के लिए। यदि सरकार सख्ती से इनको आदेश दे तो गाँव की हालत बहुत कुछ बेहतर हो सकती है। गाँव में झोलाछाप डॉक्टर भी कई हैं, जिनके पास कोई डिग्री या प्रमाण-पत्र नहीं होता फिर भी वह डॉक्टरी कर रहे होते हैं। सरकार झोलाछाप डॉक्टरों के खिलाफ भी कोई कार्यवाही नहीं करती।

इसी प्रकार कानून की रक्षा के लिए बनाई गयी पुलिस खुद कानून से बचकर भ्रष्टाचार करने की जुगत बैठाती रहती है। यदि मोटी रकम मिल जाये तो अपराधी को बचाने का भी कोई-न-कोई रास्ता निकाल लेती है। आम आदमी इस डर से पुलिस स्टेशन नहीं जाता कि पता नहीं कोई केस न बना दिया जाये या किसी अपराध में किसी की तलाश हो और अपराधी न पकड़े जाने की सूरत में हमें ही अन्दर कर दिया जाये। कुछ राज्यों में जंगलराज ही कायम है जहाँ लोग पुलिस से नजर बचाते फिरते हैं कि कहीं उनकी नजर में आ गये तो रिश्वत पाने के लालच में कोई झूठा मुकदमा न गढ़ दें। इस तरह से कानून की रक्षा और सुव्यवस्था की जिम्मेदारी जिस महकमे पर है वही कानून की धज्जियाँ उड़ाने की फिराक में रहता है। पुलिस पूँजीपतियों, राजनेताओं और अफ़सरों की दलाल बन गयी है। उनकी कृपा पाने और अपना हित साधने के लिए वे किसी हद तक जा सकते हैं। आम जनता को पुलिस पर कोई भरोसा नहीं रहा। वह उनसे सुरक्षा पाने की बजाय उनसे सुरक्षित बचे रहने की जुगत करते रहते हैं। पुलिस विभाग की अकर्मण्यता, उसके अत्याचार, अनाचार की बात किसी से छिपी नहीं है।

पुलिस प्रशासन पर 'लड़खड़ाने की कला' में शुक्ल जी ने लिखा है कि लड़खड़ाना एक कला भर नहीं है, यह एक ऐसी विद्या है जो कुछ लोगों को ही प्राप्त होती है और बार-बार लड़खड़ाना तो उन्होंने महाविद्या के समान माना है। उनका कहना है कि ऐसी महाविद्या में हमारे देश के पुलिस वाले कुशल हैं। जब भी कोई आम आदमी पुलिस के पास सहायता के लिए जाता है तो वह लड़खड़ाने लगता है कि उसके पास संसाधन बहुत कम है और वह बहुत व्यस्त है। अगर किसी राजनेता की ओर से कोई माँग आये तो पुलिस की लड़खड़ाने की विधा कुछ बदल जाती है। पुलिस के मामले से कोई घटना अगर अधिक गम्भीर बन जाये तो न्यायालय के सामने वाला लड़खड़ाने लगता है। इस तरह अलग-अलग प्रसंगों में उसके लड़खड़ाने की विधा और तौर-तरीके अलग-अलग होते हैं।

'अंगद का पाँव', 'स्वामी से भी ज्यादा स्वामी भक्त', 'एक मुकदमा', 'शहर में कर्फ्यू', 'ऐसा होता तो कैसा होता', 'लड़खड़ाने की कला', 'पान बनाम न्यायालय', 'स्थितियाँ जनतन्त्र क्वार्टर और जनता मन्दिर', 'जहाँ दवा भी मर्ज बन जाती है', 'तबेले में', 'तुमने भी कभी कष्ट किया', 'सरकार और उलूक तन्त्र', 'आप किसकी तरफ हैं', 'चुनाव के पहले', 'एक नया हितोपदेश', 'होरी और उन्नीस सौ चौरासी', आदि व्यंग्यों के माध्यम से शुक्ल जी ने ऐसी ही तमाम प्रशासनिक विसंगतियों पर प्रहार किया है।

4.7 नेता-अपराधी एवं पूँजीपति

आज देश के कई राज्यों में अपराधी और राजनेता में कोई फर्क नहीं रह गया है, दोनों एक-दूसरे के पर्याय बन चुके हैं। इसी भयावह रूप को परिभाषित करने के लिए कई राज्यों में जंगलराज होने की बात की जाती है। नेता अपनी स्वार्थपूर्ति और सत्ता हासिल करने और विरोधियों को ठिकाने लगाने के लिए अपराधियों की सहायता लेते हैं और बदले में उन्हें राजनीतिक संरक्षण प्रदान करते हैं। नेता और अपराधियों का यह संगठन देश में धड़ल्ले से फल-फूल रहा है। चाहे राष्ट्रीय दल हो या क्षेत्रीय दल सब में एक नहीं कई अपराधी नेता होते ही हैं।

शुक्ल जी ने 'आदमी का जहर' उपन्यास में चुनाव, राजनीति, अपराध और भोगवाद का यथार्थ चित्रण किया है। इसमें एक पात्र भ्रष्ट राजनीति का अंग है तो दूसरा छंटा हुआ अपराधी। ये लोग चुनाव जीतने के जितने भी हथकंडे हो सकते हैं सब अपनाते हैं। अपनी राजनीतिक और प्रशासनिक पहुँच के चलते नियमों को ताक पर रखकर अपना हित साधने का प्रयत्न करते हैं और न्याय-व्यवस्था इनके सामने हाथ जोड़े खड़ी रहती है। यहाँ पुलिस और हत्यारे भी दिखाई देते हैं। वासना, व्यभिचार, और ब्लैकमेल के किस्से आम हैं। महिलाएँ भी सफेदपोश होकर अपराधों को अंजाम देती हैं। वीणा गहलोत नामक पात्र महिला उत्थान के लिए काम करती

है। उसकी यह संस्था समानान्तर सत्ता और नाजायज कामों का केन्द्र बन जाती है। यहाँ भ्रष्टाचार समाज-सेवा, चिकित्सा और पत्रकारिता का लबादा ओढ़ लेता है जिससे इसके वास्तविक रूप को पहचानना असम्भव हो जाता है। झूठ और सनसनीखेज पत्रकारिता का बोलबाला हो जाता है।

'दुभाषिये' में आज की स्थानीय गुटबन्दी और दुराचरण पर करारी चोट की गयी है–"देखने में वह अच्छे व्यवहार का, मितभाषी युवक है पर वास्तव में वह स्थानीय गुटबन्दी और षड्यन्त्र को प्रोत्साहन देने लगा है। इसी अल्पकाल में उसके विरुद्ध अत्यधिक मदिरापान और दुराचरण की भी शिकायत आयी है। ऐसे व्यक्ति को फैक्टरी में किसी उत्तरदायित्वपूर्ण पद पर रखना किसी भी समय अवांछित परिस्थितियाँ पैदा कर सकता है।"[35]

राजनेताओं द्वारा शोषण की कहानी कोई नयी नहीं है और इसकी जद में किसान भी आ जाते हैं। नेता बड़ी-बड़ी उम्मीदें देकर उनकी फसलों को खरीद लेते हैं और बाद में फिर अपने व्यापारियों के माध्यम से उन्हें दुगुने दामों पर बेच देते हैं। लेखक ने 'दो पाटों के बीच' नामक व्यंग्य लेख में इस परिस्थिति को सामने रखा है। जहाँ किसानों का शोषण जमकर होता है और नेता को इसमें कुछ भी गलत नहीं लगता बल्कि, इसे वे व्यापार का एक हिस्सा मानकर चलते हैं।

चुनाव प्रचार करते समय मारपीट, अनाचार और हत्याएँ भी होती हैं। 'पहला पड़ाव' में इसकी एक बानगी देखते बनती है–"चुनाव में प्रचार के साथ-साथ अनाचार की जो गहराई और ऊँचाई थी, उसके किस्से हम कई दिनों से सुनते आ रहे थे। चुनाव प्रचार के दौरान ये गिरोह बराबर गुण्डागर्दी या मारपीट करते हैं।"[36]

हर दल में अपराधी होने के कारण उनमें भी आपसी दुश्मनी पैदा हो जाती है और वे एक-दूसरे के खून के प्यासे हो जाते हैं। विरोधी पक्ष के रघुनाथ नामक एक गुण्डे को सत्तापक्ष के गुण्डों ने मार डाला–"रघुनाथ के मित्रों, सहायकों और प्रशंसकों को पूरा यकीन था कि वह दुर्घटना का नहीं, हत्या का मामला है और एक ट्रक द्वारा पूँछ मारकर रघुनाथ के ट्रैक्टर को दुर्घटना के नाम पर सड़क से नीचे गिराया गया है। गुण्डों और गिरोहबन्दों की दुनिया में ट्रक की पूँछ मारने का काम एक मनोरंजक युद्धक्रीड़ा है।"[37]

देश के लिए आदर्श नेता की छवि को सामने रखते हुए शुक्ल जी यह बताने का प्रयास कर रहे हैं कि हमें किस तरह के नेताओं की जरूरत है और आज हमारे समाज में किस तरह के नेता उपलब्ध हैं। उनका कहना है कि आज के नेता बहरे हैं और जनता चाहे जितना अपने दर्द को बताने की कोशिश करे, उनके कान पर जूँ नहीं रेंगती। साथ ही यह भी बताते हैं कि आज के नेता ज्यादातर स्थूलकाय ही मिलेंगे सूक्ष्मकाय कोई नेता हमारे देश में कम ही मिलता है। क्योंकि सत्ता प्राप्त होते ही समृद्धि के कारण उनका खानपान बढ़ जाता है अत्यधिक सुखभोग करने और

शारीरिक श्रम बिल्कुल न करने के कारण वे स्थूलकाय हो जाते हैं। सत्ता मिलते ही उनकी समृद्धि अचानक बहुत बढ़ जाती है। मन्त्री पद पाने के बाद ही उनकी कुल सम्पत्ति में तेजी से वृद्धि होती है। इन सब पर टिप्पणी करते हुए शुक्ल जी 'देश का नेता कैसा हो' व्यंग्य में लिखते हैं

"देश का नेता कैसा हो
गूँगा बहरा जैसा हो
खाने में बस भैंसा हो
सिर्फ़ गाँठ में पैसा हो"[38]

हमारे समाज में किस प्रकार एक गुण्डा धीरे-धीरे राजनीति के दम पर एक सम्मानित व्यक्ति बन जाता है इसकी एक झलक शुक्ल जी दिखाते हैं। 'पहला पड़ाव' का मुंशी, रघुनाथ के बारे में कहता है—"जो आदमी आज तक मेरी निगाह में अदना-सा गुण्डा था जिसका काम ठेकेदारी के अलावा सार्वजनिक पार्कों से लोहे की रेलिंग की चोरी करना, सरकारी गोदामों से सीमेण्ट और लोहे की सरिया तिड़ी करना और पहले एक मैटाडोर गाड़ी में, बाद में एक हरे ट्रैक्टर में शहर का भ्रमण करते हुए मजबूत लोगों के आगे हें-हें और कमजोरों पर खों-खों करना था, आज वीरगति पाते-पाते शहर की जानी-मानी हस्ती बन चुका था।"[39]

चुनाव की घोषणा होने के बाद और चुनाव से पहले की स्थिति पर व्यंग्य करते हुए शुक्ल जी अपने लेख 'चुनाव के पहले' में लिखते हैं कि चुनाव होने से पहले सरकारी नौकरों की माँगे बढ़ जाती हैं। वे चुनाव में परोक्ष रूप से भाग लेकर ढेर सारा सरकारी धन लूट लेते हैं। जो नेता उम्मीदवार होते हैं उनसे सिफारिश लगाकर अपना भत्ता भी बढ़वा लेते हैं और नये वेतन आयोग की घोषणा भी करवा लेते हैं। लोगों को काम की तो जरा भी चिन्ता नहीं है लेकिन अपने वेतन को बढ़वाने के लिए कोई भी कसर नहीं छोड़ते। यदि कार्यालय में आया कोई व्यक्ति ऑफिस से बाहर हो जाये तो वे उसे पीट-पाटकर भेज देते हैं और खुद हड़ताल पर बैठ जाते हैं कि अमुक व्यक्ति आया था और उन्हें पीटकर गया। इस तरह से जब तक उसे गिरफ्तार नहीं करवा देते तब तक अपने काम पर वापस नहीं लौटते।

'आदमी का जहर' उपन्यास में शान्तिप्रकाश और उसका गुण्डा साथी जसवंत दोनों ने एक कलाकार युवती मालिना का खून किया है। वे इस खून को छिपाने के लिए ब्लैकमेलर अजित सिंह का भी खून कर देते हैं। "अजीत सिंह मलिना के मामले को लेकर शान्तिप्रकाश और जसवंत को ब्लैकमेल कर रहा था। हो सकता है, इधर चुनावों के दिनों में, जब शान्तिप्रकाश मेयर बनना चाहते थे, तब उसने ब्लैकमेल की कीमत बढ़ा दी हो या इस तस्वीर को लेकर उनके विरोधियों से मोल-तोल करने लगा हो। जो भी हो, ऐसी हालत में जसवंत और शान्तिप्रकाश में कोई भी अजीत सिंह की हत्या करने में हिचकिचाता नहीं।"[40]

चुनाव प्रचार करने के लिए नौजवानों को अच्छा भोजन, गाड़ियों का लालच दिया जाता है। "गिरोहबन्द प्रायः दिन भर अपने कैम्पों में पड़े रहते थे। ठर्रा-पान और बकरे के भोजन का लालच इलाके के सैकड़ों नौजवानों को कर्मक्षेत्र में खींच लाया था। ये नौजवान जब 'महिश खाय करि मदिरा पाना' वाली धज में गरजते हुए, जीपों और ट्रकों पर नारे लगाने निकलते थे तो लोगों को साफ पता चल जाता था कि प्रजातान्त्रिक चुनावों के साथ जो 'अभियान', 'मैदान', 'संघर्ष' वाली युद्ध की शब्दावली जुडी हुई है, वह खोखली नहीं है।"[41]

'आदमी का जहर' उपन्यास में राजनीति में भ्रष्टाचार, गुण्डागर्दी, चुनावी हथकंडे, नेता की भाषणबाजी आदि बातों पर किया गया व्यंग्य और 'राग दरबारी' के राजनीतिक व्यंग्य में समानता है। 'आदमी का जहर' उपन्यास में शान्तिलाल नामक नेता भाषणबाजी करने में और जनता को ठगने में माहिर है। ऐसा एक पात्र है 'राग दरबारी' का नेता वैद्यजी, जो इसलिए बेचैन हो जाते हैं कि उन्होंने पिछले अड़तालिस घण्टों में कहीं भाषण नहीं दिया था। लेखक का व्यंग्य अन्यत्र तीखा बन पड़ा–"उन्हें याद आया कि मैं उन्हीं प्यारे नौजवानों से अड़तालिस घण्टे बोला ही नहीं, वैसे ही उन्होंने सोचा, ऐं! मैं इतनी देर बिना लेक्चर दिये ही रह लिया। मेरे मन में इतने-इतने ऊँचे विचार उठे पर मैं स्वार्थी की तरह अपने आपमें उन्हें समेटे रहा। हाय! मैं कितना कंजूस हूँ। धिक्कार है मुझे, जो इस देश में पैदा होकर भी इतनी देर तक मुँह बन्द किये रहा।"[42]

सत्ता में फैले हुए भ्रष्टाचार और दुराचार पर व्यंग्य करते हुए 'भ्रष्टाचार बनाम दुराचार' नामक व्यंग्य निबन्ध में शुक्ल जी लिखते हैं कि आज के नेताओं में दुराचार और भ्रष्टाचार भयंकर पैमाने पर फैला हुआ है। कुछ लोग धन कमाने के चक्कर में दुराचार करते हैं तो कुछ वास्तव में अपने चरित्र से दुराचारी होते हैं जो अपनी हवस को पूरा करने के लिए किसी को अपना शिकार बना लेते हैं। अमेरिका के राष्ट्रपति जॉर्ज बुश के लेविंस्की वाले सेक्स प्रसंग को उठाते हुए उन्होंने भारतीय नेताओं में भी दुराचार के बढ़ते हुए पैमाने को उद्घाटित किया है। ऐसे नेता येन-केन प्रकारेण अपनी करनी को छिपाने का प्रयास करते हैं।

'कुन्ती देवी का झोला' में पुलिस और डाकुओं का वर्णन लेखक ने सामान्य कथा के रूप में किया है। पुलिस और डाकुओं के बीच चक्की में जो पीसी जा रही है वह तो भोली जनता है। इन दोनों का शिकार भोली जनता को बनना पड़ता है। एक छोटे से कथा प्रसंग को लेकर लेखक ने इस कथा का निर्माण किया है। कुन्ती देवी के झोले की सामग्री पुलिस अपने हिसाब से पाँच लाख के गहनों में बदल देती है। सिद्धान्तवादी विधायक गाँव की जनता के साथ पुलिस की कार्रवाई को उचित बताकर ग्राम प्रधान की केवल इसीलिए सहायता कर सकता है कि वह थैली उसे मिल जाने पर स्वयं पुलिस को सौंपकर प्रधान को पुलिस के पास जाने से बचा

सकता है। चाहे तो पुलिस उस व्यक्ति को गवाह भी बना सकती है। दो किशोरों द्वारा झोले की बरामदगी और खेल-ही-खेल में रिवाल्वर से चली गोली पूरे पुलिस तन्त्र को चौकन्ना बना देती है। कुन्ती देवी का वह झोला खद्दर का है और गाँधीवादी है। यह व्यंग्य कथा सत्ता, पुलिस और अपराधी तत्त्वों के बीच में उलझ जाती है। कहानी कोई वास्तविक और विश्वसनीय उद्घाटन नहीं करा पाती।

'भ्रष्टाचार और शिष्टाचार का घालमेल' नामक व्यंग्य में शुक्ल जी नेताओं पर व्यंग्य करते हुए लिखते हैं कि नेता खुद तो महाभ्रष्ट होते हैं लेकिन शिष्टाचार का पालन करते हुए दिखाई देते हैं और अपने शिष्ट होने को सिद्ध करने के लिए दूसरों पर भ्रष्टाचार का आरोप भी लगाते हैं। हमने देखा है कि नेता संसद और विधानसभा में चिल्ला-चिल्लाकर एक-दूसरे पर भ्रष्टाचारी होने का आरोप लगाते हैं। शुक्ल जी लिखते हैं, "उस शराबी की तरह जिसने अचानक अपना गिलास पलटकर दूसरे शराबी के सामने अपना पंजा हिलाते हुए कहा था, साथी पीना बन्द कर दो, तुम्हारा चेहरा मुझे धुँधला दिख रहा है।"[43]

इन तमाम उद्धरणों से यह पता चलता है कि हमें किस तरह के नेता चाहिए और किस तरह के नेता हमारे पास हैं। देश के सर्वोन्मुखी विकास के लिए किस तरह की राजनीति की दरकार है और किस तरह की राजनीति हमारे देश में हो रही है। शुक्ल जी का उद्देश्य राजनीति के उन भयावह पक्षों को सामने लाना है जिन्हें कुछ हद तक जानने के बाद भी जनता कहने से डरती है, क्योंकि ऐसी गुण्डेबाज राजनीति करने वालों के हाथ बहुत लम्बे होते हैं और कोई भी आम आदमी उनका सामना नहीं कर सकता। जब तक जनता उनके इन षड्यन्त्रों के खिलाफ एकजुट होकर उनका पर्दाफाश नहीं करती या कि अपने लोकतान्त्रिक अधिकारों का उपयोग कर उन्हें सत्ता से बाहर नहीं करती तब तक उनसे मुक्ति पाना सम्भव नहीं है।

4.8 साम्प्रदायिकता की राजनीति

जिस प्रकार मानवता इन्सान का इंसानियत का एक धर्म होता है उसी प्रकार राजनीति का भी एक धर्म होता है और इस धर्म में भी राजनीति होती है। धर्म और राजनीति के संगम ने हमारे समाज को, हमारे देश को बहुत क्षति पहुँचाई है। धर्म के ठेकेदार राजनीति की मलाई खाना चाहते हैं इसलिए राजनीतिज्ञों के सम्पर्क में रहते हैं। किसी न किसी दल के रहनुमा बने रहते हैं। राजनेता और राजनीतिक दल अपना वोटबैंक बढ़ाने की नीति के तहत धर्म के ठेकेदारों से साँठ-गाँठ करते हैं।

राजनीति और धर्म के विषय में चर्चा करते हुए शुक्ल जी 'राजनीति का धर्म और धर्म की राजनीति' नामक व्यंग्य में लिखते हैं कि भारत देश में ये दोनों एक-दूसरे के पर्यायवाची माने जाते हैं। हमारे देश में धर्म के नाम पर राजनीति होती है और राजनीति में धर्म का भी बड़ा महत्त्व होता है। धर्म के आधार पर

वोटबैंक बाँटे जाते हैं। उन्होंने देश के दो मुख्य दलों कांग्रेस और भाजपा की भी चर्चा की है, जिसमें कांग्रेस वाले अपना वोट हासिल करने के लिए मुस्लिम धर्म को फँसाते हैं तो भाजपा वाले हिन्दुओं को। वे लिखते हैं "धर्म की राजनीति है कि धर्म को राजनीति बना दो और राजनीति को धर्म। उसी तरह राजनीति का धर्म है कि जरूरत पड़े तो धर्म को राजनीति में समेट दो और दूसरे ढंग की जरूरत हो तो धर्म को राजनीति से दूर कर दो। पहला काम भाजपा, विहिप आदि ने किया, दूसरा कांग्रेस ने किया।"[44]

'ऐसा होता तो कैसा होता' व्यंग्य में कानूनी प्रशासन पर शुक्ल जी लिखते हैं कि बाबरी मस्जिद के गिरने के पीछे नेताओं की जिम्मेदारी तो है ही लेकिन कानूनी प्रशासन भी बराबर का जिम्मेदार है। बाबरी मस्जिद के मामले को परनाला गिराने से तुलना करते हुए शुक्ल जी ने बताया है कि अगर हमारी न्याय व्यवस्था मजबूत होती तो अयोध्या और बाबरी मस्जिद का मामला होता ही नहीं और कितने लोगों की जान भी न गयी होती। उनका कहना है कि जो भी धार्मिक घटनाएँ घटती हैं, उसके लिए राजनीतिक नेता और न्याय-व्यवस्था दोनों ही जिम्मेदार हैं।

आज देश की राजनीति में राममन्दिर और बाबरी मस्जिद एक अहम मुद्दा माना जाता है। हर दल अपनी विजय सुनिश्चित करने के लिए किसी न किसी तरह का लुभावना हथकंडा अपना लेता है। धर्म का राजनीति का मोहरा बन जाना देश की सांस्कृतिक और बौद्धिक विपन्नता की ओर संकेत करता है। शुक्ल जी का इस विषय पर स्पष्ट मत है जिसे उन्होंने अपनी रचनाओं के माध्यम से पाठकों तक पहुँचाया है।

4.9 अन्तरराष्ट्रीय राजनीति, पूँजीवाद, साम्राज्यवाद

'गाँव से शहर की ओर क्यों? क्या महत्वाकांक्षा के कारण' इस व्यंग्य में शुक्ल जी समझाते हुए बताते हैं, "चाहे आलसी रईस हों या गाँव से उखड़े हुए नवशिक्षित, भूमिहीन मजदूर या बेरोजगार कारीगर—इन सबका शहर में लगभग एक-सा भविष्य है। कुछ संघर्ष के बाद वे वहाँ पैर जमा लेते हैं, पर गाँव में जिस तरह वे एक बृहत्तर जीवन के आत्मीय अंग थे, उस तरह वे शहर में नहीं हो पाते। पेट की चिन्ता से मुक्त होकर भी मन की चिन्ता से आक्रान्त हो जाते हैं, फुटपाथों की बियाबान भीड़ की ओर पथराई निगाहों से देखते हैं, वहाँ के भावलोक में विस्थापित बनकर घूमते हैं, वहाँ की अजनबी जिन्दगी के सौतेले बेटों की तरह रहते हैं और उनमें से ज्यादातर अन्त में एक सामाजिक असंगति बनकर रह जाते हैं।"[45]

आजादी के बाद विश्वबैंक और अन्तरराष्ट्रीय मुद्राकोष से जो धन देश को मिला उसके साथ-साथ पाश्चात्य संस्कृति का भी आगमन हुआ। अपनी संस्कृति से बिल्कुल अलग और भिन्न इस संस्कृति ने हमारी संस्कृति को विकृत कर दिया। पश्चिम का अन्धानुकरण कर हम अपने को श्रेष्ठ मानने लगे। गैर-सरकारी संगठन

और संस्थाएँ, स्वयंसेवी संगठन, समितियाँ बनाकर सरकारी धन को लूटने का जो स्वाधीनता के पश्चात् देश में विकास हुआ उसने धनी और निर्धन के बीच की खाई को और बढ़ा दिया। प्रजातन्त्र जिसका निर्माण स्वाधीनता के बाद किया गया था वह अब लूटतन्त्र में बदल चुका था। शुक्ल जी ने कई रचनाओं में तत्कालीन परिस्थिति का अक्स दिखाया है।

'अपनी-अपनी डफली' नामक व्यंग्य में शुक्ल जी बताते हैं कि शेयर बाजार में भी किस तरह से विसंगतियाँ हैं कि एक व्यक्ति अचानक करोड़पति बन जाता है और कुछ समय बाद ही वह कंगाल भी हो जाता है। वहाँ हमारे नेता किस तरह से आर्थिक स्थिति में सुधार लाने का आश्वासन देते हैं। उन्हीं के कथन में शुक्ल जी लिखते हैं कि जो भी हो रहा हो विश्वास मानिए हमारे आर्थिक सुधार और भी दृढ़ता और उत्साह से आगे बढ़ते रहेंगे। जर्मनी, जापान आदि की भारतीय-अमेरिकी पूँजीनिवेश पर अयोध्या कांड और बाद की घटनाओं का कोई असर नहीं होगा। उनको पूरी गारंटी और सुरक्षा मिलेगी।[46]

राष्ट्रीय मुद्दों को अपने व्यंग्य के केन्द्र में रखने वाले शुक्ल जी अपने समय, समाज से गहराई से जुड़े रहे। उसकी नब्ज टटोलते रहे और स्वास्थ्य का हालचाल लिखते रहे। उन्होंने अन्तरराष्ट्रीय मसलों पर कम ही लिखा है। उनका पूँजीवाद और पूँजीपतियों के प्रति सख्त रवैया रहा है। वे हमेशा सर्वहारा और आम जनता की दुःख समस्याओं को आवाज देते रहे। शोषण की नीतियों और हथकंडों को उजागर करते रहे।

निष्कर्ष

समाज के हर अंग पर राजनीति का प्रभाव पड़ता है। आर्थिक, सामाजिक, सांस्कृतिक, शैक्षिक, रोज़गार, क्षेत्रीय, राष्ट्रीय, अन्तरराष्ट्रीय सभी स्तरों पर राजनीति अपना असर डालती है। आजादी के बाद से ही लगातार राजनीति कुत्सित होती जा रही है। गाँधी का गाँव, गाँधी का समाज आजादी पूर्व तक ही केवल कल्पना मात्र में था। आजादी के बाद वह रामराज्य की कल्पना धरी-की-धरी रह गयी। राज आया नेहरू गाँधी परिवार का, कांग्रेस का। जिसे गाँधी ने राजनीतिक दल बनाने से मना किया था। गाँधी के कारण मिली आजादी और नेहरू के पास गाँधी के पत्रों का जवाब देने के लिए भी समय नहीं था। ये था आरम्भ आजादी के तुरन्त बाद के भारत का। जहाँ राष्ट्रपिता के पत्रों का उत्तर देने के लिए देश के प्रधानमन्त्री नेहरू के पास समय नहीं था।

दो दशक बाद जो कुछ थोड़ी बहुत आशा बची थी उसके असल रूप के सामने आ जाने पर लोगों का मोहभंग होना शुरू होने लगा। राजनीति भी अपना चेहरा अब तक बदल चुकी थी। राजनीतिक विसंगतियाँ अपनी पराकाष्ठा पर पहुँच चुकी

थीं। अब नेता वह आदमी था जो बेकार हो यानी और किसी काम लायक न हो तो किसी दल का सदस्य बन जाये और रौब-दाब के साथ समाज में अपने दल का प्रचार करे। एक बार नेता बनते ही वह आर्थिक रूप से इतना मालामाल हो जाता है कि उसे और कुछ करने की जरूरत ही नहीं बचती।

हमारा जनतन्त्र लेखक की दृष्टि में अब वो जनतन्त्र नहीं है जिसे जनता का जनता से और जनता के लिए कहा जाता है। यह तन्त्र, जनता द्वारा चुना या चुनवाया तो जाता है लेकिन यह केवल अपने निजी स्वार्थों की पूर्ति का तन्त्र बनकर रह जाता है। वोट की राजनीति, भाई-भतीजावाद, चुनावी छल-छद्म और दलबदल आदि हथकंडों के सहारे हर राजनेता अपना जीवन सँवारने और अपनी अगली पीढ़ी का भविष्य तैयार करने में लगा है। हमारा नेतृत्व स्वार्थी है। जनता की समस्याओं, दुःख तकलीफों से उसे कोई लेना-देना नहीं। केवल चिकनी चुपड़ी बातों से चुनाव के ऐन पहले वह उसे आश्वासन देकर एक बार फिर बेवकूफ बना देने का खेल खेलता रहता है।

सरकारी नीतियाँ सरकारी महकमे के अफ़सरों और पूँजीपति वर्ग और अपराधियों को संरक्षण देने में काम आती है। जनता का भला हो भी तो अनैतिक रूप से केवल वही लोग जो दल से किसी रूप में जुड़े हों। अधिकांश प्रशासन तन्त्र और पुलिस-व्यवस्था भ्रष्ट है। दोनों कामचोर हैं। उन्हें राजनीतिक संरक्षण प्राप्त होता है इसीलिए न्यायतन्त्र भी उनका कुछ नहीं बिगाड़ सकता। अपराधियों और पूँजीपतियों के साथ नेताओं की साँठ-गाँठ रहती है। यह त्रिकोण ही सबसे ज्यादा प्रभावशाली और ताकतवर होता है जो अपने फायदे के लिए किसी भी काम को करने का माद्दा रखता है।

राजनीति में जातिवाद, साम्प्रदायिकता, प्रान्तवाद आदि मुद्दे भी अपना प्रभाव रखते हैं। नेता अपने वोट को पाने के लिए इनका सहारा लेता है और बेचारी जनता उनके झाँसे में आ जाती है। नेता वोट के लिए नफरत की राजनीति भी करते हैं और आपस में दो गुटों को लड़वाकर अपना काम निकाल लेते हैं।

उपर्युक्त विवेचन-विश्लेषण से स्पष्ट होता है कि शुक्ल जी बड़ी पैनी निगाहों से अपने समय के हर पक्ष को देखते, समझते और मनन करते रहे। उनकी अनेक रचनाओं में समसामयिक राजनीतिक यथार्थ उभरकर सामने आया है। वे स्वयं सरकारी नौकरशाही का एक हिस्सा थे अतः कुछ स्थितियों को तो करीब से देखने का अनुभव उन्हें भी मिला। जहाँ मौका मिला उन्होंने उस विसंगति पर अपनी विशिष्ट व्यंग्य शैली में करारा प्रहार किया और कभी मात्र चुटकी ली है।

सन्दर्भ सूची

1. हिन्दी उपन्यास का इतिहास : प्रो. गोपाल राय, पृष्ठ 260
2. कुछ ज़मीन पर कुछ हवा में : श्रीलाल शुक्ल, पृष्ठ 119
3. यहाँ से वहाँ : श्रीलाल शुक्ल, पृष्ठ 127
4. वही, पृष्ठ 21
5. आओ बैठ लें कुछ देर : श्रीलाल शुक्ल, पृ. 80
6. राग दरबारी : श्रीलाल शुक्ल, पृष्ठ 69
7. अंगद का पाँव, प्रजातन्त्र और बैलगाड़ी : श्रीलाल शुक्ल, पृष्ठ 103
8. यहाँ से वहाँ : श्रीलाल शुक्ल, पृष्ठ 127
9. राग दरबारी : श्रीलाल शुक्ल, पृष्ठ 51
10. कुछ ज़मीन पर कुछ हवा में : श्रीलाल शुक्ल, पृष्ठ 156
11. पहला पड़ाव : श्रीलाल शुक्ल, पृष्ठ 162
12. वही, पृष्ठ 187
13. जहालत के पचास साल : श्रीलाल शुक्ल, पृष्ठ 46
14. आदमी का जहर : श्रीलाल शुक्ल, पृष्ठ 125
15. वही, पृष्ठ 127
16. उमरावनगर में कुछ दिन : श्रीलाल शुक्ल, पृष्ठ 65
17. वही, पृष्ठ 79
18. जहालत के पचास साल : श्रीलाल शुक्ल, पृष्ठ 22
19. उमरावनगर में कुछ दिन : श्रीलाल शुक्ल, पृष्ठ 21
20. जहालत के पचास साल : श्रीलाल शुक्ल, पृष्ठ 117
21. कुछ ज़मीन पर कुछ हवा में : श्रीलाल शुक्ल, पृष्ठ 75
22. राग दरबारी : श्रीलाल शुक्ल, पृष्ठ 168
23. उमरावनगर में कुछ दिन : श्रीलाल शुक्ल, पृष्ठ 15
24. जहालत के पचास साल : श्रीलाल शुक्ल, पृष्ठ 57
25. मेरी श्रेष्ठ व्यंग्य रचनाएँ : श्रीलाल शुक्ल, पृष्ठ 44
26. जहालत के पचास साल : श्रीलाल शुक्ल, पृष्ठ 168
27. आओ बैठ लें कुछ देर : श्रीलाल शुक्ल, पृष्ठ 55
28. वही, पृष्ठ 14
29. आओ बैठ लें कुछ देर : श्रीलाल शुक्ल, पृष्ठ 112
30. अंगद का पाँव : श्रीलाल शुक्ल, पृष्ठ 128
31. मेरी श्रेष्ठ व्यंग्य रचनाएँ : श्रीलाल शुक्ल, पृष्ठ 84
32. उमरावनगर में कुछ दिन : श्रीलाल शुक्ल, पृष्ठ 51
33. वही, पृष्ठ 56
34. वही, पृष्ठ 54
35. अंगद का पाँव : श्रीलाल शुक्ल, पृष्ठ 128
36. पहला पड़ाव : श्रीलाल शुक्ल, पृष्ठ 230
37. वही, पृष्ठ 230
38. आओ बैठ लें कुछ देर : श्रीलाल शुक्ल, पृष्ठ 81

39. पहला पड़ाव : श्रीलाल शुक्ल, पृष्ठ 231
40. आदमी का जहर : श्रीलाल शुक्ल, पृष्ठ 170
41. पहला पड़ाव : श्रीलाल शुक्ल, पृष्ठ 230-231
42. राग दरबारी : श्रीलाल शुक्ल, पृष्ठ 215
43. आओ बैठ लें कुछ देर : श्रीलाल शुक्ल, पृष्ठ 79
44. वही, पृष्ठ 122-123
45. कुछ ज़मीन पर कुछ हवा में : श्रीलाल शुक्ल, पृष्ठ 175-176
46. आओ बैठ लें कुछ देर : श्रीलाल शुक्ल, पृष्ठ 32

अध्याय-5

श्रीलाल शुक्ल के साहित्य में आर्थिक विसंगतियों पर व्यंग्य

समकालीन जीवन को सर्वाधिक प्रभावित करने वाले तत्त्वों में राजसत्ता एवं उसकी अर्थव्यवस्था प्रमुख है। आजादी के बाद और विशेष रूप से 1990 के बाद पूँजीवादी व्यवस्था के उभार से आर्थिक असमानता की खाई बहुत अधिक बढ़ गयी है। कहा जाता है कि थोड़े से भारतीयों की कुल सम्पत्ति देश की 80 प्रतिशत आबादी की कुल सम्पत्ति के बराबर है। हालाँकि यह स्थिति अचानक नहीं बन गयी है। आजादी के बाद से लगातार यह परिवर्तन होता रहा है। औद्योगीकरण आधुनिकता, व्यापार, वैश्वीकरण, उदारीकरण आदि के कारण पूँजीपतियों का उदय हुआ जिन्होंने इस खाई को तैयार किया। जब इनके पास ताकत आयी तो इन्होंने यह कोशिश भी की कि निम्न वर्ग ऊपर न आ सकें। उनका शोषण होता रहा। आजादी से पहले जो जमींदार और साहूकार किया करते थे अब पूँजीपति, नेता और प्रशासनिक अधिकारी करने लगे।

सरकारी नीतियों ने भी जनता की भलाई में जो कदम उठाए, उसका भी फायदा इसी वर्ग को मिला। निम्न वर्ग तक उसका लाभ पहुँच ही नहीं पाया। परिणामस्वरूप इनकी स्थिति सुदृढ़ होती गयी और निम्न वर्ग की बद से बदतर। निम्न वर्ग के हित में कुछ काम हुए भी तो केवल उतना ही ताकि वे उच्च वर्ग के लिए लाभ का सामान बने रह सकें।

श्रीलाल शुक्ल जी ने जीवन के लगभग हर पक्ष को अपने साहित्य में अभिव्यक्त किया है। आर्थिक पक्ष तो आज के समय में एक ऐसा पक्ष है जो सम्पूर्ण समाज व्यवस्था और व्यक्तिगत स्थिति के साथ ही संस्कृति, कला और मानवीय भावनाओं तथा सम्बन्धों तक को प्रभावित करता है। इसीलिए शुक्ल जी ने अपने साहित्य में घटनाओं-कथाओं के बीच जहाँ भी सम्भावना बनी, इस पक्ष की विसंगतियों को बड़ी ही संजीदगी से उभारा है।

'अज्ञातवास' के सन्दर्भ में लिखते हुए सत्यप्रकाश मिश्र शुक्ल जी की

रचनाओं में व्यंग्यात्मकता एवं विडम्बनात्मक कथ्यों को अलग-अलग देखते हैं। साथ ही वे शुक्ल जी के व्यंग्य लेखन शैली से विमुग्ध होकर समीक्षात्मक टिप्पणी देते हैं। उनकी यह टिप्पणी शुक्ल जी के लेखन और उनके लेखन में व्यंग्य और विडम्बना को समझने में सहायक है। उन्हीं के शब्दों में, "उपन्यास में अन्तहीन शोषण और दबावों का वैविध्यपूर्ण संकेत, भारतीय समाज के विशिष्ट पहलू का नहीं सामान्य विशेषता का संकेत करता है। मान्यता और स्वार्थपरता की बुनावट का ही संकेत नहीं है, उपन्यास में उसकी बद्धमूल प्रवृत्ति का भी संकेत है। रामदास की सभी सहायता करते हैं और सभी उसका उपयोग करते हैं। मुंशी जी उसकी मदद करते हैं, उसे पैसे देकर शहर भेजते हैं, पत्र लिखते हैं, परन्तु अपने भाई के धूर्ततापूर्ण शोषण और पत्नी के ताने का विरोध करने के बजाय उसको स्वीकार कर लेने का उपदेश देते हैं। यह श्रीलाल शुक्ल के उपन्यासों की विशिष्टता है। यह एक समग्र दृष्टि है। मनुष्य के देवत्व और दानवत्व को एक साथ उजागर करने की यह दृष्टि कम से कम इस उपन्यास में व्यंग्यात्मक नहीं है विडम्बनात्मक है। 'राग दरबारी' में यही व्यंग्यात्मक हो जाती है। श्रीलाल शुक्ल 'पाखण्ड विखण्डन' के मास्टर लेखक हैं। वे स्वतन्त्रता के बाद के मोहभंग को गहरी संवेदना व खीझ के साथ व्यक्त करते हैं। पात्रों से श्रीलाल शुक्ल जिस प्रकार की विश्वरानीय दूरी बनाये रखते हैं वह भी उनके कथात्मक कौशल की विशेषता है। यह कौशल किसी व्यंग्य लेखक में ही हो सकता है कथा मात्र के लेखक में नहीं।"[1]

'दीवाली, जुआ और कविगण', 'सूनी घाटी का सूरज', 'मकान', 'अज्ञातवास', 'पहला पड़ाव', 'एक जीते हुए नेता से मुलाकात', 'एक पद्मभूषण का अभिनन्दन', 'कुत्ते और कुत्ते' 'कुछ ज़मीन पर कुछ हवा में' आदि रचनाओं में शुक्ल जी द्वारा आर्थिक विसंगतियों पर व्यंग्य प्रमुखता से देखा जा सकता है। इसके अतिरिक्त कई जगहों पर प्रत्यक्ष तौर पर तो नहीं पर अप्रत्यक्ष रूप से परिस्थितियों के उपजने का मूल कारण आर्थिक असमानता या आर्थिक तंगी को ही दर्शाया गया है।

5.1 वर्गीय विषमता

वर्ग भेद और भारतीय समाज में वर्ग की अवधारणा पर शुक्ल जी ने अपना स्पष्ट विचार रखा है। वे ग्राम जीवन से सम्बन्धित लेखन को सामान्य तथा आंचलिक नहीं मानते बल्कि वे इसे भारतीय जीवन की मूल धारा मानते हैं। भारतीय ग्राम जीवन की औसत कहानी उनके लिए सामान्य जीवन के अनुभवों की कहानी है। यह उनके लिए किसी दुर्लभ प्रान्त और किसी दुर्लभ समुदाय का शास्त्रीय अध्ययन नहीं। शुक्ल जी रेस्तराँ, बार, कॉलेज, ड्राइंग रूम, दफ्तर

आदि के चोचलों को साहित्य का अंग मानने को दम्भ की बात और जनविरोधी मानते हैं। उनके अनुसार भारतीय जीवन का सामान्य रूप जो गाँवों से और अस्सी प्रतिशत से ऊपर जनता से सम्बद्ध है, साहित्य में आंचलिकता के खाने में रखा जाना चाहिए। दम्भ और गुस्ताखी की बात यह है कि समाज का बाहरी और सफेदपोश वर्ग हमारे सामान्य और सामाजिक-सांस्कृतिक जीवन का अभिव्यंजक है।

शहरों में अमीर-गरीब का अन्तर अधिक देखने को इसलिए मिलता है कि वहाँ के अमीरजादे कुछ ज्यादा ही अमीर होते हैं और उनके पास उड़ाने के लिए या कि खर्च करने के लिए अत्यधिक धन होता है जिसके द्वारा वे अपनी अमीरी को प्रदर्शित करने से भी नहीं चूकते। 'दीवाली, जुआ और कविगण' में शहरी तथा देहाती समाज की तुलना करके व्यंग्यकार श्रीलाल शुक्ल सामाजिक विसंगतियों पर प्रहार करते हुए लिखते हैं, "शहर में दीवाली का कुल अभिप्राय है कि अमीर इतनी ज़्यादा अमीरी दिखाएँ कि गरीबों में अपनी गरीबी का एहसास और भी गाढ़ा हो जाये। अगर हम देश में सर्वहारा वर्ग को क्रान्ति के लिए खड़ा करना चाहते हैं तो इसका सबसे सस्ता नुस्खा यह है कि शहरों में दीवाली का त्योहार तीन दिन के बजाय तीन महीने के लिए खींच दिया जाये। लोग सफेद और काले पैसे का करिश्मा देखते-देखते इतना उकता जायेंगे कि अपने आप क्रान्ति कर बैठेंगे।"[2]

गाँव में जमींदार अनेक प्रकार से किसानों पर अत्याचार करता है और उनका शोषण करता है लेकिन बेचारा किसान अपनी बेबसी, लाचारी और गरीबी के कारण उनके सारे अत्याचारों को सहता रहता है। उनका विरोध करने के बजाय वह इसे अपना भाग्य मानकर जीता जाता है। "इस बेबसी को वे मौसम की सी बेबसी मानते। जैसे जाड़े में जाड़ा लगेगा। गर्मी में गर्मी लगेगी। बरसात में पानी बरसेगा। उनको जीवन भर बड़े ठाकुर की गुलामी करनी होगी।"[3]

मकान की समस्या लगभग दुनिया के सभी शहरों में चिरस्थायी है। इसका यह मतलब कतई नहीं है कि यह समस्या सभी के लिए है। जिसके पास धन है वह तो जैसा और जहाँ चाहे घर खरीद सकता है। लेकिन निम्न मध्यमवर्गीय व्यक्ति के लिए ठीक घर का मिल जाना खुदा के मिलने के बराबर माना गया है। शुक्ल जी 'मकान' में व्यंग्यात्मक लहजे में लिखते हैं' "जो सचमुच ही नाली में पड़ा है उसके लिए कौन क्या कर रहा है। सिर्फ़ शहर के चारों ओर किसानों के खेत छिन रहे हैं और रईसों के बंगले बन रहे हैं। पर देहात से आनेवाले मजदूरों को, ठेला खींचने वालों को, रिक्शा-ड्राइवरों को कौन मकान दे रहा है।"[4] यानी जो मेहनतकश वर्ग है जो अर्थसम्पन्न नहीं है उसके लिए तो झोपड़ी ही आसरा है जहाँ गन्दगी और बुनियादी असुविधाओं का अम्बार है।

जमींदारों द्वारा किये जाने वाले अत्याचारों को इन्होंने भी उद्घाटित किया है। जमींदार से लिए गये किसी कर्ज को उसका बेटा और फिर उसका बेटा तक चुकाता रहता है। मूलधन का तो पता ही नहीं होता केवल ब्याज चुकाते-चुकाते पूरा जीवन और कमाई खत्म हो जाती है। बच्चों को उस जमींदार की गुलामी करनी पड़ती है। किसानों की अशिक्षा और दरिद्रता का पूरा फायदा उठाकर जमींदार उनकी ज़मीन हड़प लेते हैं। यह स्थिति आधुनिक भारत की भी कथा है। जितना आज किसान आत्महत्या कर रहे हैं उतना शायद ही किसी युग, काल में हुआ हो। इसमें सरकार और पूँजीपतियों द्वारा ज़मीन अधिग्रहण, बैंकों के कर्ज के अलावा एक हिस्सा जमींदारों और साहूकारों द्वारा लिए गये कर्ज का भी है। शुक्ल जी इस व्यवस्था से अत्यधिक क्षुभित होकर व्यंग्य करते हुए लिखते हैं, ''संसार में उनका कोई सहायक न था। न अतीत ही उनका हुआ, न भविष्य ही होगा। जितना ऋण उन्होंने ले रखा था उसे पूरा करने के लिए उन्हें आजीवन दासता करनी पड़ेगी। उनका शरीर बड़े ठाकुर के जानवरों के बाड़ों से लेकर उनके खेतों तक, खेतों से बाज़ार, फिर जानवरों के बाड़ों से लेकर उनके खेतों तक दौड़ लगाता।''[5]

अपने उपन्यास 'राग विराग' में शुक्ल जी सुकन्या और शंकर के प्रेम के माध्यम रो बर्ग भेद पर अपना मत रखते हैं। इस उपन्यास में दो प्रेमियों के बीच वर्गभेद आड़े आता है। शुक्ल जी दिखाते हैं कि किस प्रकार निचला वर्ग भी निरन्तर ऊपर उठता जाता है और एक दिन वह उच्च वर्ग की श्रेणी में आ जाता है। किसी पर वर्ग भेद का ठप्पा लगा देना सही नहीं होता। कल हो सकता है परिस्थिति पूरी तरह पलट जाये। उपन्यास में सुकन्या भी शंकर को जाति के आधार पर नहीं बल्कि वर्ग और हैसियत के आधार पर खारिज करती है। सत्रह वर्षों के बाद शंकर और उसके परिवार की स्थिति सुदृढ़ हो जाती है और वह सम्पन्न और प्रतिष्ठित हो जाता है।

आर्थिक दुरवस्था इस वर्ग में पीढ़ी दर पीढ़ी चलती रहती है क्योंकि इनके विकास या उठान का कोई रास्ता उच्च वर्ग बनने नहीं देता। शिक्षा का अभाव इनकी दशा को सुधरने नहीं देता। 'सूनी घाटी का सूरज' के एक संवाद में शुक्ल जी लिखते हैं, ''यह टुकड़खोर फीस के पैसे माँगता है? इसके बाप ने कमाकर दिया था। इन सालों पर हज़ारों रुपये गँवा दिये। अब यह भी छाती पर मूँग दलने को बैठा हुआ है। बेटा भैंस न चरायेंगे, पढ़ेंगे और बालिस्टरी करेंगे। हमीं एक गधे हैं जो इनके बाप का बोझ ढोयेंगे। फीस नहीं है तो नाम कटा दे, भीख माँगे, हल जोते। जैसे गाँव में सब हैं वैसे ही अपनी औकात से कुत्ते जैसा पड़ा रहे।''[6]

हमारे देश में जिसके पास सोना-चाँदी भरा पड़ा है, उसी के पास

सम्पत्ति है, उसी के पास धन वैभव है। भारत में बहुत से ऐसे लोग हैं जिनकी आय 200 करोड़ से भी अधिक है। 10 से अधिक कारें हैं और कई बँगले हैं। अमीर अपनी शानो-शौकत और सम्पत्ति को और बढ़ाता जा रहा है। वहीं एक वर्ग ऐसा है जिसके पास रहने को छत नहीं है, मकान नहीं है। यह सब देखकर सरकारी और आयकर विभाग वाले भी कोई कार्रवाई नहीं करते हैं। जब भी वे कोई कार्रवाई करने जाते हैं, अमीर वर्ग उन्हें पैसे देकर शान्त कर देते हैं। यहाँ शुक्ल जी ने आयकर विभाग वालों के भ्रष्टाचार को भी उजागर किया है। समुद्र तट पर होने वाली सोने की तस्करी से बेखबर मछुआरा समुदाय मछली मारने में व्यस्त रहता है और वहीं पास में लाखों के वारे-न्यारे हो रहे होते हैं। इस तरह शुक्ल जी ने अपने व्यंग्य 'चाँदी और सोना' में समाज में फैली, आर्थिक विसंगतियों पर प्रकाश डाला है।

हिरण्यकश्यप और भगवान नरसिंह की कथा को आधार बनाकर शुक्ल जी ने 'होली के बाद' नामक व्यंग्य लिखा है। उनका कहना है कि जिस प्रकार भगवान विष्णु ने आधा नर और आधा सिंह बनकर हिरण्यकश्यप और साथियों का विनाश किया था उसी प्रकार हमारे आज के राजनेता नरसिंह का अवतार ले बैठे हैं। आटा मँहगा हो गया है और मोटर सस्ती हो रही है। सत्ता पर जो पार्टी आती है उसकी जायदाद में लगातार बढ़ोतरी होती जा रही है और जो गरीब वर्ग है वह लगातार गरीब होता जा रहा है। इस तरह आर्थिक विसंगति को प्रकट करते हुए अमीर और गरीब के बीच की खाई का वर्णन शुक्ल जी ने अपने इस व्यंग्य के माध्यम से किया है।

आजादी के बाद गाँव की सामन्ती व्यवस्था को तोड़ने के अनेको प्रयास हुए। शुक्ल जी लिखते हैं, "जमींदारी टूटने का यह नतीजा तो नहीं निकला कि चमरही गाँव के भीतर सभा जाती या वहाँ ढंग के 2 या 4 कोई और मकान बन जाते। पर इतना तो हो ही गया कि किसी ब्राह्मण के निकलने पर जैसा पहले गार्ड ऑफ ऑनर न दिया जाये। इसीलिए 'हाय कहाँ वे दिन और कहाँ आज के दिन' की दीनता के भाव से बचने के लिए बाभनों ने और खास तौर पर बैद जी ने यथासम्भव उधर से निकलना बन्द कर दिया।"[7]

'अज्ञातवास' और 'सूनी घाटी का सूरज', दोनों ही उपन्यासों में शुक्ल जी ने वर्ग विषमता की विसंगतियों और जमींदारी प्रथा पर प्रहार किया है लेकिन दोनों में एक बुनियादी भेद है। इस भेद को सत्यप्रकाश मिश्र जी के शब्दों में कहें तो यह है कि "बसन्त के लड़के का क्रोध और तिरस्कार सम्पूर्ण मध्य वर्ग के प्रति है। अभिरुचि और संस्कृति पर व्यंग्य है। एक विशेष प्रकार की सौन्दर्याभिरुचि पर व्यंग्य है जो विनाश और संरक्षण पर बल देती है। दोनों ही उपन्यासों में निम्न वर्ग के उपयोग की भावना सामन्ती भावना से कम खतरनाक नहीं है। इन

उपन्यासों में स्वतन्त्रता के बाद विकसित नये मध्य वर्ग के उपयोग के दर्शन के पाखण्ड का उद्घाटन भी किया गया है। वर्ग, स्वार्थ के उद्घाटन और काँइयाँपन तथा पाखण्ड को सधी हुई रेखाओं से रेखांकित करने के बावजूद ये उपन्यास किसी साँचे में संस्थित नहीं किये जा सकते। 'सूनी घाटी का सूरज' में जमींदारी उन्मूलन की पीड़ा जमींदारों के लिए जमींदारी टूटने की पीड़ा नहीं बल्कि यह पीड़ा है कि कुछ समानता होने पर अब गंगापुर के पास चमार तक महाराज हो जायेंगे। इस प्रकार की आवाज 'अज्ञातवास' में नहीं है। गंगापुर रियासत के महाराज सुरेन्द्र सिंह, राजधर, राजेश्वर सिंह, अंबिकेश सिंह सभी व्यवहार-बातचीत में सामन्ती हैं। उनके भावबोध भी वही हैं। सभी पात्र किसी न किसी प्रकार की रियासत से जुड़े हैं परन्तु 'अज्ञातवास' की दुनिया बदल गयी है। उसमें किसानों और चमारों के शोषण की नयी तरकीबें हैं। नये राजा-महाराजाओं का उदय है। राजनीति का एक चरित्र सूनी घाटी का सूरज में है और उसका परिणाम अज्ञातवास में है।"[8]

इस उपन्यास के कथ्य की गोदान से तुलना करते हुए सत्यप्रकाश मिश्र जी आगे लिखते हैं कि "समाज बदलने का संकेत बसन्त की बेटी में वैसे ही है जैसे गोदान में गोबर का था। रजनीकान्त स्वतन्त्रता बाद की योजनाओं का विकास है। रजनीकान्त भी एक प्रकार का वर्ग चरित्र है। नौकरशाही की निम्न मध्यवर्गीय प्रवृत्तियों का चरम प्रतिनिधि। बचपन की ब्याही बीवी को छोड़कर घूस के पैसे पर ऐय्याशी करने वाले और यश लूटने वाले रजनीकान्त के माध्यम से लेखक ने स्वतन्त्र भारत के शासन तन्त्र के यथार्थ को ही उद्घाटित किया है। विनायक की कै, रजनीकान्त का हार्ट अटैक और पश्चात्ताप उपन्यास को बहुत मूल्यवान नहीं बनाता। यद्यपि अज्ञातवास का पश्चाताप एक प्रकार के पाप की स्वीकृति के कारण रजनीकान्त को मुक्त अवश्य करता है परन्तु दूसरे अन्य प्रकार की पापों के प्रति कोई पश्चात्ताप नहीं है।"[9]

वर्गीय समानता की बात को पूरी तरह से नकारते हुए शुक्ल जी का एक पात्र 'सूनी घाटी का सूरज' में कहता है—"यह नया सिद्धान्त है अ धन ब का सम्मिलित वर्ग बराबर है। यह गणित सिद्ध है। यह सत्य है। पर यह कितना खोखला है इसे जानने के लिए मैं दस वर्ष बिता चुका हूँ और वह यह कि सम्मिलित वर्ग झूठी बात है। अ और ब का सम्मिलित वर्ग नहीं होता है। अ का अपना वर्ग है, ब का अपना वर्ग है। गणितज्ञ ने अपनी बात बुद्धि से इन्हें जोड़ दिया तो क्या? वह जुड़े नहीं। दो वस्तुएँ जुड़कर तीसरी वस्तु बन जाती है। यही उनका जुड़ना है। परन्तु अ अ रहा ब ब। इससे क्या कि जुड़कर एक जगह दोनों दोहरे होकर बैठ गये और फिर भी साथ में अपना वर्ग अलग-अलग बसाए रहे।"[10]

भारतीय समाज में जहाँ एक ओर जाति और वर्ग की भयानक कहानियाँ लोगों को बाँटती हैं वहाँ एक साहित्यकार की हैसियत से मेरा दृष्टिकोण बिल्कुल साफ है। अमूर्त कला और अमूर्त साहित्य पश्चिम के सम्पन्न देशों को मुबारक। कम से कम आज की स्थितियों में साहित्यकार इस अमूर्तन की अवधारणा के विलास को ग्रहण नहीं कर सकते हैं। कहीं न कहीं हर संवेदनशील साहित्य कार्य को इस देश की गरीबी, शोषण, शोषित वर्ग, दलित वर्ग, आज की समस्या से जोड़ना होगा। भले ही वह किसी राजनीतिक पार्टी से सम्बन्ध रखे। ऐसा ही सवाल किसी ने पाब्लो नेरुदा से पूछा था। अपने संस्मरणों में उन्होंने कहा है कि मेरी सहानुभूति उस आदमी के साथ नहीं होगी जो कैडिलक जैसी महँगी कार पर चल रहा है। मेरी सहानुभूति उसके साथ है जो नंगे पाँव अर्जेंटीना की सड़क पर चला जा रहा है। विचारधाराओं के संघर्ष में न फँसते हुए मेरी स्थिति लगभग वही है जो नेरूदा के इन शब्दों में व्यक्त है।[11]

वर्गीय विषमता शिक्षा, खेती, बुनियादी सुविधाओं, सामाजिक मान-प्रतिष्ठा आदि सभी पर अपना प्रभाव डालती है। शुक्ल जी ने जहाँ 'मकान' और 'अज्ञातवास' में इस विसंगति पर प्रकाश डाला है, वहीं 'सूनी घाटी का सूरज', 'राग दरबारी' में ग्रामीण परिवेश में इसके आयामों को प्रकट किया है।

5.2 शोषण

गाँधी की इस बात से सहमत हुआ जा सकता है कि शोषक से ज्यादा दोष शोषित का इसलिए होता है क्योंकि वह शोषक का विरोध नहीं करता। शोषण के ख़िलाफ आवाज़ नहीं उठाता। लेकिन हम उस स्थिति की कल्पना कर सकते हैं जहाँ कुछ लोग अपनी दो जून की रोटी, अपने पिता के कर्ज और अपने बीमार शरीर को किसी तरह जिन्दा रखने में ही खप रहे हों। वहाँ उनके पास इतनी चेतना, एकजुटता और साहस का पैदा होना कठिन होता है। भीतर आक्रोश भरा होता है लेकिन बाह्य परिस्थितियाँ उसे बाहर आने नहीं देतीं। यदि कोई आगे बढ़ने की कोशिश भी करे तो वह उच्च वर्ग द्वारा अपनी शक्ति से कुचल दिया जाता है। आर्थिक शोषण ग्रामीण क्षेत्रों में करने वाले जमींदार, साहूकार, सूदखोर आदि हैं तो शहरी क्षेत्रों में सरकारी नीतियाँ, राजनेता, पुलिस और प्रशासनिक अधिकारी हैं। ये जितना हो सके आपस में साँठगाँठ करते हैं और फिर मजबूर करके निम्न वर्ग का शोषण करते हैं।

ग्रामीण इलाकों में बाज़ार की स्थिति पर व्यंग्य करते हुए शुक्ल जी लिखते हैं कि यहाँ के दुकानदार और बेचनेवाले इतने शातिर और तेज होते हैं कि कोई भी आसानी से बेवकूफ बन सकता है। फायदा अधिक लेने के लिए सामानों में मिलावट और सौदा तय न होने पर गुण्डागिरी तक के विकल्प इनके पास

होते हैं, "अपने यहाँ बाज़ार में सौदा करना कोई मामूली काम है। सीधे-सादे आदमी को नौ साल का छोकरा तक बकरा बनाकर खम्भे से बाँध सकता है। दस पैसे की धनिया तक खरीदा तो कोई तुम्हारे हाथ में सड़ी पत्तियों का गुच्छा पकड़ाकर चलता बनेगा। कुछ बोलो तो गाली-गलौज, छुरेबाजी तक की नौबत। राजनीतिशास्त्र में पढ़ा है कि स्वतन्त्रता की कीमत अनवरत सतर्कता है। वही बात खरीदारी पर भी लागू है। पसंगा मारने वाले तराजू, नकली बाट, सड़ियल माल और गुस्ताख दुकानदार। अनवरत सतर्कता, चुस्त-चौकन्ना दिमाग और एक चुटकी अकड़—इसी नुस्खे के सहारे आप बाज़ार जाकर बिना किसी खरोंच के वापस आ सकते हैं।"[12] शुक्ल जी यहाँ लोगों को अतिरिक्त सावधानी बरतने की सलाह भी अपने अन्दाज़ में देते हैं।

मेहनतकश मजदूर औरतों को दिनभर कड़ी मेहनत करने के बाद भी उनके हक की मजदूरी उन्हें नहीं मिलती। दलाल उसका बड़ा हिस्सा ले लेते हैं। दिनभर हाड़तोड़ मेहनत करने के बाद भी उनका पेट रात में भूखा ही रह जाता है। बच्चे तो भुखमरी और कुपोषण का शिकार होकर कई बार मर भी जाते हैं। शुक्ल जी इन स्थितियों का वर्णन करते हुए लिखते हैं, "वे दो ढाई सौ गज की दूरी से कच्ची ईंटें ढोकर भट्ठे पर पहुँचाती हैं। एक खेप में वे सिर पर ग्यारह ईंटें ढोती हैं। दिनभर में उन्हें कितना मिल जायगा। तुम्हीं जोड़ लो फिर उसमें से कुछ रुपया सरदार खींच लेगा। सरदार, यानी दलाल। उसे अपना एडवांस भी वापस लेना है। बचेखुचे में वे थोड़ा भात राँध लेती है। सबेरे नमक रोटी या कोई साग और अगर बुखार में पड़ गयी तो सरकार दवा के लिए दूसरा एडवांस दे देगा और उसे जनम-जनम की दासी बना लेगा।"[13]

शोषण का एक रूप 'सूनी घाटी का सूरज' उपन्यास में भी दिखायी देता है। रामदास के पिता कर्ज उतारने के लिए जीवन भर काम करते हैं पर कर्ज चुका नहीं पाते। रामदास उसके घर की गुलामी करके पढ़ना चाहता है पर जमींदार उसे पैसे देना नहीं चाहता—"उमर भर इसके बाप ने तो गुलामी की, गोबर उठाया, बैल चराया, चारा काटा, पानी खींचा, मालिश की। अब ये बालिस्टारी करेंगे? बाप न मारा मेंढकी, बेटा तीरन्दाज।"[14]

उन्होंने को-ऑपरेटिव सोसाइटी बनाई यहाँ एक मिडिल स्कूल खुलवाया अपना आयुर्वेदिक दवाखाना खोला और जब तक लोग जान पाये कि वह किसके कौन हैं। वह यहाँ के नेता बन बैठे। एक गाँव की जमींदारी भी उन्होंने रेहन रख ली। को-ऑपरेटिव में कर्जा देर से मिलने के कारण किसी को तकलीफ न हो इसलिए साथ-साथ अपना रुपया भी कर्ज पर चलाना शुरु कर दिया। 'राग दरबारी' के प्रमुख पात्र वैदजी समय के अनुसार अपनी समझ का परिचय देते हैं।

इस प्रकार एक वर्ग जो साधन और शक्ति सम्पन्न है वह अपने से नीचे के वर्ग का येनकेन प्रकारेण शोषण करता ही है। यह स्थिति बदस्तूर चली आ रही है भले ही इसका स्वरूप कुछ बदल गया हो। शुक्ल जी ने ऐसी अनेक परिस्थितियों को अपने कथ्य का विषय बनाया है और उन पर व्यंग्यात्मक टिप्पणी भी की है। शुक्ल जी ने ग्राम व्यवस्था में किसानों-मजदूरों के शोषण को जहाँ उभारा है वहीं शहरी जीवन में मजदूरों के शोषण को भी अपने कथ्य का विषय बनाया है।

5.3 स्वार्थलोलुपता एवं दिखावा

अधिक पाने का मोह कुछ लोगों में इस प्रकार का होता है कि वे इसके लिए किसी भी हद तक जाने को तैयार हो जाते हैं। खासकर नेताओं में यह प्रवृत्ति अधिक विकट रूप में होती है। व्यापारी तो अधिक से अधिक धन, चाहे जिस रास्ते से आये, कमा लेने को ही अपना धर्म मानता है। अधिक पा लेने की यह मानसिकता औरों के विषय में सोचने का मौका ही नहीं देती। केवल किसी भी तरह दूसरों का लेकर या छीनकर अपनी झोली भर लेना ही इनका लक्ष्य बन जाता है। समाज में आर्थिक विसंगति की जो विकट होती समस्या है, उसका एक बड़ा कारण स्वार्थलोलुपता भी है। हम अपने हितों की चिन्ता में इतने स्वार्थलोलुप हो जाते हैं कि कब अपने से कमजोरों का शोषण करने लगते हैं, पता ही नहीं चलता। यह स्थिति मानव स्वभाव की है जो सर्वकालिक है।

जब हमारे पास शक्ति आ जाती है तो हम आसानी से बड़े से बड़ा काम भी कर लेने की क्षमत प्राप्त कर लेते हैं। हमारी शक्ति बढ़ती जाती है और इसी क्रम में अन्य बेचारे और बेचारे हो जाते हैं। शक्ति आ जाने के बाद जब हम यह देखते हैं कि कुछ अन्य लोग भी हमसे कुछ कम हमारे समान या अधिक शक्तिशाली हैं तो हम उनके समक्ष अपनी शक्ति का प्रदर्शन करने लगते हैं। समाज में दिखावे का भूत कुछ लोगों पर इतना सिर चढ़कर बोलता है कि वे उसी मद में बहुत अर्थ व्यय और अपनी अमीरी का प्रदर्शन करने लगते हैं।

बड़े पद पर बैठा हुआ अधिकारी केवल अगने पद के कारण अपने को बड़ा और श्रेष्ठ मानने लगता है। 'एक जीते हुए नेता से मुलाकात' में शुक्ल जी बताते हैं कि चुनाव जीत जाने के बाद नेता अपने को राजा मानने लगता है और झूठे आश्वासन भी देता है। उसके पास ताकत हो या न हो, वो ऐसा दिखाता है जैसे पूरा प्रशासन उसकी मुट्ठी में है। इस रचना में विजयी नेता और उनके द्वारा दिये गये आश्वासनों पर लेखक ने कटु टिप्पणी की है। लेखक ने राजनीति, प्रशासन, मानवीय प्रवृत्ति, बेकारों को एक ही व्यंग्य रचना में देखा–"तुम्हारे लिए क्लर्की दिखाना छोटी बात है तो बैजनाथ को कोई बड़ी नौकरी ही दिला दो। उसे

कलेक्टर बना दो, या हो सके तो कहीं एम्बेसडर बनाकर भिजवा दो। नेता हँसा, बोला—मुंशी इसे दर्ज कर लो। बैजनाथ को एम्बेसडर बनवाना है।"[15]

गरीबी में भले ही करोड़ों लोग अपना जीवन जीने को अभिशप्त हों लेकिन समाज का वह तबका जो सामर्थ्यशाली है, अपनी मौज-मस्ती और ऐय्याशी में रुपये उड़ाने से बाज नहीं आता। किसी की आर्थिक मदद का मामला हो तो वो अपना हाथ तंगी में बताकर खींच लेगा लेकिन ऐसे मामलों में दिल खोलकर पैसे उड़ायेगा। आज साहित्य, संगीत तथा कला को आगे लाने के लिए जो कार्य किये जाते हैं और उस पर जो रुपये उड़ाये जाते हैं उस पर करारी चोट की गयी है 'एक पद्मभूषण का अभिनन्दन' रचना में निजी संस्थाओं और समितियों पर व्यंग्य करते हुए शुक्ल जी लिखते हैं, "यह मौका तो केवल आनन्द मनाने का है। अभी किसी ने कहा है कि पद्मभूषण मिल जाने से ही कोई महाकवि नहीं हो जाता। उसने ठीक कहा है। यही किसी और ने कहा है कि पद्मभूषण महाकवियों को ही मिलता है। उसने भी ठीक कहा है। हमें इससे क्या मतलब? हमारा मतलब ही आनन्द मनाने से है। हमारे नगर के एक महाकवि को सम्मानित किया गया, हमारे लिए इतना काफी है।"[16]

आधुनिक जीवन में मनुष्य अपने को बड़ा दिखाने की आदत से परेशान है। वह जो कुछ भी है उससे अधिक लोगों के सामने दिखाना चाहता है। इस ढोंगीपन पर शुक्ल जी ने 'मकान' में करारा व्यंग्य किया है। नारायण को जीवनभर जो सम्मान न मिल सका वह उसे मरने के बाद मिलता है। "इस दुर्घटना के बाद वह सब कुछ किया गया जो एक कलाकार की मृत्यु के बाद किया जाता है या किया जाना चाहिए। उसके सितार वादन के विशेष कार्यक्रम प्रसारित किये गये। अख़बारों में इस मृत्यु पर खेदपूर्ण और मृत्यु की परिस्थितियों पर आक्रोशपूर्ण टिप्पणियाँ छपीं। दुर्घटना के दूसरे दिन कई सत्ताधारियों और जनसेवकों के संवेदनापूर्ण सन्देश आये, कुछ जगहों पर शोक सभाएँ हुईं। नगर निगम का दफ्तर आधे दिन के लिए और प्रदेश की संगीत कला अकादमी का दफ्तर पूरे दिन के लिए बन्द हुआ।"[17]

'सम्पर्क जी का सम्पर्क' नामक व्यंग्य में शुक्ल जी ने कानून व्यवस्था पर व्यंग्य किया है। वे बताते हैं कि कई ऐसे वकील हैं जिनको कानून की जानकारी तो बहुत ही कम होती है लेकिन वे लोगों के साथ सम्पर्क बहुत अधिक रखते हैं। इस व्यंग्य में लोग वकील जी का नाम भूल जाते हैं और उनका उपनाम 'सम्पर्क जी' के नाम से पड़ जाता है। आज के समय में वर्तमान वकीलों की स्थिति पर सटीक टिप्पणी करते हुए लेखक कहते हैं—"उनका मानना था और आज भी मानना है कि कानून की जानकारी अच्छी चीज़ है और हो सके तो हर वकील को थोड़ा बहुत कानून जानना चाहिए पर उससे भी ज्यादा जरूरी है

लोगों को जानना, उनकी कमजोरियों को नज़रअन्दाज़ करना। उनकी खूबियों को मारना। यानी लम्बा-चौड़ा जनसम्पर्क करना।"[18]

इस प्रकार हम देखते हैं कि समाज में लोगों के पास जो भी हैसियत है वे उससे ज्यादा दिखावा करके अपने को बड़ा आदमी सिद्ध करने की कोशिश में लगे रहते हैं। ऐसे लोगों की मानसिकता और व्यवहार पर शुक्ल जी ने अपनी लेखनी चलाई है।

5.4 गरीबी, महँगाई एवं बेकारी

गरीबी हमारे देश की सबसे बड़ी समस्या है। इसका जन्म कई बार बेकारी के कारण होता है तो कई बार अशिक्षा और शोषण के चलते। देश में जब भी रोजमर्रा की उपयोग की वस्तुओं की कीमत बढ़ती है तो उसका सबसे अधिक असर मध्य और निम्न मध्य वर्ग पर पड़ता है। अमीरों पर इसका कोई असर नहीं पड़ता। महँगाई ऐसी डायन मानी गयी है जो आम आदमी को अपने दैनिक खर्चों से उबरने ही नहीं देती। उसकी पूरी कमाई उसी को पूरी करने में समाप्त हो जाती है। शुक्ल जी अपनी रचनाओं में इन स्थितियों पर व्यंग्य करते हैं।

आज समाज में बेकारी इस तरह हावी है कि जो लोग बेकार हैं वे किसी न किसी काम की तलाश में कई बार ऐसा काम कर बैठते हैं जिसमें खुद को भुलावे में रखते हैं। उन्हें यह तक नहीं पता होता कि वह समाज को धोखा दे रहे हैं या खुद को धोखा दे रहे हैं। ऐसे व्यक्तियों को केन्द्र में रखकर श्रीलाल शुक्ल जी ने 'एक निर्लिप्त भावुक की कथा' नामक व्यंग्यात्मक रचना लिखी है। इसमें बाबूलाल नाम का एक पात्र है जो बचपन में ही अनाथ हो जाता है। उसका बचपन सड़कों, पार्कों, गलियों और नालियों में बीतता है। बाद में वह आगे चलकर अपने नाम के आगे 'निर्लिप्त' उपनाम रख लेता है। अपने आपको सामाज़िक कार्यकर्ता मानता है और इसके लिए भी तीन तरीके अपनाता—रो-रोकर लेक्चर देना, अनाथ लड़कों के साथ कोरस गाना और बेहिसाब चन्दा जेबों में ठूँसना। इन तरीकों को अपनाकर वह एक भावुक जीवन बिताने लगता है। थोड़ा बहुत संगीत भी सीख लेता है। शुक्ल जी बताते हैं कि बाबूलाल जैसा व्यक्ति जो कि ढोंगी कार्यकर्ता है, हमारे समाज को मूर्ख बनाते हैं और अपनी जेब भरते हैं, अर्थात् समाजसेवा के नाम पर समाज को लूटते हैं।

आधुनिकीकरण और औद्योगिकीकरण के कारण शहरों का विकास हुआ और खेती करने की बजाय लोगों का आकर्षण शहरों में जाकर रुपये कमाने की ओर बढ़ा। हर ग्रामीण शहर जाकर धन कमाने का सपना देखने लगा। शुक्ल जी के कई चरित्र अपनी जड़ों, अपने घर-द्वार को छोड़कर वह अनजाने शहरों में दो जून की रोटी और अपने परिवार के बेहतर भविष्य का सपना लेकर पहुँचते हैं

लेकिन वहाँ उन्हें अपनी मेहनत का फल भी मयस्सर नहीं हो पाता। उनका हक मारकर पूँजीपति, नेता और दलाल खा जाते हैं। 'पहला पड़ाव' का पात्र अपनी इसी परिस्थिति को व्यक्त करता हुआ कहता है—"यहाँ भी अन्धेरी राहों की एक भूल-भुलइया है। जो सैकड़ों मील पीछे अपना घर छोड़कर दो जून की रोटी की तलाश में यहाँ आये हैं, उनका पहला और आखिरी लक्ष्य यही है कि उनकी रोटी सुरक्षित रहे। वे यहाँ अपने हक की लड़ाई लड़ने नहीं आये हैं, न कोई क्रान्ति करने आये हैं। यह करने की उनमें चेतना होती तो वे अपनी ही ज़मीन पर अपनी लड़ाई लड़ते, यहाँ आने की उन्हें ज़रूरत न पड़ती।"[19]

गरीबी और अशिक्षा के कारण मजदूर न बच्चों के भविष्य को सँवार पाते हैं और न ही बीमारियों से लड़कर उनकी जिन्दगी को सुरक्षित रख पाते हैं। इस विकट परिस्थिति का वर्णन करते हुए लेखक लिखते हैं कि ऐसे माहौल में जब किसी मनुष्य के साथ गुलाम जैसा व्यवहार किया जाता है तो मनुष्यता शर्मसार हो जाती है। सभ्य समाज होने का दम्भ टूट जाता है। 'सूनी घाटी का सूरज' का संवाद देखिए, "यहाँ एक ओर आठ आने पैसे के पीछे कोई स्त्री साँप और बिच्छुओं को रौंदती हुई दो रोगी बच्चों के भविष्य की आशंका से काँपते हुए प्राणों के साथ, मन-मन भर के पत्थर सिर पर लादकर पहाड़ियों की ऊँची-नीची पगडण्डियों पर टकराती है। यहाँ अशिक्षा और दरिद्रता के क्रूर आतंक में मानव शरीर का अब भी दासों जैसा व्यापार होता है। रोगों के संक्रामक आघातों और प्राकृतिक विपत्तियों को झेलने के सिवाय भाग्य का और कोई औषधि नहीं है।"[20]

गरीबी के कारण उत्पन्न इसी बेचारगी और बेबसी को शुक्ल जी ने अज्ञातवास में दिखाया है—"जहाँ बातचीत के केवल दो रूप हैं खुशामद या गाली-गलौज। शिष्ट भाषा जहाँ बुजदिली की निशानी है। उदारता जहाँ अपने स्वत्व को अपने पास रोक रखने की असमर्थता का नाम है। दूसरे को सहायता जहाँ इसलिए दी जाती है कि वह बाद में सामने आँख न उठा सके। छोटे से छोटे मसले को जहाँ बड़े मुकदमे का रूप दिया जाता है कि लोग बड़े मसले पैदा करने की हिम्मत न दिखा सकें। जहाँ गरीबी एक ऐसा चुंबक है जो सभी उपद्रवों से लौह आघातों को दूर से अपनी ओर खींच लेती है। जहाँ अमीरों में ऐसी आग है जो पड़ोसियों को जला देती है।"[21]

गरीब आदमी की जिन्दगी, उसका परिवार, उसकी नौकरी, उसका भविष्य सब कुछ अनिश्चित और खतरे में होता है। उसे रात की रोटी नसीब होगी कि नहीं इसका भी पता नहीं होता। प्रशासनिक अधिकारी, नेता, पुलिस, सेठ, मालिक सब उसे डराते, धमकाते और उसका शोषण करते हैं। इन्हीं कारणों से गरीबी को अभिशाप माना गया है। कमजोर आदमी सबसे आसान शिकार होता है और समाज में बैठे भेड़िये उसके शिकार को आतुर रहते हैं, "चारों ओर

डकैतों का खतरा। अरक्षा और आतुरता की ज़िन्दगी। प्रकृति के उत्पात। गर्मियों के सर्वग्रासी अग्निकांड। वर्षा का प्रलयंकारी धारा सम्पात, गिरते हुए घर, धार में बहते हुए छप्पर। पानी में डूबती, सड़ती फसलें। हड्डियों को गलाकर पैदा की हुई, लहलहाती खेती को निरुपाय होकर इनके सामने सर पटकते, घिसटते देखना। सबसे डरना। अपने से ऊँची जातिवालों से, ऊँचे वर्गवालों से, महाजनों से, वैद्यों से, थाने से, तहसील से, भूत-प्रेत से, महामारी से, भाग्य से, भगवान से, सबसे डरना। कदम-कदम पर झगड़े और मुकदमे की बातें। नहर के पानी के झगड़े। खेतों की मेंड़ के लिए होने वाली फौजदारियाँ। गरीबी एक ऐसा चुम्बक है जो सभी उपद्रवों के लौह आघातों को दूर से अपनी ओर खींच लेती है।'[22]

रोजगार की कमी के कारण लोगों को किसी भी मेहनताने पर काम करना पड़ता है जिसका फायदा सेठ और मालिक उठाते हैं। वे अपनी शर्तों पर उनसे काम करवाते हैं। नेता समय-समय पर कोरे आश्वासन देकर पाँच वर्षों के लिए अपना भविष्य सुरक्षित कर लेते हैं और बेचारा मतदाता अगले पाँच वर्षों तक अपने को ठगा-सा महसूस करता है सब ठीक हो जायगा। उन्होंने कुछ इस ढंग से कहा जैसे कोई नेता कह रहा हो कि देश की गरीबी और बेरोजगारी की सारी समस्याएँ जल्दी ही हल हो जायेंगी।[23]

अपने पहले ही उपन्यास 'सूनी घाटी का सूरज' में रामदास के चरित्र के माध्यम से सामन्ती और पूँजीवादी व्यवस्था के दोहरे सन्दर्भों को श्रीलाल शुक्ल ने उभारने का प्रयत्न किया है। इसमें एक दलित किसान परिवार की अनाथ सन्तान की देखभाल शिक्षा-दीक्षा और भावी ज़िन्दगी का प्रश्न उठाया गया है। रामदास बड़े ठाकुर की नकेल के नीचे से छूटा तो स्कूल के हेडमास्टर मुंशी नवरत्न लाल की तथाकथित दया, कृपा से उनके घर नौकर लग गया। पढ़ाई के साथ-साथ पूरी नौकरी। मुंशीजी उस अनाथ बालक से फरमाते हैं, "अपने को जो मिला है उसकी बेकद्री कभी न करनी चाहिए तुम पहले भैंस चराते थे बाद में ठाकुर के लड़कों की रखवाली में स्कूल आने लगे। मुझे तुम्हारी कोई जरूरत न थी। आमीन साहब के कहने पर ही मैंने तुम्हें अपने घर रखा है। तुम्हारी फीस और पेट भर देने से तुम्हारा कर्ज नहीं पट जायेगा मुझे अपनी जेब से रुपये लगाना पड़ा था।"[24]

'अपराधियों का चंदनवन' व्यंग्य में लेखक बताते हैं कि बेरोजगारी एक बहुत बड़ा कारण है। युवाओं और लोगों के अपराधी और आतंकवाद में प्रवृत्त होने का। अपराधी और आतंकवादी प्रवृत्ति के लोग घने जंगलों को ही अपना सुरक्षित स्थान मानते हैं। इसलिए शुक्ल जी इसे अपराधियों का चंदनवन कहते हैं। सरकारी नौकरियों की जो स्थिति है या उनकी जिस संख्या में उपलब्धता है। शुक्ल जी उसे ऊँट के मुँह में जीरा के समान मानते हैं। कुल मिलाकर

उनका संकेत वीरप्पन जैसे चंदन तस्करों के विषय में है। वह जंगलों में आराम की जिन्दगी बिता रहा है और लोगों की हत्या भी करता है और धन की कमी उसके पास हो तो वह अपहरण का भी काम करता है। आर्थिक तन्त्र के सन्दर्भ में शुक्ल जी ने लिखा है—"आप हमारे बारे में कुछ भी नहीं जानतीं, घसीटे वनमानुषों की तरह झोंपड़ी में पड़ा रहता है। दमा में हाँफता है। जानतीं हैं आप यह मंगरू, लालू, लोटन इनके घर दो-दो दिन के बाद चूल्हा जलता है। आप यह भी नहीं जानतीं सिर्फ़ आपको यह गीत अच्छे लगते हैं। आप हमारा रोना नहीं सुन सकतीं। गाना ही क्यों सुनना चाहती हैं।"[25]

हमें समाज में ऐसे कई लोग मिल जायेंगे जो केवल एक झोला लेकर सारी दुनिया घूमते रहते हैं। उसी झोले में उनकी पूरी दुनिया का निवास होता है। 'कुंती देवी का झोला' में शुक्ल जी इसी आर्थिक विसंगति को सामने रखते हुए बताते हैं कि कुंती देवी एक दस्यु है और उसके पास एक झोला है। अचानक उसका झोला खो जाता है। पूछने पर पता चलता है कि उसके झोले में पचास हज़ार रुपये थे। लेकिन जिन्दल गाँव के लड़कों को झोला मिल जाता है। बाद में पता चलता है कि उस झोले में सूखी रोटियाँ ही थीं। एक काँसे का गिलास, तीन इंची शीशा और एक कंघा था। यह सब देखकर लड़का अपने मित्र से कहता है कि उस झोले का मालिक तो उनसे भी गरीब है। यहाँ शुक्ल जी ने झोले के सामान को आधार बनाकर अपने देश की गरीबी को और आर्थिक विसंगति को सामने रखने का प्रयास किया है।

आर्थिक तंगी और संसाधनों के अभाव के चलते गरीबों की दशा बहुत ही खराब होती है। इसका फायदा अमीरजादे उठाते हैं और गरीबों की लड़कियों की इज्जत से खेलते हैं। पुलिस भी जब मौका मिलता है, उनका शोषण करके, धन उगाही और मुकदमेबाजी में फँसाने का षड्यन्त्र रचती रहती है—'बिमारी, गरीबी और बदहाली का नक्शा दिखाइए। ठेकेदार उन्हें चूसते हैं, मालिक लड़कियों की अस्मिता से खेलते हैं। पुलिस उन्हें लूटने के लिए बार-बार जुए और कच्ची शराब के फर्जी मुकदमों में बन्द करती है और रिश्वत लेकर या लौंडियों की अस्मिता लूटकर उन्हें छोड़ देती है।"[26]

हाड़तोड़ मेहनत करने के बाद भी जब पेटभर खाना नहीं मिलता और कोई बीमारी हो जाने पर समुचित इलाज मुहैया नहीं हो पाता तो उनकी हालत और खराब हो जाती है। शारीरिक श्रम की अधिकता और एक ही तरह का काम लगातार करने के कारण कई प्रकार की शारीरिक विकृति भी आ जाती है। धान के खेतों में काम करने वाले मजदूरों को सारा दिन देह झुकाकर काम करना पड़ता है। "धान के खेतों में पेड़ लगाते समय माहौल बड़ी बेरहमी का होता है। घुटने-घुटने पानी में खड़े होकर सारे दिन देह झुकाकर काम करना पड़ता

है। पानी बरसता रहता है। घुटने दर्द से चटकने लगते हैं। पाँव के उँगलियों के बीच की खाल सड़ने लगती है। केंचुए टखनों पर खिसकते हुए निकल जाते हैं और जब सवेरे से शाम तक मजदूरी के नाम पर धान की कटाई के समय मिलने वाले अन्न का आश्वासन लेकर रोपाई करने वाले वापस लौटते हैं तो सारा तन-बदन चूर-चूर हो टूटता है। कुछ का बदन मलेरिया में टूटने लगता है। आम की गुठली, महुए के फूल और साँवा-कोंदों के सहारे पेट को फुसलाने की कोशिश की जाती है।''[27]

गाँव का किसान गरीबी, बीमारी और भूख से घिरे रहता है। अज्ञातवास में एक गाँव का किसान कहता है, ''आप हमारे बारे में कुछ भी नहीं जानते। यह घसीटे वनमानुषों की तरह झोंपड़ी में पड़ा रहता है। दमा में हाँफता रहता है। ये मंगरू, लालू, लोटन इनके घर दो-दो दिन के बाद चूल्हा जलता है।''[28]

बेरोजगारी एक बहुत बड़ी समस्या है। शुक्ल जी इसका वर्णन करते हुए बताते हैं कि देश में बहुत से ऐसे लोग हैं जो पढ़ाई-लिखाई करने के बावजूद कोई नौकरी नहीं पा पाते और फिर कैसे उनकी जिन्दगी बदल जाती है और अपना जीवन बिताने के लिए कई बार अपराध का भी रास्ता पकड़ लेते हैं। शुक्ल जी 'धोखा' नामक व्यंग्य में बताते हैं कि बाबू मन्नालाल निगम बी.एस.सी., एल.एल.बी., एस.टी. है और इतनी पढ़ाई करने और डिग्रियाँ प्राप्त करने के बाद भी वह सोचता है कि उसे जल्द से जल्द कोई नौकरी मिल जाये। वह नौकरी की तलाश में यहाँ-वहाँ भटकता है और एक दिन उसे स्कूल में पढ़ाने के लिए 58 रुपये की नौकरी मिल जाती है। किसी कारणवश उसे नौकरी से निकाल दिया जाता है। बाद में बाबू मन्नालाल वकालत करने लगता है। वकालत में उर्दू न आने के कारण उसकी बड़ी बेइज्जती होती है। बाद में वह वकालत का काम भी छोड़ देता है और अन्त में खड़िया मिले पानी को दबाकर बेचने लगता है। इस प्रकार उसकी आर्थिक स्थिति में थोड़ा सुधार आ जाता है लेकिन पुलिस को पता चलते ही वह बाबू मन्नालाल को जेल में डाल देती है। इस तरह एक पढ़ा-लिखा आदमी नौकरी न मिलने की वजह से अपराध का रास्ता, मिलावट, धोखाधड़ी और जालसाजी का रास्ता अपना लेता है और अन्त में जेल पहुँच जाता है, इस विडम्बना को शुक्ल जी ने बखूबी दिखाया है।

अशिक्षा, दरिद्रता और क्रूर आतंक का जो स्वरूप देशभर में बन पड़ा है, वहाँ वर्गीय विषमता की गहरी खाई भी है। शुक्ल जी ने इसका बड़ा ही विशद चित्रण प्रस्तुत किया है—''जिस अभिशप्त देश में मैं खड़ा हूँ वहाँ सब कुछ देखने के लिए ही है। यहाँ एक ओर आठ आने पैसे के पीछे कोई स्त्री साँप और बिच्छुओं को रौंदती हुई दो रोगी बच्चों के भविष्य की आशंका से काँपते हुए प्राणों के साथ मन-मन भर के पत्थर सिर पर लादकर पहाड़ियों की ऊँची-नीची

पगडण्डियों पर टकराती चलती है। यहाँ अशिक्षा और दरिद्रता के क्रूर आतंक में मानव शरीर का अब भी दासों जैसा व्यापार होता है। रोगों के संक्रामक आघातों और प्राकृतिक विपत्तियों को झेलने के लिए सिवाय भाग्य की और कोई औषधि नहीं है। फिर भी यहाँ छह आने में अमृत बिन्दु मिलता है जिसने 20 वर्ष से मनुष्य को अमीरों की श्रेणी में बिठा रखा है।''[29]

इस तरह बेरोजगारी, महँगाई और गरीबी के कारण आम आदमी का जीना मुहाल हो गया है। उच्च वर्ग ने उनकी इस स्थिति का फायदा उठाकर उन्हें और अधिक दबाया है। अपनी रचनाओं में गरीबी, महँगाई और बेरोजगारी का वर्णन करते हुए भी लेखक की सहानुभूति शोषितों के साथ स्पष्ट दिखाई देती है। आर्थिक विसंगतियों का सबसे बड़ा कारण एक बड़ी जनसंख्या का लगातार गरीब होते जाना, उनकी आर्थिक शक्ति का क्षीण होते जाना है, जिसका वर्णन शुक्ल जी ने अपनी रचनाओं में व्यापक स्तर पर किया है।

5.5 कालाबाजारी

नैतिकता का पतन मानवीय जीवन के हर क्षेत्र में लगभग न्यूनाधिक ही सही लेकिन हुआ अवश्य है। हर व्यक्ति अपनी स्थिति, पद और क्षमता के अनुसार किसी भी तरह समाज में ऊपर उठने और बड़ा बनने की फिराक में लगा रहता है। व्यापारी वर्ग भी अपने व्यवसाय में अनेक हथकंडे अपनाते हैं ताकि अपने मुनाफे को कई गुना बढ़ा सकें। सीधे रास्ते अधिक रास्ता न होता देख या जल्दी से अधिक मुनाफा पा लेने की मंशा से वे गलत तरीके भी अपना लेते हैं। इसी को साधारण बोलचाल की भाषा में हम कालाबाजारी कह लेते हैं। कालाबाजारी पहले केवल मिलावट के रूप में या नकली माल के रूप में होती थी। आज इसका स्वरूप बहुत बदल गया है। किसी न किसी तरह लोगों के भीतर अपने उत्पाद की माँग पैदा करके उनसे मनमाने रूप से धन वसूल करना भी एक तरह का व्यापार हो गया है। अत्याधुनिक रास्तों और संसाधनों के माध्यम से व्यापारी इसी काम को अंजाम देते हैं। शुक्ल जी ने अपनी रचनाओं में इनका कहीं वर्णनात्मक तो कहीं व्यंग्यात्मक ढंग से चित्रण किया है।

वर्तमान समय में किस प्रकार चीज़ों-वस्तुओं में मिलावट होती है उस पर शुक्ल जी लिखते हैं, ''उसके कुछ दिनों बाद होटल के साथ ही एक छोटी-सी दवा की दुकान भी खुल गयी जिसमें ज़माने के चलन के अनुसार गुज़री हुई तारीखों वाली बासी दवाएँ, तूली रंग मिला हुआ मरक्यूरो क्रोम और नारियल का तेल मिला हुआ डिटॉल तक बिकने लगा।''[30]

वर्तमान नये दौर की व्यापार व्यवस्था में उपभोक्ताओं के शोषण के नये और प्रभावी तरीके उपलब्ध हैं। फास्ट फूड संस्कृति में लोगों की सेहत के साथ

खिलवाड़ ही नहीं किया जाता, उनकी जेबें भी काट ली जाती हैं और वह भी पता नहीं चलता है, "कंज्यूमर कल्चर में यह स्वाभाविक है आप आलू के चिप्स का जो पैकेट 12 रुपये में खरीदते हैं उसकी लागत दो रुपये के आसपास होती है। यही फर्क है कि आप पेप्सी कोला में कई गुना दाम देने के आदी हो गये हैं।"[31]

हमारे समाज में आर्थिक ऊँचाइयों तक पहुँचे हुए लोगों ने किस ईमानदारी का रास्ता अपनाया होगा यह हम भलीभाँति जानते हैं। शुक्ल जी ने ऐसे लोगों को चील के पक्षी का प्रतीक मानते हुए उनकी छीनाझपटी करके सब कुछ प्राप्त कर लेने वाली प्रवृत्ति पर व्यंग्य करते हुए 'जैसी करनी वैसी भरनी' नामक व्यंग्य की रचना की है। इसमें मालबाबू नशे में ही अपने बेटे को एक कहानी सुनाता है जिसका शीर्षक है, जैसी करनी वैसी भरनी। मालबाबू अपने बेटे को कहता है कि किसी गाँव में एक ग्वालिन रहती थी। वह हर दिन शहर जाकर दूध बेचकर रुपया कमाती थी। एक दिन उसने ऐसा सोचा कि क्यों न दूध में पानी मिला दिया जाये जिससे आमदनी बढ़ जायेगी। ग्वालिन दूध में पानी मिला देती है तो उसे उस दिन तीन रुपये की कमाई होती है। रुपये को लेकर चलते समय चील आती है और उन रुपयों को झपट्टा मारकर ले जाती है। शुक्ल जी ने इसी को जैसी करनी वैसी भरनी कहा है। बाद में मालबाबू का बेटा पूछता है, 'ग्वालिन का क्या हुआ और चील कहाँ चली गयी?' मालबाबू बताते हैं कि दूसरे दिन ग्वालिन पाँच गुना पानी ज्यादा मिलाकर ज्यादा रुपये कमाने लगी और चील उड़कर सामने वाले बंगले में रहने लगी। इस तरह शुक्ल जी ने अप्रत्यक्ष रूप से हमारे समाज में फैले हुए भ्रष्टाचार पर प्रकाश डालने और छीन-झपट, छल-कपट कर रुपये कमा लेने की प्रवृत्ति और दूसरों का शोषण करने और धोखा देने वाली प्रवृत्ति पर प्रकाश डाला है।

5.6 प्रशासक एवं ठेकेदारों की मिलीभगत

देश में सरकारों द्वारा बनाई गयी योजनाओं को बड़े पैमाने पर प्रशासकों द्वारा दोहन कर लिया जाता है। बचाखुचा ही आम जनता तक पहुँच पाता है। प्रशासक सरकारी नीतियों के निर्माण एवं उसके क्रियान्वयन का कर्ताधर्ता होता है लेकिन कई बार वह इस सबका अपने हित में इस्तेमाल कर लेता है जिसके चलते आम जन उसकी पहुँच से दूर ही रह जाते हैं। शुक्ल जी ने ठेकेदारों द्वारा प्रशासन वर्ग से और अफ़सरशाही और नेताओं के साथ साँठगाँठ का पर्दाफाश किया है।

सरकारी आवासों के नियोजन और उनके आबंटन में लगातार धाँधली की खबरें समाचार-पत्रों के माध्यम से हम तक पहुँचती रहती हैं। नेता बाबू और

उच्च वर्ग के रसूख वाले लोग अपने नाते-रिश्तेदारों और चमचों को फायदा पहुँचाते हैं। योग्य लोग जिन्हें इसका लाभ मिलना चाहिए वे बेचारे अभाव में ही जीते हैं। शुक्ल जी 'मकान' उपन्यास में लिखते हैं, ''सेक्टर डी' के प्लाटों के एम्पलायमेंट की शिकायत है जिसे लोग तरह-तरह से दोहराते हैं। आप आकर मिनिस्टर से मिल लीजिए। कहा है कि अपने चेयरमैनी के दिनों आपने सेक्टर 'डी' के सबसे अच्छे प्लॉट अपने भतीजों को दे दिये।''[32]

'आर्थिक विकास और झाड़-फूँक' नामक व्यंग्य में भारत की आर्थिक स्थिति को अपने व्यंग्य के माध्यम से स्पष्ट करते हुए शुक्ल जी राजनेताओं पर व्यंग्य करते हैं। नेता स्वयं देश की आर्थिक स्थिति को ठीक करने के बजाय विदेशों की सहायता पर ज्यादा भरोसा रखते हैं। अन्य देशों की यात्रा करते हैं और ब्रिटेन के प्रधानमन्त्री जर्मनी के चांसलर फ्रांस और स्पेन के प्रतिनिधि और पता नहीं कहाँ-कहाँ जाकर वहाँ से दिलासा लेकर, सान्त्वना लेकर और मदद का भरोसा लेकर वापस आते हैं। कोशिश करते हैं कि ज्यादा से ज्यादा पूँजी भारत आये और भारत की आर्थिक स्थिति सुधरे। वे इसी आशा में बैठे रहते हैं और भारत की दशा वैसी की वैसी बनी रहती है। हम विदेश में निर्मित उत्पाद को खरीद कर दूसरे देशों से माल आयात करते हैं और देश की आर्थिक स्थिति को और भी रसातल में ले जाते हैं।

शुक्ल जी ने 'कुत्ते और कुत्ते' रचना में खुशामदी व्यापारियों तथा खुशामद पसन्द अधिकारियों पर कटाक्ष किया है, ''वे जहाँ-जहाँ तबादले पर गये वहाँ-वहाँ उनकी अध्यक्षता में कुत्ता कल्याण समितियाँ बनाई गयीं। सफलता की इन मंज़िलों को पार करके आखिर में उन्हें आध्यात्मिक अनुभव हुआ कि उनके भी जीवन का एक अर्थ है और उस अर्थ का नाम कुत्ता है।''[33]

सरकारी मकानों के वितरण को लेकर होनेवाली गड़बड़ियों पर व्यंग्य करते हुए शुक्ल जी बताते हैं कि बड़े-बड़े मन्त्री अपने नीचे के अफ़सरों को अपनी सिफारिश भेजकर उनसे अपना काम करवाते हैं। ''एक-एक मकान के लिए ऊपर से सत्तर-सत्तर सिफारिशें आती हैं। दिल्ली तक से फोन घनघनाता है। आज का सेवा धर्म तो यह है कि काम आप कायदे का करें, पर वी.आई.पी. समझे कि जो हो रहा है वह उसी के हुक्म से हुआ है।''[34]

अफ़सरशाही हमारे देश में भ्रष्टाचार करने और उसे शह देने वाले महकमों में श्रेष्ठ है। सरकारी अफ़सर सरकार की मालमत्ता डकैतों की तरह लूटते हैं। लोगों को इसका पूरा इल्म है और अपना भी कुछ फायदा निकल आने का विश्वास है, ''ठेकेदार साहब एक बड़ी सरकारी योजना के मकान बनवा रहे थे। लोहा, सीमेंट आदि सामग्री सरकार लगा रही थी। मेरा वेतन तय करते समय यह मानकर चल गया था कि जहाँ ठेकेदार साहेब और सरकारी अफ़सर इस सामग्री

को डकैतों की तरह लूटेंगे, मैं भी, कुछ बना तो उठाईगीरों की तरह थोड़ा बहुत चोरी से बचा ही लूँगा।''[35]

राग दरबारी में शुक्ल जी वैद जी के माध्यम से परजीवी बिचौलिया वर्ग को उपस्थित करते हैं। वह भारतीय सामन्ती वर्ण आश्रम व्यवस्था का उच्च पदस्थ पुलिस सवर्ण समुदाय हैं। यह परजीवी कुलीन समुदाय प्रकृति से कितना चालाक और धूर्त है इसका वर्णन उपन्यास में इस प्रकार दिया गया है–''उनका पूरा कर्मयोग सरकारी स्कीमों की फिलासफी पर टिका था। मुर्गी पालन के लिए ग्रांट मिलने का नियम बना तो उन्होंने मुर्गियाँ पालने का ऐलान कर दिया। एक दिन उन्होंने कहा कि जाति-पाँति बिल्कुल बेकार चीज़ है और हम बाभन और चमार एक हैं। यह उन्होंने इसलिए कहा कि चमड़ा उद्योग की ग्रांट मिलने वाली थी। चमार देखते ही रह गये और उन्होंने चमड़ा और चमकाने की ग्रांट लेकर अपने चमड़े को ज्यादा चिकना बनाने में खर्च भी कर दिया। उनका ज्ञान विशद है। ग्रांट या कर्ज देने वाली नयी किसी स्कीम के बारे में योजना आयोग के सोचने भर की देर थी, वे उसके बारे में सब कुछ जान जाते थे।''[36]

शुक्ल जी को स्वयं प्रकाशकों से व्यावसायिक मुद्दों पर दो-चार होना पड़ता था। अपने ही अनुभव को साझा करते हुए वे लिखते हैं, ''हिन्दी में प्रकाशकों और लेखकों के बीच एक बेचैन रिश्ता है। सभी जानते हैं कि प्रकाशक आदर्श मुद्रण, रूप सज्जा आदि जैसे पुस्तक से सम्बन्धित खर्चों का भुगतान करता चलता है पर लेखक के प्राप्य या उसकी रॉयल्टी को ही लेकर विलम्ब या आनाकानी होती है या हो सकती है। कानूनी संरक्षण के बावजूद लेखक असहाय है। जहाँ आयकर जैसे समर्थ संस्थान तक को व्यवसायी धोखा दे सकते हैं, वहाँ अकेला लेखक प्रकाशक का क्या कर लेगा। अतः जरूरत दोनों के बीच एक-दूसरे को समझने, सदस्यता के साथ सामान्य पारस्परिक सम्बन्ध बनाये रखने की है।''[37]

देश की दुरवस्था के लिए व्यापक रूप में सत्ता, प्रशासन और पुलिस की साँठगाँठ का योगदान होता है। शुक्ल जी ने इसे उघाड़ने का प्रयत्न अपनी रचनाओं में किया है। वे खुद प्रशासन से जुड़े रहे हैं, इसलिए कई बार उन्हें अन्दरूनी विसंगतियों-विडम्बनाओं का भी पता चलता रहा है। इन सभी विसंगतियों पर उन्होंने करारा व्यंग्य किया है।

5.7 शोषण-विरोधी विचार

साहित्यकार अपने समय के होनेवाले अत्याचारों, अन्यायों, शोषण और कुरीतियों पर नजर रखता है। उसका उद्देश्य जो हो रहा है उसे दिखाना, बताना और उसके मर्म को अपने पाठकों को समझाना भी होता है। इसी बीच वह पाठक

के लिए एक मार्गदर्शक का काम भी करता है। जब वह किसी ऐसी घटना का वर्णन करता है तो वह तटस्थ नहीं रहता। कहीं न कहीं उसका झुकाव एक ओर होता ही है। निश्चित तौर पर उसका झुकाव शोषण के विरुद्ध ही होता है और सर्वहारा के पक्ष में होता है। सत्ता, पूँजी और प्रशासन के कुकर्मों के विरुद्ध खड़ा होकर ही रचनाकार व्यापक सर्वहारा वर्ग से जुड़ पाता है। उसकी इसी पक्षधरता के चलते ही वह अपनी रचनाओं में शोषण-विरोधी विचार व्यक्त करता है।

शुक्ल जी अपनी रचनाओं में यदाकदा मुखर रूप से सीधे तौर पर शोषण के खिलाफ खड़े नजर आते हैं। कभी-कभी अप्रत्यक्ष रूप से या कि पात्रों के द्वारा प्रायः उनकी रचनाओं में यह पाया जा सकता है।

परिस्थितियों की मजबूरी न चाहते हुए भी मनुष्य से बहुत कुछ करवा लेती है। मजदूर अपने गाँव की बंजर भूमि पर व्यर्थ परिश्रम करने की बजाय शहर में मजदूरी करने जाते हैं। यहाँ उन्हें अपनी इज्जत से समझौता करना पड़ता है। उनके बच्चे कई बार इलाज के बिना दम तोड़ देते हैं, "ऊँचे-नीचे पथरीले मैदानों में या पहाड़ों, नदियों के किनारे एक बीघे खेत पर निरर्थक परिश्रम करके प्राण देने से यह अधिक अच्छा था कि यहाँ आकर कुछ इज्जत गँवाकर, दो-एक बच्चे तेंदुओं के लिए छोड़कर दो-चार होने वाले दरिद्र मजदूरों की वृद्धि की सम्भावनाएँ लेकर चार-छह महीने के लिए पेट पालने की व्यवस्था कर लाते।"[38]

श्रीलाल शुक्ल का सरोकार समाज के ग्रामीण, किसान, मजदूर, श्रमिक, दलित एवं शोषितों के प्रति स्पष्ट रूप से रहा है। वे आम आदमी को प्राथमिकता देते हैं। पलायन से बचने-बचाने का उनका संकल्प सामाजिक प्रबुद्धता के लिए है। मध्यमवर्गीय बुद्धिजीवियों पर टिप्पणी करते हुए वे लिखते हैं, "तुम मँझोली हैसियत के मनुष्य हो और मनुष्यता के कीचड़ में फँस गये हो, तुम्हारे चारों ओर कीचड़-कीचड़ है। कीचड़ की चापलूसी मत करो, इस मुगालते में मत रहो कि कीचड़ से कमल पैदा होता है, कीचड़ से कीचड़ पनपता है। वही फैलता है, वही उछलता है। कीचड़ से बचो। यह जगह छोड़ो, यहाँ से पलायन करो। वैसे भी यह पलायन सत्ता सुख की खोज में गाँव से शहर की ओर पलायन है। कीचड़ से निकलकर बहुत कुछ पाने, हासिल करने के लिए।"[39]

सामन्ती और राज प्रथा के माध्यम से गरीबों, बेबस और असहाय लोगों का हमारे देश में बहुत शोषण हुआ है। इनके शोषण के तरीके भी कई तरह के हैं। कभी आर्थिक रूप से नियम कानूनों में फेरबदल कर, कभी खुले आम डकैती करवाकर तो कभी धोखाधड़ी करके उनकी पूरी सम्पत्ति लूटकर। इस सबके बावजूद इन गरीबों के पास न तो उनके विरोध का कोई जरिया होता है न कोई उनका दुख सुनने वाला। रोकर और भाग्य को कोसकर रह जाने के अलावा इनके पास कोई उपाय नहीं होता। 'सूनी घाटी का सूरज' का एक वर्णन

है, "सहमा हुआ सिसकता हुआ मुरझाता हुआ जीवन। शिकार सदैव वही रहता, शिकारी ही बदलते। सदैव इन्हीं शिकारियों में जमींदार, राजे-महाराज आते। चोर और डकैत आते। कन्या के विवाह में घर से दूध देने वाली भैंस खुला ले जाने वाले नये रिश्तेदार आते। सादे कागज पर अँगूठा लगाने के लिए बाध्य करने वाली और असहायता की स्थिति आती। कभी भी अपनी स्थिति का बोध न होने देने वाली अविद्या आती। पत्थर जैसी छाती को पीसकर समस्त पुरुषार्थ को आँसुओं में बहा देने वाली निराशा आती। सब तरह से जीवन को जकड़, केवल पथराई आँखों से सब कुछ देखते रहने वाली जड़ता आती। शिकार वही था शिकारी अनेक थे।"[40]

चिकित्सा क्षेत्र में जिन्हें भगवान मानते हैं ऐसे डॉक्टर किस प्रकार लोगों को ठगते-लूटते और उनका शोषण करते हैं यह श्रीलाल शुक्ल ने 'उमरावनगर में कुछ दिन' में बताया है। डॉ. अन्सारी और सरकारी डॉक्टर के बीच समझौता हो जाता है। सरकारी डॉक्टर सरकारी दवाओं की कीमत का आधा हिस्सा डॉ. अन्सारी के पास आकर हर महीने की पहली तारीख को ले जाते हैं। ऐसी व्यवस्था में फूलमती जैसी स्त्रियाँ सिर्फ़ उपभोग की वस्तु मात्र बनकर रह गयी हैं। बाबा रघुवीरदास के आश्रम में उसे कुएँ के खड्ड में गिरने वाली उक्ति को चरितार्थ करने वाली मुक्ति मिलती है। मध्यवर्गीय लोगों के लिए चोरी और उठाईगीरी भले स्वर्ग समान हो, पर उसमें फूलमती की जगह कहाँ पर होगी? ऐसे प्रश्न का शुक्ल जी ने अपनी ही शैली में उत्तर दिया है—"पुराणों में कुम्भी-पाक मवाद और मज्जा से भरा हुआ एक नरक है, एक दूसरा नरक असिपत्र है जहाँ राह में खड़े पेड़ों पर तलवारों की पत्तियाँ होती हैं और वे पग-पग पर देह में घाव करती हैं। शरदकाल की इस सुनहरी सुबह में मेरा मन तब उसके लिए भारीपन महसूस करने लगा जिसकी राकेश भाई चौराहे पर राह देख रहे हैं, जो कुम्भी-पाक से छूटते ही असिपत्र की ओर बढ़ने लगी है। उमरावनगर का विकास चाहे वित्तमन्त्री के सिद्धान्तों से हो, चाहे इकबाल मियाँ की व्यवहार बुद्धि से, इन नरकों की सत्ता पर उसका कोई असर नहीं पड़ेगा। फूलमती की याद करके मुझे लगा। ये दोनों विकास तन्त्र यहीं एक साथ मुँह के बल गिरते नज़र आते हैं।"[41]

समाज में ऐसे भी कई क्षेत्र हैं, जहाँ से जुड़े लोग समाज की बेहतरी के लिए लगातार प्रयासरत रहते हैं। कला क्षेत्र में भी लगातार हमारी संस्कृति को समृद्ध करने के उपक्रम चलते रहते हैं। इन सबसे सर्वथा भिन्न एक ऐसा वर्ग भी है जो पूरी तरह से सूदखोरों के चंगुल में फँसा हुआ है और उसे मुक्ति का कोई मार्ग दिखाई नहीं देता। इन दोनों वर्ग के बीच के अन्तर और विसंगतियों के विषय में शुक्ल जी लिखते हैं, "प्रोलफीड में सब कुछ गलत ही

नहीं है। बेशक, फिल्म एक्टर, संगीतकार, प्रबन्ध-विशेषज्ञ, वैज्ञानिक, अन्तरिक्ष यात्री, उद्योगपति, दार्शनिक, न्यायविद् हमारी जिन्दगी को समृद्धतर बनाने में लगे हैं, पर होरी की बदकिस्मती कहिए, उसकी जिन्दगी पर हुकूमत छुरेबाजों, दलालों, सूदखोरों, बौद्धिक नपुंसकों, डकैतों, संवेदनहीन हाकिमों और राजनीतिक मौकापरस्तों की है।''[42]

'सूनी घाटी का सूरज', में हेडमास्टर ठाकुर के द्वारा उकसाने पर विद्यार्थी आन्दोलन की तैयारी करने लगते हैं। वे कहते हैं कि विद्यालय विद्यार्थियों का है। यदि विद्यार्थी उन्हें प्रिंसिपल रखना चाहें तो कोई दूसरा व्यक्ति प्रिंसिपल नहीं हो सकता। इस पर विद्यार्थी तय करते हैं, ''यदि ठाकुर साहब को प्रिंसिपल पद से हटाया जाय तो हम लोग हड़ताल कर दें। मैनेजर के घर तक जुलूस निकालें, उस साले की अर्थी जलायें। होने वाले प्रिंसिपल के घर पर धरना दें। उससे प्रतिज्ञा करावें कि वह प्रिंसिपल का पद नहीं लेगा। हर बात अहिंसात्मक ढंग से होने दें।''[43]

आजादी के बाद देश में गाँवों की जो दशा थी वह अत्यन्त दयनीय थी। एक वर्ग था जिसके पास सत्ता थी, धन था, जनबल था और उसे लम्बे समय से निम्नवर्ग के शोषण की आदत पड़ गयी थी। उसने इस वर्ग को इस दशा तक पहुँचा दिया था कि वे उनके आगे झुकने को मजबूर हो जाते थे। एक बानगी देखिए—''उस भुखमरे वातावरण में अखाड़े क्या खाकर या खिलाकर चलते? कुछ वर्ष पहले गाँव के लड़के कसरत और कुश्ती से चूर-चूर होकर लौटते तो कम से कम उन्हें भिगोये हुए चने और मट्ठे का सहारा था। अब वह सहारा भी टूटने लगा था। यह और इस प्रकार के कई तथ्य मिलकर कुछ ऐसा वातावरण पैदा कर रहे थे कि गाँव में निकम्मा बन जाने के सिवाय और दूसरा कार्यक्रम ही नहीं मिलता था। वे फटे-पुराने पर रंगीन पतलूनों पायजामों के सहारे अपनी दुबली-पतली टाँगों को ढँककर और सीने पर गोश्त हो या न हो, सीने के अन्दर सायराबानू के साथ सोने का अरमान भरकर, गली-कूचों में पान की पीक फैलाते हुए निरुद्देश्य घूमा करते थे। उनमें से बहुत से कभी-कभी खेतों, कारखानों और जेलों के चक्कर भी लगा आते थे। जो वहाँ जाते हुए हिचकते थे, वे स्थानीय कॉलेजों में बांगडूपन की शिक्षा ग्रहण करने के लिए चले आते थे। ये कॉलेज प्रायः किसी स्थानीय जननायक की प्रेरणा से शिक्षा प्रचार के लिए और वास्तव में उसके लिए विधानसभा या लोकसभा के चुनावों की ज़मीन तैयार करने के उद्देश्य से खोले जाते थे, और उनका मुख्य कार्य कुछ मास्टरों और सरकारी अनुदानों का शोषण करना था। ये कॉलेज सिर्फ़ ज़माने के फैशन के हिसाब से बिना आगा-पीछा सोचते हुए चलाये जा रहे थे और यह निश्चय था कि वहाँ पढ़ने वाले अपनी 'रियाया' वाली हैसियत छोड़कर कभी ऊपर जाने की

कोशिश नहीं करेंगे और ऊँची नौकरियाँ और व्यवसाय जिनके हाथ में है, उनके एकाधिकार को इन कॉलेजों से कोई खतरा पैदा नहीं होता।''[44]

राग दरबारी के शिवपालगंज की कहानी वही है। वहाँ वही पुराने स्वर हैं। अमीर और गरीब के स्तर हैं। वही जाति का वर्चस्व है। ब्राह्मण, बनिया, ठाकुर, शूद्रों के साथ वही दोयम दर्जे का व्यवहार किया जाता है। उनके लिए बुनियादी सुविधाओं का भी अभाव बना हुआ है। जैसे किसी अन्य गाँवों में होता है। शुक्ल जी लिखते हैंः ''एक जमाना था किसी भी बाभन, ठाकुर के निकलने पर वहाँ के लोग अपने दरवाजों पर उठकर खड़े हो जाते थे। हुक्कों को जल्दी से ज़मीन पर रख दिया जाता था, चिलमें फेंक दी जाती थीं, मर्द हाथ जोड़कर 'पाँय लागी महाराज' का नारा लगाते थे, औरतें बच्चों को गली से हाथ पकड़कर खींच लेती थीं और कभी-कभी घबराहट में उनकी पीठ पर घूँसे भी बरसाने लगती थीं और महाराज चारों ओर आशीर्वाद लुटाते हुए और इस बात की पड़ताल करते हुए कि पिछले चार महीनों में किसकी लड़की पहले के मुकाबले जवान दिखने लगी और कौन लड़की ससुराल से वापस आ गयी। त्रेता युग की तरह वातावरण पर सवारी गाँठते हुए निकल जाते हैं।''[45]

इस प्रकार शुक्ल जी ने अपनी रचनाओं में शोषण का हर स्तर पर विरोध किया है। कहीं ये सामन्ती शोषण के खिलाफ हैं तो कहीं राजनेताओं, राजे-रजवाड़ों, पुलिस-प्रशासन, न्याय व्यवस्था या पूँजीपतियों द्वारा किये जाने वाले शोषण का तीव्र विरोध करते हुए उनके षड्यन्त्रों का पर्दाफाश करते हैं।

निष्कर्ष

आर्थिक विसंगतियाँ व्यक्ति के जीवन में अनेकों अन्य समस्याओं को जन्म देती हैं। शुक्ल जी अपने समय और समाज को गहराई से देख-परख रहे थे। उन्होंने यह भी जाना था कि ये समस्याएँ आज नयी नहीं हैं और न ही आज ही पैदा हुई हैं। इनकी जड़ें हमारे अतीत में भी हैं। सत्तासीन वर्ग, अधिकारी वर्ग, पूँजीपति वर्ग, जन्मजात अमीर वर्ग आदि के पास तमाम सुख-सुविधाएँ होती हैं। उनके पास अपार धन होता है, जिसकी बदौलत वे निम्न वर्ग, मध्य वर्ग को अपनी सुख-सुविधाओं को पूरा करने का, अपने मनोरंजन का माध्यम बनाते हैं। उनसे वे सब कुछ करवाते हैं, जो उनके हित में है। इसके चलते निम्न वर्ग को क्या भोगना पड़ता है, इसकी उन्हें कोई परवाह नहीं होती। जमींदार तो अमानवीयता की हद तक गरीब किसानों, मजदूरों का शोषण करते रहे। उन्हें अपना गुलाम समझते रहे और उनसे कई प्रकार के अनैतिक काम भी करवाते हैं। ऐसे सभी प्रसंग शुक्ल जी की रचनाओं में बड़ी ही बेबाकी और पूरी संवेदना के साथ व्यक्त हुए हैं।

समाज में फैली आर्थिक विसंगतियों के चित्रण के दौरान शुक्ल जी की संवेदना बराबर गरीब और शोषित वर्ग के साथ रही है। वे जब शोषक के विषय में लिख रहे होते हैं तो उनका स्वर काफी तल्ख होता है जबकि सर्वहारा वर्ग के विषय में, उनकी दुख-तकलीफों, अभावों को व्यक्त करते समय उनकी भाषा में करुणा होती है। कई बार विद्रोह भी। राजनेताओं द्वारा आम जनता को बेवकूफ बनाकर सरकारी नीतियों का सारा पैसा बीच में उड़ा लेने वाले तत्त्वों के साथ साँठगाँठ कर लेने के दुष्चक्र को शुक्ल जी ने बड़ी शिद्दत से उजागर किया है। किस प्रकार नेता वर्ग जनता की भलाई के लिए सरकारी खजाने से निकले रुपये को रास्ते में हजम कर लेते हैं और बेचारी भोली-भाली जनता को इसकी खबर तक नहीं लगने देते। इसके लिए वे हर उस तन्त्र को अपने नियन्त्रण में रखते हैं जो जनता तक इस बात को पहुँचाने का काम कर सकता है।

आज सरकारी कार्यालयों में एक प्रथा सी बन गयी है कि यदि समय पर या जल्दी काम करवाना हो तो रिश्वत अवश्य देनी पड़ेगी अन्यथा लम्बे समय तक ठोकर खानी पड़ेगी। यह व्यवस्था रिश्वतखोरी की उपज है। रिश्वत लेने वाला वर्ग उस निम्न मध्यवर्ग का आर्थिक शोषण करता है जो अपनी दैनिक जरूरतों को पूरा करने में भी कई बार अक्षम होता है। गाँवों में किसान अपने खेतों तक पानी लाने के लिए ओवरसीयर को रिश्वत देते हैं। नौकरी पाने के लिए रिश्वत, प्रशासक, अभियन्ता, चपरासी, नेता, अफ़सर, पुलिस, डॉक्टर सभी रिश्वत लेते हैं। शुक्ल जी ने राग दरबारी, मकान, सूनी घाटी का सूरज, पहला पडाव और अज्ञातवास जैसे उपन्यासों सहित एक नया हितोपदेश, स्वामी से भी ज्यादा स्वामिभक्त, निर्धन पड़ोसी की कथा, संपोला, गिरफ्तारी आदि कहानियों में लोगों के आर्थिक शोषण का व्यंग्यात्मक चित्रण किया है।

सन्दर्भ सूची

1. रामदास सिंड्रोम और प्रारम्भिक उपन्यास : सत्यप्रकाश मिश्र, श्रीलाल शुक्ल की दुनिया : सम्पादक अखिलेश, पृष्ठ 37
2. मेरी श्रेष्ठ व्यंग्य रचनाएँ : श्रीलाल शुक्ल, पृष्ठ 72
3. सूनी घाटी का सूरज : श्रीलाल शुक्ल, पृष्ठ 30
4. मकान : श्रीलाल शुक्ल, पृष्ठ 50
5. सूनी घाटी का सूरज : श्रीलाल शुक्ल, पृष्ठ 30
6. वही, पृष्ठ 43
7. राग दरबारी : श्रीलाल शुक्ल, पृष्ठ 124
8. रामदास सिंड्रोम और प्रारम्भिक उपन्यास : सत्यप्रकाश मिश्र, श्रीलाल शुक्ल की दुनिया : सम्पादक अखिलेश, पृष्ठ 37

9. वही, पृष्ठ 37
10. सूनी घाटी का सूरज : श्रीलाल शुक्ल, पृष्ठ 9
11. मेरे साक्षात्कार : श्रीलाल शुक्ल, पृष्ठ 40
12. पहला पड़ाव : श्रीलाल शुक्ल, पृष्ठ 25
13. वही, पृष्ठ 65
14. सूनी घाटी का सूरज : श्रीलाल शुक्ल, पृष्ठ 43
15. मेरी श्रेष्ठ व्यंग्य रचनाएँ : श्रीलाल शुक्ल, पृष्ठ 13
16. यहाँ से वहाँ—परिचय : श्रीलाल शुक्ल, पृष्ठ 41
17. मकान : श्रीलाल शुक्ल, पृष्ठ 256
18. जहालत के पचास साल : श्रीलाल शुक्ल, पृष्ठ 232
19. पहला पड़ाव : श्रीलाल शुक्ल, पृष्ठ 243
20. सूनी घाटी का सूरज : श्रीलाल शुक्ल, पृष्ठ 72
21. अज्ञातवास : श्रीलाल शुक्ल, पृष्ठ 21
22. वही, पृष्ठ 52
23. वही, पृष्ठ 232
24. सूनी घाटी का सूरज : श्रीलाल शुक्ल, पृष्ठ 66
25. अज्ञातवास : श्रीलाल शुक्ल, पृष्ठ 59
26. पहला पड़ाव : श्रीलाल शुक्ल, पृष्ठ 202
27. वही, पृष्ठ 153
28. अज्ञातवास : श्रीलाल शुक्ल, पृष्ठ 55
29. सूनी घाटी का सूरज : श्रीलाल शुक्ल, पृष्ठ 72
30. यहाँ से वहाँ—परिचय : श्रीलाल शुक्ल, पृष्ठ 58
31. मेरे साक्षात्कार : श्रीलाल शुक्ल, पृष्ठ 24
32. मकान : श्रीलाल शुक्ल, पृष्ठ 102
33. मेरी श्रेष्ठ व्यंग्य रचनाएँ : श्रीलाल शुक्ल, पृष्ठ 84
34. मकान : श्रीलाल शुक्ल, पृष्ठ 103
35. पहला पड़ाव : श्रीलाल शुक्ल, पृष्ठ 141
36. राग दरबारी : श्रीलाल शुक्ल, पृष्ठ 183
37. मेरे साक्षात्कार : श्रीलाल शुक्ल, पृष्ठ 78
38. सूनी घाटी का सूरज : श्रीलाल शुक्ल, पृष्ठ 66
39. राग दरबारी : श्रीलाल शुक्ल, पृष्ठ 32
40. सूनी घाटी का सूरज : श्रीलाल शुक्ल, पृष्ठ 75
41. उमरावनगर में कुछ दिन : श्रीलाल शुक्ल, पृष्ठ 46
42. कुछ ज़मीन पर कुछ हवा में : श्रीलाल शुक्ल, पृष्ठ 20
43. सूनी घाटी का सूरज : श्रीलाल शुक्ल, पृष्ठ 112
44. राग दरबारी : श्रीलाल शुक्ल, पृष्ठ 232
45. वही, पृष्ठ 259

अध्याय-6

श्रीलाल शुक्ल के साहित्य में धार्मिक, सांस्कृतिक विसंगतियों पर व्यंग्य

धर्म की व्यापक अवधारणा मनुष्य के आचरण से है यानी मनुष्य अपने आचरण में जो कुछ धारण करता है उसे धर्म कहते हैं। एक धार्मिक मनुष्य वह होता है जो अपने धर्म के अनुकूल आचरण करता है। हर विचारधारा और उससे जुड़ा कर्म रूढ़ि बनकर अतिवादी हो जाता है। कभी-कभी धर्म के साथ भी ऐसा ही हो जाता है। यानी धार्मिक व्यक्ति जब कभी कट्टर रूढ़िवादी हो जाता है तो दूसरे धर्मों को अपने से हीन या नीचा समझकर उससे घृणा करने लगता है। समुदाय और सम्प्रदाय के स्तर पर भी यह ईर्ष्या और खुद को श्रेष्ठ समझने की भावना पैदा होती है।

वस्तुतः धर्म की अवधारणा मनुष्य के जीवन और कर्म को सही दिशा में अग्रसित करने तथा उसके आचरण एवं व्यवहार को नियन्त्रित करने के लिए विकसित हुई है लेकिन समय बीतने के साथ हर धर्म में कई मान्यताएँ, कुरीतियाँ ऐसी फैल जाती हैं जिनका मूल धर्म से कुछ लेना-देना नहीं होता। वे अप्रासंगिक हो जाती हैं। फिर भी कुछ लोग ऐसी मान्यताओं, अन्धविश्वासों का पूरे प्राणपण से पालन करते हैं और स्वयं को तथा समाज को क्षति पहुँचाते हैं। समय के साथ रूढ़ियों, परम्पराओं में बदलाव होना प्रगतिशील लोग आवश्यक मानते हैं जबकि रूढ़िवादी इसके खिलाफ होते हैं। हमारे भारतीय समाज में भी धर्म, जाति, समुदाय, सम्प्रदाय आदि के नाम पर कई विसंगतियाँ विद्यमान हैं और इसी के चलते परस्पर संघर्ष की स्थितियाँ भी उत्पन्न हो जाती हैं। संकीर्ण धार्मिक सोच के कारण साम्प्रदायिकता आज पूरी दुनिया में एक बड़ी समस्या बन गयी है।

तकनीकी विकास पश्चिम की देन है। तकनीक ने सुविधाओं को बढ़ाया। शहरों का निर्माण हुआ। शहरीकरण के साथ ही वैश्वीकरण, भूमण्डलीकरण, उदारीकरण आदि भी अस्तित्व में आये। इन सबके चलते पूरा विश्व एक ग्राम में बदलता चला गया। संस्कृतियों का आदान-प्रदान भी बहुत अधिक हुआ।

इसके चलते कई संस्कृतियाँ जिनमें सुविधाभोगी बाह्य आकर्षण नहीं था, तेजी से परिवर्तित होने लगीं। भारतीय संस्कृति के साथ भी कुछ ऐसा ही हुआ। पश्चिमी संस्कृति की तेज आँधी में बहुत कुछ ऐसा था जिसमें भौतिक आकर्षण था और हमारे मानस पटल पर पहले से ही कुछ ऐसा अंकित हो गया था कि जो भी पश्चिम से आयेगा वह आधुनिक होगा। इसके चलते उसका असर और अधिक हुआ।

श्रीलाल शुक्ल जी दुनिया भर में हो रहे इन परिवर्तनों से बेखबर नहीं थे। अतः इन स्थितियों के बदलाव ने जिन विसंगतियों को जन्म दिया, उन पर इन्होंने करारी चोट की है। इनकी अनेक व्यंग्य रचनाओं में धर्म और संस्कृति पर तीखा कटाक्ष किया गया है।

6.1 धार्मिक विसंगतियाँ

धार्मिक विसंगतियों को किसी एक धर्म में नहीं बल्कि सभी धर्मों में देखा जा सकता है। भारत देश में अनके धर्मों को मानने वाले लोग रहते हैं और लगभग हर धर्म में कई प्रकार की मान्यताओं एवं अन्धविश्वास के साथ ही साथ भ्रामक धारणाएँ भी विद्यमान हैं। जहाँ तक बात भाग्यवाद की है इसके लिए किसी धर्म विश्वास की आवश्यकता नहीं पड़ती क्योंकि जब मनुष्य का अपने ऊपर से विश्वास उठ जाता है या कि अकर्मण्य हो जाता है तो सीधे भाग्यवाद का सहारा लेता है। आगे विभिन्न बिन्दुओं के माध्यम से हम शुक्ल जी की रचनाओं में धार्मिक विसंगतियों की पड़ताल करेंगे।

6.1.1 धर्म की भ्रामक धारणा, भाग्यवाद एवं धर्म और राजनीति

धर्म के सन्दर्भ में अनेक प्रकार की भ्रामक अवधारणाएँ हमारे समाज में व्याप्त हैं। कहीं भूत-प्रेत है तो कहीं पुनर्जन्म तो कहीं भाग्यवाद। लोग अपने को तसल्ली देने के लिए भाग्यवाद का सहारा ले लेते हैं। कई किस्सों में भूत-प्रेत आदि की कहानियाँ गढ़कर लोगों को डराते धमकाते और अपना स्वार्थ सिद्ध करते हैं।

हमारे समाज में व्याप्त धर्म की भ्रामक अवधारणा पर टिप्पणी करते हुए शुक्ल जी ने 'सीमाएँ टूटती हैं' के तारानाथ के माध्यम से धर्म के वास्तविक स्वरूप को व्यक्त किया है, "मेरी भक्ति मुझे भौतिक जगत की सामान्य और असामान्य सफलताएँ नहीं देती, वह सिर्फ़ मुझे इतनी ताकत देती है कि मैं असफलताओं और असंगतियों को जीवन की सहज स्थिति मानकर ग्रहण करता चलूँ। वह मुझे किसी सर्वशक्तिमान की दया का अधिकारी बनाकर आत्मदया के कीचड़ में फँसने से बचाती है।"[1] यहाँ किसी भी मान्यता या पूर्व प्रचलित अवधारणा से प्रभावित होकर किसी भी प्रकार की दया को ग्रहण करने से बचने

का भाव बौद्धिकता की ऊँचाई के दर्शन कराता है। यहाँ भक्ति का ऐसा स्वरूप है जो तारानाथ को कुछ विशिष्ट और अलग हटकर अनुभव कराता है।

शुक्ल जी के भाग्यवाद सम्बन्धी लेखन को उद्धृत करते हुए डॉ. सुरेश पटेल ने अपने शोधग्रन्थ में लिखा है कि, ''जब समाज के अधिकांश लोग नियति या भाग्य पर विश्वास करते हैं तो उनका प्रसंगानुकूल निरूपण करना उपन्यासकार का धर्म है; पर यथार्थवादी उपन्यासकार उसके परिणामों को उजागर करता है।''[2] वे कुँवर जयन्ती प्रसाद की क्रान्तिकारियों के कारावास सम्बन्धी दृष्टि का उल्लेख करते हुए लिखते हैं, ''कुछ का भाग्य ही ऐसा होता है। ब्रिटिश साम्राज्यशाही उन्हें जेल से बाहर रखने में खतरा महसूस करती है। उनके यहाँ न होने से हम जो चाहते थे वह नहीं हो पा रहा है।''[3]

इसी उपन्यास के एक प्रसंग में कुँवर जयन्ती प्रसाद कुण्ठाओं का शिकार हो जाते हैं और वे सुशीला से अपनी सोच को उद्‌घाटित करते हुए कहते हैं, ''ऐसा सोचकर तुम अपने को सज़ा जैसी दे रही हो, पर मैं भाग्य में विश्वास रखता हूँ। पहले शायद इतना भाग्यवादी नहीं था, पर जिन्दगी के अनुभवों ने मुझे भाग्यवादी बना दिया है।''[4]

'सूनी घाटी का सूरज' में शुक्ल जी धर्म के नाम पर फैली भ्रामक मान्यताओं के खिलाफ व्यंग्यात्मक टिप्पणी करते हैं। इस उपन्यास का पात्र अमजद अली, रामदास के साथ ही पढ़ता था। उसमें अपने धर्म के प्रति श्रेष्ठता का भाव छलका करता था। एक दिन वह भूत-प्रेत और जिन्नात की तुलना करते हुए भी अपने धर्म को श्रेष्ठ मानता है–''अरे रामदास, इन जिन्नात की न पूछो। कहने को ये मुसलमान हैं पर ये तुम्हारे हिन्दू भूतों से भी बढ़कर भयानक हैं। तुम्हारे यहाँ तो भूत पटकता है, प्रेत खाने को दौड़ता है, अगिया बैताल बदन झुलसाने को दौड़ता है, चुड़ैल पास लेटके आदमी का खून चूस लेती है, बरम राक्षस पीपल का पेड़ सिर पर गिरा देता है, पर लेता क्या है? ज्यादा से ज्यादा साल छः महीने का बुखार आ जाता है पर ये जिन्नात और खबीस सबके चाचा होते हैं। बरम राक्षस लग जाये पर खबीस से किसी का पाला न पड़े।''[5]

लेखक ने भाग्यवाद को भी वर्तमान समय की एक विडम्बना माना है। इनके कुछ पात्र सब कुछ देखते हुए भी भाग्यवादी हो जाते हैं और सब कुछ भाग्य के भरोसे छोड़कर अकर्मण्य हो जाते हैं इस पर प्रहार करते हुए शुक्ल जी लिखते हैं, ''जिस अभिशप्त देश में मैं खड़ा हूँ वहाँ सब कुछ देखने के लिए ही है। यहाँ एक ओर आठ आने के पीछे कोई स्त्री, साँप और बिच्छुओं को रौंदती हुई दो रोगी बच्चों के भविष्य की आशंका से काँपते हुए प्राणों के साथ, मन-मन भर के पत्थर सिर पर लादकर, पहाड़ियों की ऊँची-नीची पगडण्डियों पर टकराती चलती है। यहाँ अशिक्षा और दरिद्रता के क्रूर आतंक में मानव शरीर का अब भी

दासों जैसा व्यापार होता है। रोगों के संक्रामक आघातों और प्राकृतिक विपत्तियों को झेलने के लिए सिवाय भाग्य के और कोई औषधि नहीं है यहाँ सब कुछ देखने के लिए है। मैं देखता रहा।"[6]

इस तरह शुक्ल जी ने अपने साहित्य के माध्यम से समाज में रह रहे उन लोगों पर भी व्यंग्यात्मक प्रहार किया है जो धर्म के यथार्थ के स्थान पर उसके प्रति भ्रामक बातों को जनसाधारण में फैलाते हैं तथा उन्हें गुमराह करते हैं। उन्होंने ऐसे लोगों पर भी व्यंग्य किया है जो अपनी हर असफलता या अपने साथ घटने वाली दुर्घटनाओं के लिए भाग्य को कोसते हैं तथा पूर्णतः भाग्य पर आश्रित रहते हैं।

वर्तमान समय में धर्म और राजनीति का गठजोड़ भी अनेक विकट समस्याओं को जन्म दे रहा है। राजनेता किसी भी तरह सफलता पाने के लिए धर्म का उपयोग लोगों का समर्थन हासिल करने में करने लगे हैं। इस प्रयास में वे एक धर्म को श्रेष्ठ और दूसरे के प्रति घृणा का प्रचार करते हैं। 'राजनीति का धर्म और धर्म की राजनीति' व्यंग्य-निबन्ध में शुक्ल जी ने आधुनिक युग में राजनीति में धर्म के उपयोग पर करारा व्यंग्य किया है। अधिकांश लोग धर्म के अनुसार ही राजनीति में प्रवेश करते हैं और चुनाव प्रचार तथा वोट पाने के लिए साधन के रूप में धर्म और जाति का इस्तेमाल करते हैं। राजनीति में धर्म का इस्तेमाल लगभग सभी दलों द्वारा किया जाता है और इसका समाज पर बुरा प्रभाव ही पड़ता है। लोग आपस में एक-दूसरे को धर्म और जाति के आधार पर बाँट लेते हैं। शुक्ल जी बताते हैं कि भाजपा और कांग्रेस वाले जरूरत पड़ने पर उतना ही धर्म को राजनीति में लाते हैं, जितनी उनको जरूरत पड़ती है और जरूरत न होने पर उसे दूर कर देते हैं अर्थात् जब कहीं से समर्थन लेना हो या सत्ता बनानी हो तो वे इस सब से गुरेज नहीं करते। यहाँ लेखक ने धर्म का राजनीति से सम्बन्ध बताने के साथ-साथ राजनीति का धर्म और धर्म की राजनीति पर भी प्रकाश डाला है। वे लिखते हैं, "धर्म और राजनीति की सबसे बड़ी समानता उनकी तोड़क-फोड़क शक्ति में है। राजनीति राष्ट्रों को कैसे तोड़ती है यह हम 1947 में ही देख चुके हैं और दो साल पहले सोवियत संघ में भी। और धर्म? उसका तो अवतार ही मानव को मानव से अलग करने के लिए हुआ है।"[7]

'ईश्वर नहीं होगा, पर भूत रहेंगे', रचना में भी श्रीलाल जी ने धर्म अब हमारे धर्म स्थानों में ही रहा है। लेखक धर्म और राजनीति दोनों पर लिखते हैं, "जो भी हो, अब धर्म मन्दिर, मस्जिद, गिरजाघर, गुरुद्वारों आदि में रह गया, राजनीति कानपुर की चमड़ा फैक्ट्रियों से उठती हुई बू की तरह बाकी सारी जिन्दगी में, हमारे भीतर-बाहर, हवा-पानी, ज़मीन-आसमान में बदस्तूर बनी रही।"[8]

इस तरह शुक्ल जी ने धर्म और राजनीति के गठजोड़ के अतिरिक्त भाग्यवादी प्रवृत्ति को भी अपने कथ्य का विषय बनाया है।

6.1.2 धार्मिक कुरीतियाँ, अन्धविश्वास, जड़ परम्पराएँ

समाज में अनेक धार्मिक कुरीतियाँ न केवल व्यक्तिगत स्तर पर, बल्कि सामुदायिक और सामाजिक स्तर पर भी गहरी जड़ें जमाये हैं। इनके निराकरण का कोई ऐसा रास्ता नजंर भी नहीं आता। विश्वास आदमी के भीतर एक ताकत के रूप में होना चाहिए लेकिन जब वही विश्वास अन्धविश्वास का रूप ले लेता है तो उसे बाहर निकालना भी कठिन होता है।

मान्यताओं का जाल हमारे समाज में लोगों के मन-मस्तिष्क में इस कदर पैठ जमाये है कि तंज कसते हुए भी लोग इसका इस्तेमाल पूरे भरोसे के साथ करते हैं। 'राग दरबारी' में कहे गये इस वक्तव्य में हम देख सकते हैं कि न्याय-व्यवस्था में होने वाली लेटलतीफी और कुप्रबन्धन पर व्यंग्य करते हुए पुनर्जन्म सम्बन्धी मान्यता का सहारा लिया है, "पुनर्जन्म के सिद्धान्त की ईजाद दीवानी अदालतों में हुई है, ताकि वादी और प्रतिवादी इस अफसोस को लेकर ना मरें कि उनका मुकदमा अधूरा ही पड़ा रहा। इसके सहारे वे सोचते हुए चैन से रह सकते हैं कि मुकदमे का फैसला सुनने के लिए अभी अगला जन्म तो पड़ा ही है।"[9]

शुक्ल जी के उपन्यासों में लोगों की अन्धश्रद्धा पर भी व्यंग्य किया गया है। लोगों की बीमारी दूर करने के लिए देवी को बलि चढ़ाना, देवी का साक्षात्कार होना आदि अन्धश्रद्धाओं पर व्यंग्य करते हुए शुक्ल जी लिखते हैं, "कुछ लड़कों की जानें चेचक में समाप्त हुईं। शीतला के प्रकोप को बचाने के लिए मजदूरों ने दो बकरों की बलि दी, होम किया। एक मजदूरिन को माई का साक्षात्कार होता था। दस बजे तक वह बराबर सिर के बाल खोलकर धरती पर सिर और हाथ पटकती रही और सब स्त्रियाँ माता के गीत गाती रहीं।"[10]

लोगों को बहकाने वाले तान्त्रिक, ढोंगी, योगी पर भी शुक्ल जी ने व्यंग्य कसा है। "सिद्धनाथ जी शहर के मशहूर योगी हैं, प्रसिद्ध तान्त्रिक। लगभग सभी बड़े नेता, अफ़सर और व्यापारी उनका आशीर्वाद लेने जाते हैं और उनके सहारे अपनी और देश की सम्पत्ति बढ़ाते हैं। वे विचारमात्र से अपनी हथेली में भभूत, मेवा, फल कुछ भी प्रकट कर देते हैं। वही उनकी सिद्धि है और इस सिद्धि से निकलने वाली उनकी बहुमुखी समृद्धि है।"[11]

लोगों का स्तोत्र पढ़ना, भगवान से ऐश्वर्य की माँग करना सम्बन्धी अन्धश्रद्धा पर शुक्ल जी ने व्यंग्य किया है। "मुझे याद है, बचपन में मेरे पड़ोस

के एक पण्डितजी, जो ज़िन्दगी भर दरिद्र रहे, एक स्तोत्र पढ़ा करते थे और उसमें रथ, हाथी, घोड़े, दुधारू जैसे भैंसें, बड़े-बड़े महल, दास-दासीगण, भूमि तरह-तरह के ऐश्वर्य माँगा करते थे। पता नहीं, दिल्ली में उन्हें हाथी, घोड़े, भैंसे मिल जाते तो उन्हें कहाँ बाँधते।''[12]

आमतौर पर लोगों में अपने बच्चों का नाम भगवान के नाम पर रखने का चलन है। लेकिन आज बदलते हुए समय में लोगों की सोच कहीं-कहीं बदल भी रही है–''जिस आदमी का नाम भगवान के नाम पर होता है, उसे जूते खाने पड़ते हैं। भगवान बदला लेता है। देखो रमचन्ना को जेहल हो गयी। वह वहीं मर गया। उसका लड़का रहा रमन्ना। कुलीगीरी करते-करते उसका दम निकल रहा है। तुम्हारे काका का नाम है रामनाथ सिंह। गाय-भैसों का चारा काटते-काटते उनके हाथों में गठगठे पड़ गये हैं। तुम्हारा नाम रामदास सिंह। चना चबाते-चबाते तुम्हारे दाँत पथरा रहे हैं। इसलिए हमारे बाप ने अपना नाम रक्खा छोटू सिंह, मेरा नाम नन्हू सिंह, और छुटकन्नू का नाम रखना चाहा तो भगवानसिंह और दशरथसिंह नहीं रखा। उसका नाम रक्खा बालिस्टर सिंह, अबकी भइया होगा तो उसका नाम रखेंगे कलक्टरसिंह।''[13]

हमारे देश में विभिन्न जातियाँ पायी जाती हैं और हर जाति अपने आप को दूसरी जाति से किसी न किसी प्रकार श्रेष्ठ मानकर अपना-अपना हित साधती रहती है। हिन्दू धर्म विसंगतियों से भरा पड़ा है। विसंगति इसमें यह है कि एक ही धर्म का होने के नाते सब लोगों की दृष्टि एक समान नहीं होती है। हिन्दू धर्म में अनेक प्रकार की जातियाँ हैं और इस कारण उनके पेशे अलग-अलग हैं। उनका रहन-सहन अलग-अलग है और इसके चलते उनमें बहुत बड़ा अन्तर और भेदभाव दिखाई देता है। उच्च-मध्यम जातियों का भी अपना-अपना अलग स्वरूप है। मौका पाकर सब एक-दूसरे का शोषण करते हैं और एक-दूसरे को नीचा दिखाने या उनसे बड़ा बनने का प्रयास करते हैं। जाति के आधार पर नाम के आगे विशेषण शब्द जोड़कर भी बुलाया जाता है। इन सभी कुरीतियों और विसंगतियों पर प्रहार करते हुए शुक्ल जी अपने व्यंग्य 'पण्डित, ठाकुर, लाला, बाबू, मुंशी आदि' में लिखते हैं कि, ''सार्वजनिक जीवन में सभी महत्त्वपूर्ण लोगों को उनकी जाति के हिसाब से सम्मानसूचक शब्द दो, ब्राहमण के लिए पण्डित, राजपूत के लिए ठाकुर, कायस्थ के लिए बाबू और कहीं-कहीं मुंशी, बनिया के लिए लाला। शूद्रों और पिछड़ी जातियों के लिए इस सबकी जरूरत नहीं थी, क्योंकि सार्वजनिक जीवन में उनकी खास गिनती नहीं होती थी और कभी जरूरत पड़ जाये तो 'बाबू' से काम चला लिया जाता था जैसे बाबू जगजीवन राम।''[14]

'राग दरबारी' में उच्च वर्ग यानी बाभन ठाकुर के लड़के चमार के लड़कों

को परेशान करते थे। वे बेचारे प्रतिरोध भी नहीं कर पाते थे। लड़के उनकी आँखें पीछे से बन्द कर देते और उनके सिर पर चपत मारते हुए कहते, दो एकम दो, दो दूनी चार, दो तिया छै। इसी प्रकार का व्यवहार वैद्यजी और धारणीधार का भी है। जब एक मजदूरनी आकर वैद्यजी के पैरों पर पड़ जाती है तो वे चौंक कर 'शिव-शिव-शिव' न जाने कौन जाति है? अपना रोग तो बताओ?' कहते हुए पीछे हट जाते हैं। जब बताती है कि उसके दो बच्चों को चेचक निकल आयी है तो वैद्यजी आदेश देते हुए कहते हैं कि शीतला का स्मरण करो, वही रक्षा करेंगी। इसमें औषधि व्यर्थ है। वे आगे यह कहते हुए उसे दिलासा देते हैं कि यह एक गुप्त रहस्य है। औषधि का तत्त्व जान लेने से उसका प्रभाव नष्ट हो जाता है। जैसे मन्त्र का अर्थ जान लेने से मन्त्र का फल नष्ट हो जाता है।

धार्मिक विसंगतियाँ हमारे देश में बड़े पैमाने पर देखी जा सकती हैं। इनकी सामाजिक विसंगतियों में भी एक बड़ी भूमिका होती है। जाति और धर्म के नाम पर बँटे हुए हमारे समाज में लोगों का धर्म और जाति के प्रति इतना प्रगाढ़ लगाव है कि कई बार मानवता शर्मिन्दा हो जाती है। धर्म के ठेकेदार पण्डित, मुल्ला, पादरी आदि अपनी-अपनी दुकानें सजाये बैठे हैं। प्राचीनकाल से लेकर अब तक कई साहित्यकारों-रचनाकारों ने धर्म के इस विसंगत स्वरूप पर टिप्पणी की है। हिन्दी साहित्य में यदि हम बात करें तो कबीर से बेहतर किसी ने इतनी सटीक चोट धार्मिक आडम्बर पर नहीं की। कबीर सीधी-सादी सरल भाषा में साफ-साफ धर्म के स्वरूप की निन्दा और कटु आलोचना करते थे जो गुमराह समाज को सत्य की राह पर चलने के लिए प्रेरित करती थी। धर्म के ठेकेदारों ने आधुनिक काल में जबकि धर्म का प्रभाव कुछ कम हुआ है, अपनी दुकानदारी और तेज कर दी है वे कर्मकांड, मान्यताओं, अन्धविश्वासों और रूढ़ परम्पराओं आदि का सहारा लेकर लोगों को ठगते हैं और अपना लाभ उठाते हैं। अपने हित को साधने के लिए कई बार वे क्रूर कर्म भी करवा लेते हैं जो कि मानवता की दृष्टि से बिल्कुल ही घृणित कर्म माना जा सकता है। भारतेन्दु से लेकर आज तक अनेक साहित्यकारों-रचनाकारों और सामाजिक कार्यकर्ताओं ने अपने-अपने तरीके से समाज में व्याप्त कुरीतियों और धार्मिक आडम्बरों पर टिप्पणी की और उसे दूर करने का प्रयास किया है। रचनाकारों और व्यंग्यकारों का मन ऐसी स्थिति को देखकर व्यथित होता है कि दोषी कोई और होता है और सजा किसी और को भुगतनी पड़ती है।

'लकीर का साँप' नामक रचना में शुक्ल जी लिखते हैं कि जिन लोगों ने धर्म के नाम पर अयोध्या जाकर दंगा-फसाद कराया उसके बाद पुलिस विभाग और सरकार साँप को छोड़कर लकीर को ही सजा देती रही, यानी जो निर्दोष

और भोले-भाले लोग थे, वही बाद में प्रताड़ित किये गये, पीटे गये और मारे गये। इसलिए शुक्ल जी प्रतिरूप से यह कहने का प्रयास कर रहे हैं कि धर्म के नाम पर जो भी कार्य हो रहे हैं कुछ स्वार्थी लोगों की कुटिल चाल है। उनका स्वार्थ है जो समाज से इस प्रकार के काम करवा लेते हैं।

इस प्रकार शुक्ल जी ने अपने साहित्य के माध्यम से भारतीय समाज में धर्म के नाम जो कुरीतियाँ, कुप्रथाएँ, जड़ परम्पराएँ, अन्धविश्वास फैले हुए हैं उन पर व्यंग्य करते हुए धर्म इनके ठेकेदारों पर तीखा व्यंग्य प्रहार किया है। जो इन कुरीतियों, अन्धविश्वासों की जड़ें फैलाने का कार्य कर रहे हैं।

6.1.3 साम्प्रदायिकता एवं धर्मनिरपेक्षता

हमारा देश धर्मनिरपेक्ष राष्ट्र कहलाता है लेकिन समय-समय पर साम्प्रदायिक दंगे होते रहते हैं। कभी धर्म के नाम पर, कभी जाति के नाम पर तो कभी प्रान्तवाद के नाम पर। सम्प्रदायवाद किसी देश की एकजुटता के लिए कितना खतरनाक है इसे अंग्रेज़ जानते थे। और यही कारण है कि जाने से पहले वे हमारे देश में ये विष घोल गये, जिससे हम अब तक उबर नहीं पाये हैं और न आगे ही कोई सम्भावना दीख पड़ती है।

शुक्ल जी देश में संविधान द्वारा मान्य हिन्दू और मुस्लिम दोनों धर्मों के लिए अलग-अलग कानूनों के विपक्ष में हैं। वह इस बात को 'बयासी करोड़ सभ्यताओं का देश' व्यंग्य के माध्यम से बताते हैं। हमारा देश एक धर्मनिरपेक्ष राष्ट्र है और सभी धर्मों को समान अधिकार की वकालत करता है। कानून की दृष्टि में हर व्यक्ति समान है लेकिन धर्म के आधार पर उसे बाँट दिया गया है। यानी हिन्दू कानून और मुस्लिम कानून। प्रायः जनता इसके खिलाफ नारे भी लगाती है। इन दोनों ही कानून व्यवस्थाओं पर व्यंग्य करते हुए शुक्ल जी लिखते हैं कि जब देश में सब एक ही दृष्टि से जीते हैं तो फिर दो कानून बनाने की आवश्यकता ही क्या है। उनके अनुसार सत्ता में बैठे लोग अपने स्वार्थसिद्धि के लिए ऐसे कानूनों को बने रहने देना चाहते हैं और जनता में से भी कई ऐसे हैं जो इनका समर्थन करते हैं। एक सभ्य राष्ट्र में दो धर्मों के लिए अलग-अलग कानून का होना शुक्ल जी उचित नहीं मानते हैं।

'राग दरबारी' उपन्यास में वैद्यजी नेता बनने के लिए गुटबन्दी को अपना धर्म मानते हैं। वैद्यजी कॉलेज में दो पार्टियाँ, पंचायत में दो पार्टियाँ, कोऑपरेटिव यूनियन में दो पार्टियाँ इस प्रकार सार्वजनिक संस्थाओं में गुटबन्दी बनाये रखते थे, क्योंकि उनके सामने शहरी नेताओं का आदर्श था। वे कहते हैं, "यदि तुम्हारे हाथ में शक्ति है तो उसका उपयोग प्रत्यक्ष रूप से शक्ति को बढ़ाने के लिए न करो। उसके द्वारा कुछ नयी और विरोधी शक्तियाँ पैदा करो और उन्हें इतनी

मजबूती दे दो कि वे आपस में एक-दूसरे से संघर्ष करती रहें। इस प्रकार तुम्हारी शक्ति सुरक्षित और सर्वोपरि रहेगी।"[15]

अंग्रेज़ों से पहले कई बार देश पर अनेक धर्मों के लोगों द्वारा आक्रमण किया गया लेकिन सबसे ज्यादा चोट जिसने पहुँचाई वे अंग्रेज़ थे। अंग्रेज़ों से पहले मुसलमान बादशाहों ने देश पर आक्रमण कर हिन्दुओं को गुलाम बनाया था। फिर भी दोनों धर्मों को मानने वाले लोग भाईचारे के साथ रहते थे। अंग्रेज़ों ने अपनी स्वार्थसिद्धि के लिए दोनों में फूट डालकर झगड़ा करवाया यह लड़ाई इस कदर गहरी होती गयी कि आज भी कायम है। स्वाधीनता के बाद भी देश की स्थितियाँ नहीं बदल रही हैं। अपने एक व्यंग्य निबन्ध में अंग्रेज़ों को शुक्ल जी 'शानदार था भूत' नाम से सम्बोधित करते हैं। अंग्रेज़ों ने भारत में अपना राज कायम करने के लिए दो धर्मों के बीच विवाद पैदा कर उसे एक संघर्ष का रूप दे दिया। लेखक का मानना है कि सम्भवतः यदि अंग्रेज़ भारत में ना आये होते तो इन दोनों धर्मों के लोगों के बीच इस प्रकार का मनमुटाव और वैमनस्य शायद ही पैदा होता और बाबरी जैसी कोई घटना भी शायद ही घटती। शुक्ल जी इन सबके लिए अंग्रेज़ों को जिम्मेदार मानते हैं।

'अल्पसंख्यकों के लिए' नामक व्यंग्य में शुक्ल जी लिखते हैं कि 'अल्पसंख्यक' शब्द सबसे कम जनसंख्या वाले समुदाय के लिए बना और प्रयोग किया जाता रहा। लेकिन बाद में इस शब्द का प्रयोग केवल धार्मिक दृष्टि से मुस्लिम समुदाय के लिए ही किया जाने लगा। राजनेताओं और धर्म के ठेकेदारों की ओर से अल्पसंख्यकों के नाम पर कई नाजायज माँगे भी सामने आयी हैं, जैसे, शुक्रवार को छुट्टी वाली माँग। इसी माँग को आधार बनाकर राष्ट्रीय स्वयंसेवक संघ जैसे संगठनों और भारतीय जनता पार्टी आदि दलों के लोग भी मंगलवार को हिन्दुओं का पवित्र दिन मानकर सरकारी छुट्टी घोषित करने की माँग करते हैं। रविवार तो सबके लिए छुट्टी होती ही है। इस प्रकार शुक्ल जी ने इस व्यंग्य के माध्यम से दोनों धर्मों की अनुचित माँगों पर आपत्ति व्यक्त की है।

भारत एक धर्मनिरपेक्ष राष्ट्र है। यहाँ पर विभिन्न धर्मों के प्रति आस्था रखने वाले लोग निवास करते हैं। हिन्दू धर्म में राम भक्तों की महिमा और राम भक्तों की परम्परा अपनी गहरी जड़ें जमा चुकी है। अयोध्या श्रीरामचन्द्र की जन्मभूमि होने के नाते वहाँ से लोगों का एक विशेष लगाव है। लोग इस जनभावना का अपने मतलब के लिए उपयोग करते हैं और भाषणबाजी कर के जनता को अपने हितों के अनुसार संचालित करने का प्रयास करते हैं। 'पूरी सब्जी प्रोग्राम श्रीराम भक्ति आलू आदि' नामक व्यंग्य में श्रीलाल शुक्ल जी ने श्रीराम भक्तों पर बार-बार अयोध्या जाने और आयोजन करने और नारेबाजी

करने पर आपत्ति जताई है। उनका मानना है कि ऐसे कार्यों की बजाय यदि आलू उगाने की खेती, किसानी, जनसेवा, सामूहिक कार्य, ग्रामीण उत्थान में अपना अधिकांश समय और शक्ति खर्च करें तो समाज की दशा में निश्चित तौर पर सुधार होगा। केवल अयोध्या जाकर श्री रामचन्द्र जी के नाम से नारे लगाने और इस तरह से आयोजन करके समाज-सुधार का कोई काम नहीं हो रहा है। "मैंने श्रोताओं को देखा : कुछ बाबा कुछ बाबू, पर ज्यादातर खरीफ की कटाई और रबी की बुवाई छोड़कर आये हुए खेतिहर।" दसों दिशाओं में श्रीराम की हवा बह रही थी और उनकी कृपा या मेरी समझ या उसका प्रभाव देखिए खेतिहरों को देखते ही मेरे दिमाग में खेती लहलहाने लगी। मैंने कहा, "भाइयों, और खास तौर से किसान भाइयों, भवपाश से जो हम सबको मुक्ति दिलवाने वाले हैं, उन्हें मुक्ति दिलाने की चिन्ता छोड़ो, यह वक्त बड़ा कीमती है, रबी की बुवाई का है। मेरी सलाह है कि यहाँ से वापस जाकर तुम आलू की खेती पर विशेष ध्यान दो। आलू बड़ा गुणकारी होता है।"[16]

लेखक का कर्तव्य होता है कि वह समाज में समरसता और सामंजस्य स्थापित करने में अपनी लेखनी के माध्यम से योगदान दे। शुक्ल जी ने भी समाज में व्याप्त धार्मिक कट्टरवाद के खिलाफ समय-समय पर अपने कई लेखों में अपनी आवाज़ बुलन्द की है। शुक्ल जी ने अपनी रचनाओं के माध्यम से धर्मनिरपेक्ष समाज के प्रति अपनी प्रतिबद्धता को व्यक्त किया है और एक आदर्श समाज की स्थापना में एक ईंट अपनी ओर से लगाने का काम किया है।

हमारे राजनेताओं तथा धर्म के नाम पर जो साम्प्रदायिक दंगे भड़काये जाते हैं, लोगों को आपस में लड़वाया जाता है और लोगों के मन में जो भेदभाव की खाई बना दी गयी है। इन सब को शुक्ल जी ने अपने साहित्य में बड़े कटु शब्दों में उजागर किया है।

6.1.4 धर्म एवं शिक्षा

धर्म और शिक्षा का रिश्ता कुछ इस तरह का माना गया है जैसे शिक्षित आदमी धार्मिक कम होता है। यानी शिक्षा व्यक्ति को बहिर्मुखी बनाती है। जब व्यक्ति शिक्षित होता है तो हर बात को तर्क की कसौटी पर कसकर देखता है। धर्म आस्था का विषय है उसमें तर्क नहीं चलता, केवल विश्वास होता है। धर्म की मानें तो शिक्षा धर्म की ही होनी चाहिए। यानी शिक्षा का अर्थ है धार्मिक शास्त्रों, कर्मकांडों का ज्ञान और नीति ज्ञान। हिन्दू धर्म में भी ऐसा है और इस्लाम धर्म में भी। इस्लाम में से बच्चा शिक्षा प्राप्त करता है। वहाँ भौतिक ज्ञान के बजाय धार्मिक ज्ञान ही दिया जाता है।

भारत धर्मनिरपेक्ष राष्ट्र है इसलिए यहाँ की शिक्षा-व्यवस्था में सभी धर्मों को

बराबर का महत्त्व देने का प्रयास किया गया है। हमेशा यही कोशिश होती है कि किसी धर्म की भावनाओं को ठेस न पहुँचे और लोगों में सर्वधर्म समभाव बना रहे। धार्मिक शिक्षा का स्वरूप इसके बिल्कुल उलट, केवल अपने धर्म की शिक्षा देने का होता है। इसके कारण व्यक्ति में अपने धर्म को लेकर श्रेष्ठ भावना पैदा होती है और दूसरे धर्मों के प्रति हीन भावना। भौतिक शिक्षा प्रणाली मानवता को बढ़ावा देती है और भाईचारे को स्थान देती है।

शिक्षा के क्षेत्र में तथा शैक्षणिक संस्थानों में धर्म को आधार बनाकर उत्पात मचाया जाता है और कार्रवाई की जाती है। राजनेता भी धर्म के आधार पर अतिवादी संगठनों को जन्म देते हैं, और उन्हें चलाते हैं। विद्यार्थी वर्ग को उकसाकर उनका फायदा उठाते हैं। शिक्षा के क्षेत्र में अपना-पराया की तर्ज पर अपने धर्म के लोगों को सहूलियत और सुविधाएँ प्रदान कर उनका उपयोग किया जाता है। कई बार दंगों आदि की शुरुआत भी शिक्षा संस्थानों से ही होती है। इस प्रकार वर्तमान शिक्षा प्रणाली में धर्म का शिक्षा में प्रभावी दखल है। 'फावड़ा बनाम हवाई जहाज' व्यंग्य में व्यक्त किया है– "वाइस चांसलर की तानाशाही के खिलाफ स्थानीय छात्रों ने कल भारी जुलूस निकाला। कुछ असामाजिक तत्त्वों ने बाजार में तीन सरकारी बसें और तेइस दुकानें जला दीं।" 'शान्तिपूर्ण छात्रों पर पुलिस का लाठीचार्ज।' 'रामलीला की शोभायात्रा पर असामाजिक तत्त्वों द्वारा पथराव।' 'पुराने शहर में साम्प्रदायिक दंगा।', 'चलती ट्रेन पर असामाजिक तत्त्वों द्वारा लड़कियों से छेड़छाड़।' 'मुसाफिरों और दूध विक्रेताओं में संघर्ष। दोनों ओर के एक दर्जन घायल।'[17]

लेखक ने अपने अनुभव की ये बातें बताते हुए इसके बाद की घटना का भी वर्णन किया है कि जब वे जिला मजिस्ट्रेट जो कि उनके मित्र भी थे, उनसे जाकर इसके सन्दर्भ में बात करते हैं, "यह क्या है? अतियथार्थवादी कहानियाँ? फंतासी? मिथक? बसें असामाजिक तत्त्व जलाते हैं, लाठी छात्रों पर पड़ती है। रेल में लड़कियों को असामाजिक तत्त्व छेड़ते हैं, मारे दूधिये जाते हैं, रामलीला पर पत्थर असामाजिक तत्त्व फेंकते हैं, दंगा हिन्दू-मुसलमान में होता है। क्या गड़बड़ी करने वाले यही छात्र, यही दूधिये, यही हिन्दी-मुसलमान नहीं हैं। यही वे नहीं हैं तो ये असामाजिक तत्त्व क्या हैं? कहाँ से आये हैं, साफ-साफ क्यों नहीं कहते?"[18]

इस प्रकार शुक्ल जी ने शिक्षा के क्षेत्र में धर्म और शिक्षा से धर्म के सम्बन्धों पर प्रकाश डाला है। कई बार प्राशसन और प्रशासनिक अधिकारी और उनकी कार्यशैली भी शिक्षा जगत को धर्म के आधार पर बाँटकर उन्हें दोषारोपित कर देती है। शुक्ल जी ने मुखर शब्दों में ऐसी कार्यशैलियों पर व्यंग्य करते हुए कुछ महत्त्वपूर्ण प्रश्न उठाये हैं।

6.2 सांस्कृतिक स्थितियों पर व्यंग्य

प्रायः लोग संस्कृति का अर्थ सांस्कृतिक कार्यक्रम जैसे हल्के और प्रचलित अर्थ से जोड़ लेते हैं। शुक्ल जी संस्कृति शब्द को किसी सीमित अर्थ में लिए जाने का विरोध करते हैं। 'एक बेचैन रिश्ता : सत्ता और संस्कृति' में शुक्ल जी लिखते हैं, "यह भी देखना होगा कि संस्कृति का अर्थ यहाँ उस सीमित धारणा में न लिया जाये जिसके अन्तर्गत सांस्कृतिक कार्यक्रम को सिर्फ़ नाच-गाने का पर्याय बना दिया जाता है। बल्कि उसके बृहत्तर अर्थ को सामने रखकर उसके प्रसंग में सत्तातन्त्र की भूमिका को परखा जाये।"[19]

इसी रचना में वे सत्तातन्त्र द्वारा सांस्कृतिक विकास को दिये जाने वाले संरक्षण के खतरों से भी आगाह कराते हैं, "सत्तातन्त्र द्वारा तथाकथित 'सांस्कृतिक विकास' के नाम पर संस्कृति को संरक्षण दिये जाने के खतरे स्पष्ट हैं। सत्तातन्त्र कोई काम केवल करणीयता के कारण ही कार्य के सिद्धान्त पर नहीं करता है। वह हर काम को योजनाबद्ध तरीके से कुछ राजनीतिक, आर्थिक और सामाजिक उद्देश्यों की पूर्ति के लिए करता है और सांस्कृतिक प्रोत्साहन के नाम पर चलाई गयी उसकी योजनाएँ सत्तातन्त्र की निगाह में उसी हद तक प्रासंगिक हैं जिस तरह उपर्युक्त उद्देश्यों की पूर्ति में सहायक होती हैं।"[20]

शुक्ल जी ने संस्कृति के पतन के विभिन्न पक्षों पर प्रकाश डाला है और नकारात्मक स्वरूप को सामने रखा है लेकिन कहीं-कहीं वे अपनी आशावादिता नहीं छोड़ते। इस आशावादी भाव को भी वे प्रतीक और व्यंग्य के माध्यम से रखते हैं। 'हमारा देश हमारी धरती' में शुक्ल जी स्पष्ट करते हैं कि हम एक महान देश के वासी हैं। इसीलिए हमारा स्वभाव हमारा बर्ताव और हमारी चाल बिल्कुल भिन्न है। दुनिया चाहे जितना विकास कर ले या जितनी तेजी से विकास कर ले लेकिन हमारी धीमी गति की बैलगाड़ी ही हमारे लिए कारगर साबित होगी। बैलगाड़ी के विषय में चिन्तन करते हुए वे यकीन दिलाते हैं कि उनकी सोच में धर्म का उदात्त भाव भी शामिल है, "मेरे मन में, न जाने क्यों, बड़े ही उदात्त भाव पैदा हो रहे थे। इसी गाड़ी को बैल चलाते हैं। बैल धर्म का प्रतीक हैं। अतः बैलगाड़ी वह गाड़ी है जो धर्म से चलती है। यह हमारी धर्मधुरी प्राचीन संस्कृति का उपलक्षण है। इसके सहारे हमारी संस्कृति जहाँ थी, वहीं है और वहीं रहेगी। हम स्पुतनिक और रॉकेट वाले देशों का मुकाबला भले ही न कर सकें, पर हमने भी कछुए और खरगोश की कहानी पढ़ी है। और जब हमारी बैलगाड़ी का कछुआ सत्यता की लीक पर चल रहा है, हमें हार का डर नहीं है...।"[21]

6.2.1 पश्चिमी संस्कृति का अन्धानुकरण

आज देश में युवा ही नहीं, बल्कि हर आयु वर्ग के स्त्री-पुरुष बच्चे पहनावा और खान-पान आदि बातों में पश्चिमी संस्कृति की नकल करने में लगे हैं। उनके जैसा बनने-दिखने और बोलने की होड़ लगी है। भाषा भी वही और वैसी बोलकर खुद को अपनी तथा औरों की नजर में श्रेष्ठ सिद्ध करना चाहते हैं। इस चक्कर में वे यह भूल जाते हैं कि वे जिस संस्कृति की उपेक्षा कर रहे हैं, वह हमारी प्राचीन भारतीय समृद्ध संस्कृति है। चकाचौंध और विलासिता भरे माहौल में आज लोगों के भटकने के कई साधन उपलब्ध हैं। इसलिए- आकर्षण में फँस जाने की सम्भावना बहुत अधिक है। शुक्ल जी अपनी रचनाओं में यदा-कदा हमें सावधान करते नजर आते हैं।

'देवता-पुराने और नये' व्यंग्य रचना में विभिन्न प्रकार के भक्तों पर व्यंग्य है। मन्दिर में जब अमरीकी शान्ति सेना के तीन नौजवान तथा उनके साथ एक तरुणी प्रवेश करती है, उस समय ये भक्त लोग अपने भगवान के दर्शन छोड़कर इन लोगों के दर्शन करते हैं। वे तब तक, उनका पीछा करते हैं, जब तक वह शराबखाने में जाकर अन्तर्धान नहीं हो जाते। यह हमारे मानस में ही है कि जब हम किसी विदेशी अर्थात् गोरे व्यक्ति को देखते हैं तो हमें बड़ी प्रसन्नता का अनुभव होता है। हम अपने सारे कामकाज छोड़कर उसी के पीछे लग जाते हैं। विदेशी लोगों से तो हमारा आकर्षण है ही, पर वहाँ का पहनावा, बोलचाल और वहाँ की वस्तुओं का भी हमें भारी आकर्षण है। श्रीलाल शुक्ल जी लिखते हैं, "अहा! अमरीकी के दर्शन हो गये। वही अमरीकी, जो हमारे बच्चे को मिल्क पाउडर और हमको अन्न पहुँचाता है। वह हमारे अफ़सरों को जीप, हमारे नगरसेठों को चमचमाती इम्पाला खिसकाता है, हमारे लड़कों को काकटेल पीना और कारोबार करने की तमीज़ सिखाता है और जिनके असर से हमारी मरियल लड़कियाँ चहककर बोलती हैं, हाई!"[22]

शुक्ल जी को अपनी भारतीय संस्कृति पर गर्व और अभिमान है। लेकिन अंग्रेज़ी या पाश्चात्य संस्कृति के अन्धानुकरण के कारण हमारी संस्कृति का जो पतन हो रहा है, उसको लेकर वे भी चिन्तित हैं। 'मियाँ की जूती मियाँ का सर' नामक व्यंग्य में इसका रहस्योद्‌घाटन करते हुए वे लिखते हैं कि नाम तो महापुरुषों के ऊपर रख लिए पर हालत यह है कि रामकृष्णपुरम और तात्याटोपे नगर कहते हुए ज़बान अटकती है। आदत तो ग्रीन पार्क और शायर की पड़ी है। तभी वहाँ वाले बड़े सपाटे से उन्हें आर.के. पुरम या टी.टी. नगर कहकर फुर्सत पा लेते हैं। अपने यहाँ भी तो यही हुआ। जहाँ हम लोग भंगियों की एक शानदार कॉलोनी बनवाना चाहते थे वहाँ हमारे आवास विभाग ने बनवा डाला,

अमर शहीद पण्डित जटाशंकर अवस्थी नगर और अब अमर शहीद का इतना बड़ा नाम लेने में जीभ लड़खड़ाने लगी तो उसे कहने लगी ऐस्पटानगर।[23]

इस प्रकार शुक्ल जी ने वर्तमान समाज के लोगों की उस मानसिकता को उजागर किया है जिसके तहत हम पश्चिमी संस्कृति का अन्धानुकरण करने लगे हैं और इसी में अपनी श्रेष्ठता मानते हैं।

6.2.2 फैशन परस्ती

चाहे पुरुष हो या स्त्री दोनों में दिखावे की भावना इतनी बढ़ गयी है कि वे वास्तविकता से अधिक दिखावे को श्रेष्ठ मानने लगे हैं। उन्होंने अपने कुछ आदर्श पश्चिम की फैशनपरस्त और चकाचौंध की दुनिया से बना लिए हैं। उन्हीं को मानने वाले और उनका अन्धानुकरण करने वाले हमारे नेता-अभिनेता भी वर्तमान पीढ़ी के आदर्श बन गये हैं। सुविधाभोगी जीवन बिताना और विदेशी परिधानों और चाल-चलन की नकल करना आज आभिजात्य होने का परिचायक बन गया है। खासकर युवतियाँ अपने को उस दम तक आधुनिक नहीं मानती, जब तक वह अपनी परम्पराओं का किसी न किसी स्वरूप में विरोध नहीं करतीं।

देश के विकसित होने का एक प्रमाण यह भी माना जा सकता है कि हमारे गाँवों का शहरीकरण हो रहा है। फैशनपरस्ती का रोग व्याप्त हो गया है। परिणामस्वरूप ग्रामीण युवावर्ग भी दिन-ब-दिन निकम्मा होता जा रहा है। शुक्ल जी ने इस प्रवृत्ति पर व्यंग्य करते हुए लिखा है—"वे फटे-पुराने पर रंगीन पतलूनों, पायजामों के सहारे अपनी दुबली-पतली टाँगों को ढककर और सीने पर गोश्त हो या न हो, सीने के अन्दर सायराबानू के साथ सोने का अरमान भरकर, गली-कूचों में अपने पान की पीक फैलाते हुए निरुद्देश्य घूमा करते थे।"[24]

फैशनेबल वस्त्रों पर चुटकी लेते हुए शुक्ल जी लिखते हैं, "लड़कियाँ खुले रिक्शों में बैठी थीं। वे ऊलजलूल तरीके से बाल सँवारे थी। चिपकी हुई सलवारों से पिंडलियों की शकल दिख रही थी। कुरता जिसकी काट से गले और पीठ का काफी हिस्सा आँखों को झिलमिला रहा था। उनके बदन पर काफी चुस्त फ्रॉक की तरह सटकर बैठ गया था, लगता था कि वे उसी को पहन कर पैदा हुई थीं।"[25]

पाश्चात्य संस्कृति का अन्धानुकरण करने में हर आदमी एक-दूसरे से आगे निकल जाने की होड़ में है। पश्चिमी पहनावे को अपनी पहचान मान बैठी पीढ़ी को शुक्ल जी समझाते हैं, "फैशनेबुल दुबली-पतली लड़कियाँ जिनके जीवन का मुख्य कार्यक्रम अपनी और लफंगों को और लफंगों की ओर पुलिस को आकर्षित करना था। खुले वक्ष और टखने मात्र में सम्पूर्ण मचलती हुई सड़क पर चली जा रही थी। चमचमाती दुकानों पर चालाक छोकरे ढीली बुश्शर्ट लहलहाते बाल और चूड़ीदार पैंटों में कसे हुए पुलिंगवान वेश्याओं की तरह बैठे थे।"[26]

फैशन डिजाइनरों द्वारा लगातार वस्त्रों के बदलते स्वरूप और नग्नता की आँधी को देखते हुए शुक्ल जी लिखते हैं, "नग्नता से उबरकर अंजीर के पत्तों से अंग ढकना, फिर वल्कल वस्त्रों तक आना, फिर बिना सिले हुए उत्तरीय और अधोवस्त्र का प्रयोग करना, और अब सलवार कुर्ते में पैठ जाना, ये सब सभ्यता यात्रा की बढ़ती मंज़िलों को वैसे ही प्रमाणित करते हैं, जैसे हमारे फैशन डिजाइनरों की मदद से हमारा फिर उसी पुरानी नग्नता की ओर धीरे-धीरे पर पक्के तौर पर बढ़ना। इसके बाद बहस सिर्फ़ प्राचीन सिले हुए वस्त्रों के प्रयोग की रह जाती है।"[27]

सौन्दर्य के प्रति अपना विचार व्यक्त करते हुए शुक्ल जी कहते हैं, "मेरे लिए सौन्दर्य केवल बाहरी रूप नहीं है। वह तो होना ही चाहिए मगर उसी के साथ समग्र रूप से किसी स्थिति अथवा व्यक्तित्व में यह क्षमता होनी चाहिए कि उसका आकर्षण दीर्घजीवी हो। जो सौन्दर्य जल्द ही घटना शुरू हो गया, वास्तविक सौन्दर्य नहीं है। उसमें निरन्तरता का अहसास होना चाहिए।"[28]

फैशन का उद्देश्य लोगों की आँखों में खुद को आकर्षक दिखाना या अलग दिखने का होता है। इस चक्कर में युवा पीढ़ी नग्नता और कामुकता की ओर बढ़ रही है। वस्त्रों का स्वरूप इस तरह का हो रहा है जिसके कारण शरीर ढँकने की बजाय शरीर को दिखाने का प्रयास किया जा रहा है। यह हमारे सांस्कृतिक पतन और पश्चिमी संस्कृति के बढ़ते प्रभाव को दर्शाता है। शुक्ल जी ने फैशन के नाम पर चल रहे भदेस को व्यंग्य द्वारा उद्घाटित किया है।

6.2.3 आधुनिकता और संस्कृति

आधुनिकता ने हमारी सांस्कृतिक जड़ों को काफी हद तक कमजोर कर दिया है। बदलाव और खंडन के चक्कर में लोग अपनी प्राचीन परम्परा और संस्कृति की अवहेलना करने को अपना आधुनिक होना मानने लगे हैं। इस विकृत सोच को रोक पाना असम्भव-सा हो गया है क्योंकि जो भी इसके खिलाफ या कि बदलाव के खिलाफ़ बोलता है उस पर रूढ़िवादी या दकियानूस होने का लेबल चिपका दिया जाता है। अतः कोई भी इस प्रकार की हिमाकत दिखाने की कोशिश ही नहीं करता। यह सब कुछ उन लोगों द्वारा खड़ा किया गया खेल है जिनका स्वार्थ और अर्थ दोनों इसी से सधता है कि जनता या आमजन पश्चिम का अन्धानुकरण करते रहें। आज बाजार भी बड़े पैमाने पर इसी पर निर्भर है, क्योंकि यदि हम विलासिता और सुविधाभोगी जीवन को नहीं अपनायें तो आधा बाजार निरर्थक और बेकार हो जायेगा।

'राग दरबारी' उपन्यास में शुक्ल जी शिवपालगंज का एक चित्र खींचते हैं—"झिलमिलाते हवाई अड्डों और लकलकाते होटलों की मार्फत जैसा सिंबॉलिक

मॉडर्नाइजेशन इस देश में हो रहा है, उसका असर इस मकान की वास्तुकला में भी उतर आया था और उससे साबित होता था कि दिल्ली से लेकर शिवपालगंज तक काम करने वाली देसी बुद्धि सब जगह एक-सी है।"[29]

'अज्ञातवास' ग्रामीण सभ्यता और संस्कृति का करुण चित्रण है। नगरी सभ्यता की चमक-दमक से प्रभावित मनुष्य अपने आपको, अपनी वास्तविकता को, अपनी संस्कृति को भूल जाता है। उसकी आँखों पर पड़ा काला चश्मा अपने लोगों को पहचान नहीं सकता। इस उपन्यास में ग्रामीण जीवन की अव्यवस्थाओं पर और विसंगतियों पर व्यंग्य किया गया है। ग्रामीणों की अशिक्षा के कारण अदालतों में भी कानूनी दाँव-पेंच वकीलों के शिकंजे, हाकिमों की निगाह, अहलकारों की दुष्ट प्रवृत्ति की शिकार आज की ग्रामीण जनता हो रही है। इस प्रकार 'अज्ञातवास' में ग्रामीण सभ्यता और आचार विचारों की असंगतियों के साथ-साथ लेखक ने आभिजात्य वर्ग की सामाजिक परम्पराओं के खोखलेपन को भी प्रस्तुत किया है। इसमें उत्तर प्रदेश के एक अंचल विशेष का मोहक चित्रण हुआ है। अंग्रेज़ी व संस्कृत श्लोक आदि से उपन्यास की भाषा को सौष्ठव प्राप्त हुआ है। विरहा, धमार आदि ग्रामगीतों की स्वर लहरियों का सौन्दर्य भी इस उपन्यास की विशेषता है।

'एक बेचैन रिश्ता : सत्ता और संस्कृति' में सत्ता और संस्कृति के बीच पनपते सम्बन्धों पर व्यंग्य है–"संस्कृति को योजनाबद्ध करने का विचार या चेष्टा ही संस्कृति का विकास है यह मानवीय हस्तक्षेप द्वारा नहीं, उसकी मूल प्रकृति के अनुकूल स्वयंचालित होना चाहिए।"[30]

आधुनिक जीवन की विड़म्बना है कि आज मनुष्य आधुनिक जीवन और फैशन के चक्कर में कई बुरी बातें और रिवाज अपना चुका है। उसे अब कई पुरानी मगर अच्छी बातें खोखली लगती हैं। अत्याधुनिकता के नाम पर मनुष्य किसी की भी परवाह नहीं करता। दुर्गादास आधुनिक जीवन के नाम पर अपनी बीवी के मरने के पन्द्रह दिन बाद ही अपनी शादी के लिए इश्तहार छपवा देता है। "एक बीवी के मरने पर इतनी जल्दी शादी करना भी अब बुरा नहीं माना जाता। इसका बुरा मानना अब फैशन के पुरानेपन तक में नहीं शुमार किया जाता, इसे अब तो सभी जानते हैं कि एक पत्नी मरते ही दूसरी शादी करने में उसकी कितनी इज्जत है।"[31]

'अज्ञातवास' उपन्यास में रजनीकान्त शहर की अत्याधुनिकता की चमक-दमक में बुरी तरह से खो जाता है–"जीवन में उल्लास, आनन्द और जटिलताओं ने प्रवेश किया। चल-अचल सम्पत्ति। नाटक के अभिनेताओं-सा रहन-सहन। कभी कलाप्रेम का दम्भ। कभी दरिद्रों और संस्थाओं की सहायता द्वारा खरीदा हुआ सस्ता आत्मतोष और सामाजिक महत्त्व। समय-समय पर

पहनने वाली भाँति-भाँति की वेशभूषा। समवयस्कों के और सहकर्मियों के साथ पिकनिकें। उनकी पत्नियों से सहज लालसा-पूर्ण सम्पर्क। बड़े-बड़े शहरों के होटलों में आवारागर्दी।''[32]

'सकलबन ढूँढूँ : एक सांगीतक' नामक व्यंग्य में शुक्ल जी ने पुरानी प्रेमिका और आधुनिक प्रेमिका द्वारा हमारी संस्कृति पर व्यंग्य किया है। पाश्चात्य संस्कृति के प्रभाव के कारण आज का युवा हमारे देश का नागरिक अपना आदर्श, पश्चिमी देशों की आधुनिकतावादी संस्कृतियों में कहीं खोजता फिरता है जबकि उसे अपनी समृद्धि प्राचीन परम्पराओं के प्रति कोई मोह लगाव नहीं रहा और ना ही वह उसे महत्त्व देता है। यही कारण है कि शुक्ल जी लिखते हैं, ''आपने सुना कि विरहिणी नायिका नायक को समस्त वनों में ढूँढ़ती हुई घूम रही है। अब प्रश्न यह है, कि वह नायक को ढूँढ़ने के लिए वनों में ही क्यों गयी, नगर में क्यों नहीं आयी? इसका उत्तर हमारी प्राचीन अरण्यक संस्कृति में मिलता है। नायिका को यदि आज कहीं अपने नायक को ढूँढ़ने के लिए जाना पड़े तो वह कहाँ जायेगी? कॉफी हाउस में, रेस्तोराँ में, क्लब में। परन्तु यह हमारी संस्कृति नहीं है।''[33]

यहाँ शुक्ल जी यह समझाने की कोशिश करते हैं कि आज का समाज, आज के युवा, आज की पीढ़ी, सुख शान्ति की तलाश में और खुशी की तलाश में किसी एकान्त स्थल पर, किसी शान्त जगह में जाने के बजाय, कॉफी हाउस रेस्त्राँ जैसे आधुनिक स्थलों पर जाकर, वहाँ अपनी शान्ति ढूँढ़ने का प्रयास करती है जो कि हमारी संस्कृति के विरुद्ध है। शराब में सुख की तलाश या तनाव से मुक्ति की तलाश या फिर किसी नशे के माध्यम से व्यक्ति अपने तनाव को कम करने की कोशिश करे, यह भारत की संस्कृति के खिलाफ है और पाश्चात्य संस्कृति की देन है।

हमारी ग्रामीण व्यवस्था आत्मनिर्भर थी। अपनी जरूरत का बहुतायत सामान या तो वे खुद पैदा कर लेते थे या उसके बिना रहने की उन्हें आदत थी। शहरीकरण की संस्कृति के चित्रण के सन्दर्भ में विनोद शाही जी ने लिखा है—''यहाँ रंगनाथ के रूप में 'शहर का बीमार' गाँव की ओर मुड़ा और लौटा है। आधुनिक सभ्यता के विकास के एकमात्र लक्षण की तरह भारत के ऊबड़-खाबड़ शहरी विकास का विकृत या बीमारी से ग्रस्त होना इस कृति की आधार स्थिति की तरह है। परन्तु जैसा आर्थिक विकास का पूरा ढाँचा है— उसमें गाँव के महासागर जैसा शिवपालगंज की दूसरी तरह से विकृत 'गंजही संस्कृति' कोई विकल्प नहीं बनाती। भारत के गाँवों का अपना 'आत्मस्वायत्त आर्थिक ढाँचा' तो औपनिवेशिक दौर में साम्राज्यवादी अंग्रेज़ों द्वारा कब का नष्ट किया जा चुका है। और गाँव को एक 'परजीवी' की तरह ही जीने और कुछ पसरने की मोहलत दी

गयी है। विद्यालय, ग्रामसभा, कोऑपरेटिव और थाने जैसी तमाम संस्थाएँ वहाँ भी शहरी सभ्यताकरण का अधूरा और विकृत विस्तार भर हैं। सारा सत्ता-विमर्श इन्हीं 'लाभदायक संस्थाओं' के आसपास केन्द्रित होकर रह गया है। यह किसी भी तरह से किसी 'ग्रामीण भारतीय यथार्थ' से मुलाकात या मुठभेड़ नहीं है। यह सब तो महज लखनऊ जैसे महानगर के आसपास के गाँवों तक फैलता शहरी सभ्यता का आधुनिक अभिशाप भर है। 'शहर के आदमी' के रूप में रंगनाथ की इस 'शहर परजीवी' सत्ता विद्रूप से सन्तुष्टि नहीं हो सकती। इससे तो बेहतर—'शहर के बीमार' की तरह रहना और जीने के हालात खोजना।''[34]

शुक्ल जी उन चीज़ों को भी समेटते चलते हैं जिनमें आधुनिकता का भ्रम पैदा करने की सम्भावना होती है। एक ऐसी आधुनिकता जिसमें आधुनिकता से अधिक उसके होने का भ्रम काबिज हो। शुक्ल जी उसके प्रति पाठक को सचेत करते हैं, ''रेस्त्राँ में किसी संदिग्ध चित्रकार ने अपने चित्रों की बेशर्म नुमाइश लगायी थी। अन्दर मेज पर कुछ मनीषी लोग (इंटेलेक्चुअल) बिना किसी खास वजह के कुछ समस्याओं पर विचार कर रहे थे। उन्हें बिना सुने ही मैं जानता था कि न समस्याएँ उनकी हैं न विचार उनके हैं। जो भ्रम यह रेस्त्राँ और तस्वीरें पैदा करती थीं। वही ये मनीषी भी पैदा करते थे। बाहर भी, जैसा कह चुका हूँ, आधुनिकता का भ्रम देने वाली बहुत-सी चीज़ें थीं।''[35]

इस तरह शुक्ल जी ने समाज की खोखली आधुनिकता एवं बदलती संस्कृति पर व्यंग्य प्रहार किया है जो पूर्णतः पश्चिमी देश की नकल भर है।

6.2.4 मूल्यों का विघटन

हमारे पारम्परिक और नैतिक मूल्यों का जिस कदर पतन आज वर्तमान में हुआ है वैसा पहले कभी नहीं हुआ था। ऐसा हर समय के व्यक्ति यानी बुजुर्गों ने कहा होगा। लेकिन नैतिकता के वे मानदण्ड जो मानवता या मानवीय सभ्यता को प्रदर्शित करते हैं, उनका होना हर समय में जरूरी माना जायेगा। शुक्ल जी की दृष्टि यदि आधुनिकता के आईने से देखें तो कहीं-कहीं बहुत संकीर्ण भी लगती है। लेकिन इसके पीछे उनके अपने मत हैं जिन्हें जानना बहुत जरूरी है।

'सिनेमा-सिनेमा' नामक व्यंग्य में शुक्ल जी ने सिनेमा के लाभ के साथ-साथ उसके द्वारा होने वाली हानियों को भी बताया है। पुरानी फिल्मों में कैबरे नृत्य के लिए अलग से महिलाएँ हुआ करती थीं और आधुनिक फिल्मों में इनका स्थान स्वयं नायिका ने ले लिया है। वर्तमान फिल्मों में नायिका के परिधान कितने अश्लील और उत्तेजक होते हैं, उस पर टिप्पणी करते हुए शुक्ल जी लिखते हैं कि यह सब हमारी संस्कृति के पतित होने का प्रमाण है। फिल्मों ने हमारी संस्कृति को जितना नुकसान पहुँचाया है उतना शायद ही किसी और

व्यवस्था या विधा ने पहुँचाया हो। आधुनिक सिनेमा की नायिकाएँ योनि तथा स्तनों को ढकने वाले झिलमिल कपड़ों को छोड़कर अन्य समस्त कपड़ों का बहिष्कार कर देती हैं और वह अपने को एक भोग की वस्तु के रूप में प्रस्तुत करती हैं। प्रायः ऐसा लगता है कि दर्शक भी शायद वही देखने के लिए सिनेमा हॉल जाते हैं। इस प्रकार फिल्म समाज को दिशा देने, प्रेरित करने, मार्गदर्शन करने या फिर संघर्ष करने की क्षमता देने या आदर्श रखने की बजाय हमारे चरित्र का पतन करने का एक बड़ा सशक्त माध्यम बनकर उभरा है।

सांस्कृतिक पतन के लिए सिनेमा बड़े पैमाने पर जिम्मेदार है। शुक्ल जी ने अपनी रचनाओं में कई जगहों पर स्पष्ट किया है—"हैरत है कि सिनेमा के पर्दे पर लड़के-लड़कियों के ये अश्लील खेल दकियानूस समाज में दिखाये जा रहे हैं और बरदाश्त किये जा रहे हैं, जिसमें स्वच्छन्द प्रेम पर लगभग पाबन्दी लगी हुई है, जहाँ मुजफ्फरपुर नगर में केवल प्रेमविवाह करने के अपराध में गाँववाले सर्वसम्मति से एक प्रेमी युगल की हत्या कर देते हैं। दूसरी हैरत की बात यह है कि अपना अधनंगा और निर्लज्ज रूप दिखाने के लिए इतनी बड़ी संख्या में सुशिक्षित और सुसंस्कृत लड़कियाँ फिल्मों में हीरोइन बनने के लिए व्याकुल हो रही हैं। श्री भगवतीचरण वर्मा कहते थे कि सिनेमा के शुरुआती दौर में वेश्याएँ जब इज्जतदार महिला बनना चाहती थीं तो फिल्मों में आती थीं और आज बहुत-सी वे इज्जतदार महिलाएँ फिल्मों में आना चाहती हैं जिन्हें वेश्या जैसा गिने जाने में कोई ऐतराज नहीं है। ठेठ और दकियानूसी बात होने के बावजूद इसमें शायद कुछ सच्चाई है।"[36]

मूल्यों के विघटन को लेकर शुक्ल जी ने 'राग दरबारी' में कई जगहों पर अपनी खास शैली में अपना मंतव्य दर्शाया है। इस उपन्यास में कोई खास ऐसी घटना या जगह नहीं रही जहाँ मूल्यों के विघटन की बात आयी हो, बल्कि जीवन के सभी क्षेत्रों में मूल्यों के विघटन का उपक्रम वर्णित है। गाँव के लोग अपने समाज, संस्कृति से बिछुड़कर चन्द रुपयों और ऐशोआराम के लालच में तो कई बार मजबूरी में शहर जाकर बस गये। धीरे-धीरे यह मध्यम वर्ग स्वार्थ केन्द्रित हो गया और उच्च वर्ग की बुराइयाँ इनमें भी पनपने लगीं। देश और समाज के प्रति अपने सरोकारों का उल्लंघन होने लगा। जिसे हम आधुनिकता के नाम से जानते हैं, वह शहरों-महानगरों तक केन्द्रित होकर रह गयी। जो वर्ग या तबका तन्त्रज्ञान में प्रवीण हो सका पारम्परिक मूल्यों की जगह स्वार्थान्धता के पाखण्ड और भ्रष्टाचार को प्रश्रय देने लगा। आधुनिकता और विकास के लिए जो भी परिस्थितियाँ अनुकूल थीं वो सब शहरों में आकर केन्द्रित हो गयीं, क्योंकि वहाँ पूँजी थीं, धन था और यह सब कुछ एक व्यापार बन गया था। धीरे-धीरे इसकी आँच सम्बन्धों और नैतिक मूल्यों पर भी पड़ने लगी।

'अज्ञातवास' उपन्यास में विनायक मनुष्य के अनैतिक, दुराचारी आचरण पर व्यंग्य कसता हुआ कहता है–"इधर हम लोगों के ये हाल हैं, कि वेश्याओं का तिरस्कार करते हैं। उन्हें पुरानी संस्कृति का कलंक मानते हैं। उनसे सम्बन्ध रखने को दुराचार समझने लगे हैं। उनके मुकाबले किसी मित्र की बीबी से सीधा सम्बन्ध रखने की कोशिश करते हैं। इससे आपके जीवन में नवीनता आती है, थकान और घुटन कम होती है, अपनी बेसिक वाइफ को छोड़कर किसी दूसरे की पत्नी को आप अपनी ओर खींच सकते हैं, यह समझकर आपको आत्मतोष मिलता है और सबसे बड़ी बात कि यह लेन-देन पैसे का नहीं केवल भावुकता का है। अपने सुख के लिए, या पैसे बचाने के लालच में परस्त्री पर कुदृष्टि डालना उचित है? साथियों यह पाप है। इससे समाज की व्यवस्था हिल जाती है।"[37]

'एक बेचैन रिश्ता : सत्ता और संस्कृति' नामक व्यंग्य में शुक्ल जी ने बताया है कि सत्ता का सीधा सम्बन्ध संस्कृति से होता है। सत्ता का उपयोग संस्कृति के विकास के लिए होना चाहिए लेकिन ऐसा होता नहीं है। हमारे देश में कई ऐसे संगठन और संस्थाएँ हैं जो जनता को सांस्कृतिक रूप से जागरूक करने का प्रयास करती हैं लेकिन सत्ता द्वारा ऐसा कोई प्रयास नहीं होता है, बल्कि इसके प्रतिकूल ही कार्य किये जाते हैं। संस्कृति को बनाये रखने के लिए सत्ता को सामाजिक, आर्थिक और राजनीतिक क्षेत्रों में बदलाव लाने की कोशिश करनी चाहिए। शुक्ल जी ने अपने इस व्यंग्य निबन्ध में बताया है कि हमारी संस्कृति में नारी पूज्य है लेकिन घर और वर्तमान समाज में उसे इस रूप में देखा नहीं जाता, बल्कि उसे प्रताड़ित किया जाता है, उसके अधिकारों का हनन किया जाता है, उसका शोषण किया जाता है। उसे भोग की वस्तु के रूप में देखा और उपयोग किया जाता है। कई बार जन्म के समय ही उसे मार दिया जाता है और जन्म के उपरान्त भी उसके साथ लड़कों के समकक्ष भेदभाव से व्यवहार किया जाता है। यह सब कुछ हमारी सांस्कृतिक विरासत को नष्ट करता है। जहाँ नारी की पूजा नहीं होती, वह समाज व संस्कृति किसी भी रूप में फल-फूल नहीं सकती।

भारत देश का सांस्कृतिक परिधान है साड़ी, लेकिन आज की युवा पीढ़ी या अन्य कई ऐसी महिलाएँ जो अपने को आधुनिक मानती हैं वह साड़ी पहनने से गुरेज करती हैं कि साड़ी केवल शादीशुदा महिलाओं का परिधान है ऐसा मानकर चलती हैं। महिलाओं की इसी सोच पर व्यंग्य करते हुए शुक्ल जी ने 'सलवार के बहाने एक सांस्कृतिक चिन्तन' में लिखा है कि हमारे देश के रहने वाले लोग साड़ी को हमारी संस्कृति का आधार या परिचायक मानते हैं। अतः उन्होंने ऐसा भी विचार किया है कि संस्थाओं और कॉलेजों में इस प्रकार के नियम बनाये

जायें कि छात्राएँ सलवार, कमीज के बदले साड़ी पहनकर आयें। वह ऐसे नियम की प्रशंसा भी करते हैं पर प्रायोगिक रूप में लाने के लिए हमारे ही लोग इसका विरोध करने लगते हैं।

उपर्युक्त विवेचन से स्पष्ट है कि शुक्ल जी ने वर्तमान भारतीय समाज में विदेशी संस्कृति के अन्धानुकरण के कारण पड़ रहे कुप्रभाव पर करारा प्रहार किया है। साथ ही, फिल्मी दुनिया में व्याप्त भदेसता को अपने जीवन का सहज अंग बनाने वाले लोगों के आचरण से हमारी प्राचीन भारतीय संस्कृति का हनन हो रहा है। सांस्कृतिक मूल्यों के विघटन पर भी शुक्ल जी ने अपने साहित्य में बड़े ही कठोर शब्दों में व्यंग्य प्रहार किया है।

6.2.5 नैतिकता के बदलते मानदण्ड

नैतिकता को ग्राह्य मानने वाली पीढ़ी उसे किसी भी कीमत पर छोड़ना नहीं चाहती, लेकिन आज की पीढ़ी आधुनिक भावबोध के चलते नैतिकता के मानदण्ड को ही बदल देने में लगी है। उसने नैतिकता के कुछ ऐसे मानदण्ड बनाये हैं जो पहले जैसे नहीं है। शुक्ल जी ने इस बदलाव को संजीदगी से अपनी रचनाओं में प्रस्तुत किया है।

नैतिकता के मानदण्ड जिस प्रकार आज स्वरूप बदल रहे हैं, यहाँ संस्कृति और परम्परा के नाम पर भारतीय पुराण और इतिहास से 'वृद्धस्य तरुणी भार्या' के सैकड़ों उदाहरण दिये जा सकते हैं, "निहायत बूढ़े और शिथिल च्यवन ऋषि से नवयुवती सुकन्या का विवाह हुआ था, ययाति ने देव्यानी से विवाह रचाकर शर्मिष्ठा से रति प्रसंग चालू किया, जिस पर उन्हें शाप मिला था, कि तुम असमय ही बूढ़े हो जाओ। पर शुक्राचार्य के एक संशोधन से उन्हें मौका मिल गया था कि उनका बुढ़ापा स्थानान्तरणीय, यानी ट्रांसफरेबल हो जाये। चट से उन्होंने अपने बेटे पुरु को अपना बुढ़ापा पकड़ा दिया और उसकी जवानी खींच ली। बूढ़े की भोग-लिप्सा और पिता के प्रति त्याग का कैसा ज्वलन्त उदाहरण है! है ना?"[38]

'राग दरबारी' में गयादीन की पुत्री बेला सिनेमा शैली में पत्र-लेखन करती है और कुआँरी रहकर वैवाहिक स्थिति भोगती है। रात के अन्धेरे में वह स्वयं घर की छतों को पार कर रुप्पन के पास आती है। गयादीन इस पर व्यंग्य कसता हुआ कहता है, "नैतिकता, समझ लो कि यही चौकी है, एक कोने में पड़ी है। सभा-सोसाइटी के वक्त इस पर चादर बिछा दी जाती है, तब बड़ी बढ़िया दिखती है। इस पर चढ़कर लेक्चर फटकार दिया जाता है। यह उसी के लिए है।"[39]

रुप्पन भ्रष्ट, पतित, अनैतिक और अमानवीय नयी पीढ़ी के प्रतीक हैं। वे

समझते हैं कि प्रेम का क्षेत्र निर्बन्ध और स्वतन्त्र है। उसमें जाति-पाँति, ऊँच-नीच अमीरी-गरीबी की दीवारें नहीं हैं। इसलिए बेला के न मिलने पर गाँव में रहने वाली निम्न जाति की मजदूरनियों के साथ दुर्व्यवहार करना कोई अनैतिक नहीं मानते। 'राग दरबारी' के कुँवर साहब का चरित्र भी रुप्पन बाबू के चरित्र के रूप में आता हुआ दिखाई देता है। रेडियो में वे फिल्मी गाने सुनते। पत्रिकाओं में केवल स्त्रियों के चित्र देखते। जिन विज्ञापनों की प्रशंसा किसी फिल्म तारिका ने की होती, उन्हीं से सम्बद्ध वस्तुएँ मँगवाते। अंग्रेज़ी फिल्म केवल आलिंगन दृश्यों के लिए देखते। गाना केवल स्त्री कंठ का ही पसन्द करते। उनके कमरे में भाँति-भाँति चेष्टाओं वाले स्त्रियों के चित्रों की भरमार थी। एक तमोली की दुकान पर लगे हुए चीनी, रूसी, हब्शी स्त्रियों के चार चित्र वे दो सौ रुपये में खरीद लाए थे। केवल वे कैलेंडर उनके अध्ययन कक्ष में टँगे हुए थे जिनमें विभिन्न रूपों की आकर्षक स्त्रियाँ अपने विभिन्न अंग दिखा रही हों। वे विवाहित थे। फिल्म तारिकाओं के अर्द्धनग्न चित्रों के बीच उन्होंने अपनी पत्नी के भी कई चित्र उन्हीं मुद्राओं में खिंचवा कर लगा रखे थे।

'साहब का बाबा' नामक व्यंग्य निबन्ध में शुक्ल जी ने बच्चों पर पड़ने वाले माता-पिता के संस्कारों पर व्यंग्य किया है। बहुत से माता-पिता ऐसे हैं जो बच्चों के संस्कार की ओर ध्यान देने की बजाय उन्हें अच्छी शिक्षा दिलाने पर जोर देते हैं, अच्छे कपड़े पहनाते हैं, अच्छा भोजन देते हैं, सुख-सुविधाएँ देते हैं तथा कई तरह के ऐसे संस्कार जो दिखावे वाले हैं, देने का प्रयास करते हैं। लेकिन वे वास्तव में अपनी संस्कृति में एक सभ्य पुरुष के भीतर जो संस्कार होने चाहिए, वह देने का प्रयास नहीं करते हैं। परिणामस्वरूप बच्चे बड़े होकर असभ्य और बड़ों का अपमान करने वाले बन जाते हैं। वे अपने मेहमानों और आगंतुकों के साथ भी बदतमीजी से पेश आते हैं। इन्हीं सामाजिक और स्वाभाविक विसंगतियों को शुक्ल जी ने अपने इस व्यंग्य में बताते हुए 16 साल के बच्चे का उदाहरण दिया है जो अपने मेहमान के सामने किसिंग दृश्य के बारे में, आलिंगन के बारे में और अपनी दादी के प्यार के बारे में विवरण देता है।

शुक्ल जी ने समाज में बड़ी तेजी से फैल रही बहुविवाह प्रथा पर भी अपनी व्यंग्य रचनाओं के माध्यम से चोट की है। वह कहते हैं कि हमारे समाज में बहुत से लोग ऐसे हैं जो एक से अधिक पत्नियाँ रखते हैं या एक से अधिक विवाह करते हैं। यह तो हमारी संस्कृति में नहीं है। शुक्ल जी यह भी बताते हैं कि जब किसी से ऐसा पूछा जाये कि वह ऐसा क्यों करता है तो वह अपनी गलतियों को छिपाने के लिए हमारी पौराणिक-धार्मिक कथाओं के नायकों का सहारा लेते हैं। मसलन वे दशरथ का उदाहरण देंगे कि उन्होंने भी तीन शादियाँ

की थीं लेकिन श्रीराम का उदाहरण नहीं देंगे जो एक पत्नीव्रत थे। हमारा समाज आधुनिक हो रहा है और समाज में लगातार अन्तरजातीय और अन्तरधर्म विवाह हो रहे हैं, जो पुराने ग्रन्थों के अनुसार ठीक नहीं है। शुक्ल जी अपनी व्यंग्य-रचना 'एन.टी.आर. की वकालत' में एन.टी.आर. और लक्ष्मी-पार्वती के विवाह के बारे में समझाते हुए लिखते हैं कि इन दोनों की जाति एक जैसी नहीं थी अर्थात् शुक्ल जी ने यह बताने का प्रयास किया है कि एक राजनीतिक नेता ने तथा एक प्रसिद्ध अभिनेता ने भी हमारी सांस्कृतिक धरोहर को छिन्न-भिन्न करने का प्रयास किया था।

निष्कर्ष

इस तरह कहा जा सकता है कि शुक्ल जी ने धार्मिक, सांस्कृतिक स्थितियों के चित्रण द्वारा समसामायिक जीवन की धार्मिक, सांस्कृतिक विसंगतियों पर करार प्रहार किया है। धार्मिक उन्माद का फैलना और फैलाना आज कुछ लोगों के हाथों का एक खेल है। ये वे लोग हैं जो या तो राजनीति करते हैं या फिर धर्म के ठेकेदार हैं। धर्म की दुकानदारी चलाते हैं। धर्म के नाम पर लोगों को ठगते हैं। इसी प्रकार आम आदमी उनकी इसी ठगी का माध्यम बनता है। अन्धविश्वास को मानता है और उसे अपने जीवन का हिस्सा बनाता है। तथाकथित लोगों द्वारा फैलायी गयी धर्म सम्बन्धी भ्रामक धारणाओं में फँसा रहता है। धार्मिक विसंगतियों का शिकार बनता है और कुरीतियों का पालन करता है। श्रीलाल शुक्ल की व्यंग्य रचनाओं में धर्म सम्बन्धी इन विसंगतियों की मार्मिक अभिव्यक्ति हुई है।

पाश्चात्य संस्कृति के हमारे समाज में गहरी जड़ें ज़माने का ही परिणाम है कि हमारे समाज में भ्रष्टाचार इतनी तेजी से पनप रहा है क्योंकि भ्रष्टाचार का मूल है लालच, असन्तोष और अधिक से अधिक पा लेने और अपने हित को साधने के लिए किसी भी हद तक गिरने की भावना। यही मानवीयता के ह्रास का भी कारण है और यही हमारी संस्कृति को बिगाड़ भी रहा है। इन सबके पीछे शुक्ल जी पाश्चात्य संस्कृति के प्रभाव को देखते हैं जिसके कारण हमारे सांस्कृतिक मूल्यों में विघटन हो रहा है। उनकी चिन्ता यह भी है कि समाज के बुद्धिजीवी वर्ग को भी इसकी कोई चिन्ता नहीं है। पहले हमारी संस्कृति में श्रेष्ठ पुरुषों का, बड़ों का, अभिभावकों का, बुजुर्गों का, महिलाओं का सम्मान किया जाता था लेकिन आज यह बहुत कम दिखाई देता है। संयुक्त परिवार की व्यवस्था हमारे समाज की रीढ़ थी लेकिन वह आज बिखर गयी है। एकल परिवार की उद्भावना भी हमारे देश की नहीं है, बल्कि विदेश से आयी है। कई ऐसी घटनाएँ हमारे समाज में हमारे आसपास दिखाई देती हैं जो एकल परिवार

के कारण ही उत्पन्न हुई हैं और जिसने हमारे सांस्कृतिक मूल्यों को बहुत हद तक नुकसान पहुँचाया है। सास-बहू का झगड़ा एक सामान्य दृश्य हो गया है क्योंकि बहू-सास का सम्मान नहीं करती और सास अपनी बहू के सामने अपने को श्रेष्ठ दिखाने या कि सुख भोगने का प्रयास करती है। प्राचीन भारतीय संस्कृति में बेटी को घर की लक्ष्मी माना जाता था लेकिन आज जन्म से पूर्व ही बच्चियों की हत्या कर दी जाती है और कई बार तो विवाह के बाद दहेज के कारण भी उन्हें मार दिया जाता है। ऐसी बहुत-सी सांस्कृतिक विसंगतियों को शुक्ल जी ने अपने व्यंग्यों में स्पष्ट रूप से व्यक्त करने का प्रयास किया है।

सन्दर्भ सूची

1. सीमाएँ टूटती हैं : श्रीलाल शुक्ल, पृष्ठ 23
2. श्रीलाल शुक्ल - एक अध्ययन : डॉ. सुरेश पटेल, पृष्ठ 181
3. बिस्रामपुर का सन्त : श्रीलाल शुक्ल, पृष्ठ 167
4. वही, पृष्ठ 26
5. सूनी घाटी का सूरज : श्रीलाल शुक्ल, पृष्ठ 34
6. वही, पृष्ठ 107
7. आओ बैठ लें कुछ देर : श्रीलाल शुक्ल, पृष्ठ 123
8. वही, पृष्ठ 110
9. राग दरबारी : श्रीलाल शुक्ल, पृष्ठ 33
10. सूनी घाटी का सूरज : श्रीलाल शुक्ल, पृष्ठ 73
11. पहला पड़ाव : श्रीलाल शुक्ल, पृष्ठ 146
12. सीमाएँ टूटती हैं : श्रीलाल शुक्ल, पृष्ठ 22
13. सूनी घाटी का सूरज : श्रीलाल शुक्ल, पृष्ठ 31
14. जहालत के पचास साल : श्रीलाल शुक्ल, पृष्ठ171
15. श्रीलाल शुक्ल : श्रीलाल शुक्ल, पृष्ठ 42
16. कुछ ज़मीन पर, कुछ हवा में : श्रीलाल शुक्ल, पृष्ठ 66
17. वही, पृष्ठ 62
18. वही, पृष्ठ 62
19. वही, पृष्ठ 93
20. वही, पृष्ठ 93
21. बैलगाड़ी से, अंगद का पाँव : श्रीलाल शुक्ल, पृष्ठ 103
22. यहाँ से वहाँ, परिचय : श्रीलाल शुक्ल, पृष्ठ 97
23. मेरी श्रेष्ठ रचनाएँ : श्रीलाल शुक्ल, पृष्ठ 139
24. राग दरबारी : श्रीलाल शुक्ल, पृष्ठ 302
25. यह मेरा घर नहीं है : श्रीलाल शुक्ल, पृष्ठ 443
26. मेरी श्रेष्ठ व्यंग्य रचनाएँ : श्रीलाल शुक्ल, पृष्ठ 19
27. आओ बैठ लें कुछ देर : श्रीलाल शुक्ल, पृष्ठ 126

28. तद्भव : सम्पादक अखिलेश की श्रीलाल शुक्ल से बातचीत, पृष्ठ 134
29. राग दरबारी : श्रीलाल शुक्ल, पृष्ठ 257
30. कुछ ज़मीन पर, कुछ हवा में : श्रीलाल शुक्ल, पृष्ठ 95
31. अज्ञातवास : श्रीलाल शुक्ल, पृष्ठ 37
32. वही, पृष्ठ 24
33. जहालत के पचास साल : श्रीलाल शुक्ल, पृष्ठ 63
34. व्यंग्यबोध का भारतीय रूपाकार और श्रीलाल शुक्ल : विनोद शाही–(श्रीलाल शुक्ल : विचार विश्लेषण एवं जीवन) पृष्ठ 184
35. यहाँ से वहाँ : श्रीलाल शुक्ल, पृष्ठ 12
36. आओ बैठ लें कुछ देर : श्रीलाल शुक्ल, पृष्ठ 153
37. अज्ञातवास : श्रीलाल शुक्ल, पृष्ठ 36
38. आओ बैठ लें कुछ देर : श्रीलाल शुक्ल, पृष्ठ 143
39. राग दरबारी : श्रीलाल शुक्ल, पृष्ठ 257

अध्याय-7

श्रीलाल शुक्ल के साहित्य में शिक्षा और साहित्य सम्बन्धी व्यंग्य

किसी भी सभ्य समाज के विकास की धुरी शिक्षा होती है किन्तु हमारे देश में शिक्षा के क्षेत्र में भयंकर भ्रष्टाचार ने अपनी जड़ें जमा ली हैं। भू माफिया की तरह ही आज शिक्षा माफियाओं का एक अलग वर्ग बन गया है। शिक्षा क्षेत्र अब एक तरह से बहुत बड़ा व्यापार बन गया है। शिक्षा संस्थान ज्यादातर या तो पूँजीपतियों के हैं या राजनेताओं के। उन्हें पता है कि यह कमाई का एक बड़ा जरिया हो सकता है। शायद ही कोई शिक्षा संस्थान ऐसा हो जो पूर्णतः समाज में सभ्य नागरिक पैदा करने के लक्ष्य के साथ चलाया जा रहा हो।

शिक्षा देने वाले और प्राप्त करने वाले दोनों का स्तर काफी गिर चुका है। सरकारी विद्यालय इसमें चार चाँद लगाते हैं। वहाँ फैली विसंगतियों के कारण किसी भी व्यंग्यकार के लिए ऐसे विद्यालय व्यंग्य का विषय सहज ही बन जाते हैं। जिस प्रकार शिक्षक अपने कार्य के लिए योग्य नहीं होता और जो थोड़ी बहुत योग्यता हो भी तो उसका इस्तेमाल नहीं करता, उसी प्रकार विद्यार्थियों का उद्देश्य भी ज्ञान प्राप्त करने की बजाय परीक्षा में किसी प्रकार अंक प्राप्त कर लेना मात्र रह गया है। नकल करना, रट्टा मारना, पेपर लीक आदि साधनों से वे अच्छे अंक प्राप्त कर लेते हैं। ट्यूशन, कोचिंग आदि भी विकल्प हमारे आसपास बड़े पैमाने पर उपलब्ध होते हैं।

हिन्दी साहित्य में व्यंग्य का प्रिय और सबसे सफल विषय 'राजनीति' रहा है लेकिन व्यंग्यकारों ने साहित्येतर विषयों को भी अपने लेखन में प्रायः उठाया है। व्यंग्य विधा की इसी विशिष्टता को स्पष्ट करते हुए सुरेशकान्त 'राग दरबारी' के शिक्षा सम्बन्धी व्यंग्य के सम्बन्ध में लिखते हैं, "व्यंग्यकारों का प्रिय विषय क्या है? बेशक राजनीति। नेताओं ने देश को कुछ दिया हो या न दिया हो, व्यंग्यकारों को बहुत कुछ दिया है जिसे व्यंग्य साहित्य को नेताओं का योगदान भी माना जा सकता है। पर यही बात व्यंग्य में एकरसता, तात्कालिकता और

दोहराव के आने का कारण भी बनी है। समर्थ व्यंग्यकारों ने इसीलिए अपने लेखन को केवल राजनीति पर ही केन्द्रित होने से बचाया है और विषयों का वैविध्य कायम रखा है देश और समाज में व्याप्त समस्त प्रकार की विसंगतियों पर जिन व्यंग्यकारों की नजर गयी है, श्रीलाल शुक्ल उनमें से एक हैं।"[1]

शुक्ल जी ने अपने कई व्यंग्य लेखों और उपन्यासों में शिक्षा-व्यवस्था की पर्तें उधेड़ी हैं। खासकर 'राग दरबारी' में उन्होंने शिक्षा-व्यवस्था के बीमारू स्वरूप पर करारा व्यंग्य किया है।

साहित्य को समाज का आईना मानने वाले हमारे समाज के ही कुछ बुद्धिजीवी विचारक इसे मशाल की संज्ञा भी देते हैं। साहित्यकार समाज में रहते हुए उसमें जीते-खाते, अनुभव करते हुए अपनी रचना लिखता है। स्वाभाविक रूप से समाज से कटकर उसका साहित्य हो ही नहीं सकता। काल्पनिक रचनाओं को छोड़ दें तो ज्यादातर साहित्य सामाजिक सरोकार के उद्देश्यों से लिखे जाते हैं। मनोरंजन के साथ सीख देना भी मुख्य उद्देश्य होता है।

किन्तु साहित्य के क्षेत्र में भी विसंगतियाँ बहुत अधिक हैं। साहित्यकार और खासकर आज का साहित्यकार नाम कमाने की चाह से साहित्य रचता है। वह अपने समाज और दुनिया में अपना नाम स्थापित करना और सम्मान पाने की लालसा रखता है। इसके लिए वह तरह-तरह की कोशिशें और जुगाड़ करता है। कई बार साहित्य की चोरी भी होती है। किसी दूसरे का अप्रकाशित साहित्य अपने नाम पर छपवा लिया जाता है। लेखन अब माँग के आधार पर भी होता है। प्रसिद्धि, पैसा और पुरस्कार प्राप्त करना कई साहित्यकारों का मुख्य लक्ष्य बन जाता है। शायद ही कोई ऐसा पुरस्कार हो जिसमें ईमानदारी से विचार किया जाता हो। कुल मिलाकर साहित्य-जगत में भी कथनी करनी का भेद बड़ी मात्रा में व्याप्त है। इन सब और कई अन्य पहलुओं को शुक्ल जी ने व्यंग्य का हिस्सा बनाया है।

7.1 शिक्षा जगत में व्याप्त विसंगतियों पर व्यंग्य

शिक्षा का क्षेत्र आज हमारे देश में मोटी कमाई के क्षेत्र के रूप में देखा जाता है। राजनीति और पूँजी ने जब से इसमें दखल दिया है, इसका स्वरूप बदल सा गया है। हमारा शिक्षक ट्यूशन करता है, धन्धा करता है, दुकान करता है, खेती-बाड़ी देखता है, इस सबके बाद विद्यार्थियों के लिए उसके पास समय ही कहाँ बचता है। शिक्षा क्षेत्र में नौकरी का मिलना भी पढ़े-लिखे ईमानदार लोगों के लिए असम्भव है क्योंकि यहाँ योग्यता का कोई मोल नहीं होता, केवल जान पहचान, सिफारिश और रिश्वत से ही काम बनता है।

'राग दरबारी' में प्रिंसिपल उपकुलपति की स्थिति से खुद की स्थिति अच्छी

समझता है। प्रिंसिपल व्यंग्य कसते हुए रंगनाथ से कहता है, "मैं तो अपने को वाइस चांसलर से भी अच्छा समझता हूँ। वाइस चांसलर के लिए भी जिन्दगी नरक है। सवेरे से ही अपनी मोटर लेकर हर एक्जीक्यूटिव वाले को सलाम लगाता है। कभी चांसलर की हाजिरी, कभी मिनिस्टर की, कभी सेक्रेटरी की। गर्वनर साल में कम से कम चार बार डाँटता है। दिन-रात काँय-काँय, चाँय-चाँय। लड़के माँ-बहन की गाली देते हुए सामने से जुलूस लेकर निकल जाते हैं।"[2]

अच्छे पढ़े-लिखे नौजवानों को बिना सिफारिश और घूस दिये नौकरी नहीं मिल सकती। इस ओर संकेत करते हुए शुक्ल जी ने लिखा है—"न घूस दी थी, न ऊँची सिफारिश थी इसलिए इंटरव्यू में फेल होना ही था। पर धुप्पल के भरोसे चला गया था क्योंकि घूस, सिफारिश, गुटबन्दी, गुण्डागर्दी के तर्क जहाँ रोज चलते हैं, वहाँ कभी-कभी बिना किसी तर्क के धुप्पल भी चल जाता है। पर धुप्पल नहीं चला।"[3]

आज साहित्य, संगीत तथा कला को आगे लाने के लिए जो सम्मान दिये जाते हैं और उस पर जो रुपये उड़ाये जाते हैं, उस पर भी इन्होंने करारी चोट की है। 'एक पद्मभूषण का अभिनन्दन' में निजी संस्थाओं और समितियों पर व्यंग्य द्रष्टव्य है। "यह मौका तो केवल आनन्द मनाने का है। अभी किसी ने कहा है कि पद्मभूषण मिल जाने से ही कोई महाकवि नहीं हो जाता। उसने ठीक कहा है। यहीं किसी और ने कहा है कि पद्मभूषण महाकवियों को ही मिलता है। उसने भी ठीक कहा है। हमें इससे क्या मतलब? हमारा मतलब ही आनन्द मनाने से है। हमारे नगर के एक महाकवि को सम्मानित किया गया, हमारे लिए इतना काफी है। यह मौका तो...।"[4]

'भविष्य-निर्माण का कारखाना' व्यंग्य में शुक्ल जी ने समाज के चार आधारस्तम्भ नेता, जनता, पुलिस और विद्यार्थी पर व्यंग्य किया है। वर्तमान शिक्षा नीति में विद्यार्थियों की स्थिति पर व्यंग्य करते हुए श्रीलाल शुक्ल लिखते हैं, "बुजुर्गों के चेहरों पर विद्यार्थियों की इस आभिजात्यहीनता के कारण नफरत की धूल-सी चढ़ रही है और अधमुँदी आँखों से वे देख नहीं पा रहे हैं कि ये विद्यार्थी नहीं, बल्कि वैज्ञानिक प्रयोगों में आने वाले ऐसे सुअर हैं जिन्हें शिक्षानीति की मेज़ पर लिटाकर पिछले कई सालों की चीर-फाड़ द्वारा उनकी वाचालता को मूक बनाने की कोशिश की गयी है।"[5]

इस तरह कहा जा सकता है कि वर्तमान शिक्षा-व्यवस्था में अनेक विसंगतियाँ व्याप्त हैं। शुक्ल जी ने इन विसंगतियों पर करारी चोट करते हुए शिक्षा जगत में परिवर्तन के कुछ महत्त्वपूर्ण बिन्दुओं की ओर संकेत किया है। उनका लक्ष्य शिक्षा जगत् में व्याप्त भ्रष्टआचरण से उसे मुक्त कराना है।

7.1.1 बदलते गुरु-शिष्य सम्बन्ध

गुरु-शिष्य सम्बन्ध आज गुरुकुल वाले नहीं रहे और न ही पचास साल पहले के सम्मानीय गुरुवर वाले। आज टीचर हैं और स्टूडेंट हैं। हर विद्यार्थी यह मानकर चलता है कि यह अध्यापक वेतन लेने के लिए हमें पढ़ा रहा है और हर शिक्षक इसलिए पढ़ाता है क्योंकि उसे वेतन मिलता है, बल्कि जितना मजबूरी में पढ़ाना पड़ जाये, उतना ही पढ़ाता है। ज्ञान देने की भावना न किसी शिक्षक में बची है और न ही उनके पास ज्ञान ही ढंग से है। उसे जो अपने शिक्षक से मिला, वही वह अपने विद्यार्थियों को दे रहा है। आज की शिक्षा प्रणाली विद्यार्थियों से मित्रवत् व्यवहार वाली है। लेकिन इस बदलाव ने गुरु-शिष्य सम्बन्धों को अनेक बार कलंकित भी किया है। कुछ अध्यापक छात्राओं या कुछ छात्राएँ अपने शिक्षकों को अनैतिक ढंग से लुभाने का प्रयास करते हैं। इसके बदले में अच्छे परीक्षा-परिणामों का प्रलोभन होता है। शुक्ल जी अपनी रचनाओं में ऐसे सभी पक्षों पर व्यंग्य करते हैं।

अधिकांश अध्यापकों का पुस्तकों से सम्बन्ध तब तक ही होता है, जब तक कि वे नौकरी नहीं पा जाते। एक बार नौकरी पक्की हो जाये फिर उन्हें अपनी किताबों से कोई लगाव नहीं रह जाता। अगर एक बार विद्यार्थी की जगह उनकी परीक्षा ले ली जाये तो फेल होना पक्का है। उन्हें पाठ्यक्रम की पुस्तकें 'सड़े-गले फल' की तरह लगती हैं। छंगामल विद्यालय का अध्यापक प्रिंसिपल से कहता है, "कोई दस जूते मार ले। जी घिंना गया किताबों से ये साली टैस्टबुकें, समझ लीजिए, सड़े-गले फल ही हैं। लौंडों के पेट में इन्हीं को भरते रहते है। कोई हजम करता है, कोई कै करता है।"[6]

कई बार विद्यार्थियों को अपने प्रभाव में लेकर अध्यापकगण अपना स्वार्थ भी सिद्ध करते हैं।

'सूनी घाटी का सूरज' में हेडमास्टर ठाकुर के द्वारा उकसाने पर विद्यार्थी आन्दोलन की तैयारी करने लगते हैं। वे कहते हैं, कि विद्यालय विद्यार्थियों का है। यदि विद्यार्थी उन्हें प्रिंसिपल रखना चाहें तो कोई दूसरा व्यक्ति प्रिंसिपल नहीं हो सकता। इस पर विद्यार्थी तय करते हैं–"यदि ठाकुर साहब को प्रिंसिपल पद से हटाया जाये तो हम लोग हड़ताल कर दें। मैनेजर के घर तक जुलूस निकालें, उस साले की अर्थी जलायें। होने वाले प्रिंसिपल के घर पर धरना दें। उससे प्रतिज्ञा करावें कि वह प्रिंसिपल का पद नहीं लेगा। हर बात अहिंसात्मक ढंग से होने दे।"[7]

'खलनायक की कहानी' में शुक्ल जी ने शिक्षक और विद्यार्थी के सम्बन्धों में आ रही गिरावट पर व्यंग्य किया है। शिक्षक विद्यार्थी में अपनी

प्रेयसी को खोज लेता है। आज लड़कियाँ कॉलेज के लड़कों से कम' अपने अध्यापकों, ट्यूशन टीचरों या बिजनेसमैनों से अधिक इश्क लड़ाती हैं। इसी व्यंग्य में लता प्रमोद से कहती है–"नहीं-नहीं तुमसे प्यार हो गया। मेरी सब सहेलियाँ अपने-अपने ट्यूटरों को प्यार करती हैं।"

इसी तरह 'राग दरबारी' में मालवीय मास्टर के चाल-चलन के बारे में शुक्ल जी ने लिखा है कि वे–"किसी लड़की को अपने साथ शहर ले गये थे और उसे सिनेमा दिखाकर, उसके साथ रात बिताकर और उसे आगामी परीक्षा में आने वाला हिसाब का पर्चा बताकर शिवपालगंज वापस लौटे हैं।"[8]

इस प्रकार गुरु-शिष्य का सम्बन्ध काफी परिवर्तित हो गया है। उनके बीच न सम्मान बचा है न आदर। शिक्षकों का आचरण भी निन्दनीय-सा हो गया है। कुछ बहुत थोड़े से आदर्श शिक्षक जरूर हैं जो आज भी अपनी गरिमा कायम रखे हुए हैं लेकिन माहौल उनके पक्ष में नहीं हैं। इन स्थितियों पर व्यंग्य करते हुए शुक्ल जी ने अपनी चिन्ता व्यक्त की है।

7.1.2 भ्रष्ट आचरण

शिक्षा के क्षेत्र में आचरण की पवित्रता भी नष्ट हुई है। शिक्षा का क्षेत्र सम्मान और आदर का क्षेत्र माना जाता था। लोग इस पेशे में इसी आकर्षण और ज्ञानदान के भाव से आते थे। उन्हें पता होता था कि भविष्य के बीज यहीं से फूटते हैं और देश की भावी दशा-दिशा तय करने वाले यही विद्यालय होते हैं। लेकिन पश्चिमी संस्कृति की आँधी ने पूरी शिक्षा-व्यवस्था के स्वरूप को ही बदल कर रख दिया है। न वह सम्मान बचा है और न आदर। अब तो पूँजी और व्यावसायिक दृष्टिकोण तथा राजनीतिक हस्तक्षेप ने इसकी दुर्दशा कर दी है। शुक्ल जी समकालीन शिक्षा-व्यवस्था और उसके ह्रास से भली-भाँति परिचित हैं और वे समय-समय पर उसे अपनी रचनाओं में उजागर भी करते है और उन पर करारा व्यंग्य भी करते चलते हैं।

विश्वविद्यालयों में जो लोग पढ़ा रहे हैं वे प्रोफेसर बनने की जल्दी में होते हैं। वेतन वृद्धि की लालसा में वे पदोन्नति का प्रयास करते हैं। धीरे-धीरे वे पदोन्नत होकर शोध निर्देशक भी बन जाते हैं। 'प्रोफेसर! प्रोफेसर!' नामक व्यंग्य में शुक्ल जी शोध के क्षेत्र में हो रहे भ्रष्टाचार पर प्रकाश डालते हैं, "कई वर्ष पहले मैं एक हिन्दी प्राध्यापिका का मेहमान था। उनके पिता भी प्रोफेसर थे। मैंने अपनी मेजबान से पूछा कि उन्होंने अभी तक डॉक्टरेट क्यों नहीं हासिल की। उन्होंने दो-तीन वर्षों के प्रयास से एक साधारण-सा मकान बनवाया था। वे बोलीं, 'सारा रुपिया तो अभी तक मकान पर खर्च होता रहा; गाइड को शुरू में देने के लिए आठ हज़ार रुपये कहाँ से लाती? अब कोशिश करूँगी।' यानी

प्रोफेसरी उच्चतर वेतनमान ही नहीं, ऐसे अलिखित 'पर्क्स' की थैली भी है। वह ओहदा ही नहीं कारोबार भी है।"[9]

इस तरह शिक्षा क्षेत्र में साहित्यिक चोरी एक अन्य विसंगति है। रामदास सिंह प्रो. सिन्हा की बेईमानी से दुःखी हो जाता है। पीएच.डी. के नाम पर चल रहे गोरखधन्धे को इन्होंने बखूबी उजागर किया है। वह कहता है–"प्रोफेसर सिन्हा ने मेरी लिखी पुस्तक को अपने नाम से प्रकाशित करा लिया। यह बेईमानी है।"[10] हेडमास्टर ठाकुर अंबिकेश प्रिंसिपल बनना चाहते हैं पर ऊपरी मन से विद्यार्थियों को आन्दोलन न करने की सलाह देते हैं– "मेरे लिए तुम इतना त्याग न करो। मैं आसाम चला जाऊँगा। वहाँ मुझे एक कॉलेज में प्रिंसिपली मिल रही है। वैसे यह प्रजातन्त्र है। तुम्हारी इच्छा को कौन टाल सकता है। पर मेरे लिए यह सब न करो।"[11]

इस प्रकार शिक्षा के क्षेत्र में होने वाले विविध भ्रष्ट आचरणों को शुक्ल जी ने अपनी रचनाओं में न सिर्फ़ उजागर किया है बल्कि उन्हें दूर करने की चिन्ता भी प्रकट की है।

7.1.3 शिक्षा एवं राजनीतिक तथा सरकारी हस्तक्षेप

शिक्षा-व्यवस्था के निजीकरण की आवश्यकता ही तब महसूस हुई जब सरकारी संस्थाओं की गुणवत्ता में गिरावट आयी। निजी संस्थाओं ने विदेशी भाषाओं में ज्ञान देने की शुरुआत की। आज बहुत से सरकारी शिक्षण संस्थान या तो बन्द होने की कगार पर हैं या तो बीमार हैं या फिर इसलिए बचे रह गये हैं कि वहाँ कमाई न होने के कारण कोई निजी संस्थान वहाँ विद्यालय नहीं खोल रहा है। सरकार का प्रतिवर्ष एक शिक्षा बजट होता है लेकिन उसका बड़ा हिस्सा भ्रष्टाचार की भेंट चढ़ जाता है। बिचौलिए खा जाते हैं। बचा-खुचा जो पहुँचता भी है उससे शिक्षक और प्रिंसिपल अपना पेट भर लेते हैं और बदले में विद्यार्थियों को कुछ नहीं मिलता।

सरकारी और राजनीतिक दखल के कारण सिफारिशी प्रभाव बढ़ता है और अयोग्य लोगों की नियुक्ति होती है। उन पर उनके आकाओं का वरदहस्त होने के कारण उन्हें काम करने या पढ़ाने की कोई जरूरत नहीं होती। इसके बदले में वे अपना सारा समय और श्रम पार्टी की दशा सुधारने में लगाते हैं। सरकारी-तन्त्र और राजनीति के इस दखल ने हमारी शिक्षा-व्यवस्था का बंटाधार कर दिया है।

'राग दरबारी' में वैद्यजी के वफादार लोग या नाते-रिश्तेदार ही शिक्षक नियुक्त होते हैं। वे लोग जिन्होंने पढ़ाई ठीक से की हो या नहीं पर उनके चापलूस थे। ऐसे स्कूलों में परीक्षा का माहौल क्या होता है शुक्ल जी के शब्दों

में, "इस (परीक्षा होने) पर महायुद्ध का ऐलान हुआ। खन्ना के गुट के चार-पाँच मास्टर प्रिंसिपल के कमरे में पहुँच गये। वे जिन कमरों से गये थे, वहाँ लड़के स्वच्छन्दतापूर्वक नकल करने लगे। इधर प्रिंसिपल के कमरे में गालियाँ ही हथियार हैं जिनका उपयोग उन मास्टरों ने तू-तू, मैं-मैं शुरू कर दिया। प्रिंसिपल ने उन गालियों का अपनी आवाज में डुबाकर खन्ना (मास्टर) से कहा कि कॉलेज से बाहर निकल जाओ और जब तक परीक्षाएँ समाप्त न हों, कॉलेज के पास न दीख पड़ो। यहाँ दिखाई दिये तो बात मुँह से नहीं, जूतों से होगी।"[12]

'एक देहाती की नज़र में', तथा 'शहर के सौ मीटर' आदि रचना में भी एक साथ राजनीति और शिक्षा की धज्जियाँ उड़ायी गयी हैं—"अध्यापक पद पर मुझे नियुक्ति तो मिल गयी पर स्कूल नहीं मिला। दो महीने मैं अध्यक्ष के घर बैठा-बैठा मतदाताओं की सूचियाँ तैयार करता रहा। ...आखिरकार एक दिन चोरी-चोरी मैं उस गाँव पहुँचा, जहाँ के प्राइमरी स्कूल का मैं अध्यापक था। वहाँ कोई स्कूल न था, सिर्फ़ एक काँजी हाउस खड़ा था।"[13]

'राग दरबारी' के इंटरमीडिएट पास विद्यार्थियों का मनोभाव शुक्ल जी इस प्रकार व्यक्त करते हैं—"हम शान्ति निकेतन से भी आगे हैं, हम असली भारतीय विद्यार्थी हैं, हम नहीं जानते कि बिजली क्या है, नल क्या है, पक्का फर्श किसको कहते हैं, सैनिटरी फिटिंग किस चिड़िया का नाम है। हमने विलायती तालीम तक देसी परम्परा में पायी है और इसीलिए हमें देखो, हम आज भी उतने ही प्राकृत हैं, हमारे इतना पढ़ लेने पर भी हमारा पेशाब पेड़ के तने पर ही उतरता है।"[14]

व्यंग्यात्मक लहजे में विद्यालयों की दुर्दशा का वर्णन करते हुए 'राग दरबारी' में शुक्ल जी लिखते हैं, "सामुदायिक मिलन केन्द्र गाँव सभा के नाम पर लिए गये पैसे से बनवाया गया था। पर उसमें प्रिंसिपल का दफ्तर था और कक्षा ग्यारह और बारह की पढ़ाई होती थी। अस्तबल जैसी इमारतें श्रमदान से बनी थीं। टिन शेड किसी फौजी छावनी के भग्नावशेषों को रातों रात हटाकर खड़ा किया गया था। जुता हुआ ऊसर कृषि विज्ञान की पढ़ाई के काम आता था। उसमें जगह-जगह उगी हुई ज्वार प्रिंसिपल की भैंस के काम आती थी।"[15]

इसी तरह महाविद्यालयों में अध्यापकों की पदलिप्सा पर व्यंग्य किया गया है—"स्कूल इस वर्ष से कॉलेज हो गया है। दो महीने से हेडमास्टर साहब प्रिंसिपल का काम कर रहे हैं। मैनेजर उन्हें हेडमास्टरी पर उतारना चाहता है। इसी स्कूल के निकाले हुए पुराने मास्टर हैं बाजपेयी साहब। उनको प्रिंसिपल बनाने की सोच रहा है।"[16]

छात्र-आन्दोलन, छात्रों के हड़ताल और नारे आदि बातों से होने वाले विद्यार्थियों के नुकसान पर भी व्यंग्य किया गया है। "हड़ताल हुई, नारे लगे,

पर्चे छपे, होने वाले मकान पर धरना हुआ। मैनेजर की झूठी अर्थी जलायी गयी। पुलिस का लाठीचार्ज हुआ। तीन-चार विद्यार्थी घायल हुए। कुछ विद्यार्थियों ने हड़ताल समाप्त करनी चाही। उन्हें पिटवाने की कोशिश हुई। कॉलेज डेढ़ महीना बन्द रहा।''[17]

परीक्षा व्यवस्था में खामियों को उजागर करते हुए शुक्ल जी ने 'है कोई शिक्षित इस शिक्षा विभाग में' लिखा है। परीक्षा की सूची में तमाम गड़बड़ियाँ पायी जाती हैं। कोई अनुत्तीर्ण कर दिया जाता है तो कोई अनुपस्थित दिखा दिया जाता है जबकि वास्तव में ऐसा होता नहीं है। ये त्रुटियाँ लापरवाही का नतीजा हैं। शिकायत होने पर उस पर कोई कार्यवाही होने के बजाय बिना मतलब के बार-बार दौड़ाया जाता है। कार्यालय के चक्कर लगा-लगाकर लोग परेशान हो जाते हैं। लोग इसे अपनी सुविधा और फायदे के अनुसार चलाते हैं। इससे भी बढ़कर कई बार तो विद्यालय ही नहीं होता, केवल कागज पर होता है–''दो महीने में अध्यक्ष के घर पर बैठा-बैठा मतदाताओं की सूची तैयार करता रहा। फिर तीन महीने उनके फार्म पर अधिक अन्न उगाओ आन्दोलन करता रहा। आखिरकार एक दिन चोरी-चोरी उस गाँव पहुँचा जहाँ के प्राइमरी स्कूल का मैं अध्यापक था। वहाँ कोई स्कूल न था, सिर्फ़ एक काँजी हाउस खड़ा था।''

प्रतिभा-सम्पन्न किन्तु असहाय छात्रों को जानबूझकर दूर रखकर 'खास' आदमी को लेक्चरर बनाना, प्रतिभा-सम्पन्न छात्रों द्वारा पुस्तकें, लेख आदि लिखवाकर अपने नाम से छापने वाले अध्यापक पर व्यंग्य किया गया है, ''इस साल रामदास सिंह को लेक्चरर किस कारण नहीं बनाया गया। क्या यह छिपी बात है कि उस थर्ड डिवीजन छोकरे को सिर्फ़ इसीलिए वह जगह दे दी कि वह किसी खास आदमी का दामाद है।''[18]

इस प्रकार शुक्ल जी ने विद्यालय और विश्वविद्यालय स्तर पर परीक्षा में होने वाली धाँधलियों को भी उजागर किया है। किस प्रकार शिक्षा का मजाक बनाया जाता है और शिक्षा के नाम पर केवल कागजी विद्यार्थी पैदा किये जाते हैं।

7.1.4 शिक्षा जगत में नैतिकता के बदलते मानदण्ड

शिक्षा में नैतिक मूल्यों का बड़ा महत्त्व है। क्योंकि एक समय था जब व्यावहारिक ज्ञान के बाद नैतिक मूल्यों की शिक्षा ही शिक्षा मानी जाती थी। आज न विद्यार्थी अपनी नैतिकता का पालन कर रहा है और न ही शिक्षक और न ही शिक्षा संस्थान। तीनों के इस व्यवस्था से जुड़े रहने के अपने-अपने निहित उद्देश्य हैं और सब वही साध रहे हैं। शिक्षा संस्थान और पूँजीपति इसे व्यापार मानते हैं और फायदा पाने की लालच से चलाते हैं। वहीं शिक्षक केवल अपने वेतन और

उसमें वृद्धि को लेकर प्रयासरत रहता है। धरना देता है, आन्दोलन करता है अनशन करता है ताकि वेतन वृद्धि हो जाये। विद्यार्थी केवल सर्टिफिकेट के लिए विद्यालय या उच्च शिक्षा संस्थानों में जाते हैं। थोड़ा बहुत विषयगत ज्ञान भी ले लेते हैं। शुक्ल जी ने एक व्यंग्य रचना लिखी है–
'एक देहाती की नजर में शहर के सौ मीटर'। इस विसंगति पर प्रहार करते हुए यह एक ऐसी ही रचना है जिसमें शिक्षा के आधार पर नौकरी पाने के लिए उतावले शिक्षित वर्ग के लोग दिखाई देते हैं और बाद में सुविधाओं की माँग करते हैं–"पार्क में बाबुओं की सभा हो रही थी, जो माँगने की हैसियत थी, वही माँग रहे हैं यानी महँगाई भत्ते में चन्दा के रुपये। न उन्हें इससे कुछ कम चाहिए था न कुछ ज्यादा। चुंगी के टूटती छतों वाले स्कूल, अस्पताल के बरामदे में बोरों की तरह पड़े मरीज कर्ज का सूद चुकाने में ही खत्म होने वाली तनख्वाह, एक ऐसी व्यवस्था है वे सिर्फ़ डी.ए. चाहते थे, वही माँग रहे थे।"[19]

इसी तरह श्रीलाल शुक्ल जी ने समाजशास्त्र के एक प्रोफेसर पर व्यंग्य कसा है–"मैं प्रोफेसर जैसा नहीं दिखता? क्या मतलब? आप चाहती हैं कि मैं नकली दाढ़ी मूँछ लगाकर और आँख पर मोटा चश्मा चढ़ाकर निकला करूँ? सूट में जानबूझकर शिकनें डाल लूँ? छाते को अपनी जगह समझकर बिस्तर पर लिटा दूँ और खुद छाते की तरह कोने में खड़ा हो जाऊँ? या बीबी को नौकरानी समझकर काफी बनाने के लिए भेज दूँ और नौकरानी को बीबी समझकर चूमना शुरू कर दूँ।"[20]

वस्तुतः वर्तमान शिक्षा प्रणाली अत्यन्त ही दोषपूर्ण बन चुकी है। इसीलिए शुक्ल जी शिक्षा व्यवस्था पर व्यंग्य कसते हुए कहते हैं, "वर्तमान शिक्षा पद्धति रास्ते में पड़ी हुई कुतिया है, जिसे कोई भी लात मार सकता है।"[21]

शिक्षक दिवस का मखौल उड़ाते हुए और उसकी वर्तमान स्थिति पर चुटकी लेते हुए शुक्ल जी लिखते हैं–"यह ऐसा दिन है जब हिन्दी साहित्यकार माँग और पूर्ति के सिद्धान्त पर दुर्लभ जन्तु की श्रेणी में आ जाता है, वैसे ही जैसे पितृपक्ष या नवरात्र के दिनों में पुरोहित।"[22]

यहाँ शिक्षकों की नैतिकता इतनी पतित हो चुकी है कि वह किसी को परीक्षा में रिश्वत लेकर सफल बनाने की बात को भी इस तर्क से सही ठहराने का प्रयास करता है कि अन्य लोग करते हैं तो उन्हें यह छूट क्यों है "हाईस्कूल और इण्टर की कापियाँ तक हम घर पर नहीं जाँच सकते। उन्हें केन्द्रों में बैठाकर जँचवाते हैं। उनको डर है कि शिक्षक घूस ले लेगा। सारी दुनिया घूस ले तो कुछ नहीं; शिक्षक के ही घूस लेते धरती-पाताल में घुस जायेगी यही न?"[23]

'सूनी घाटी का सूरज' में प्रो. सिन्हा रामदास की अर्थशास्त्र पर लिखी किताब स्वयं के नाम से छपवाते हैं। ठाकुर अंबिकेश सिंह अपने ड्राइवर के साथ

भागने वाली बेबी के साथ विवाह करने के लिए रामदास को मजबूर करने की कोशिश करते हैं। उसे उच्च शिक्षा, रिसर्च, लण्डन स्कूल ऑफ इकोनॉमिक्स का लालच देते हैं पर रामदास बेबी के साथ शादी करने के लिए राजी नहीं होता। रामदास की लेक्चरर की जगह किसी थर्ड डिवीजनर लड़के को दी जाती है जो किसी खास आदमी का दामाद है। राघवेंद्र नाम का आदमी सेठ महेशमल की 'कामधेनु' पत्रिका में लेख लिखने का काम लेकर रामदास के पास आता है। पर रामदास को जब पता चलता है कि इस पत्रिका में उसका नाम तक नहीं लिखा जायेगा और उसके लेख सेठ और आदमियों के ही नाम से छपवायेंगे तो वह उसे गुस्से से बाहर निकाल देता है। सत्या रामानुज के साथ शादी कर लेती है। अन्त में रामदास नगर की सुख-सुविधा त्याग कर दलितों की शक्ति बनने के लिए, अशिक्षितों को शिक्षा देने के लिए गाँव में 135 रु. मासिक वेतन पर मास्टरी करने के लिए चला जाता है।

शुक्ल जी ने शोध के नाम पर रुपये लेकर डॉक्टर की उपाधि देने वाले संस्थानों की खबर अपने व्यंग्य 'झोला छाप' में ली है। "कॉलेज यानी एक कोठरी दफ्तर जहाँ कुछ रजिस्टर, रसीद बुकें, फार्म, रबर की मोहरें और छपे प्रमाण-पत्र भर होने चाहिए। वहाँ दो-चार हज़ार रुपया देकर एक डॉक्टरी डिग्री ली जा सकती है। पूरे देश में ऐसी कोठरियाँ चार सौ से ऊपर हैं।"[24] बिना शिक्षा प्राप्त किये, कुछ रुपये खर्च कर फर्जी डिग्री आसानी से मिल जाने की बात यहाँ बतायी गयी है। आज पढ़ाई ज्ञान के लिए नहीं, बल्कि पैसा कमाने के लिए की जाती है और इसलिए यदि बिना पढ़ाई के डिग्री मिल जाये तो काम बन जाता है।

जीवन पथ पर बढ़ते हुए संघर्ष और सम्बन्ध एक साथ लिए हुए पथिक मंज़िल की ओर बढ़ने का प्रयत्न करता है। उसके पास संघर्ष से जूझने की शक्ति है, आत्मविश्वास है, किन्तु इस जीवन पथ का पथिक रामदास इतना भाग्यशाली नहीं है। अतः वह 'सूनी घाटी का सूरज' बनकर रह जाता है। इस तरह इस उपन्यास में सामाजिक और शैक्षणिक क्षेत्र के ढकोसले पर व्यंग्य किया गया है। महाविद्यालय की पॉलिटिक्स, भ्रष्टाचार, पदलिप्सा, अध्यापक-छात्र सम्बन्ध, अध्यापकों का छात्रों को आन्दोलन के लिए उकसाना, छात्र आन्दोलन, गरीब और प्रतिभा-सम्पन्न छात्रों द्वारा पुस्तकें, लेख आदि लिखवाकर अपने नाम से छापने वाले अध्यापक, प्रतिभा-सम्पन्न किन्तु असहाय छात्रों को जानबूझकर दूर रखकर 'खास' आदमी को लेक्चरर बनाना आदि शिक्षा क्षेत्र की विसंगतियाँ हमारे सामने आती हैं।

परीक्षा व्यवस्था में कैसी विसंगतियाँ हैं और वहाँ किस प्रकार का गोरखधन्धा चल रहा है इसके सम्बन्ध में शुक्ल जी अपने व्यंग्य 'छात्रों में

अनुशासनहीनता कैसे रोकी जाये?' में लिखते हैं, ''पर्चा बनाने वालों, परीक्षा के निरीक्षकों, अधीक्षकों, पर्यवेक्षकों, कापी जाँचने वालों, नम्बर जोड़ने वालों, जोड़ की चेकिंग करने वालों यानी परीक्षा से पैसा पैदा करने वालों की संख्या लाखों में है और अगर परीक्षाएँ खत्म हो गयीं तो उनकी जीविका का एक साधन भी खत्म हो जायेगा, यानी आज की सारी की सारी शिक्षा भले ही खत्म हो जाये, परीक्षाएँ खत्म नहीं की जा सकतीं।''[25]

नकल की परम्परा हमारी शिक्षा-व्यवस्था को बहुत नुकसान पहुँचा रही है। कई उपायों के बावजूद इस पर नियन्त्रण नहीं किया जा सका है। 'जीती जागती सरकार का एक हसीन सपना' में इस पर शुक्ल जी की टिप्पणी देखिए—''केन्द्र व्यवस्थापक दौरा करते हुए कमरा नं. 7 में आते हैं, दो-चार लड़के किताबों से सीधे नकल कर रहे हैं। यह क्या हो रहा है मास्टर साहब? के जवाब में कक्षा—नियन्त्रक कहता है, नरक है सर! पाँच बार सबके पास से कागज निकालकर जला चुका हूँ, फिर भी किसी न किसी के पास कुछ न कुछ निकलता ही रहता है।''[26]

शिक्षक विद्यार्थियों के प्रति अपनी जिम्मेदारी नहीं समझते। वे इसके प्रति लापरवाह हैं। उनका पूरा ध्यान केवल अपने वेतन और सुविधाओं पर है। जब शिक्षकों को किसी महत्त्वपूर्ण काम पर लगाया जाता है तो वे मौके का फायदा उठाकर वेतन वृद्धि के लिए हड़ताल करने लगते हैं। 'शिक्षक दिवस' में बताया गया है कि इसी दिन शिक्षक हड़ताल पर चले जाते हैं। इस प्रकार शिक्षकों के आचरण में पतन को यहाँ इस व्यंग्य में दिखाया गया है।

7.2 साहित्यिक विसंगतियों पर व्यंग्य

हिन्दी साहित्य के क्षेत्र में आज की जो परिस्थिति है उसमें यह आशा रखना कठिन है कि कोई साहित्यकार उदात्त लेखन कर रहा है। यानी उसके द्वारा रचा जा रहा साहित्य समाज की समस्याओं और पीड़ाओं की करुणा से उत्पन्न हुआ है। ज्यादातर लेखन अपनी प्रसिद्धि और स्वांतः सुखाय ही हो रहा है। साहित्यकार इसलिए लिख रहा है क्योंकि वह अपने बायोडाटा में दिखाना चाहता है कि उसने कितनी किताबें अब तक लिखी हैं या कि कितने शोधपत्र पढ़े हैं। आज साहित्य विश्वविद्यालय की दुनिया तक सिमटकर रह गया है। हर साहित्यकार का कहीं न कहीं किसी विश्वविद्यालय से जुड़ाव या गठजोड़ अवश्य है। सरकारी धन से होने वाली सेमिनार और यात्रा-भत्ता आदि की चाह में साहित्यकार बना व्यक्ति अपने को उसके अनुरूप ढालने में लगा रहता है।

7.2.1 साहित्यकार एवं बुद्धिजीवी वर्ग

शुक्ल जी स्वयं एक बड़े साहित्यकार हैं इसलिए उन्हें इस दुनिया से सीधा

सरोकार रहा है। उनका सम्बन्ध ऐसे तमाम साहित्यकारों से रहा जिनके बारे में या जिनके आचरण के विषय में उन्होंने अपनी रचनाओं में लिखा है। साहित्य-जगत की इन विसंगतियों को उन्होंने करीब से देखा, जिया और महसूसा है।

पुरस्कारों के लेन-देन का खेल भी साहित्यकारों के बीच काफी मशहूर है। लोग जानते हैं कि फलाँ साहित्यकार ने किससे सेटिंग लगवाकर कौन-सा पुरस्कार हासिल किया है। कई साहित्यकार ऐसे हैं जो अपनी रचना को श्रेष्ठ सिद्ध करने के लिए समीक्षाएँ लिखवाते हैं। गोष्ठियाँ करवाते हैं शोध करवाते हैं और बदले में शोध करने और करवाने वालों को लाभ पहुँचाते हैं। इसी विसंगति को शुक्ल जी ने 'कालिदास का संक्षिप्त इतिहास' व्यंग्य में दिखाया है—"आजकल के साहित्यकार अपनी रचना को पुरस्कृत कराने के लिए पहले एक पुरस्कार का विधान करने के बाद अपनी रचना को ही सर्वश्रेष्ठ मनवा लेते हैं।"[27]

'शीर्षकों का शीर्षासन' में शुक्ल जी ने उन रचनाओं और उनके रचनाकारों पर व्यंग्य किया है जिनके शीर्षक और अन्दर की सामग्री में कोई तालमेल नहीं होता। जैसे उदाहरण देते हुए वे बताते हैं कि कंकाल, साकेत, दिव्या और परिमल जैसी महान रचनाओं का शीर्षक भी इसी तरह का है। इस व्यंग्य में उन्होंने 'बन्दर क्या जाने अदरक का स्वाद?' नामक शीर्षक के माध्यम से अपनी बात कही है।

रचनाकारों की रचनाओं के अबूझपने और दुरूहता को लेकर शुक्ल जी लिखते हैं, "लेखक को समझना अपने पालतू कुत्ते को समझने के मुकाबले ज्यादा महत्त्वपूर्ण कार्य है।"[28]

वहीं रचनाकारों की अनुपयोगिता के विषय में अपने व्यंग्य 'मैं महान लेखक क्यों न बन सका' में शुक्ल जी लिखते हैं, "तो महान लेखक न बन पाने की एक वजह तो यही हुई कि मुझे भरोसा नहीं हो पाता कि आपके लिए मेरी उतनी भी जरूरत है जितनी दालमोठ बनाने वाले की। लोग मजनूँ के लिए जितनी हाय-हाय करते हैं उतनी अरस्तू के लिए नहीं। कहा गया है कि, इन्सान सिर्फ़ रोटी के सहारे नहीं जीता। पर आज के ज़माने में वह अगर रोटी के अलावा कुछ और चाहता है तो यकीनन मेरा कलाम नहीं, रोटी के साथ के लिए वह सब्जी या कोरमा चाहता है।"[29]

एक समय ऐसा भी था जब लोग कविताएँ सुनने दूर-दूर से समय निकालकर आते थे और बड़े चाव से कविताएँ सुनते और गुनगुनाते थे। बड़ी भीड़ हुआ करती थी। आज समय बदल गया है लोग कविता और कवियों से घबराने लगे हैं। उनका सामना हो जाये तो बचकर निकल जाने की कोशिश करते हैं कि कहीं ऐसा न हो कि रोककर अपनी कविता सुनाने लगे। 'घुड़सरी

का कवि सम्मेलन' में शुक्ल जी लिखते हैं, ''वे हिन्दी से एम.ए. थे। इसीलिए कवि भी थे। इसलिए उनके मन में दूसरों को कविता सुनाने की इच्छा भी रहती थी। इसलिए लोग उनसे घबराते थे। इससे वे अकेले रह जाते थे। इस हालत में वे और भी कविताएँ लिखते और उन्हें सुनाना चाहते। तब लोग उनसे और भी घबराते।''[30]

विश्व में जितनी हलचल हो रही हो किन्तु भारतीय साहित्यकारों की स्थिति कुछ भिन्न ही होती है। इस सन्दर्भ में शुक्ल जी लिखते हैं, ''भारतीय समाज भुखमरी, बेरोजगारी, अशिक्षा, रोग, मूढ़ता, साम्प्रदायिकता आदि के पंक में आज भी घिसट रहा है और पश्चिम में साहित्य की उद्देश्यपरक मान्यताओं में जो भी बहस हो रही हो, यहाँ का साहित्यकार यहाँ की स्थिति को अनदेखा नहीं कर सकता। यूरोप में समाजवाद को जो भी झटके लगे हों, अपने समाज के संघर्षों से जुड़े हुए भारतीय साहित्यकार की जगह वहीं है, जहाँ वह अब तक था। उसकी नियति इस दैन्यपूर्ण समाज के सामूहिक संघर्ष से जुड़े रहने की है।''[31]

'शॉ का भूमिका भाष्य' नामक व्यंग्य रचना में शुक्ल जी उन लेखकों की बात करते हैं जो स्वयं अपनी रचना की भूमिका लिखते हैं जबकि सामान्य तौर पर यह किसी अन्य रचनाकार या आलोचक द्वारा लिखी जानी चाहिए। लेखक अपने पक्ष में भूमिका इस प्रकार लिखते हैं कि पाठक में अनायास जिज्ञासा पैदा हो और वह उस रचना को पढ़े। ''जो लेखक भूमिका में बहुत अकड़कर बात करता है और अपनी पुस्तक द्वारा जनसाधारण के विचारों को मोड़ देने का दावा करता है वह चालबाज है। उसकी बात समझ बूझकर पढ़ो। वह सड़क पर जादू के खेल दिखाने वाले उन ठगों-सा है जिनकी ठगी को समझकर भी तुम उनका खेल देखने के लिए रुक जाते हो।''[32]

यहाँ शुक्ल जी ऐसे लेखकों को ठगने और अपने झाँसे में फँसाने वाले जादूगर की संज्ञा देते हैं। साहित्यकार अपने लेखन में आदर्श और मनोरंजन का सामंजस्य रखते थे। आदर्श का अभाव उन्हें खटकता था। वर्तमान अधिकांश साहित्य मनोरंजन के लिए रचा जाता है। 'प्रासंगिकता, उपादेयता और सार्थकता का सवाल' व्यंग्य में वे लिखते हैं ''लेकिन आजकल परिस्थितियाँ इतनी तीव्र गति से बदल रही हैं, इतने नये-नये विचार पैदा हो रहे हैं कि कदाचित् अब कोई लेखक साहित्य के आदर्श को ध्यान में रख ही नहीं सकता।''[33]

शहरी वातावरण प्रकृति से कटा हुआ है। प्राकृतिक सौन्दर्य और उसका प्रभाव इन क्षेत्रों में नदारद है। साहित्यकार का मन प्रकृति में रमता है। वह बार-बार प्रकृति की ओर उन्मुख होता है। शुक्ल जी ने अपने पहले व्यंग्य 'स्वण ग्राम और वर्षा' नामक व्यंग्य में इसका वर्णन किया है–''जब पानी बरसा तो कवि को शहर में बड़ी निराशा हुई, क्योंकि वहाँ ईंट, चूने व सिमेण्ट के मकान

थे। सड़कें थीं। नालियाँ थीं। प्रकृति की कोई भी कद्र नहीं थी। दादुर, मोर, पपीहा, बेल वाला डौल न था। अब कवि क्या करे? कविता निकलती है केवल दादुर, मोर, पपीहा की लाइन में खड़े होने पर, अर्थात् उनसे तादात्म्य स्थापित करके। इसलिए कवि ने कल्पना को डाँटा कि वह उसे शहर में क्यों घुमा रही है।''[34]

कवि ने कुछ ऐसे रचनाकारों की जीवन दशा के विषय में समाज दृष्टि पर व्यंग्य किया है जिसका एक दिन बहुत सम्मान होता है लेकिन उसके बाद उसकी कोई सुध नहीं लेता। 'एक पद्मभूषण का अभिनन्दन' में वे दुख के साथ बताते हैं, कि बाद में लोग रचनाकार की स्थिति की कोई परवाह नहीं करते और इसी कारण कई रचनाकार बदहाली में जीवन जीने को मजबूर होते हैं—''इतना महान जनवादी कवि गरीबी और कर्ज के बोझ से टूट गया।''[35]

'लखनऊ' व्यंग्य रचना में लेखक ने आधुनिक महानगर के छद्मपूर्ण, दम्भी व नाटकीय जीवन, बुद्धिजीवियों की बहसों, शारीरिक व्यापार तथा ज्योतिषी के पाखण्डों को उजागर किया है—''पर जहाँ मैं खड़ा था, उसके दाएँ-बाएँ किसी ने इस आधुनिकता की कलई खोल दी थी, क्योंकि एक ओर एक थाली वाला सस्ते दाम का भोजनालय था। दूसरी ओर हनुमानजी का एक मन्दिर था, जहाँ कई लोग आगने को और हनुमानजी को भूलकर राधा-कृष्ण का कीर्तन कर रह थे। कुछ पैंट-कमीज वाले बाबू लोग झेंप-झेंपकर हनुमानजी को प्रणाम कर रहे थे।''[36]

शुक्ल जी के अनुसार आज जैसी परिस्थितियाँ हैं, उसमें आम आदमी को जगाने से ज्यादा प्रभावी है बुद्धिजीवियों को जगाना और बुद्धिजीवियों को जगाने के लिए सहज रास्ता राही नहीं होगा। व्यंग्य ही एक असरकारक साधन है।

'पलायन-संगीत' में बुद्धिजीवियों की अकर्मण्यता, पलायनवादी वृत्ति पर व्यंग्य कसते हुए कहते हैं, ''संगीत-तुम मँझोली हैसियत के मनुष्य हो और मनुष्यता के कीचड़ में फँस गये हो। तुम्हारे चारों ओर कीचड़ ही कीचड़ है। कीचड़ की चापलूसी मत करो। इस मुगालते में न रहो कि कीचड़ से कमल पैदा होता है। कीचड़ में कीचड़ ही पनपता है। वही फैलता है, वही उछलता है। कीचड़ से बचो। यह जगह छोड़ो। यहाँ से पलायन करो।''[37]

शुक्ल जी के बुद्धिजीवियों को लेकर जो विचार हैं, उस पर हरि मोहन शर्मा लिखते हैं शुक्ल जी ने इन पंक्तियों में उनकी मानसिकता का सही बयान किया है—''अगर तुम्हारी किस्मत ही फूटी हो, और तुम्हें यहीं रहना पड़े तो अलग से अपनी एक हवाई दुनिया बना लो। उस दुनिया में रहो जिसमें बहुत से बुद्धिजीवी आँख मूँदकर पड़े हैं। होटलों और क्लबों में, शराबखानों और कहवाघरों में, चंडीगढ़, भोपाल, बैंगलोर के नवनिर्मित भवनों में, पहाड़ी आरामगाहों में, जहाँ कभी न खत्म होने वाले सेमिनार चल रहे हैं। विदेशी मदद से बने

हुए नये-नये शोध संस्थानों में, जिनमें भारतीय प्रतिमानों का निर्माण हो रहा है। कहना न होगा कि भारतीय बुद्धिजीवी वर्ग में इसी मानसिकता का विस्तार अधिक हुआ है।''[38]

हिन्दी साहित्य के इतिहास में बुद्धिजीवियों ने जिस प्रकार से काल विभाजन में अपनी चलाने की कोशिश की है, उस पर चुटकी लेते हुए शुक्ल जी 'हिन्दी इतिहास में एक नया युग' में लिखते हैं' ''प्रेमचन्द, प्रसाद, हरिऔध, आचार्य रामचन्द्र शुक्ल और श्यामसुन्दर दास के साथ एक भारी दुर्घटना हुई। उनकी प्रतिभा के विशेष चमत्कार दुलारे युग में ही प्रकट हुए थे और अब उन सबका देहान्त हो जाने पर यह बात खुली है। उन बेचारे साहित्यिक दिग्गजों को अपने देहावसान के पहले मालूम तक न हो सका कि वे किस युग के साहित्यकार हैं। पन्त, निराला, बच्चन, महादेवी आदि को तो सौभाग्यवश अब मालूम हो गया है कि वे दुलारे युग की देन हैं। यही क्या कम है? सच पूछा जाये तो निराला या वन्दावनलाल वर्मा, दुलारे युग की सेना के सेनानी हैं। ऐसे ही बहुत से साहित्यकार दुलारे युग के प्रवर्तक ने आविष्कृत किये थे जो अपने गर्वीलेपन और अकृतज्ञता के कारण सेना छोड़कर भाग निकले हैं। दुलारे युग का सबसे बड़ा चमत्कार निराला का मानसिक सन्तुलन है।''[39]

इस प्रकार शुक्ल जी ने साहित्य-जगत में साहित्यकारों एवं उनकी रचनाओं के गिरते स्तर पर व्यंग्य किया है। उनका मानना है कि आज साहित्यकार का उद्देश्य केवल पुरस्कार पाना रह गया है। रचकारों के साहित्य में अब पहले की भाँति मौलिकता विद्यमान नहीं है। आज बुद्धिजीवी वर्ग भी आधुनिकता की हवा में बह रहा है। शुक्ल जी वर्तमान समय में साहित्यकारों की दिशाहीनता की ओर भी संकेत करते हैं। केवल मुख्यपृष्ठ सजा दिये जा रहे हैं पर बाकी सम्पूण र्ा पुस्तक का उसके शीर्षक से कहीं मेल नहीं होता। इन सब पर इन्होंने व्यंग्य किया है।

7.2.2 साहित्य और शोध

आज के साहित्य में बहुत कुछ ऐसा भी लिखा जा रहा है जो स्वांतः सुखाय है। उसमें विषय को लेकर न कोई विचार है न कोई धारणा न ही औरों का मंतव्य और न व्यापक ज्ञान। बहुत से ऐसे लेखक भी हैं जो कोई विषय सूझा और लग पड़े लिखने। न अध्ययन की आवश्यकता महसूस करते हैं और न गहन विचार और शोध की। प्रायः इस प्रकार का उथला लेखन भी हो रहा है जिसमें विषय को लेकर कोई गहराई नहीं है।

शुक्ल जी को पता है कि आजकल ज्यादातर विश्वविद्यालय भ्रष्टाचार, अपराध और सेक्स बाजार का अड्डा बन गये हैं। ऐसे संस्थानों में पढ़ाने वाले

प्रोफसरों की स्थिति है—"रंगनाथ इतिहास का भारी विद्वान है पर ज्यादातर लोग उल्लू के पट्ठे हो गये हैं, यूनिवर्सिटियों की हालत अस्तबल जैसी है। बड़े-बड़े प्रोफेसर महज भाड़े के टट्टू हैं।"[40]

सामाजिक कुरीतियों, कुप्रथाओं पर लिखना लोगों को उसके प्रति सजग और जागरूक करना सहित्यकार का कर्तव्य है लेकिन सीधे-सीधे एक धर्म के पक्ष में और दूसरे धर्म के खिलाफ लिखना साहित्यकार की मर्यादा के विरुद्ध है। कई बार साहित्यकार इसे सुधारने के लिए परिस्थितियों में बदलाव लाने के लिए कुछ कठोर लेखन भी करता है लेकिन कई बार ऐसा भी होता है कि लेखक को स्वयं उसका दुष्परिणाम भुगतना पड़ता है। अपने व्यंग्य 'चन्द खत जो हसीनों के नहीं हैं' में शुक्ल जी सलमान रुश्दी की 'शैतानी आयतें' का जिक्र करते हैं। इसमें रुश्दी ने इस्लाम धर्म के खिलाफ और मुसलमान भाइयों के खिलाफ कुछ बातें लिखीं थीं तो मुसलमानों ने रुश्दी को फाँसी पर चढ़ाने की माँग को लेकर हड़ताल कर दी थी।

'साहित्य के लिए मेरी कसौटी' में घटिया साहित्य पर टिप्पणी करते हुए वे लिखते हैं, "घटिया साहित्य दो किस्म का होता है। एक तो घटिया किस्म का साहित्य। उसके बारे में सभी लोग जानते हैं। दूसरा होता है बढ़िया किस्म का साहित्य। उसके बारे में पाठक को बराबर चौकन्ना रहना चाहिए। इस कोटि का साहित्य पता नहीं कि कब बढ़िया बनकर पाठक की रुचि को बिगाड़ दे और उसे स्वाभाविक रूप से उत्तम साहित्य में रुचि लेने से रोक दे।"[41]

हमारे देश में साहित्य-जगत में पुरस्कारों का निर्णय कितने विचार-विमर्श के बाद होता है, यह भी विचारणीय प्रश्न है। शुक्ल जी ने 'एक निर्णय निर्णायकों पर' व्यंग्य निबन्ध में इस सन्दर्भ में लिखा है—"अपने यहाँ साहित्यिक पुरस्कारों का निर्णय ज्यादातर निर्णायक के मानसिक संकल्प समदर्शिता, अनुशासनप्रियता और उसकी शालीनता पर निर्भर होता है। उदाहरण के लिए, एक पुरस्कार समिति की बैठक में जब एक सदस्य की राय पूछी गयी तो उसने अपना मानसिक संकल्प प्रकट करते हुए कहा कि मेरे मन में इस पुरस्कार के लिए श्रेष्ठता के आधार पर तीन नाम हैं : अमुक पुस्तक के लेखक चमुकजी, दूसरे वही चमुक जी और तीसरे फिर वही चमुकजी। अब समदर्शिता देखिए : दूसरे सदस्य की निगाह में हर किताब सिर्फ़ कागज का पैड थी (और सच पूछिए तो है ही)। उन्होंने कहा कि ठीक है, तब चमुकजी को ही इनाम दे दिया जाये। उधर तीसरे और चौथे सदस्य ने एक-दूसरे को देखा, अध्यक्ष की मुख-मुद्रा को भाँपा और इसके पहले कि अध्यक्ष कुछ बोलें, उन्होंने कहा कि हम अध्यक्षजी की बात से सहमत हैं। यह अनुशासनप्रियता थी।"[42]

इसी के समकक्ष शुक्ल जी बुकर प्राइज की प्रक्रिया बताते हैं कि प्रत्येक

सदस्य को 105 उपन्यास पढ़ने पड़े जिनमें से कई दो बार और कई तीन या चार बार भी पढ़े गये। उच्चतर शिक्षा-पद्धति भी दोषपूर्ण बन चुकी है। अनुसंधान का स्तर घटता जा रहा है। बेकारी की कुण्ठा मिटाने के लिए एम.ए. के बाद स्वयं को व्यस्त रखने के लिए विद्यार्थी शोधकार्य कर रहे हैं। परिणामस्वरूप शोधकार्य 'घास खोदने' के समान हो गया है। इस बात को व्यंग्यात्मकता से रंगनाथ कहता है, ''कहा तो, घास खोद रहा हूँ। इसी को अंग्रेज़ी में रिसर्च कहते हैं। परसाल एम.ए. किया था। इस साल से रिसर्च शुरू की है।''[43]

इस तरह साहित्य और शोध के क्षेत्र में व्याप्त विसंगतियों एवं उसके स्तर में आ रही गिरावट की ओर उन्होंने सार्थक ढंग से टिप्पणियाँ की हैं।

7.2.3 भाषा सम्बन्धी विसंगतियाँ

साहित्यकारों के भाषा ज्ञान को लेकर शुक्ल जी कठोर रहे हैं। ऐसे भी रचनाकार हैं जो रचना तो किसी तरह जोड़-तोड़कर बना लेते हैं लेकिन उन्हें भाषा का ठीक ज्ञान नहीं होता। उनकी रचनाओं में ढेरों व्याकरणिक अशुद्धियाँ होती हैं। कई बार कवियों को काव्य विधा की ठीक़ जानकारी तक नहीं होती। 'दो पुराने आदमी' व्यंग्य में शुक्ल जी कुछ इस प्रकार लिखते हैं—''आजकल लोग व्याकरण, पिंगल, काव्यशास्त्र का नाम तक नहीं जानते और नयी-नयी बातों के आविष्कारक बन जाते हैं। कोई दो-दो पंक्तियाँ के लिए मुक्तक लिख रहा है और अतुकान्त चला रहा है, कोई क्रियाओं के नये-नये प्रयोग भिड़ा रहा है और कुछ अकर्मक क्रिया और सकर्मक क्रिया में क्या भेद है, तो अंग्रेज़ी में बोलने लगेंगे।''[44]

'संस्कृत पाठशाला में प्रसाद' में अधकचरे अध्यापक़ों पर व्यंग्य—''पण्डितजी ने न केवल मूल अर्थ को, बल्कि मूल पाठ को भी अपने ढंग से तोड़-मरोड़कर प्रसाद की महिमा का इतना बखान किया था। संस्कृत होने के नाते अशुद्ध अर्थ को 'विकल्प' बताना और अशुद्ध पाठ को 'पाठान्तर' कहना उनका अपना अधिकार है।''[45]

'दीवाली, जुआ और कविगण' में शुक्ल जी बताते हैं कि हमारे प्राचीन कवियों ने अपनी रचनाओं में जुआरियों के भावबोध को बड़ी गहराई से व्यक्त किया है। उसे बताने के लिए उन्होंने बड़े ही व्यंग्यात्मक लहजे में दीवाली के समय का सहारा लिया है। एक जुआरी सारी रात जुआ खेलता रहा और हारता रहा। सवेरा होते-होते एक दाँव वह जीत जाता है और उसके हाथ कोई रत्न लग जाता है। उसकी मनोवृत्ति तुलसी की इन पंक्तियों में प्रकट होती है—

अब लौं न सानी अब ना न सै हों
पायो नाम चारु चिंतामनि उर कर ते न खसै हौ।

मीराबाई ने भी एक ऐसे ही जुआरी के उल्लास का वर्णन किया है, जो पहले बहुत कुछ खो चुका है पर चलते-चलते जिसके हाथ एक उम्दा दाँव लग गया है–

पायोजी मैंने राम रतन धन पायो
जनम जनम की पूँजी पायी जग मैं सभी खोवायो।[46]

लेखक को भारतीय संस्कृति पर अपार गर्व है लेकिन आजकल पाश्चात्य प्रभाव, अंग्रेज़ी फैशन के कारण हमारे देश में बढ़ रही नकल या कहें 'शार्टकट' संस्कृति के कारण देश की राजधानी में चल रहे विभिन्न कारनामों पर व्यंग्यकार ने 'मियाँ की जूती मियाँ के सर' में प्रहार किया है–"नाम तो महापुरुषों के ऊपर रख लिए पर हालत यह है कि रामकृष्णपुरम और तात्याटोपे नगर कहते हुए ज़बान अटकती है। आदत तो ग्रीनपार्क और कले स्कवायर की पड़ी है। तभी वहाँ वाले बड़े सपाट से उन्हें आर.के. पुरम या टी.टी. नगर कहकर फुर्सत पा लेते हैं। अपने यहाँ भी तो यही हुआ। जहाँ हम लोग भंगियों की एक शानदार कॉलोनी बनवाना चाहते थे वहाँ हमारे आवास विभाग ने बनवा डाला, अमर शहीद पण्डित जटाशंकर अवस्थी नगर और अब अमर शहीद का इतना बड़ा नाम लेने में जीभ लड़खड़ाने लगी तो उसे कहने लगे ऐस्पानगर! फिर भी बस्ती बनी उसी ढर्रे पर जिसका शहीद से कोई सरोकार नहीं। दो सौ पलैट अपने पिट्ठुओं को किराये पर देने के लिए नगर निगम ने बनवा लिये और बाकी हज़ारों प्लाट फिर उन्हीं साहब, बीबी और गुलामों में बाँट दिये गये हैं।"[47]

भाषा को लेकर जो सजगता और अपने समय की भाषा की गिरावट और स्थिति को लेकर जो सोच एक साहित्यकार में और उसके साहित्य में दिखनी चाहिए, वह शुक्ल जी के साहित्य में उपस्थित है।

7.2.4 हिन्दी विरोध एवं अंग्रेज़ी के प्रति मोह

आज हमारे देश में ही नहीं, बल्कि दुनिया भर में भाषाओं की जो स्थिति है वह भयावह है। अनगिनत भाषाएँ मर चुकी हैं और कई मरने की कगार पर खड़ी हैं। एक रचनाकार का पूरा-पूरा सरोकार उसकी अपनी भाषा से होता है जिसमें वह साहित्य रचता है। अपनी भाषागत स्थिति के विषय में चिन्तन करना उसका लेखकीय धर्म है। हिन्दी भाषा की स्थिति भी लगातार बदल रही है। उसका स्वरूप बदल रहा हैं। उसमें समृद्धि के नाम पर अंग्रेज़ी शब्दों की बाढ़-सी आ गयी है। विडम्बना यह है कि ऐसा वे लोग कर रहे हैं जो अंग्रेज़ी टूटी-फूटी ही जानते हैं। अपनी मातृभाषा को लेकर उनके मन में हीन भावना घर कर गयी है। विदेशी भाषा को श्रेष्ठ मानकर वे उसे सिरमौर बनाना चाहते हैं। ऐसा व्यावहारिक आचरण किसी भी भाषा के लिए कष्टकर और विनाशक है। स्थिति

यह है कि व्यक्ति अपने बच्चे को पढ़ने के लिए हिन्दी माध्यम के स्कूल में भेजने से भी कतराता है। एक हिन्दीभाषी होने के नाते यह बड़े ही शर्म और दुर्भाग्य की बात है। शुक्ल जी इस सत्य से भली-भाँति परिचित हैं और इसीलिए उन्होंने अपने कुछ व्यंग्यों में इस विषय को उठाया है।

पाठ्यक्रम निर्माण समितियाँ किस प्रकार बच्चों पर अंग्रेज़ी भाषा जबर्दस्ती लाद रही हैं इस पर भी शुक्ल जी ने 'रास्ते की कुतिया' में व्यंग्य किया है। सर्वशिक्षा अभियान की बार-बार घोषणा के बावजूद उसका क्रियान्वयन होता दीख नहीं पड़ता। शुक्ल जी वर्तमान शिक्षा पद्धति को रास्ते की कुतिया कहकर सम्बोधित करते हैं—"वर्तमान शिक्षा पद्धति रास्ते में पड़ी हुई कुतिया है जिसे कोई भी लात मार सकता है।"[48] बच्चों पर बस्तों के बोझ और भाषाओं के बोझ को लेकर भी वे लिखते हैं—"देखना यह है कि ढाई-ढाई साल के बच्चे व बड़े आदमियों के बच्चे भी भारी-भारी बस्ते लिये हुए और रोते हुए स्कूल क्यों जा रहे हैं? उन्हें एक साथ अंग्रेज़ी और अपनी क्षेत्रीय भाषा क्यों झेलनी पड़ती है?"[49]

निष्कर्ष

इस तरह जिस प्रकार वर्तमान मानव जीवन के हर क्षेत्र में विसंगतियाँ हैं, उसी प्रकार साहित्य का क्षेत्र भी इससे अछूता नहीं है। साहित्य रचना का उद्देश्य और उसके उद्भव के विभिन्न कारण हो सकते हैं जैसे पहले किसी घटना के प्रभाव में या किसी खास मनोदशा चाहे वह अवसाद की हो, प्रेम की हो, वात्सल्य की हो या अन्य कोई, उसके आलोक में रचना का उदय हो जाया करता था। परवर्ती काल में भाट-चारण के रूप में राजाओं और सामन्तों की प्रशंसा रूप भी रचनाएँ होने लगीं। सोद्देश्य, समाज को दिशा दिखाने या उसकी विसंगतियों को उभारने वाली रचना भी साहित्य की श्रेणी में आती है।

आज किसी रचना के प्रकाशित होने और उसके प्रसिद्ध होने में प्रकाशक, सम्पादक और रचनाकार के सम्बन्धों का बड़ा हाथ होता है। राजनीति, गठजोड़, गुटबन्दी जैसे कई कारक साहित्य की दुनिया में भी सक्रिय हैं। किसी व्यक्ति या समाज को खुश करने या उसकी निन्दा करने आदि तुच्छ उद्देश्यों को लेकर आज साहित्य रचा जा रहा है। शुक्ल जी अपनी रचनाओं में ऐसी तमाम विसंगतियों पर प्रकाश डालते हैं।

शिक्षा का क्षेत्र इसलिए भी महत्त्वपूर्ण माना जाता है क्योंकि ये हमारे समाज और देश की भविष्य की नींव होता है। शिक्षा के क्षेत्र में यदि सब कुछ ठीक-ठाक हो तो समझिए हमारा समाज सभ्य समाज बना हुआ है और बनने की दिशा में अग्रसर हो रहा है लेकिन केवल ये बातें यथार्थ नहीं हैं। वास्तविकता कुछ अलग है। इस क्षेत्र में विसंगतियों का भण्डार है। राजनीति ने यहाँ भी सेंध

लगायी है और सब कुछ बरबाद करने पर तुली हुई है। राजनीति का अखाड़ा यहाँ भी चलता है। राजनीतिक दल अपनी विद्यार्थी इकाई के माध्यम से इन संस्थानों में भी अपना प्रभाव बनाये रखना चाहते हैं। इसलिए कि उन्हें पता है कि इन्हीं संस्थानों से निकलने वाले बच्चे कल उनके दल के सदस्य बनेंगे और उनका कारोबार चलता रहेगा।

युवा वर्ग से जुड़े होने के कारण यह क्षेत्र बहुत ही संवेदनशील भी है। इसकी दिशा को कोई विचारधारा या भ्रम फैलाकर आसानी से भड़काया जा सकता है। धर्म, जाति, भाषा, प्रान्त के नाम पर भड़काने का काम कई बार यहीं से शुरू होता है।

भ्रष्टाचार ने शिक्षा संस्थानों को बहुत नुकसान पहुँचाया है। शुक्ल जी 'राग दरबारी' में कई स्थानों पर शिक्षा जगत की इन सभी विसंगतियों पर व्यंग्य करते हैं। ग्रामीण इलाकों में शिक्षा-व्यवस्था की दयनीय दशा को भी वे अपने इस उपन्यास के माध्यम से उठाने का प्रयास करते हैं। रिश्वत, सिफारिश और घूसखोरी की समस्या शिक्षा जगत में भी बड़े पैमाने पर है। कई बार तो सरकारी धन से चल रही कोई पाठशाला शिक्षक और विद्यार्थी केवल कागज पर ही होते हैं वास्तव में कुछ होता ही नहीं। ऐसी अन्धेर नगरी शिक्षा के क्षेत्र में होना हमारे समाज और देश के लिए दुर्भाग्यपूर्ण है। इसकी चिन्ता और दुख शुक्ल जी को भी है जो उनके व्यंग्यों में हमें लगातार अनेक प्रसंगों में दिखाई देती है।

सन्दर्भ सूची

1. श्रीलाल शुक्ल : विचार विश्लेषण एवं जीवन : सं. प्रेम जनमेजय, पृष्ठ 75
2. राग दरबारी : श्रीलाल शुक्ल, पृष्ठ 250
3. पहला पड़ाव : श्रीलाल शुक्ल, पृष्ठ 162
4. यहाँ से वहाँ : श्रीलाल शुक्ल, पृष्ठ 41
5. वही, पृष्ठ 118
6. राग दरबारी : श्रीलाल शुक्ल, पृष्ठ 200
7. सूनी घाटी का सूरज : श्रीलाल शुक्ल, पृष्ठ 112
8. राग दरबारी : श्रीलाल शुक्ल, पृष्ठ 312
9. आओ बैठ लें कुछ देर : श्रीलाल शुक्ल, पृष्ठ 48
10. सूनी घाटी का सूरज : श्रीलाल शुक्ल, पृष्ठ 142
11. वही, पृष्ठ 113
12. राग दरबारी : श्रीलाल शुक्ल, पृष्ठ 308
13. कुछ ज़मीन पर कुछ हवा में : श्रीलाल शुक्ल, पृष्ठ 163
14. राग दरबारी : श्रीलाल शुक्ल, पृष्ठ 16
15. वही, पृष्ठ 16
16. सूनी घाटी का सूरज : श्रीलाल शुक्ल, पृष्ठ 111

17. वही, पृष्ठ 113
18. वही, पृष्ठ 165
19. कुछ ज़मीन पर, कुछ हवा में : श्रीलाल शुक्ल, पृष्ठ 376
20. सीमाएँ टूटती हैं : श्रीलाल शुक्ल, पृष्ठ 166
21. राग दरबारी : श्रीलाल शुक्ल, पृष्ठ 15
22. आओ बैठ लें कुछ देर : श्रीलाल शुक्ल, पृष्ठ 137
23. वही, पृष्ठ 140
24. वही, पृष्ठ 107
25. वही, पृष्ठ 156
26. वही, पृष्ठ 180
27. वही, पृष्ठ 66-67
28. यह घर मेरा नहीं : श्रीलाल शुक्ल, पृष्ठ 73
29. कुछ ज़मीन पर कुछ हवा में : श्रीलाल शुक्ल, पृष्ठ 183
30. जहालत के पचास साल : श्रीलाल शुक्ल, पृष्ठ 80
31. अगली शताब्दी का शहर : श्रीलाल शुक्ल, पृष्ठ 50
32. जहालत के पचास साल : श्रीलाल शुक्ल, पृष्ठ 323
33. कुछ ज़मीन पर कुछ हवा में : श्रीलाल शुक्ल, पृष्ठ 195
34. जहालत के पचास साल : श्रीलाल शुक्ल, पृष्ठ 9
35. वही, पृष्ठ 207
36. यहाँ से वहाँ : श्रीलाल शुक्ल, पृष्ठ 12-13
37. राग दरबारी : श्रीलाल शुक्ल, पृष्ठ 422
38. राग दरबारी - विचार एवं विश्लेषण : हरि मोहन शर्मा, पृष्ठ 36
39. कुछ ज़मीन पर कुछ हवा में : श्रीलाल शुक्ल, पृष्ठ 71
40. राग दरबारी : श्रीलाल शुक्ल, पृष्ठ 328
41. कुछ ज़मीन पर कुछ हवा में : श्रीलाल शुक्ल, पृष्ठ 203
42. आओ बैठ लें कुछ देर : श्रीलाल शुक्ल, पृष्ठ 91
43. राग दरबारी : श्रीलाल शुक्ल, पृष्ठ 11
44. जहालत के पचास साल : श्रीलाल शुक्ल, पृष्ठ 380
45. अंगद का पाँव : श्रीलाल शुक्ल, पृष्ठ 15
46. जहालत के पचास साल : श्रीलाल शुक्ल, पृष्ठ 152
47. मेरी श्रेष्ठ व्यंग्य रचनाएँ : श्रीलाल शुक्ल, पृष्ठ 43
48. राग दरबारी : श्रीलाल शुक्ल, पृष्ठ 15
49. आओ बैठ लें कुछ देर : श्रीलाल शुक्ल, पृष्ठ 59

अध्याय-8

व्यंग्य के अन्य आयाम

8.1 व्यक्तिपरक व्यंग्य

व्यक्तिपरक व्यंग्य लेखन की दृष्टि से शुक्ल जी का लेखन भी काफी प्रभावी है। उन्होंने कई नामचीन और प्रसिद्ध व्यक्तित्वों को आधार बनाकर उनके जीवन और विचारों की विसंगतियों पर व्यंग्य किया है। इनमें विभिन्न क्षेत्रों की हस्तियों का समावेश है यथा—राजनीति, साहित्य, कला आदि। शुक्ल जी ने नेहरू, इन्दिरा, राजीव गाँधी और अर्जुन सिंह जैसे राजनेताओं पर व्यंग्य लिखा है तो फिल्मी हस्तियों पर भी। उन्होंने अनेक साहित्यकारों, रचनाकारों, आलोचकों को भी सीधे तौर पर अपने व्यंग्य का विषय बनाया है।

'होरी और उन्नीस सौ चौरासी', 'लखनऊ-2', 'महापुरुषों की याद में', 'फरमाबरदारी वफादारी और खिदमत', 'दूरदर्शन का दर्शन जीवन', 'एक बेचैन रिश्ता : सत्ता और संस्कृति', 'पण्डित, ठाकुर, लाला, बाबू, मुंशी आदि', 'भूतनाथ की चोरी', 'राजनीतिज्ञों की पंचायत', 'दुराचार बनाम भ्रष्टाचार', 'एम.एस.टी. और आतंकवाद', 'बताने का अधिकार और जानने का भी', 'जनवाणी बनाम महाजनवाणी', 'एक देहाती की नज़र में शहर के सौ मीटर', 'फिर मिल गये मुहाविरों के प्रेमजी', 'तलाश जारी है आम आदमी की', 'मैं महान लेखक क्यों न बन सका' आदि अनेक रचनाओं में उन्होंने व्यक्तिपरक व्यंग्य किया है।

इन व्यंग्य रचनाओं में उन्होंने निजी जीवन की बजाय उनके सार्वजनिक जीवन और उनकी व्यवसायगत विसंगतियों को उभारा है। राजनीतिज्ञों के काले कारनामों, उनकी चरित्रहीनता और स्वार्थान्धता को उजागर करने का प्रयास इसी उपक्रम का एक हिस्सा है।

शुक्ल जी ने साहित्य से सम्बन्धित अनेक विसंगतियों पर व्यंग्य करते हुए व्यक्तिगत रूप से साहित्यकारों पर भी व्यंग्य किया है। कई बार तो उन्होंने कुछ प्रसिद्ध रचनाओं के प्रसिद्ध पात्रों को आधार बनाकर रचना, रचनाकार

और परिवेश को साथ लेकर गजब का व्यंग्य किया है। 'होरी और उन्नीस सौ चौरासी' को ही देखिये, '1984 का दिसम्बर। 1934-35 के दिन होते तो प्रेमचन्द के उपन्यास गोदान का नायक होरी इस वक्त अपने गाँव सेमरी में टूटे छप्पर के नीचे बैठा हुआ इधर-उधर से बीनकर लायी हुई लकड़ी और ईख की सूखी पत्तियों का अलाव ताप रहा होता। पर 1984 खासतौर से जार्ज आर्वेल के 1984 में होरी कुछ और ही हो गया है। वह अब हुक्का नहीं, बीड़ी पी रहा है। कछार में चोरी से चुराया हुआ महुए का ठर्रा भी वाजिब खुराक में पी चुका है। वह पण्डित मातादीन की पक्की चौपाल में पूस की रात के इस पहले पहर में टी.वी. देख रहा है और प्रोलफील्ड खा रहा है।

पण्डित मातादीन? गोदान के पाठक शायद चौंकें। यह वही मातादीन है न जिसके पिता पण्डित दातादीन थे, जिसने सिलिया नाम की चमारिन से प्यार किया था जिसके प्यार का फल रामू था, जिसने बाद में सिलिया को अपनाते हुए कहा था, "मैं ब्राह्मण नहीं, चमार ही रहना चाहता हूँ' वह फिर से पण्डित कैसे। इसकी चर्चा बाद में होगी, पहले होरी और उसका प्रोलफील्ड।[1]

9 सितम्बर 1989 के हिन्दुस्तान टाइम्स में प्रकाशित संगीत नाटक अकादमी के अध्यक्ष श्री गिरीश कर्नाड का साक्षात्कार है। अपनी अकादमी और क्षेत्रीय सांस्कृतिक केन्द्रों की चर्चा करते हुए वे कहते हैं, "यह सही है कि क्षेत्रीय सांस्कृतिक परिषदों और भारतीय सांस्कृतिक सम्बन्ध परिषद के मुकाबले अकादमी छोटी दिखती है पर मैं बताना चाहता हूँ कि संस्कृति की आज वही परिभाषा है जो अकादमी ने निर्मित की है। अतः जब क्षेत्रीय परिषदें कहती हैं कि हम संस्कृति को जनसाधारण तक ले जाना चाहते हैं तो मैं कहना चाहूँगा कि यह वही संस्कृति है जिसकी अकादमी ने खोज की थी, जिसे अकादमी ने रिकॉर्ड किया, जिसे अकादमी ने लोकप्रिय बनाया। गिरीश कर्नाड जैसे विलक्षण और प्रबुद्ध व्यक्ति के मुँह से यह बातें आश्चर्यजनक लगती हैं।"[2]

"यह शिष्टाचार सिर्फ़ राजनेताओं, वकीलों, डॉक्टरों आदि तक ही सीमित न था। (वैसे व्यावसायिक जीवन में डॉक्टर लोग पण्डित, लाला, बाबू आदि कहलाने से बच जाते हैं उनके नाम के आगे 'डॉक्टर' की चिप्पी लगकर उनकी जाति के सम्मानसूचक उल्लेख को बचा लिया जाता था) "यह शिष्टाचार साहित्य, शिक्षा, कला के क्षेत्र में प्रतिष्ठित व्यक्तियों पर भी चिपकता था, 'पण्डित' महावीरप्रसाद द्विवेदी, बाबू श्यामसुन्दर दास, 'ठाकुर' गोपालशरण सिंह, लाला सीताराम भूप, और अन्त में पर सबसे मुंशी प्रेमचन्द।"[3]

मेरी समझ में कुछ वर्षों में जिन्होंने भारत का नाम रोशन किया है यानी यूरोप या अमेरिका के अख़बारों में इस अनजाने देश को उभारे रखा है "उनमें तीन व्यक्ति मुख्य हैं पण्डित रविशंकर, सलमान रुश्दी और पामेला बोर्डेस। चाहे

तो दूसरे और तीसरे नाम के बीच में विक्रम सेठ को भी शामिल कर लें।"[4]

'फिर मिल गये मुहाविरों के प्रेमी जी' में हरिऔध जी के मुहाविरा शैली की चर्चा करते हैं, "बचपन में हरिऔध जी जैसे जो हमें मुहावरे के प्रेमी मिले थे। वह साफ-सुथरे और खुले दिलवाले कवि थे। वह सीधी-साधी बातों को मुहावरों की मार्फत कविता तक पहुँचा देते थे। हरिऔध जी और उनके जैसे दूसरे कवियों की वह खूबी थी कि वह मुहावरों का इस्तेमाल टेढ़ी बात को सीधा बनाने के लिए करते थे जबकि मुहावरों की आदत है कि वह सीधी बात को भी टेढ़ा बना देते हैं।"[5]

'मैं महान लेखक क्यों न बन सका' में काका हाथरसी सहित अनेक विदेशी कवियों की चर्चा करते हैं, "अगर सचमुच ही आप ऐसा कहने लगे तो बात यहीं खत्म हो जायेगी। अगर आपने तय कर लिया कि मैं महान लेखक हूँ तो हूँ। आखिर महान लेखक होता कौन है, वही न जिसे पाठक महान माने। तभी पाठक की राय के मुताबिक टी.एस. इलियट और काका हाथरसी महान कवि हैं। प्रेमचन्द और गुलशन नंदा महान उपन्यासकार हैं। यह पाठक की ही महानता है कि वह टॉलस्टॉय के सामने आयन फ्लेमिंग को, टॉमस मान के आगे एल्स्टेयर मैक्लीन को और शॉल बेलों के साथ मारियो प्यूजो को बराबरी का दर्जा देता है। मगर अफसोस ये है कि पाठकों में न तो कोई मुझे रवीन्द्रनाथ ठाकुर के साथ जोड़ रहा है, न कर्नल रंजीत के साथ।"[6]

रचनाकर्म की उपेक्षापूर्ण स्थिति पर दुख 'मैं महान लेखक क्यों न बन सका' में प्रकट किया है, अकबर इलाहाबादी ने एक जगह कहा है कि "नाम कर जाते हैं दुनिया में जो खुश किस्मत हैं कोई मजनूँ की तरह कोई अरस्तू की तरह' अकबर महान कवि थे जिनका 'कलामे-रंगी' दुनिया में फूल की तरह। खिलता था, खुशबू की तरह फैलता था पर मेरा कलाम चाहे जैसा हो और कारनामे चाहे जो हों मैं जानता हूँ कि न मैं मजनूँ बन सकूँगा और न अरस्तू ही। मेरा कलाम फूल की तरह खिलता जरूर है पर खुशबू की तरह फैलने के पहले ही हवा में खो जाता है यानी उन घटिया पत्रिकाओं और किताबों के पन्नों में गुम हो जाता है, जिनके कागज का लिफाफा बनाकर बाद में उनमें दालमोट बाँधी जायेगी और तारीफ दालमोट की होगी लिफाफे पर छपे हुए कलामे-रंगी की नहीं।"[7]

'प्रासंगिकता, उपादेयता और सार्थकता का सवाल' साहित्यकारों के लेखन में समाज की गरीबी, दुख और समस्याओं के बदले प्रेम प्रसंगों के वर्णन को लेकर व्यंग्य करते हुए फैज पर टिप्पणी की है, "फ़ैज़ अहमद फ़ैज़ की मशहूर नज्म 'मुझसे पहली सी मुहब्बत मेरे महबूब न माँग' में कभी नहीं समाज में फैले हुए शोषण और आदमी की भयंकर तकलीफों का हवाला देकर अपनी महबूबा

से लगभग मुहाफिज जैसी माँगी है और बताया है कि किस तरह उनका ध्यान महबूबा से खिंचकर बार-बार गरीबी और सामाजिक समस्याओं की ओर जा रहा है। प्रेमचन्द ने साहित्य के आदर्शों की शुरू में भले ही बात कही हो उन्होंने अपनी कलम को दीन-दुखी दुर्बलों के प्रति हमेशा के लिए समर्पित कर दिया है और ऐसा करके वे श्रीमती कलादेवी के मन्दिर में जाकर माफी नहीं माँगते। वह मान चुके हैं वह जो समाजोन्मुख साहित्य लिख रहे हैं, वही असली कला है।''[8]

'शीर्षकों का शीर्षासन' में शुक्ल जी ने उन रचनाओं और उनके रचनाकारों पर व्यंग्य किया है जिनके शीर्षक और अन्दर की सामग्री में कोई तालमेल नहीं होता। जैसे उदाहरण देते हुए वे बताते हैं कि कलाल, साकेत, दिव्या और परिमल जैसी महान रचनाओं का शीर्षक भी इसी तरह का है। इस व्यंग्य में उन्होंने 'बन्दर क्या जाने अदरक का स्वाद?' नामक शीर्षक के माध्यम से अपनी बात कही है।

'कालिदास का संक्षिप्त इतिहास' व्यंग्य में दिखाया है—''आजकल के साहित्यकार अपनी रचना को पुरस्कृत कराने के लिए पहले एक पुरस्कार का विधान करने के बाद अपनी रचना को ही सर्वश्रेष्ठ मनवा लेते हैं।''[9]

'लखनऊ' व्यंग्य रचना में लेखक हनुमानजी और राधा का नाम लेते हुए उनके भक्तों के स्वभावों और आचरण को व्यक्त कर रहे हैं। यहाँ आधुनिक महानगर के छद्मपूर्ण, दम्भी व नाटकीय जीवन, बुद्धिजीवियों की बहसों, शारीरिक व्यापार तथा ज्योतिषी के पाखण्डों को उजागर किया है—''पर जहाँ मैं खड़ा था, उसके दायें-बायें किसी ने इस आधुनिकता की कलई खोल दी थी, क्योंकि एक ओर एक थाली वाला, सस्ते दाम का भोजनालय था। दूसरी ओर हनुमानजी का एक मन्दिर था, जहाँ कई लोग अपने को और हनुमानजी को भूलकर राधा-कृष्ण का कीर्तन कर रहे थे। कुछ कमीज वाले बाबू लोग झेंप-झेंपकर हनुमानजी को प्रणाम कर रहे थे।''[10]

शुक्ल जी 'हिन्दी इतिहास में एक नया युग' में साहित्य के इतिहासकारों पर व्यंग्य करते हुए लिखते हैं, ''प्रेमचन्द, प्रसाद, हरिऔध, आचार्य रामचन्द्र शुक्ल और श्यामसुन्दर दास के साथ एक भारी दुर्घटना हुई। उनकी प्रतिभा के विशेष चमत्कार दुलारे युग में ही प्रकट हुए थे और अब उन सबका देहान्त हो जाने पर यह बात खुली है। उन बेचारे साहित्यिक दिग्गजों को अपने देहावसान के पहले मालूम तक न हो सका कि वे किस युग के साहित्यकार हैं। पन्त, निराला, बच्चन, महादेवी आदि को तो सौभाग्यवश अब मालूम हो गया है कि वे दुलारे युग की देन हैं। यही क्या कम है? सच पूछा जाये तो निराला या वृन्दावनलाल वर्मा, दुलारे युग की सेना के सेनानी हैं। ऐसे ही बहुत से साहित्यकार दुलारे युग के प्रवर्तक ने आविष्कृत किये थे जो अपने गर्वीलेपन और अकृतज्ञता के कारण

सेना छोड़कर भाग निकले हैं। दुलारे युग का सबसे बड़ा चमत्कार निराला का मानसिक सन्तुलन है।"[11]

अपने व्यंग्य 'चन्द खत जो हसीनों के नहीं हैं' में शुक्ल जी सलमान रुश्दी की 'शैतानी आयतें' का जिक्र करते हैं। इसमें रुश्दी ने इस्लाम धर्म के खिलाफ और मुसलमान भाइयों के खिलाफ कुछ बातें लिखी थीं तो मुसलमानों ने रुश्दी को फाँसी पर चढ़ाने की माँग को लेकर हड़ताल कर दी थी।

'दीवाली जुआ और कविगण' में शुक्ल जी बताते हैं कि हमारे प्राचीन कवियों ने अपनी रचनाओं में जुआरियों के भावबोध को बड़ी गहराई से व्यक्त किया है। उसे बताने के लिए उन्होंने बड़े ही व्यंग्यात्मक लहजे में तुलसी और मीराबाई की पंक्तियों का सहारा लिया है–"एक जुआरी सारी रात जुआ खेलता रहा और हारता रहा। सबेरा होते-होते एक दाँव वह जीत जाता है और उसके हाथ कोई रत्न लग जाता है। उसकी मनोवृत्ति तुलसी की इन पंक्तियों में प्रकट होती है–

अब लौं न सानी अब ना नसै हों
पायो नाम चारु चिंतामनि उर कर ते न खसै हौ।

मीराबाई ने भी एक ऐसे ही जुआरी के उल्लास का वर्णन किया है, जो पहले बहुत कुछ खो चुका है पर चलते चलते जिसके हाथ एक उम्दा दाँव लग गया है–

"पायोजी मैंने नाम रतन धन पायो
जनम जनम की पूँजी पायी जग मैं सभी खोवायो।"[12]

महाकवि कालिदास के माध्यम से प्रजातन्त्र की संरचना को प्रतीकात्मक ढंग से व्यक्त करते हुए शुक्ल जी लिखते हैं, "जैसे कालिदास को इस बैलगाड़ी से उत्कृष्ट साहित्य की प्रेरणा मिली थी। वैसे ही आजकल यह प्रजातन्त्र की प्रेरक शक्ति है। ये बैल केबिनेट के समान है। गाड़ीवान प्रेसीडेंट का काम करता है जो बैलों को चलाता है और नहीं भी चलाता। यह गाड़ी है, यह गाड़ीवान, ये सब हमारे हैं। हम जनता हैं।"[13]

मतिराम, बिहारी और श्रृंगार रस प्रधान कवियों को प्रतीक रूप में उपयोग कर शुक्ल जी उन कवियों पर कटाक्ष करते हैं जो हर परिस्थिति में अनावश्यक रूप से मुग्ध होकर किसी की प्रशंसा में कविता रचने लगते हैं, "इस देश के निवासी परम्परा से कवि हैं। चीज़ को समझने से पहले वे उस पर मुग्ध होकर कविता कहते हैं। भाखड़ा नंगल बाँध को देखकर वे कह सकते हैं, 'अहा! अपना चमत्कार दिखाने के लिए, देखो, प्रभु ने फिर भारत भूमि को ही चुना। ऑपरेशन टेबल पर खड़ी हुई युवती को देखकर वे मतिराम बिहारी की कविताएँ दुहराने लग सकते हैं।"[14]

अपरोक्ष रूप से मर्लिन मुनरो को बैठने के तरीके पर व्यंग्य करते हुए शुक्ल जी 'राग दरबारी' के खन्ना मास्टर की खिंचाई करते हैं, "खन्ना मास्टर, जो अभी तक पालथी मारे बैठे थे, अचानक घुटने मोड़कर और सीना तान कर जिस्म के उतार-चढ़ाव को दिखाने वाले स्वर्गीय मर्लिन मुनरो के एक विख्यात पोज में बैठ गये।"[15]

"उसको लँगड़ा कहते थे। माथे पर कबीरपन्थी तिलक, गले में तुलसी की कंठी, आँधी पानी झेला हुआ दढ़ियल चेहरा, दुबली-पतली देह, मिर्जई पहने हुए। एक पैर घुटने के पास से कटा था, जिसकी कमी एक लाठी से पूरी की गयी थी। चेहरे पर पुराने ज़माने के उन ईसाई सन्तों का भाव, जो रोज, अपने हाथ से अपनी पीठ पर खींचकर सौ कोड़े मारते हों।"[16]

हेनरी मिलर और डी.एच. लारेंस की कला पर व्यंग्य करते हुए शुक्ल जी कहते हैं कि उनके समान दिखनेवाले दो पहलवान झूमते हुए निकले। एक तो बद्री थे, दूसरे छोटे। दोनों की खोपड़ियाँ घुटी थीं। उन पर पसीने की मदद से मिट्टी का पलस्तर जैसा चढ़ गया था। गरदन पर पीछे की ओर गैंडे जैसी झुर्रियाँ, दोनों ने लँगोट की पट्टी आगे हाथी की सूँड़ की तरह लटका ली थी। सँकरी पट्टी के दोनों ओर से संक्षिप्त अण्डकोश ब्रह्माण्ड में प्रदर्शित हो रहे थे। पर जिस तरह कला के नाम पर हेनरी मिलर और डी.एच. लारेंस की अश्लीलता को माफी मिल जाती है उसी तरह भारतीय व्यायाम के नाम पर इन दोनों पहलवानों को यह सब दिखाने की छूट मिल गयी थी।"[17]

राष्ट्रपति के चुनाव को लेकर 'बहस जारी रहेगी : मैं भी शामिल हूँ' में कई न्यायविदों के मन्तव्यों के माध्यम से व्यंग्य किया है। 'वसन्त साठे ने कहा, ये अनुच्छेद बदलकर राष्ट्रपति का सीधा चुनाव करा लीजिए।'

जस्टिस कृष्णा अय्यर ने कहा, 'पर अनुच्छेद 74 को बदले बिना इसका मतलब क्या होगा? और इस सबसे फायदा भी क्या होगा?'

नानी पालकीवाला ने कहा, 'फायदा जरूर होगा अमरीकी ढंग की राष्ट्रपति शासन प्रणाली से।' न भूलें कि प्रणाली का शाब्दिक अर्थ नाली है। जो गन्दा पानी नाली में बह रहा है, उसे दूसरी नाली में बहाने से कौन-सा लाभ?

मालदा में इंका के तत्कालीन महासचिव राजीव गाँधी ने कहा, 'राष्ट्रपति शासन प्रणाली के हम में दिये जानेवाले तर्कों से इत्मीनान नहीं होता।' पर किशनगंज में रेल पर चढ़ते-चढ़ते उन्होंने कहा, "इस मामले में बहस-मुबाहसा हो तो हमें ऐतराज नहीं।"[18]

शुक्ल जी ने अपने व्यक्तिपरक व्यंग्यों के लिए नेहरू जैसे कद्दावर नेता को भी नहीं छोड़ा है। 'महापुरुषों की याद में' नामक व्यंग्य में उनके सम्पूर्ण व्यक्तित्व, उनके कामकाज, उनके समय के सत्ता शासन, सब पर उन्होंने

अपने लहजे में चुटकी ली—"हमारी पीढ़ी यानी उन लोगों की है जो 1947 के आसपास जवान हो रहे प्रायः नेहरू भक्त थे। समाजवाद के मामले में उनकी कथनी और करनी के बीच एक खाई या कम से कम एक कुहासे का पर्दा देखते हुए भी हमें भरोसा था कि देश में अगर समाजवाद आयेगा या सिद्धान्त की राजनीति पुख्ता होगी तो वह पण्डित नेहरू के ही बूते पर होगी। अन्तर्राष्ट्रीय जगत में एक बड़ा नेता बनने की महत्वाकांक्षा रखने वाले पण्डित नेहरू के पंचशील और गुटनिरपेक्ष आन्दोलन की नाटकीयता देखते हुए भी हमें विश्वास था कि राष्ट्रीय जीवन में निबन्ध और सबसे कमजोर नागरिक को अगर कोई सामाजिक न्याय दिला सकता है तो वह पण्डित नेहरू ही होंगे।"[19]

राजनीतिक गलियारों में अपनों के नाम पर सार्वजनिक सम्पत्तियों का नामकरण करना खासतौर पर गाँधी परिवार में बहुत चलता है। देश के सर्वाधिक संस्थान गाँधी परिवारों के नाम पर ही रखे गये हैं। शुक्ल जी नामकरण के इसी खेल की चर्चा करते हैं, "बहरहाल, सत्ता और शक्तितन्त्र में बैठे हुए लोग शायद ऐसा ही समझते हैं। तभी वे पण्डित नेहरू के सिद्धान्तों और आदर्शों की भावना को व्यापक रूप से जगाकर उसी में उनकी याद को चिरस्थायी बनाने की कोशिश नहीं करते। यह काम जन नेताओं के लिए नहीं है, इसे भाड़े के इतिहासकारों और समाज विज्ञानियों के लिए छोड़ रखा गया है उसकी जगह सत्तातन्त्र फूहड़ ढंग से जो भी राष्ट्रीय योजना आज्ञा संस्था बनी उस पर जवाहर का नाम जोड़ने में मशहूर है चाहे वह गरीबों के लिए रोजगार योजना हो या 880 करोड़ की लागत वाला नावाभोवा बन्दरगाह हो। सबका आदि नाम जवाहर टी टोना चाहिए।"[20]

नेहरू के व्यक्तित्व को समझने की दृष्टि से उन्होंने कई टिप्पणियाँ की हैं। "यथार्थ से नेहरू की दूरी 1950 से ही शुरू हो गयी थी। दोस्त और दुश्मन की पहचान धुँधली पड़ने लगी थी। चीन से लड़ाई इसी का चरम बिन्दु थी।"[21]

'फरमाबरदारी वफादारी और खिदमत' नामक व्यंग्य में शुक्ल जी ने मध्य प्रदेश के पूर्व मुख्यमन्त्री और केन्द्रीय मन्त्री अर्जुन सिंह के चरित्र पर रोशनी डाली है। अर्जुन सिंह के बारे में कुछ कहना जलते बल्ब को बुझी लालटेन दिखाने जैसा है पर इन शब्दों की हैसियत पर रोशनी डालना जरूरी है। याद कीजिए 10 साल पहले के उस दौर को जब 'इन्दिरा इज़ इंडिया' का नारा लगाने वालों के शब्दकोश में सिर्फ़ एक शब्द इज लॉयल्टी जिसका देसी उल्टा निष्ठा नहीं वफादारी होगा। संजय ब्रिगेड की तपती गर्मियों में एक और शब्द जुड़ा, 'सर्विस' यानी खिदमत। अब जिस शब्द में शक्कर को मुकम्मल कर दिया है, वह—'ड्यूटी' यानी कर्तव्य। पर कर्तव्य एक सिरफिरी हरकत हो सकती है। अगर कहीं उसमें अपना निजी विचार या उस पर आधारित कोई सिद्धान्त

जोड़ दिया जाये। असली ड्यूटी तो वह है जो चुंगी के जमादार से लेकर जनरल तक करते हैं।

आधी सदी पहले राजनीति में भी यह तीनों शब्द चलते थे। पर उनके समझने में तब काफी अराजकता थी। तिलक, गाँधी, सुभाष, पटेल, नेहरू से लेकर लोहिया तक इन तीनों शब्दों की अपनी-अपनी परिभाषा बनाने में ही खपते रहे। ये उस सिरफिरी जमात के थे जो सबसे पहले अपना विचार स्थिर करती है, फिर उसी के प्रति वफादार होकर खिदमत का रास्ता तय करती है। पर चूँकि विचार एक हवाई जहाज है इसलिए इनकी जिन्दगी का पूरा माहौल भी हवाई बन गया। इस माहौल को पीछे ठेलकर आज की राजनीति ज्यादा ठोस आधार पर ड्यूटी वगैरह को पकड़ती है। वह सारे सिद्धान्तों को अपने प्यारे नेता की कंचनकाया में, विचार उसकी आवाज में और सेवा उसकी फरमाबरदारी में देखने लगी है। यानी पार्टी सिद्धान्तों की है कल्चर गिरोह की है।[22]

'दूरदर्शन का दर्शन जीवन' में एक टिप्पणी के अन्तर्गत रिबेरो, अर्जुन सिंह, राष्ट्रपति रेगन और प्रधानमन्त्री को लपेटकर अपनी बात कही गयी है। ट्यूनिशिया में फिलिस्तीनी मुक्ति संगठन के कैम्प पर इजरायल की बमबारी के खिलाफ हमारे प्रधानमन्त्री का वक्तव्य पढ़ते ही रजनी पहले अमेरिका के राष्ट्रपति ड्रैगन के पास जाकर उन्हें फटकारती है फिर उनसे निराश होकर भारत के प्रसिद्ध पुलिस अफ़सर और गुजरात के डी.जी.पी. रिबेरो को साथ लेकर इजराइल के प्रधानमन्त्री से मिलने का फैसला करती है। रिबेरो उसे आतंकवाद के खिलाफ शानदार कामयाबी पाने वाले पंजाब के गवर्नर अर्जुन सिंह को अपने साथ ले जाने का सुझाव देते हैं। अब इस एपिसोड में किसी चमत्कार से रजनी ने इस्राइल पर अपनी नैतिक दिग्विजय प्राप्त की, इस खोज का काम मैं 'रजनी' के लोकप्रिय निर्देशक बासू चटर्जी के लिए छोड़ रहा हूँ।''[23]

'पण्डित, ठाकुर, लाला, बाबू, मुंशी आदि' नामक व्यंग्य में शुक्ल जी गाँधी-नेहरू परिवार की राजशाही और भारतीय राजनीति में परिवारवाद को लेकर लिखते हैं कि ''जब प्रधानमन्त्री राजीव गाँधी भूतपूर्व प्रधानमन्त्री जवाहरलाल नेहरू के लिए 'पण्डितजी' 'पण्डितजी' की रट लगाते हैं तो यकीन मानिए, वे एक अत्याधुनिक 21वीं सदी में नहीं, सिर्फ़ एक चुनाव-वर्ष में प्रवेश कर रहे होते हैं। चुनाव-वर्ष, जिसमें ब्राह्मणों को याद दिलाना होता है कि पण्डित जी भले ही विलायत में पढ़े हों, गढ़े वे ब्राह्मण परिवार से ही हैं पर यह सोचना राजीव गाँधी के साथ ज्यादती होगी कि जवाहरलाल नेहरू को पण्डित उन्होंने बनाया है। उन्होंने सिर्फ़ इतना किया है कि सार्वजनिक रूप से वे नाना कहकर उनका बार-बार बखान नहीं करते। मसलन वे संसद में जाकर 'जवाहर रोजगार योजना' की घोषणा करते हैं, उसे 'नाना रोजगार योजना' नहीं कहते।

इसके विपरीत कुछ ही दिन पहले वे 'इन्दिराजी' न कहकर लोकसभा में उन्हें माँ की हैसियत से याद करते रहे, उस दिवंगत माँ की याद करते रहे जिसके वे एकमात्र बचे हुए पुत्र हैं। प्रसंग दुःखद है पर जो बात उभरकर आती है वह यह है कि वोट की जरूरत पड़े तो नाना को पण्डित जी कहकर सम्बोधित करो और पिछली प्रधानमन्त्री इन्दिरा गाँधी को 'माँ' कहकर याद करो। एक ही साँस में बाजाप्ता सरकारी तन्त्र बन जाओ, उसी के बाद घरेलू बालक भी।''[24]

यहाँ नाम के पहले विशेषण रूप शब्द जोड़े जाने की परम्परा को लेकर शुक्ल जी ने चुटकी ली—''पुराने नेताओं के नाम के आगे 'श्री' या 'मिस्टर' की जगह कुछ न कुछ चिपका ही रहता था। 'पण्डित' मदनमोहन मालवीय, 'चौधरी' चरणसिंह, 'ठाकुर' हुकुमसिंह, 'बाबू' राजेन्द्र प्रसाद, 'बाबू' जयप्रकाश नारायण, 'लाला' लाजपत राय। उसी परम्परा में जवाहरलाल नेहरू भी, जो ब्राह्मण कहे जाने और पाँव छुए जाने पर गजों उछलते थे, पण्डित होकर रह गये और इस कदर पण्डित हुए कि उनका नाती आज उन्हें बिना झिझक पण्डित कहता है।''

परिवारवाद और भारतीय लोकतन्त्र की खामियों को इंगित करते हुए लेखक ने उस पर कटाक्ष किया है। यहाँ केवल कांग्रेस की कृपा और गाँधी परिवार का वरदहस्त होने मात्र से बाकी की सारी योग्यताएँ और पात्रता अपने आप आ जाती हैं, ''वह जिसने अपने संसदीय दल का चुनाव झेले बिना ही प्रधानमन्त्री की कुर्सी एक कृतज्ञ राष्ट्रपति के हाथों पा ली थी और जो आज भी पार्टी के अन्दरूनी चुनावों के नाम से मुँह चुराता है, पंचायतों के नियमित चुनावों को लेकर इतना व्यग्र है कि वह इस काम को केन्द्रीय चुनाव आयोग को सौंपना चाहता है। ग्राम-विकास के लिए केन्द्रीय योजनाओं की जो रकम राज्य सरकारों के माध्यम से पंचायतों तक जानी है, उसे भी वह केन्द्रीय वित्त आयोग की देखरेख में राज्यस्तरीय वित्त आयोग की मार्फत भेजना चाहता है, क्योंकि पता नहीं कि राज्य सरकारें उस रकम को कहीं हाईजैक कर दें।''[25]

देश में पंचायती व्यवस्था के ढाँचे को कांग्रेस ने ही कमजोर किया और उसे अपने फायदे के लिए इस्तेमाल किया। कांग्रेस का नाम लेते हुए उस पर सीधा प्रहार करते हुए शुक्ल जी ने 'राजनीतिज्ञों की पंचायत' नामक व्यंग्य में लिखा है। ''ध्यान दिया जाये कि पंचायतों का समय से चुनाव न कराके उन्हें निष्क्रिय रखने का श्रेय भी मुख्यतः कांग्रेसी सरकारों को है। आन्ध्र प्रदेश, कर्नाटक, केरल, तमिलनाडु, पश्चिम बंगाल जैसे गैरकांग्रेसी सरकारवाले राज्यों में ये चुनाव नियमित रूप से हुए हैं, कांग्रेसी महाराष्ट्र में यह भले ही रुक गये हों। क्या कांग्रेस के अध्यक्ष को अपनी ही पार्टी की राज्य सरकारों को नियन्त्रित करने के लिए संविधान तक को बदलवाना जरूरी हो गया है?''[26]

राजीव गाँधी की गलत नीतियों का खमियाजा आम जनता और प्रशासन

तन्त्र को भुगतना पड़ता है। प्रधानमन्त्री के रूप में उन्होंने केवल वही नीतियाँ अपनाईं जिससे उनको व्यक्तिगत या पार्टी को लाभ पहुँचता है। कारण तो यह है कि श्रीमान राजीव गाँधी जो भी समझें, यह विशाल भारत देश सुल्तानपुर, अमेठी या बछरावां की म्यूनिसिपैलिटी या नोटीफाइड एरिया नहीं है जहाँ नाली की सफाई से लेकर चुंगी की चोरी तक का काम अकेला एक अफ़सर सँभाल ले। सम्पूर्ण केन्द्रीकरण के बावजूद, सिर्फ़ अपने भूगोल और संख्या के बूते वे पंचायतें उस सत्ता को भी कभी न कभी हथिया ही लेंगी, जिन्हें श्री राजीव गाँधी अपनी या अपने गवर्नरों की मुट्ठी में बन्द रखना चाहते हैं। भारत की जनसंख्या और भूगोल यहाँ प्रधानमन्त्री के खिलाफ है।''[27]

शुक्ल जी ने देशी नामी व्यक्तियों पर ही नहीं कई विदेशी ख्यात व्यक्तियों को भी अपने व्यंग्य का हिस्सा बनाया है। अमेरिका की राजनीति में जो कुछ होता है उससे बेखबर शुक्ल जी 'एम.एस.टी. और आतंकवाद' में लिखते हैं, ''अब छोड़िए इस बूढ़े प्रधानमन्त्री को। अमेरिका का हाल सुनिए, जहाँ वैसे तो सेक्स हद के मामलों में निजी स्वतन्त्रता के नाम पर काफी छूट है पर सार्वजनिक स्तर पर वहाँ की जनता दकियानूसी भारतीयों के भी कान काटती है। तभी तो ऐसा हुआ कि अमेरिका के नये अध्यक्ष जॉर्ज बुश के चहेते टॉवर को सिर्फ़ इस कारण सुरक्षा मन्त्री नहीं बनाया गया कि उनके खिलाफ कुछ आरोपों के साथ रंगीन मिजाजी का भी आरोप था। टॉवर साहब ने सीनेट कमेटी को समझाया कि अब मैं शराबखोरी नहीं करूँगा। कमेटी ने इसे नज़रअन्दाज़ कर दिया क्योंकि उन्होंने यह नहीं कहा था कि यकीन करें अब मैं किसी पड़ोसी की बीवी को गलत निगाह से नहीं देखूँगा। इंग्लैंड की हालत अमेरिका से भी बदतर है। क्रिस्टीन कीलर की कहानी भूल गयी हो तो आजकल अख़बारों की चर्चा बनी पामेला बोर्डस को याद कीजिए।''[28]

राजनीतिक हलकों में चलनेवाले खेल से शुक्ल जी परिचित हैं। वे ऐसे कई राजनेताओं के कारनामों को अपने व्यंग्यों के माध्यम से सार्वजनिक करते हैं—''हमें हैरत है कि कभी की मिस इंडिया पामेला चौधरी सिंह या बोर्ड 10 को लेकर इंग्लैंड जैसे देश में इतना बवाल क्यों मचा? ऐसा क्या हुआ कि इस जांबाज लड़की को इस समय वाली जैसे अनजाने देश में खामोशी की घड़ियाँ काटनी पड़ रही हैं। वह तो सिर्फ़ लीबिया सेना पर सेनापतियों अदनान खामोशी जैसे अस्त्र-शस्त्र व्यवसायियों, चन्द्रास्वामी जैसे तान्त्रिकों और कुछ मिनिस्टरों के बीच अपनी अस्मिता की तलाश कर रही थी। पर इंग्लैंड इतना दकियानूस है कि अब वहाँ के अख़बारों के माध्यम से सभी मिनिस्टरों के गले में सिर्फ़ एक चिड़िया चहक रही है, जिसके बोल हैं मैं नहीं था, मैं नहीं था, मैं नहीं था।''[29]

भारत देश में पद्मश्री सम्मान को लेकर रचनाकारों ने लिखा है। शुक्ल जी

भी के.पी.एस. गिल के पद्मश्री प्रसंग और उनके चरित्र को लेकर टिप्पणी करते हैं, "इस प्रसंग में ज्यादा से ज्यादा आज पंजाब के पुलिस महानिदेशक के.पी.एस. गिल को आप याद कर सकते हैं। पर यह भी दुराचरण का नहीं शराबखोरी का नमूना है। और शायद इसीलिए उसके तुरन्त बाद हमारे राष्ट्रपति ने श्री गिल को पद्मश्री से सम्मानित किया है।"[30]

जवाहरलाल नेहरू के प्रेम प्रसंगों की चर्चा करते हुए 'एम.एस.टी. और आतंकवाद' में उनके सेक्रेटरी की पुस्तक को आधार बनाकर कहते हैं, "वैसे पण्डित जवाहरलाल नेहरू के शताब्दी वर्ष में उनका नाम इस प्रसंग में लिए बिना बात अधूरी रह जायेगी। मैं थाई नामक उनके प्राइवेट सेक्रेटरी ने, जो बाद में उन पर पुस्तक लिखी है, उसने पण्डित नेहरू के अनेक महिलाओं से प्रेम प्रसंगों का जिक्र किया है। पर थाई साहब की पुस्तक को घर के अन्दर काम करने वाले बटलर और बैरा लोगों की पापबाजी के अलावा जनता ने और अधिक मान्यता नहीं दी है।"[31]

पत्रकारिता के घटिया रिपोर्टिंग को लताड़ते हुए लेखक ने बताया है कि किस प्रकार महान सामाजिक, धार्मिक व्यक्तित्वों के देहान्त की खबर भी दबकर रह जाती है और सारे बेईमानी, ठगी और षड्यन्त्रों के किस्से सुर्खियों में छाये रहते हैं। 'बताने का अधिकार और जानने का भी' से ये टिप्पणी "कभी लगता है कि संसार का सारा ज्ञान-विज्ञान फेयरफैक्स या बोफोर्स के ही मसले में समा गया है। कभी सिर्फ़ सैयद मोदी हत्याकांड में, कभी पाकिस्तानी गायिका नूरजहाँ की भारत यात्रा में, कभी भगवान रजनीश या चन्द्रास्वामी में, कभी सलमान रुश्दी के खिलाफ कुमाऊँनी के फतवे में और कभी जैसे आजकल सत्ता शिविर में आर.के. धवन की वापसी में। महर्षि महेश योगी को नोएडा द्वारा जारी की गयी नोटिस पर प्रेस कॉलम के कॉलम रच सकता है पर स्वामी अखंडानंद जैसे प्रखर व्यक्तित्व के देहान्त पर उनके पांडित्य से हमें परिचित कराना वह जरूरी नहीं समझता।"[32]

कांग्रेस सरकार की स्वाभाविक समस्याओं और शातिरपने को स्पष्ट करते हुए 'जनवाणी और महाजनवाणी' में उन्होंने लिखा—"सरकार का यानी कांग्रेसी सरकार का एक खास शौक अपनी निन्दा सुनने का है, बशर्ते वह अपने ही आदमियों के मुँह से हो या कम से कम राजनीतिक विरोधियों के मुँह से न हो। यह पुराना शौक है। इसे संस्थागत मान्यता युवा तुर्कों (जो न युवा थे न तुर्क) के दिनों में ही मिल गयी थी पर जैसे गोबर के गंधाते ढेर से रोशनी और खाना पकाने की गैस मिल सकती है वैसे ही इस शौक से कुछ फायदे भी मिल सकते हैं। अब इसे लोहिया जैसे निन्दक का डर नहीं है क्योंकि वही बात तो चन्द्रशेखर भी कह रहे हैं।"[33]

उड़ीसा के मुख्यमन्त्री बीजू पटनायक की कर्मचारियों द्वारा जो पिटाई हुई थी उस पर व्यंग्य कसते हुए शुक्ल जी 'पिटे हुए विधाता' नामक व्यंग्य में लिखते हैं कि हमारे देश के बहुत से जनता से पिटने के बाद भी ऐसा अभिनय करते हैं जैसे कुछ हुआ ही न हो। झूठा आश्वासन देने के कारण किस तरह से अपने ही राज्य की एक फैक्ट्री के कर्मचारी द्वारा बीजू पटनायक की पिटाई होती है, इसका विवरण इस कहानी में दिया गया है। लेखक बताते हैं कि किस प्रकार जनता अत्याचार को सह तो लेती है लेकिन एक सीमा के बाद उग्र हो जाती है और अपने ही राज्य के पदासीन मुख्यमन्त्री की पिटाई कर देती है।

कुछ महिला नेताओं पर व्यंग्य करते हुए शुक्ल जी उनकी तुलना रानी लक्ष्मीबाई से करते हुए लिखते हैं, "सोचिए झाँसी की रानी लक्ष्मीबाई और दुर्गावती के ज़माने में आज की उन कई तीसमारखाँ महिला नेताओं की क्या गत होती जो सिर्फ़ ज़बान चलाने की ताकत पर अख़बारों में फायर ब्राण्ड कहे जाने की ताकत पर सत्ता की किसी भी मंज़िल पर बैठ सकती हैं।"[34]

सांस्कृतिक महत्त्व के नगरों के उद्भव और विकास को लेकर भी अनेक मान्यताएँ हमारे समाज में हैं। लखनऊ के सांस्कृतिक पुनर्जागरण की यही चेतनता है। ये पंक्तियाँ लोचनप्रसाद पाण्डेय या मैथिलीशरण गुप्त की नहीं, लखनऊ के कवि शिवसिंह सरोज की हैं।

लखनऊ में फिलहाल इसी को इतिहास मानकर कुरेदा जा रहा है कि लखनऊ शहर लक्ष्मण जी ने बसाया। जिस तरह पहले यहाँ के पार्कों में महारानी विक्टोरिया या बटलर की प्रतिमाएँ थीं, आज गाँधी या तिलक की प्रतिमाएँ हैं, कल चन्द्रभानु गुप्त, बनारसीदास और गोविंदसहाय की प्रतिमाएँ होंगी, उसी तरह यह एक प्रतिमा लक्ष्मणजी की है—सिर्फ़ ऐतिहासिक जरूरत।[35] इस प्रकार ऐतिहासिक महत्त्व के स्थलों और प्रतिमाओं को लेकर जो स्थितियाँ हैं उन पर भी शुक्ल जी की लेखनी चली है।

गाँव में आम आदमी में से कई अत्यधिक क्षमतावान हैं लेकिन अवसर न मिलने के कारण उसे नाम और महत्त्व नहीं मिलता। पी.टी. उषा पर व्यंग्य करते हुए लिखते हैं, "बहुत तेज दौड़कर पी.टी. उषा खेलकूद की चैंपियन हो जाती है पर वैसा तेज दौड़ने पर भी हमारे गाँव का गुड़ चना चोर, चोर का चोर रह जाता है। तुम्हारे नौकर में फरमाबरदारी वफादारी आदि का माद्दा तगड़ा हो जाये, तब भी यह कहीं का राज्यपाल तो होने से रहा, ज्यादा से ज्यादा किसी माफिया गिरोह का भरोसेमंद तमंचाबाज बन जायेगा।"[36]

अपने उपन्यास 'मकान' में एक जगह सिनेमाई गीतों के स्तर को अपने पात्र के माध्यम से व्यक्त करते हैं, "फिर भी सिनेमा के इस फटीचर गाने में आशा का जो सन्देश था वह मुझे भुला नहीं सका। गाँधी भी कभी इतनी बड़ी

सान्त्वना का सन्देश नहीं दे सकते थे पर मेरे पाँवों की रफ्तार तेज हो गयी। मैं गाँधी प्रतिमा की ओर बढ़ा। सिनेमा खत्म हो गया था। सड़क पर अचानक ही भीड़ बढ़ गयी थी। वृक्षों और मोटरों के शोर के ऊपर है मेरे गेसुओं की आवाज कई ट्रांजिस्टर पर एक साथ ऊँची होकर हवा में थम गयी।''[37]

नैतिकता के मानदण्ड जिस प्रकार आज स्वरूप बदल रहे हैं वहाँ संस्कृति और परम्परा के नाम पर भारतीय पुराण और इतिहास से 'वृद्धस्य तरुणी भार्या' के सैकड़ों उदाहरण दिये जा सकते हैं। शुक्ल जी ने च्यवन ऋषि, सुकन्या, ययाति, देवयानी, शुक्राचार्य आदि पौराणिक पात्रों के द्वारा अपनी बात रखी है—''निहायत बूढ़े और शिथिल च्यवन ऋषि से नवयुवती सुकन्या का विवाह हुआ था। ययाति ने देवयानी से विवाह रचाकर शर्मिष्ठा से रति प्रसंग चालू किया, जिस पर उन्हें शाप मिला था, कि तुम असमय ही बूढ़े हो जाओ। पर शुक्राचार्य के एक संशोधन से उन्हें मौका मिल गया था कि उनका बुढ़ापा स्थानान्तरणीय, यानी ट्रांसफरेबल हो जाये। चट से उन्होंने अपने बेटे पुरु को अपना बुढ़ापा पकड़ा दिया, और उसकी जवानी खींच ली। बूढ़े की भोग लिप्सा और पिता के प्रति त्याग का कैसा ज्वलन्त उदाहरण है! है ना?''[38]

ऋषि मुनि, प्राचीन कलाओं और ज्ञान की शाखाओं का नाम लेकर शुक्ल जी उनकी शरण में जाकर छिप जाने की सलाह उन लोगों को देते हैं जो वर्तमान से बचकर भागना चाहते हैं, ''यह न कर सको तो अतीत में जाकर छिप जाओ। कणाद, पतंजलि, गौतम में। अजन्ता, एलोरा, कोणार्क खजुराहो में। शालभंजिका सुर सुन्दरी अलस कन्या के स्तनों में। जप तप भंग में, सन्त रामागम ज्योतिष सामुद्रिक में जहाँ भी जगह मिले जाकर छुपे रहो।''[39]

'अपराधियों का चंदनवन' व्यंग्य में लेखक ने वीरप्पन को आधार बनाते हुए बेरोजगारी, आतंकवाद, तस्करी जैसे मुद्दों पर बात की है। अपराधी और आतंकवादी प्रवृत्ति के लोग घने जंगलों को ही अपना सुरक्षित स्थान मानते हैं। इसलिए शुक्ल जी इसे अपराधियों का चंदनवन कहते हैं। सरकारी नौकरियों की जो स्थिति है या उनकी जिस संख्या में उपलब्धता है। शुक्ल जी उसे ऊँट के मुँह में जीरा के समान मानते हैं। कुल मिलाकर उनका संकेत वीरप्पन जैसे चंदन तस्करों के विषय में है। वह जंगलों में आराम की जिन्दगी बिता रहा है और लोगों की हत्या भी करता है और धन की कमी उसके पास हो तों वह अपहरण भी करता है।

शुक्ल जी के व्यक्तिपरक व्यंग्यों की बहुलता को यदि ध्यान से देखा जाये तो अधिकांश वे ही थे जो जनता या व्यापक समाज में विसंगति पैदा करने वाले या नुकसान पहुँचाने वाले थे। शुक्ल जी ने कभी निजी जिन्दगी पर टिप्पणी नहीं की बल्कि सार्वजनिक हित और उनसे जुड़े पक्षों पर ही टिप्पणी की है। इस

प्रक्रिया में उन्होंने केवल देश ही नहीं बल्कि विदेशी राजनेताओं और कलाकारों, साहित्यकारों को भी अपनी रचनाओं का हिस्सा बनाया है।

उपर्युक्त उद्धरणों को देखते हुए शुक्ल जी द्वारा लिखे गये व्यक्तिपरक व्यंग्य लेखन को समृद्ध और सार्थक कहा जा सकता है।

8.2 फिल्मी जीवन सम्बन्धी व्यंग्य

जब युवा पीढ़ी समाज के श्रेष्ठ महापुरुषों को अपना आदर्श मानती थी तो उन पर भी इस बात का दबाव हुआ करता था कि वे कैसा आचरण करें। इसी प्रकार परिवार के बड़े बुजुर्ग और गुरुजन भी इस बात का ख़याल रखते थे कि हम जैसा करेंगे हमारे अनुज और छोटे उसका अनुकरण करेंगे। आज समय काफी कुछ बदल गया है। आज युवा पीढ़ी के सामने या तो वैसे महान आदर्श नहीं हैं या वो उन्हें आदर्श मानने और उनका अनुकरण करने को तैयार नहीं हैं।

आज की पीढ़ी सिनेमा के अभिनेताओं और नेताओं को अपना आदर्श मानती है। उस व्यक्ति को अपना आदर्श मानती है जिसके पास तमाम धनदौलत, ऐशआराम है और जो इन्हीं के बल पर समाज में प्रतिष्ठा प्राप्त कर चुका है। इस प्रकार आदर्श का मानदण्ड और पैमाना भी बदल-सा गया है। आचरण, नैतिकता, शुद्धता, शील आदि गुण का महत्त्व नगण्य सा हो गया है। उन्हें कोई फर्क नहीं पड़ता कि वह व्यक्ति अपनी निजी जिन्दगी में कैसा है या कैसा आचरण करता है। युवा वर्ग केवल दिखाई देने वाले चरित्र को ही पकड़कर बैठ जाता है और उसी को सबकुछ मान लेता है। शातिर लोग इसी का फायदा उठाते हैं और कथनी-करनी में भेद करके अपने को लोगों की नजरों में उठा लेते हैं।

आज समाज में कई ऐसे साधन हैं जिसके द्वारा व्यक्ति अपने गिरे हुए चरित्र को लोगों की नजरों में सुधारकर ऊँचा बना सकता है। प्रचार टेलीविजन, फिल्म, साक्षात्कार आदि कई माध्यम इस लक्ष्य में उनकी मदद करते हैं। किसी न्यूज़ चैनल पर अपनी सफाई देकर या तर्कयुक्त ढंग से अपने को सही सिद्ध कर वह चरित्रवान बन जाता है।

फिर आधुनिक और पाश्चात्य अन्धानुकरण के इस युग में अकरणीय या अशोभनीय जैसा कुछ बहुत बचा भी नहीं है। जिन मानदण्डों के आधार पर पहले किसी को पतित या दुराचारी मान लिया जाता था आज वही बातें, वही गुण और वही करनी युवाओं के लिए हेय नहीं रह गयी हैं बल्कि वे उसमें भी आधुनिकता, विकास और आनन्द की तलाश कर लेते हैं।

'सिनेमा! सिनेमा!' रचना में फिल्मों का हमला जो हमारे पारम्परिक समाज में हो रहा है उस पर व्यंग्य है। सेंसर बोर्ड पर व्यंग्य है। फिल्म निर्माताओं पर

व्यंग्य है। फिल्मों के द्वारा हमारे समाज को कितना नुकसान होता है, अश्लील दृश्यों को देखकर लोगों के मानस पर कैसा असर होता है यह दिखाने का प्रयत्न यहाँ व्यंग्यकार ने किया है। सेंसर बोर्ड और फिल्म निर्माता की गुटबन्दी पर वे लिखते हैं "पता नहीं कि हिन्दी सिनेमा की यह अश्लीलता हमारी खोपड़ी पर अचानक कैसे फट पड़ी? क्या सेंसर बोर्ड वाले फिल्म निर्माताओं के मौसेरे भाई बन गये हैं?"[40]

'फिल्मी हिंसा में भारतीय संस्कृति' व्यंग्य में फिल्मों में दिखाए जानेवाले मारधाड़ के दृश्यों पर चुटकी लेते हुए लिखते हैं, "जब किसी फिल्म में नायक संजय दत्त खलनायक अमरीश पुरी की कुटम्मस करते हैं या 'खलनायक' में जैकी श्राफ जैसे नायक खुद संजय दत्त का कचूमर निकालते हैं, तो हमें यह न सोचना चाहिए कि यह हालीवुड का असर है। जिन्होंने हमारे प्राचीन साहित्य का, विशेषतः पुराणों का अध्ययन किया है, वे यह जानते हैं कि उनमें वर्णित मारधाड़ के मुकाबले आज की हिन्दी फिल्मों में दिखने वाली 'ढुशुम-ढुशुम' पालतू बकरियों की मुठभेड़ जैसी है, यानी अजायुद्ध। (अजायुद्ध की यह खूबी है कि बकरियों के तेवर भले ही खूँखार दिखें, उनकी खोपड़ी की टक्कर दो में से किसी को भी चोट नहीं पहुँचाती।)

"फिल्मी मारधाड़ और पौराणिक युद्धों में काफी समानता है। दोनों में मारपीट—चाहे वह मल्लयुद्ध हो या द्वन्द्वयुद्ध या अकेले की सो से...यह विशद रूप से प्रस्तुत की जाती है। ...एक में हीरो का हाथ लगते ही दुश्मन का चमचा पके पत्ते जैसा ज़मीन पर चू पड़ता है, दूसरे में दुश्मन हीरो की भयानक मुक्केबाजी, स्टेनगन से गोलियों की बौछार और ग्रिनेड के विस्फोटक को झेलकर अछूता निकल आता है, मौत के सारे सरंजाम के बावजूद वह मरने नहीं आता। पहला खेल प्रायः हम तब देखते हैं जब हीरो परेश रावल, प्रेम चोपड़ा या गुलशन ग्रोवर के गढ़ में प्रवेश करता है। वहाँ कदम-कदम पर दुश्मन के हथियार बन्द चमचे पहरा दे रहे हैं। हमारा हीरो एक पहरेदार को पीछे से दबोच लेता है, उसके मुँह पर हाथ रखकर दबाता है और वह बिना चूँ तक किये, बेहोशी की हालत में या मुर्दा ज़मीन पर गिर जाता है। दूसरे खेल में जब अनिल कपूर या संजय दत्त खुद इन्हीं परेश रावल, सदाशिव अमरापुरकर आदि पर दस-दस टन के वज़नवाले मुक्के बरसाते हैं, तब वे भी लात का जवाब घूँसे और घूँसे का लात से देते हैं। विलेन मरता है ही पर बड़े जीवट से और खूनखराबे के बाद।"[41]

'मकान' उपन्यास में नारायण के आसपास के वातावरण का वर्णन करते हुए शुक्ल जी ने तत्कालीन परिवेश में फिल्मी असर और उसके स्वरूप पर व्यंग्य किया है—"तम्बोलिया की दुकानों पर रेडियो बज रहे थे। विविध भारती का फिल्मी संगीत कई ओर से मिलकर एक ही गाने को सामूहिक शोर में मिला

रहा था। गाना अक्सर फिल्मी गानों की तरह सस्ता और वाहियात था पर उसने नारायण को अपनी ओर खींचा।

"क्लैरियानेट और वायलिन के ऊँचे सुर और ढोलकों की ठनक गीत की हर कड़ी के बाद अचानक थम जाती थी। फिर खामोशी के झटके के बाद मध्य लय में निकली हुई सितार की अकेली गत ऊँचे स्वर से उतरती थी और निःशब्दता की घाटी में अपनी अस्पष्ट अनुगूँज छोड़ती हुई खो जाती थी। उसके बाद, एकदम रोशनी का सैलाब सा छोड़ती हुई वही तेज क्लैरियानेट, वायलिन, ढोलकें! नारायण का पूरा व्यक्तित्व गीत के ऑर्केस्ट्रा पर टिक गया।"[42]

युद्ध कला का स्वरूप जो हमारे प्राचीन ग्रन्थों में दिया गया है वह सामूहिक युद्ध का है या कि बड़े पैमाने पर लोगों द्वारा एक मैदान में लड़ा गया युद्ध। लेकिन फिल्मों में ज्यादातर व्यक्तिगत स्तर पर युद्ध दिखाया जाता है और वह भी एक नायक का अनेक छुटभैया गुण्डों के साथ। इस प्रकार का दृश्य दर्शकों को बहुत प्रभावित करता है। एक व्यक्ति पूरी बहादुरी और सफलता के साथ अनेक लोगों का सामना करता है तो लोगों में साहस बढ़ता है और उनमें भी उत्तेजना पैदा होती है। उन्हें ऐसा लगता है कि पर्दे पर दिखने वाला नायक किन्हीं अतिरिक्त शक्तियों का मालिक है। इसी के चलते उस कलाकार का सामाजिक जीवन में भी मान-सम्मान और महत्त्व बढ़ जाता है। जो लोग फिल्मी कलाकारों के भक्त होते हैं या कि प्रचलित भाषा में कहें तो फैन होते हैं वे इसी कारण से। शुक्ल जी ने अपने व्यंग्य लेख 'फिल्मी हिंसा में भारतीय संस्कृति' में विस्तार से इस पर प्रकाश डाला—

"वास्तव में मेरा विचार है कि 'फाइट डाइरेक्टरों' को सबसे पहले महाभारत, पुराण आदि ही नहीं, प्राचीन युद्ध-साहित्य, आल्हा खण्ड आदि से लेकर श्यामनारायण पाण्डेय की 'हल्दी घाटी' तक का गहरा अध्ययन करना चाहिए। उसकी मदद से फिल्मी मारधाड़ में ऐसे-ऐसे नये उन्मेष जोड़े जा सकते हैं कि हालीवुडवाले हाथ मलते रह जायें।

"हाल ही में दो फिल्मों में दुश्मन को पानी में पटककर मारने के दृश्य दिखाये हैं 'गर्दिश' में और 'गुमराह' में। काफी दिलचस्प थे। पर फाइट डाइरेक्टर ने श्रीमद्भागवत में पानी के भीतर श्रीकृष्ण के द्वारा कालिया नाग की दुर्गति पढ़ी होती, तो इन दृश्यों का रंग ही कुछ और होता।

"फिल्मों में इन्सान और जानवर की (शेर तक की) लड़ाई तो बखूबी आयी है। अब भिन्न-भिन्न जानवरों के बीच की सोद्देश्य लड़ाइयों का भी तजुर्बा किया जाना है, सोद्देश्य, यानी वह लड़ाई जो कथानक को नया आयाम दे। इसका मॉडल हरिवंशपुराण से गरुड़ और ऐरावत हाथी की लड़ाई में खोजा जा सकता है जो पारिजात हरण के मौके पर हुई थी। और ऐसा तो आज रोज़ ही फिल्मों

में देखते हैं कि छटाँक भर का हीरो मन भर के विलेन को मुक्केबाजी में ध्वस्त कर रहा है। इसका मॉडल भी आप हरिवंशपुराण में पा सकते हैं। वहाँ मथुरा में गोकुल के श्रीकृष्ण यादव नामक किशोर ने मल्लयुद्ध में पैंतरेबाजी दिखाकर, दाँवपेंच और मुक्केबाजी के जोर से आन्ध्र के चाणूर नामक पहलवान का खात्मा कर दिया था। हिंसा के दबाव में इन्सान किस तरह अपनी हद के कगार तक पहुँच जाता है, इसकी तफसील हमारे फिल्मी स्टंटबाज आज भी अपने प्राचीन साहित्य में खोज सकते हैं।"[43]

आज सिनेमा को लेकर मानव जीवन में, समाज में बड़ा बदलाव आया है। आज का दर्शक घटनाओं को और दृश्यों को अलग तरह से देखता है। वह पहले से अधिक परिपक्व हो गया है। वह जानता है कि यह सिनेमा है हकीकत नहीं है। कई बार तो वह उसे कला की दृष्टि से भी देखता है। शुक्ल जी लिखते हैं, "आज घर पर दिन-रात फिल्म देखने वाले सात-आठ साल के बच्चे ज्यादा समझदार हैं, वे ज्यादा संवेदनशील हो गये हैं। पेड़ों और क्यारियों के इर्द-गिर्द चलने वाला राजेन्द्र कुमार, आशा पारेख टाइप का रोमांस अपनी उत्तेजनहीनता और धीमी रफ्तार के कारण अब उनको 'बदतमीजी' नहीं जान पड़ता सिर्फ़ उबाऊ लगता है। वास्तव में, आज के हिन्दी सिनेमा की शिक्षाप्रद दृश्यावली को धन्यवाद दीजिए, उनके दिमाग में बदतमीजी की धारणा ही खत्म हो गयी है।"[44]

'जीवन का एक सुखी दिन' नामक अपने एक निबन्ध में श्रीलाल जी ने आम आदमी का रोजमर्रा जीवन सिनेमा को किस तरह से लेता है इसको चित्रित किया है। एक उदाहरण देखिये "मैं अपने एक मित्र के साथ सिनेमा देखने चला गया। सिनेमा का टिकट खिड़की पर ही मिला और असली कीमत पर मिला। पंखे के नीचे सीट मिल गयी। सिनेमा शरू होने से पहले साबुन, तेल और वनस्पति घी के विज्ञापन वाली फिल्में नहीं दिखायी गयीं। पास की सीट से किसी ने सिगरेट के धुएँ की फूँक मेरे मुँह पर नहीं मारी। पीछे बैठने वालों में किसी ने अपने पैर मेरी सीट पर नहीं टेके। अँधेरे में किसी ने मेरा अँगूठा नहीं कुचला, सिनेमा से बाहर आने पर कई रिक्शे वालों ने मिलकर मुझ पर हमला नहीं किया। रिक्शा करने पर मजबूर हुए बिना ही मैं पैदल वापस लौट आया। रात में सुनसान सड़क पर मेरे पैदल चलने पर भी कोई साइकिल वाला मुझसे नहीं टकराया, किसी मोटरवाले ने मुझे गाली नहीं दी, किसी पुलिस वाले ने मेरा चालान नहीं किया।"[45]

'सिनेमा! सिनेमा!' नामक व्यंग्य में भी शुक्ल जी लिखते हैं कि आज घर पर दिन-रात फिल्म देखने वाले सात-आठ साल के बच्चे ज्यादा समझदार हैं। वे ज्यादा संवेदनशील हो गये हैं। पेड़ों और क्यारियों के इर्द-गिर्द चलने वाला राजेन्द्र

कुमार, आशा पारेख टाइप का रोमांस अपनी उत्तेजनहीनता की धीमी रफ्तार के कारण अब उसको बदतमीजी नहीं जान पड़ता सिर्फ़ उबाऊ लगता है।

मुम्बइया फिल्मी संगीत की छीछालेदर करते हुए शुक्ल जी इसे सलाद की संज्ञा देते हैं जिसे सड़ी-गली अखाद्य सामग्री मिलाकर तैयार किया जाता है और जिसे संगीत के भुक्खड़ बड़े चाव से खाते हैं, "मुम्बई के सिनेमाई संगीत के स्वरूप बम्बई के सिनेमा वाले संगीत का सलाद तैयार करने में परम निपुण हैं। सड़े टमाटर, कड़वे खीरे, काठ जैसे नीरस नीबू, बरगद की जड़ जैसी कड़ी मूली और गाजर के अखाद्य टुकड़ों को वे तस्तरी में इतनी खूबसूरती से सजाते हैं कि उसे दूर से ही देखकर भूख दुगनी हो जाती है। संगीत के अनेक सड़े-गले तत्त्वों को इसी तरह ऑर्केस्ट्रा में सजाकर वे भुक्खड़ों के सामने प्रस्तुत करते हैं। संयोग की बात कि इस तश्तरी में उबले अण्डे की जो फाँक मुझे मिली, उसमें धोखा नहीं है। सिनेमाघर के बरामदे में खड़े-खड़े सामने तम्बोली की दुकान पर बजते हुए जिस गाने को सुन रहा हूँ उसमें सितार की कुछ ऐसी ही हैसियत है। ऑर्केस्ट्रा के सभी बाजों में केवल सितार ही सम्मानित होकर निकल पाया है।"[46]

फिल्मी पटकथा के अन्दाज में मार्कण्डेय पुराण में शुम्भ-निशुम्भ से युद्ध की चर्चा करते हुए 'फिल्मी हिंसा में भारतीय संस्कृति' में बताते हैं, "यही पुराणों में भी है। शारदीय नवरात्र अभी कल समाप्त हुई है। इसलिए मार्कण्डेय पुराण में भगवती दुर्गा की कथा से ही ऐसे दो उदाहरण क्यों न लिये जायें? पहली किस्म के मॉडल को धूम्रलोचन में पाया जा सकता है। शुम्भ-निशुम्भ का एक सेनापति ...धूम्रलोचन बदतमीजी का एक डायलाग बोलकर देवी की ओर दौड़ा। जवाब में देवी ने सिर्फ़ हुंकार किया और वह उसकी गर्मी से झुलसकर वहीं राख हो गया। बाद में उसके फौज-फाटे के खात्मे का काम देवी के वाहन सिंह ने किया।

"दूसरा मॉडल शुम्भवध का है। देवी के छोड़े हुए अस्त्र शुम्भ ने काटे और उसके जवाबी अस्त्र देवी ने हुंकार से नष्ट किये। फिर शुम्भ ने सैकड़ों वाणों से देवी को ढँक दिया। देवी ने एक वाण से उसका धनुष काट दिया। फिर दोनों के बीच जमकर शक्ति, चक्र, ढाल, तलवार, मुद्गर आदि का प्रयोग और अन्त में मुक्केबाजी, जिसकी नकल फिल्मों में होती है। यानी, दैत्य ने देवी की छाती में मुक्का मारा, तब देवी ने उसे जवाबी थप्पड़ रसीद किया। उसके झन्नाटे से वह ज़मीन पर गिरा, फिर उछला और आकाश में बहुत देर देवी से लड़ता रहा। तब देवी अम्बिका ने उसे उठाकर घुमाया और ज़मीन पर पटक दिया। वह तब भी नहीं मरा, दुबारा उनकी ओर दौड़ा पर तभी देवी ने त्रिशूल से उसकी छाती छेदकर रख दी। इस प्रकार शुम्भ का अन्त हुआ।"[47]

'सिनेमा! सिनेमा!' व्यंग्य के आरम्भ में ही शुक्ल जी बड़े ही मजेदार ढंग से सिनेमा के घिसे-पिटे फार्मूले पर व्यंग्य करते हैं। ध्यान देनेवाली बात यह है

कि यह सब शुक्ल जी ने 7-8 आठ साल के बच्चों के माध्यम से कहा है। यानी इतनी कम उम्र का बच्चा भी सिनेमा से इतना परिचित हो गया है कि उसकी घिसीपिटी चीज़ों को समझ लेता है, पहचान लेता है और उसपर तल्ख टिप्पणी भी देता है–"जब वीसीआर और केबल टीवी के दिन नहीं आये थे, मेरे एक मित्र के लड़के और भतीजे के बीच निम्नलिखित संवाद हुआ। दोनों की उम्र सात-आठ साल थी और उनमें से एक का तुतलाना अभी बन्द नहीं हुआ था।

"कल मैंने यह फिल्म देखी।"

"कैसी रही।"

"बेकार थी।"

"स्टोरी क्या थी।"

"एक पेड़ था। सामने नद्दी थी।"

"फिर?"

"बड़े ज़ोर से तबला सारंगी बज रहा था।"

"कौन बजा रहा था?"

"क्या पता? कोई दिखाई थोड़े ही दे रहा था। बाजा बजता रहा, बजता रहा। तभी एक लड़की आयी और पेड़ के तने से सटकर बैठ गयी।"

"फिर?"

"फिर एक लड़का आया और लड़की से सटकर बैठ गया।"

"फिर?"

"फिर क्या? शुरू हो गयी बदतमीजी।"[48]

शुक्ल जी की दृष्टि में सिनेमा ने साहित्य का नुकसान किया है। उसके प्रभाव के कारण जैसे समाज, संस्कृति और सभ्यता का ह्रास हुआ है। ठीक उसी प्रकार उसने साहित्य के कुछ हिस्से को बिगाड़ा है–

"सामने पर्दे पर फिल्म चल रही थी और फिल्म के भीतर एक फिल्म का दृश्य था। फिल्म किसी साहित्यिक रुचि वाले ने कला की सेवा के नाम पर बनाई थी इसलिए जैसे अब तक सिनेमा साहित्य को बिगाड़ता रहा है नारायण की आँखों के आगे साहित्य सिनेमा को बिगाड़ने लगा था। कहानी यूँ चल रही थी कि हीरो और हीरोइन कुछ देर मानव की नियति और भीड़ के अकेलेपन जैसे विषयों पर उच्चस्तरीय वार्तालाप करते हुए एक निम्न स्तरीय फिल्म देखने जाते हैं। इस बहाने फिल्म के अन्दर एक दूसरी फिल्म की झाँकी आ गयी थी जिसमें हीरोइन चमकीले बल्बों, सोने, चाँदी के खम्भों, रंगीन सीढ़ियों और हवा में तैरते झिलमिल बादलों के बीच यानी ऐसे दृश्य में जिसे वह सपने में स्वर्ग समझ रही थी गाती नाचती दिखाई गयी थी। गाना जितना बुरा था नाच उतना ही अच्छा था। इसलिए फिल्म का यह भाग जिसे लोकप्रिय हिन्दी फिल्मों का

मखौल उड़ाने के लिए दिखाया गया था, नारायण को अपनी ओर खींचने लगा। शायद ऐसा ही सिम्मी के साथ भी हुआ। नारायण ने देखा वह निष्क्रिय नहीं रह गयी है। अभी तक अपनी सीट पर वह बेजान-सी पड़ी थी पर अचानक उसका पैर नारायण के घुटनों को छूने लगा। ...नाच बन्द होते ही वह फिर पहले की तरह निश्चल हो गया और नारायण के पैर के सहारे थम गया। सिम्मी ने अपनी हथेली गर्दन दूसरी ओर घुमा ली।''[49]

फिल्मों के हिंसक दृश्यों में दिखाये जानेवाले अविश्वसनीय दृश्यों और स्टंट का मजाक उड़ाते हुए शुक्ल जी ने तथ्यात्मक त्रुटियों की ओर पाठकों का ध्यान खींचा है। उनका कहना है कि जिस प्रकार पौराणिक कथाओं में वर्णित युद्ध शैली पर हम विश्वास नहीं कर पाते थे वैसा ही युद्ध अब हिन्दी फिल्मों में दिखाया जाने लगा है। फिल्मों के मारधाड़ निर्देशक इस मॉडल से एक नया सबक ले सकते हैं। उनका हीरो बीस फुट ऊँचा उछल सकता है, लगभग उड़ता है, वह साठ फुट नीचे कूदता है, विलेन भी ऐसा कर लेता है। पर अभी तक वे आसमान में उड़ते हेलिकाप्टर से लटककर भले ही लड़े हों, बिना सहारे के आसमान में कभी नहीं लड़े। अब फिल्मों में शुम्भ वधवाली आसमानी लड़ाई भी आनी चाहिए।

वैसे ही खून की कै और मलमूत्र की बात है। पुराणों में छाती पर मुक्का लगने के बाद कई बार खलनायकों ने खून की कै की है। विष्णु पुराण में श्रीकृष्ण ने जब केशी के मुँह के भीतर हाथ खोंसकर उसे फुलाना शुरू किया तो न सिर्फ़ उसके मुँह से खून निकला, उसने मलमूत्र भी कर दिया। मैंने सैकड़ों देसी और विलायती फिल्मों में मारधाड़ देखी है पर पेट में मुक्का खाते ही किसी को ऐसा करते नहीं देखा। ऐसा दृश्य फिल्मों में दिखाया जाय तो बड़ा मनोरंजक होगा।[50]

फिल्मों के विज्ञापन के लिए किस प्रकार कोई लड़का जोर-जोर से चिल्लाकर फिल्म के दृश्यों को आधार बनाकर फिल्म का प्रचार करता है इसका सुन्दर चित्रण शुक्ल जी ने अपनी शैली में किया है—मैटिनी शो खत्म होने वाला था और रात के शो के लिए लोगों का हुजूम बढ़ता जा रहा था। तभी, खाने के कमरे में अचानक आ जाने वाले किसी बरसाती कीड़े की तरह इस भीड़ के बीच एक लड़का आकर नारायण के आगे खड़ा हो गया। लॉटरी के टिकटों की एक गड्डी उसने नारायण के सामने हिलायी और रटे हुए वाक्यों में उसे लखपति बनने का आह्वान देने लगा। 'एक रुपिया', 'सिर्फ़ एक रुपिया में एक लाख का इनाम', 'यूरोप की सैर' 'इंपाला पर चढ़े चढ़े घूमिए' लड़का बिना रुके हुए बोलता रहा। किसी और मौके पर लड़की की फटी जाँघिया और रबर की घिसी हुई चप्पलें देखकर वह उसके मुँह से यूरोप की सैर और इंपाला कार की बात को एक अनर्गल नाटक मानकर दिलचस्पी से सुन सकता था। पर इस

समय वह लड़के को सिर्फ़ देखता रहा, उसके कान फिल्मी गाने से चिपके रहे। उसकी निगाह की स्थिरता देखकर लड़के ने और जोर-जोर से लॉटरी की खूबियाँ बतानी शुरू कीं। पर नारायण की निगाह लड़के पर उसी तरह जमी रही लॉटरी की खूबियों का उस पर कोई असर नहीं पड़ा। लड़का उस जमी हुई निगाह के सामने असहज महसूस करने लगा उसकी आवाज तेज हो गयी और आत्मविश्वास जाता रहा। वह मुड़कर दूसरी ओर चला गया। उधर फिल्मी ऑर्केस्ट्रा में सितार के स्वर तेजी से उभरे किसी हवाई आतिशबाजी की तरह बहुत ऊपर जाकर फूटे फिर नीचे की ओर उतरते-उतरते बहुत बुझ गये।

"वह बुदबुदाया हरामजादी! कुछ कदम चलकर वह खुले हुए फुटपाथ पर आ गया और बची हुई सिगरेट पीता हुआ भूतपूर्व फिल्मी संगीत की लपट से मन ही मन सितार के स्वरों को बाहर खींचता रहा।"[51]

फिल्मों में दिखाए जाने वाले अश्लील दृश्यों को दर्शक कितनी सहजता से लेने लगे हैं और इसका कैसा प्रभाव युवाओं पर पड़ता है इसकी बात करते हुए शुक्ल जी लिखते हैं, "तेज रफ्तार वाले ऐसे नाच को, जो हर तीसरी हिन्दी फिल्म में देखने को मिलता है और जिसमें योनि और स्तनों को ढँकने वाली झिलमिल चिंदियों को छोड़कर जिस्म पर सारे कपड़ों का बहिष्कार रहता है, 'कैबरे' कहकर आसानी से पहचान लेते हैं। चूमाचाटी के दृश्य को 'किसिंग' कहते हैं। जब घास पर चित गिरी हुई चुलबुल नायिका के ऊपर नायक मैथुनी मुद्रा में डंड पेलने वाला नाच दिखाता है तो कोई भी बच्चा बता सकता है कि उन दोनों में 'लौ' हो गया है। वह बलात्कार की बारीकियाँ भी शायद समझने लगा है।"[52]

सिनेमा ने मानव मस्तिष्क पर क्या असर डाला है। यह प्रायः ऐसे पात्रों और चरित्रों के माध्यम से पता चल जाता है जो बात-बात में खुद को और अपनी बात को अभिव्यक्त करने के लिए फिल्मी गानों, घटनाओं, कलाकारों और संवादों का उपयोग करते हैं।

"मैं मेरा कोई रास्ता नहीं है। मैं एक कटी पतंग हूँ। उन दिनों शहर के किसी सिनेमा गृह में कटी पतंग नाम की फिल्म चल रही थी। नारायण ने फिल्म नहीं देखी थी पर उसे मालूम हो गया कि सिम्मी ने यह बोल वहीं से उठाए हैं। भाव के असंगत और अनगिनत चढ़ाव-उतारों और आवाज की रूमानी उदासी से नारायण ने पहले ही सिम्मी के बारे में सोच लिया था कि उसने अपने को किसी फिल्मी ट्रेजेडी क्वीन के ढाँचे में रख पाने के लिए प्रशिक्षित किया है पर स्वतः प्रशिक्षित लोगों की तरह उसे पता नहीं कि उस भूमिका में कहाँ रुकना चाहिए। जो भी रहा हो सिम्मी के बनावटीपन से उगने के बजाय उससे उत्तेजित होकर नारायण ने कहा चलिए मैं आपको घर तक पहुँचाए देता हूँ।"[53]

फिल्मों में भाषा में आये परिवर्तन को भी शुक्ल जी ने इंगित किया– शालीन भाषा को भूलकर उसे बाजारू गुण्डों और लफंगों की ज़बान में प्रशिक्षित किया जा रहा है। कई फिल्मों के नाम ही अशिक्षित पियक्कड़ों, जेबकतरों और छोरीबाजों की बोली के हैं, 'दिल है बेताब', 'आजा मेरी जान' 'अंजाम हवस का', 'किस्सा कच्ची जवानी का'।

फिल्मों के फूहड़पने की सीमा बहुत बढ़ चुकी है। इतनी कि लेखक उसका वर्णन करने से भी बचना चाहता है–"इधर निठल्लेपन में मैंने इस तरह की दर्जनों फिल्में देखी हैं। मगर उन फिल्मों के नाम लेकर उनके नाच गानों का मैं यहाँ पूरा ब्योरा नहीं दे रहा हूँ तो सिर्फ़ इसलिए कि मैं इस टिप्पणी को जो वैसी ही फूहड़ हो चुकी है और ज्यादा फूहड़ नहीं बनाना चाहता।"

शुक्ल जी हिन्दी साहित्य की हिन्दी फिल्मों से तुलना करते हुए कहते हैं कि हिन्दी साहित्य तो श्लील है लेकिन न जाने कैसे हिन्दी फिल्में पश्चिम के प्रभाव में अत्यन्त अश्लील हो चुकी हैं "आश्चर्य यह कि इन फिल्मों का हमला एक पारम्परिक समाज में हो रहा है। हिन्दी कविता और कथा साहित्य सेक्स के मामले में बड़ा ही सतर्क लगभग शाकाहारी है। चित्रकला में भी वैसा ही संयम है। नाटक में और भी। शृंगार से सराबोर कत्थक नृत्य तक अश्लीलता से किनाराकशी रहता है। जब तक तब तक पता नहीं कि हिन्दी सिनेमा की यह अश्लीलता हमारी खोपड़ी पर अचानक कैसे फट पड़ी है। क्या सेंसरबोर्ड वाले फिल्म निर्माताओं के मौसेरे भाई बन गये हैं।"[54]

ऐसे फर्श पर, ऐसी चारपाई पर, ऐसे कमरे में भी ऐसी नचवा दो चाय पीते और पिलाते हुए भी उपाध्याय हँसता रहा था वह किसी फिल्म का कथानक सुना रहा था। फिल्म के कैबरे नाच की प्रशंसा कर रहा था। नाचने वाली अभिनेत्री का नाम लेकर बता रहा था, सिनेमा में उससे अच्छा अभिनय कोई नहीं करती। मैं तो उसका नाच सैकड़ों बार देख चुका हूँ। सच पूछो तो उसकी नंगी जाँघ ही जितना देख चुका हूँ उतना तो इन्होंने भी मुझे नहीं दिखाया। उसने अपनी पत्नी की ओर इशारा किया था। पत्नी ने प्रसन्नतापूर्वक सुना था, प्रेमपूर्वक शिकायत की थी, "वाइफ को घर में छोड़कर अकेले-अकेले फिल्म देखते हो मिस्टर जीवन देवता तुम्हारी जय हो।"[55]

भारत देश में जो पारम्परिक समाज है वह बहुत ही पाबन्द और शिष्ट है। यहाँ जीवन के हर हिस्से को लेकर नियमकानून और मान्यताएँ कायम की गयी हैं। उनका उल्लंघन होने पर आधिकारिक संस्थाएँ सजा भी देती हैं। शुक्ल जी के अनुसार ऐसे समाज में बड़ी संख्या में युवा लड़कों-लड़कियों का फिल्मों में अभिनय के लिए लालायित रहना और किसी भी हद तक चले जाना एक बड़ी विसंगति है। शुक्ल जी अपने व्यंग्य में लिखते हैं, "हैरत है कि सिनेमा के

पर्दे पर लड़के-लड़कियों के यह अश्लील खेल उस दकियानूस समाज में दिखाए जा रहे हैं और बर्दाश्त किये जा रहे हैं जिसमें स्वच्छन्द प्रेम पर लगभग पाबन्दी लगी हुई है। जहाँ मुजफ्फरनगर में केवल प्रेम विवाह करने के अपराध में गाँव वाले सर्वसम्मति से एक प्रेमी युगल की हत्या कर देते हैं। दूसरी हैरत की बात यह है कि अपना अधनंगा और निर्लज्ज अपने को दिखाने के लिए इतनी बड़ी संख्या में सुशिक्षित और सुसंस्कृत लड़कियाँ फिल्मों की हीरोइन बनने को व्याकुल हो रही हैं। श्री भगवतीचरण वर्मा कहा करते थे कि सिनेमा के शुरुआती दौर में वेश्याएँ जब इज्जतदार महिला बनना चाहती थीं तो फिल्मों में आती थीं और आज बहुत सी इज्जतदार महिलाएँ फिल्मों में आना चाहती हैं जिन्हें वेश्या जैसा गिने जाने में कोई एतराज नहीं है। खेत और दकियानूसी बात होने के बावजूद इसमें शायद कुछ सच्चाई है।''[56]

रहस्य की बात यह है कि कल सिनेमा देखते हुए और उसके बाद सिम्मी के साथ उसके घर तक जाते हुए मैं विजय के गर्व से फूला हुआ था। श्यामा ने पहले से ही उसे मेरे बारे में सब कुछ बता रखा था तभी उसने शुरू के ही दो-तीन वाक्यों से मुझे बता दिया था कि वह मुझे महान कलाकार समझती है बाद में जब उसने अन्धेरे में मेरे कन्धे पर सिर टिकाकर सिनेमाघर का वह उपयोग किया जो नर-नारियों की संग से जुड़े असंख्य देशों में असंख्य से भी अधिक बार कर चुके हैं तब मैंने समझा संसार में केवल यह मेरे साथ हुआ है।[57]

''सिम्मी की फिल्मी साथ गहरी और सोच भरी टेलीफोन के तार पर फैलती हुई आयी उसने कहा फिर बताइए कब मिलेंगे।''[58]

'राग दरबारी' में रुप्पन की तरह उसे भी बेला की जीती जागती वास्तविकता का सिर-पैर पाने के लिए फिल्मी दुनिया की तस्वीरों के अपने भंडार पर निर्भर रहना पड़ता है—''मेले से लौटते समय उसने रुप्पन बाबू से प्रेमपत्र के बारे में जो सुना था, उसके बाद उसकी हिम्मत नहीं हुई कि वह रुप्पन से इस विषय पर दुबारा बात करे। अब इस समय के एकान्त में बेला के बारे में उसकी जिज्ञासा शान्त करने के लिए सिर्फ़ कल्पना थी, चूँकि काफी हद तक ये चीज़ें हमारी कलाओं की प्रेरक शक्तियाँ हैं, इसलिए इस समय रंगनाथ एक कलाकार की हैसियत से इन क्षणों को जी रहा था। कैसी होगी वह? 'मधुमती' में वैजयन्तीमाला की तरह? 'गोदान' में शोभा खोटे जैसी। 'अभिमान' में वहीदा रहमान जैसी।''

शुक्ल जी फिल्मों की समझ रखते थे और उसे गहराई से एक आलोचक की दृष्टि से देखते थे। इसी का परिणाम है कि वे फिल्म का उपयोग अपने व्यंग्यों में इतनी खूबी से कर लेते हैं। मानव स्वभाव और मानवीय सम्बन्धों

सहित सामाजिक-राजनीतिक स्थितियों को व्यक्त करने के लिए उन्होंने फिल्मों का उपयोग किया है।

निष्कर्ष

शुक्ल जी का लेखन अपने समय समाज से पूरी तरह जुड़ते हुए उसके सुधार की दिशा में टिप्पणी है। समस्याओं की जड़ों तक पहुँचना और उसके विश्लेषणपरक अवलोकन के साथ ही यह देखना कि उसके किस हिस्से पर चोट करके उसे ठीक किया जा सकता है। एक बहुत ही महत्त्वपूर्ण कार्य है। शुक्ल जी जब नेहरू पर सीधे तौरपर टिप्पणी करते हुए उनकी नीतियों, उनके प्रेम प्रसंगों पर तंज कसते हैं तो उसका उद्देश्य सार्वजनिक हित ही होता है।

परिवारवाद की पोषक कांग्रेस पर और उसके पारिवारिक सदस्यों, नेहरू, इन्दिरा, राजीव को शुक्ल जी ने अपने व्यंग्यों में उनके उन फैसलों के लिए प्रहार किया है जो सार्वजनिक हित में नहीं थे। नामकरण की राजनीति हो या पंचायत व्यवस्था को कमजोर करने की नीति, चाटुकारिता को प्रश्रय देना हो या फिर अर्जुन सिंह पर टिप्पणी शुक्ल जी ने बड़ी ही सावधानी से व्यक्ति का नाम लेते हुए अपनी बात रखी है।

प्रायः रचनाकार किसी व्यक्ति विशेष का नाम लेकर टिप्पणी करने से बचते हैं तो इसलिए क्योंकि उन्हें कानूनी पचड़े में फँसने या कि विरोधी होने के टैग से बचना होता है। लेकिन शुक्ल जी इन सभी फायदा-नुकसान की चिन्ता किये बगैर उन्मुक्त भाव से अपने विचार रखते हैं और खुलकर नाम लेकर टिप्पणी करते हैं।

उन्होंने साहित्य और कला जगत की कई मशहूर हस्तियों को भी अपने व्यंग्य के दायरे में रखा है। यानी उन पर नाम लेते हुए प्रहार किया है। अपने आसपास की दुनिया और अपने समाज के हिताहित की चिन्ता शुक्ल जी के लिए सर्वोपरि थी न कि व्यक्तिगत हिताहित।

अपना आदर्श खोज लेते हैं यदि हम ईमानदारी से स्वीकार करें तो हमें मानना पड़ेगा कि हमारे समाज पर खासकर युवा पीढ़ी पर और विद्यार्थियों पर जितना प्रभाव सिनेमा का और उसके पात्रों का हुआ है उतना किसी और का नहीं हुआ। हमारे यहाँ हिन्दी फिल्म में नायक की भूमिका निभाने वाले किसी व्यक्ति का महत्त्व इतना अधिक बढ़ जाता है कि वह भगवान की तरह पूजा जाने लगता है मन्दिर में भी इतनी भीड़ नहीं दिखेगी आपको जितनी उसका दर्शन पाने के लिए उसके चाहने वालों की भीड़ उमड़ पड़ती है। गरीब से गरीब आदमी भी अपनी कमाई का अपनी दिहाड़ी मजदूरी का एक हिस्सा बचाकर महीने में एकाध बार फिल्म देखने चला ही जाता है इस तरह सिनेमा को लेकर

हमारे समाज में जो आकर्षण है वह उसके प्रभाव को व्यक्त करता है। ऐसा नहीं है कि यह भारत देश की ही कहानी हो विदेशों में सिनेमा के टिकट घरों के बाहर लम्बी कतारें दिख जाना आम बात है। अति व्यस्त जीवन में से भी लोग समय निकालकर इन कतारों में टिकट के लिए लाइन लगाते हैं और अपनी गाढ़ी कमाई के रुपये खर्च कर फिल्म देखने जाते हैं।

अतः इस बात को स्वीकार करने में कोई हर्ज नहीं है कि सिनेमा अत्यन्त प्रभावशाली माध्यम है और इसने हमारे समाज तथा संस्कृति को बदलने में बड़ी भूमिका निभाई है। कई बार शोषकों के खिलाफ क्रान्ति की आवाज उठाने में भी इसका बड़ा योगदान रहा है। सिनेमा चूँकि मानव जीवन की घटनाओं से जुड़ा हुआ है इसलिए इसका हमारे जीवन से सीधा जुड़ाव हो जाना स्वाभाविक है। जीवन में तमाम दिशाओं से थपेड़े खाने वाला एक गरीब और असहाय व्यक्ति अपने गम को अपने दुख को तकलीफों को कुछ समय के लिए ही सही भुला देने और मिटा देने के लिए मनोरंजन के रूप में भी सिनेमा देखने जाता है। वास्तव में सिनेमा का हर दर्शक उसे मनोरंजन के रूप में ही देखता है लेकिन मानवीय घटनाओं से जुड़ा होने के कारण उसका प्रभाव उसके विचारों पर, उसके मन-मस्तिष्क पर, उसके जीवन पर भी गहरा होता है।

यदि सिनेमा के मानव जीवन पर पड़ने वाले प्रभावों की बात की जाये तो यह सकारात्मक और नकारात्मक दोनों ही प्रकार का होता है। सकारात्मक की बात तो जरूरी है किन्तु नकारात्मक प्रभाव कई प्रकार की विसंगतियाँ और समस्याएँ समाज के सामने ला खड़ा करता है। व्यक्ति की सोच को सीधे तौर पर प्रभावित करने की इसकी क्षमता के कारण ही यह सिनेमा सहज प्रेम, सरल प्रेम, नैतिक मूल्यों, हमारे आदर्श आदि का मजाक भी उड़ाया जाता है। सिनेमा के इसी प्रकार के अनेक प्रभावों-दुष्प्रभावों को शुक्ल जी ने अपनी रचनाओं में व्यक्त किया है।

फिल्मी नायक और नायिका की भगवान के समान पूजा करने का चलन भी हमारे देश में है। अगर हमें याद है वो कि जयललिता और खुशबू जैसी नायिकाओं के मन्दिर दक्षिण भारत में बने हुए हैं और लोग उनकी पूजा करने भी जाते हैं। इसी प्रकार अमिताभ बच्चन का भी मन्दिर बना हुआ है जहाँ उनकी आरती भी उतारी जाती है और पूजा भी की जाती है।

सिनेमा के प्रभाव को तो हम इस तरह भी देख सकते हैं कि दक्षिण भारत में व्यक्ति पूजा के चलते कई नायक भगवान के समान पूजे जाते हैं और उनकी मृत्यु होने या उनके बीमार होने पर कई लोग आकस्मिक मृत्यु का शिकार हो जाते हैं। इस प्रकार की गहरी आस्था, लगन और आकर्षण नायकों के प्रति सिनेमा की ही देन है। इन स्थितियों की विडम्बनाओं से रूबरू कराते

हुए शुक्ल जी ने वस्तुनिष्ठ दृष्टि से सोचने और इस मानसिकता से उबरने की प्रेरणा दी है।

सन्दर्भ सूची

1. कुछ ज़मीन पर कुछ हवा में : श्रीलाल शुक्ल, पृष्ठ 11
2. वही, पृष्ठ 98
3. वही, पृष्ठ 100
4. वही, पृष्ठ 126
5. वही, पृष्ठ 170
6. वही, पृष्ठ 185
7. वही, पृष्ठ 185
8. वही, पृष्ठ 196
9. जहालत के पचास साल : श्रीलाल शुक्ल, पृष्ठ 66-67
10. यहाँ से वहाँ : श्रीलाल शुक्ल, पृष्ठ 12-13
11. कुछ ज़मीन पर कुछ हवा में : श्रीलाल शुक्ल, पृष्ठ 71
12. जहालत के पचास साल : श्रीलाल शुक्ल, पृष्ठ 152
13. अंगद का पाँव : श्रीलाल शुक्ल, पृष्ठ 103
14. राग दरबारी : श्रीलाल शुक्ल, पृष्ठ 21
15. वही, पृष्ठ 358
16. वही, पृष्ठ 39-40
17. वही, पृष्ठ 287
18. कुछ ज़मीन पर, कुछ हवा में : श्रीलाल शुक्ल, पृष्ठ 22
19. वही, पृष्ठ 53
20. वही, पृष्ठ 53
21. वही, पृष्ठ 53
22. वही, पृष्ठ 75
23. वही, पृष्ठ 79
24. वही, पृष्ठ 99
25. वही, पृष्ठ 116
26. वही, पृष्ठ 117
27. वही, पृष्ठ 118
28. वही, पृष्ठ 126
29. वही, पृष्ठ 127
30. वही, पृष्ठ 127
31. वही, पृष्ठ 128
32. वही, पृष्ठ 130
33. वही, पृष्ठ 135
34. जहालत के पचास साल : श्रीलाल शुक्ल, पृष्ठ 46

35. वही, पृष्ठ 25
36. वही, पृष्ठ 76
37. मकान : श्रीलाल शुक्ल, पृष्ठ 66
38. आओ बैठ लें कुछ देर : श्रीलाल शुक्ल, पृष्ठ 143
39. राग दरबारी : श्रीलाल शुक्ल, पृष्ठ 327-328
40. आओ बैठ लें कुछ देर : श्रीलाल शुक्ल, पृष्ठ 153
41. वही, पृष्ठ 159-160
42. मकान : श्रीलाल शुक्ल, पृष्ठ 27
43. आओ बैठ लें कुछ देर : श्रीलाल शुक्ल, पृष्ठ 161
44. वही, पृष्ठ 151
45. कुछ ज़मीन पर, कुछ हवा में : श्रीलाल शुक्ल, पृष्ठ 108
46. मकान : श्रीलाल शुक्ल, पृष्ठ 29
47. आओ बैठ लें कुछ देर : श्रीलाल शुक्ल, पृष्ठ 160
48. वही, पृष्ठ 151
49. मकान : श्रीलाल शुक्ल, पृष्ठ 60
50. आओ बैठ लें कुछ देर : श्रीलाल शुक्ल, पृष्ठ 160-161
51. मकान : श्रीलाल शुक्ल, पृष्ठ 28
52. आओ बैठ लें कुछ देर : श्रीलाल शुक्ल, पृष्ठ 151
53. मकान : श्रीलाल शुक्ल, पृष्ठ 61
54. आओ बैठ लें कुछ देर : श्रीलाल शुक्ल, पृष्ठ 151
55. मकान : श्रीलाल शुक्ल, पृष्ठ 74
56. आओ बैठ लें कुछ देर : श्रीलाल शुक्ल, पृष्ठ 151
57. मकान : श्रीलाल शुक्ल, पृष्ठ 54
58. वही, पृष्ठ 81

अध्याय-9

समन्वित अनुशीलन

समकालीन साहित्य में मानव जीवन के सुख-दुख और उसकी आशाएँ-अपेक्षाएँ पूरी शिद्दत के साथ अभिव्यक्त हुई हैं। इसीलिए समकालीन साहित्य जीवन से जुड़ा हुआ और विशेष करीब दिखाई देता है। समाज में होने वाली विविध गतिविधियाँ साहित्य में उभरकर आयी हैं। इस समय के साहित्यकार की पैनी नजरें समाज के सभी पक्षों पर होती है, प्रकृति, परिवेश, ज्ञान-विज्ञान, देश-विदेश, ग्रहों-उपग्रहों के साथ-साथ मानवीय गतिविधियाँ जैसे राजनीति, धर्म, संस्कृति, शिक्षा, समाज आदि सब कुछ समकालीन साहित्य के वर्ण्य विषय बन चुके हैं। श्रीलाल शुक्ल जी एक ऐसे ही साहित्यकार थे जिनके साहित्य में जीवन के सभी पक्ष अभिव्यक्त हुए हैं। सच्चाई तो यह है कि प्रशासनिक पद पर रहते हुए शुक्ल जी को देश के विभिन्न क्षेत्रों में जनता की सेवा का अवसर मिला और इस दौरान उन्होंने सामान्य जनता के दुःख-दर्द को ही नहीं, समाज के लगभग सभी पक्षों को बड़े नजदीक से देखा। शुक्ल जी एक संवेदनशील व्यक्ति थे। इसलिए सामाजिक आडम्बरों को देखकर उनका हृदय विगलित हो उठता था। सामान्य जनता की दयनीयता, समाजसेवा के नाम पर चल रहे ढोंग, धार्मिक और सामाजिक आडम्बरों के नाम पर तमाम बन्धनों में घुटती सामान्य जनता और राजनीतिक छल-प्रपंचों के विरुद्ध शुक्ल जी का मन विद्रोह करता दिखाई देता है। उनके मन का यही आक्रोश और पीड़ा उनके साहित्य में सर्वत्र व्यंग्य के रूप में दिखाई देती है। जब हम यह कहते हैं कि साहित्य समाज का दर्पण है और सामाजिक गतिविधियाँ ही साहित्य की केन्द्र होती हैं तो यह निर्विवाद रूप से कहा जा सकता है कि भारतीय समाज का दिल शुक्ल जी के साहित्य में स्पन्दित होता है।

व्यंग्य वर्तमान समय की एक ऐसी विधा है जिसके माध्यम से यथार्थ को सरलतापूर्वक एवं प्रभावकारी ढंग से अभिव्यक्त किया जा सकता है। सामाजिक

गतिविधियों के प्रति शुक्ल जी की दृष्टि वस्तुपरक एवं वैज्ञानिक है। उनके व्यंग्य सामाजिक आडम्बरों पर तो करारी चोट करते ही हैं, अन्य विधाओं में जैसे उपन्यास, निबन्धों और कहानियों में भी व्यंग्य की तीखी धार दिखायी देती है। इस तरह उनके साहित्य में जीवन अपनी समग्रता में अभिव्यक्त हुआ है। अतः समकालीन जीवन को प्रभावित करने वाले सभी तत्त्वों पर उन्होंने बेबाकी से लिखा है। उनकी मूल दृष्टि व्यंग्यात्मक है, इसलिए जीवन से जुड़ी हर क्षेत्र की विसंगतियों पर इन्होंने प्रहार किया है। वस्तुतः वे मानव जीवन को बेहतर बनाने के तमाम विकल्प तलाशते रहे हैं, इसीलिए सामाजिक, राजनीतिक, आर्थिक, धार्मिक, सांस्कृतिक आदि सभी क्षेत्रों में व्याप्त विसंगतियों पर कुठाराघात किया। प्रस्तुत शोध प्रबन्ध में किये गये विवेचन विश्लेषण के आधार पर महत्त्वपूर्ण निष्कर्ष यहाँ प्रस्तुत है।

श्रीलाल शुक्ल जी ने अपनी सूक्ष्म एवं पैनी दृष्टि से समाज में व्याप्त तमाम विसंगतियों को न सिर्फ़ रेखांकित किया है, बल्कि उसके प्रति चेतना जगाते हुए उस पर करारी चोट भी की है। शायद ही समाज का कोई ऐसा पहलू हो जिससे जुड़ी विसंगतियाँ उनके दृष्टि पटल से ओझल रह गयी हों। समाज की आर्थिक विसंगतियों पर व्यंग्य करते समय शुक्ल जी सामान्य जनता के पक्ष में खड़े दिखाई देते हैं। शोषक वर्ग के प्रति उनमें जहाँ तीव्र आक्रोश दिखाई देता है, वहीं गरीबों का चित्रण करते समय उनका संवेदनशील मन करुण हो उठता है। यहाँ तक कि, गरीबों पर होने वाले अत्याचार के विरुद्ध विद्रोह का भाव उन्होंने प्रकट किया है।

सरकारी कार्यालयों में व्याप्त भ्रष्टाचार और राजनेताओं की शोषणा के दो पाटों के बीच पिसती जनता का दुःख दर्द भी शुक्ल जी के साहित्य में उभरकर आया है। इन्होंने वर्ग व्यवस्था की खामियों के साथ ही वर्ण व्यवस्था के वर्तमान स्वरूप पर प्रहार किया है। पूँजीपति, बुद्धिजीवी, अपराधी वर्ग के समाज में बढ़ते वर्चस्व और उनकी शोषणवादी प्रवृत्तियों को भी उन्होंने उद्‌घाटित करते हुए उन पर प्रहार किया है। वैवाहिक जीवन में आने वाली विसंगतियों, दहेज प्रथा के अभिशाप और उनसे उपजी समस्याओं, अविवाहित नारी की सामाजिक स्थिति और उसके चाल-चलन पर भी इनकी पैनी दृष्टि रही है।

मानवीय सम्बन्धों में आ रहे बदलावों को भी शुक्ल जी ने अपने साहित्य में महत्त्वपूर्ण स्थान दिया है। एक तरफ पारिवारिक सम्बन्धों के बीच स्वार्थपरता बढ़ती जा रही है, बेटा अपने पिता की मृत्यु केवल इसलिए चाहता है ताकि वह शीघ्र ही उसकी सम्पत्ति का मालिक बन जाये और मनमाने ढंग से उसका उपयोग कर सके तो दूसरी तरफ नारी जागरण के नाम पर आपसी सम्बन्धों में कटुता और अलगाव या तलाक की स्थितियाँ बन रही हैं। नारी जीवन की

विसंगतियों के विभिन्न आयाम इनकी रचनाओं में दिखाई देते हैं। व्यंग्य के माध्यम से इन्होंने नारी जीवन से जुड़ी नैतिकता के तमाम सन्दर्भ और उसके बरअक्श सामाजिक शोषण को दिखाया है। इनकी यह भी धारणा रही है कि एक बिन्दु पर आकर शोषण का विरोध स्वच्छन्द और अतिवादी हो जाता है। शुक्ल जी बताते हैं कि नारी स्वातन्त्र्य की माँग जहाँ समानता के धरातल पर की जाती है, वहाँ तो उचित है किन्तु जहाँ समानता की यह माँग अतिवादी रूप धारण कर लेती है, वहाँ अपने मूल उद्देश्य से भटक जाती है।

शुक्ल जी ने अपने उपन्यासों में सशक्त नारी पात्रों का चित्रण किया है। 'आदमी का जहर' की रूबी लेक्चरर बनती है तो 'पहला पड़ाव' की 'जसोदा' अपने पति की मृत्यु के बाद खुद को समाज की नजरों से बचाती है। 'बिस्रामपुर का सन्त' की सुन्दरी भूदान आन्दोलनकर्ता बनकर अपने जीवन को अपनी तरह से जीती है। 'सूनी घाटी का सूरज' उपन्यास में सत्या अपना जीवनसाथी स्वयं चुनती है तो वहीं 'अज्ञातवास' की डॉ. सीता दत्त अपने पति को ही बनवास देती है और रानी अपने पति रजनीकान्त को छोड़ देती है। इसी तरह 'राग दरबारी' की बेला दुनिया की आँखों में धूल झोंककर अपने प्रेमी से मिलने रात के अन्धेरे में चली जाती है। 'सीमाएँ टूटती हैं' की चाँद काफी बड़े उम्र वाले प्रेमी को पाने के लिए समाज से संघर्ष करती है। इस प्रकार इन नारी चरित्रों द्वारा शुक्ल जी ने नारी स्वातन्त्र्य की हिमायत की है लेकिन वे स्वतन्त्रता को स्वच्छन्दता के धरातल पर स्वीकार करने से हिचकिचाते हैं। अतः यह कहना अधिक समीचीन होगा कि शुक्ल जी के साहित्य में भारतीय समाज के सभी पक्षों को अभिव्यक्ति मिली है। विशेषतः समाज की विभिन्न विसंगतियों पर करारी चोट करते हुए इन्होंने उनके विरुद्ध जनजागृति लाने का प्रयास किया है।

वर्तमान समय में समाज और जीवन को सर्वाधिक प्रभावित करने वाला तत्त्व राजनीति है। तमाम सामाजिक बदलावों के लिए दिशा निर्धारित करने में राजनीति की महत्त्वपूर्ण भूमिका होती है। आज हमारे देश की राजनीतिक व्यवस्था कहने के लिए तो प्रजातान्त्रिक मूल्यों पर आधारित है लेकिन इस क्षेत्र में छल-प्रपंचों का बोलबाला है। पूरी दुनिया राजीतिक छल-छद्म और षड्यन्त्रों को समझती है लेकिन इनके समाप्त होने की फिलहाल कोई सम्भावना नहीं दिखाई दे रही है।

एक संवेदनशील साहित्यकार होने के कारण शुक्ल जी राजनीतिक छलछद्मों से निरन्तर व्यथित होते रहे हैं। उनकी दृष्टि से प्रजातान्त्रिक व्यवस्था में इन छलप्रपंचों का कोई स्थान नहीं होता। इसलिए वे एक ऐसी राजनीतिक व्यवस्था की कल्पना करते हैं, जहाँ सामान्य जनता ही सर्वोपरि हो। वर्तमान भारतीय राजनीति इनसे बिल्कुल भिन्न है। यहाँ प्रजातन्त्र की बात करनेवाले राजनेता

ही प्रजातन्त्र का दम घोंटने में सबसे आगे रहते हैं। जो सरकार जनता के द्वारा चुनी जाती है, वही सरकार जनता के हितों की हत्या करती है। सच्चाई तो यह है कि किसी भी तरह सत्ता की प्राप्ति करना वर्तमान राजनीतिज्ञों का लक्ष्य बन चुका है। इस प्रयास में भाई-भतीजावाद, परिवारवाद, अपने पद और अधिकारों का दुरुपयोग, बड़े नेताओं की चाटुकारिता आदि तमाम राजनीतिक विसंगतियाँ पनपती जा रही हैं। कहने के लिए तो ये राजनेता, जनसेवक और जनता के प्रतिनिधि होते हैं लेकिन इनका व्यवहार, इनका रहन-सहन आदि सब कुछ विशिष्ट होता है। शुक्ल जी का संवेदनशील मन इन सबके विरुद्ध विद्रोह करता है। उनकी कहानियों, उपन्यासों एवं निबन्धों में इनके प्रति व्यग्रता और विद्रोह का तेवर सर्वत्र झलकता है। शुक्ल जी की पैनी दृष्टि अपने समय के हर राजनीतिक हलचल पर रही है। वे स्वयं भी सरकारी नौकरशाही का एक हिस्सा थे। अतः कुछ को तो करीब से देखने का अनुभव भी इन्हें मिला। अतः उस विसंगति पर अपनी विशिष्ट व्यंग्य शैली में इन्होंने कभी करारा प्रहार किया तो कभी मात्र चुटकी ली। इन्होंने वर्तमान राजनीतिक व्यवस्था की सभी विडम्बनापूर्ण विसंगतियों एवं राजनेताओं की दोहरी जिन्दगी तथा कथनी और करनी के अन्तर का पर्दाफाश किया है।

राजनीति के बाद उसके द्वारा संचालित अर्थव्यवस्था मानव जीवन को सर्वाधिक प्रभावित करने वाला तत्त्व है। यह हमारे रहन-सहन और हमारी जीवन शैली को विशेष रूप से प्रभावित करता है। समाज की अनेक विसंगतियों के पीछे आर्थिक कारण ही होते हैं। अर्थ आधारित वर्ग-विषमता आज के समय की सबसे बड़ी विडम्बना है। चन्द लोगों के हाथों में देश की सम्पत्ति केन्द्रित हो गयी है। मध्यवर्गीय समाज उच्चवर्ग की चकाचौंध के आकर्षण में निरन्तर प्रयत्नशील है। निचला तबका सबके शोषण का शिकार बनता है। उसको इन दयनीय स्थितियों से उबारने के प्रयास में शुक्ल जी ने न सिर्फ़ इसके लिए जिम्मेदार कारक तत्त्वों पर व्यंग्य किया है, बल्कि उनमें विद्रोह की चेतना भी भरी है।

समाज में फैली आर्थिक विसंगतियों के चित्रण के दौरान शुक्ल जी की संवेदना बराबर गरीब और शोषित वर्ग के साथ रही है। वे जब शोषक के विषय में लिख रहे होते हैं तो उनका स्वर काफी तल्ख होता है जबकि सर्वहारा-शोषित वर्ग के दुःख, तकलीफों, अभावों को व्यक्त करते हुए इनकी भाषा में करुणा होती है। कई बार विद्रोह भी। राजनेताओं द्वारा आम जनता को बेवकूफ बनाकर सरकारी नीतियों का सारा पैसा बीच में हजम कर जाने वाले बिचौलिए व दलाल वर्ग के साथ साठ-गाँठ कर लेने के दुष्चक्र को भी शुक्ल जी ने उजागर किया है।

सरकारी कार्यालयों में रिश्वत के बिना कोई कार्य नहीं होता। रिश्वत लेने

वाला वर्ग उस निम्न मध्यमवर्ग का आर्थिक शोषण करता है जो अपनी दैनिक जरूरतों को पूरा करने में भी कई बार अक्षम होता है। इन आर्थिक समस्याओं को बड़ी ही बारीकी से लेखक ने स्थान दिया है। वह एक ऐसी आर्थिक व्यवस्था की परिकल्पना करता है जिसमें गरीब और अमीर सभी अपने जीवन की मूलभूत आवश्यकताओं को पूरी कर सकें। सबको विकास का समान अवसर मिले, सभी अपनी योग्यता के अनुसार परिश्रम करें और एक स्वस्थ समाज का निर्माण हो सके।

धर्म और संस्कृति भी हमारे जीवन को विशेष रूप से प्रभावित करते हैं। वैसे तो सच्चा धर्म वह है जो हमारे जीवन के सकारात्मक पक्षों को बल प्रदान करता है तथा नकारात्मक पक्षों को कमजोर करता है। शुक्ल जी के अनुसार भी धर्म वही है जो इस बात की ताकत प्रदान करता है कि हम अपनी असफलताओं और असंगतियों को जीवन की सहज स्थिति मानकर उसे स्वीकार करें। लेकिन धर्म अपने मूल उद्देश्यों से हटकर पूरी तरह स्वार्थी तत्त्वों के हाथ का खिलौना बन चुका है। वर्तमान में तो यह समाज को विभाजित करने का सबसे बड़ा हथियार बन गया है। धर्म के नाम पर चलने वाली दुकानदारी समाज को इस कदर विभाजित किये जा रही है कि, प्रत्येक व्यक्ति दूसरे को शंका और अविश्वास की नजर से देखने लगा है पिछले कुछ वर्षों से राजनीति और धर्म एक-दूसरे में गड्ड-मड्ड होते जा रहे हैं। एक तरफ धर्म के नाम पर सुविधाएँ प्रदान की जा रही हैं तो दूसरी तरफ धार्मिक ठेकेदार अपने अनुयायियों से राजनेताओं के पक्ष में मतदान करवाकर चुनाव जितवाने की गारंटी देने लगे हैं। धर्म और सम्प्रदाय के नाम पर बढ़ती हिंसा के पीछे इस प्रकार के राजनीतिज्ञों और धार्मिक ठेकेदारों की ही महत्त्वपूर्ण भूमिका होती है। साम्प्रदायिक कटुता फैलाने वाले नेताओं एवं धर्मगुरुओं के पाखण्ड को उजागर करते हुए शुक्ल जी ने साम्प्रदायिकता को वर्तमान समय की एक बड़ी चुनौती माना है और ऐसी साम्प्रदायिक शक्तियों का तीव्र विरोध किया है।

इसके अतिरिक्त धार्मिक अन्धविश्वास भी हमारे जीवन के स्वस्थ विकास के लिए अवरोधक तत्त्व हैं। लोग अन्धविश्वासी होकर धर्म सम्बन्धी भ्रामक धारणाओं में फँसे रहते हैं। धार्मिक विसंगतियों का शिकार बनते हैं और कुरीतियों को पालते हैं। श्रीलाल शुक्ल जी की व्यंग्य रचनाओं में धर्म सम्बन्धी विसंगतियों पर सीधा प्रहार किया गया है। वे इन धार्मिक आडम्बरों के घोर विरोधी हैं। मानवता ही उनके लिए परम धर्म है।

धर्म के साथ-साथ संस्कृति भी किसी देश, काल, समाज और परिवेश की पहचान होती है। प्रारम्भ से ही भारतीय संस्कृति की एक अलग पहचान रही है। गुलामी के लम्बे दिनों के दौरान अनेक संस्कृतियों से इसका सामना होता रहा है।

फिर भी 'कुछ बात है कि हस्ती मिटती नहीं हमारी'। इसके बावजूद आजादी के बाद हमारी संस्कृति में व्यापक बदलाव आया है। पाश्चात्य संस्कृति दिन-प्रतिदिन हम पर हावी होती जा रही है और कई बार तो हम अपनी संस्कृति को पिछड़ी और विकास में बाधक समझने लगते हैं। यहाँ तक कि खान-पान, पहनावा आदि में भी हम पश्चिमी संस्कृति का अन्धानुकरण करने लगे हैं। नैतिकता को तिलांजलि देकर भी आधुनिकता का दम्भ भरा जाने लगा है। शुक्ल जी ने अपने साहित्य में आधुनिकता के नाम पर होने वाले इन आडम्बरों का तीव्र विरोध किया है। भारतीयता को छोड़कर पाश्चात्य सभ्यता और संस्कृति को अपना लेने से जिस आधुनिकता की बात की जाती है उसका इन्होंने सर्वत्र विरोध किया है। इनके अनुसार पश्चिमी ढंग के पहनावे व आयातित वस्तुएँ खाने या पश्चिमी लोगों की नकल कर लेने से आधुनिकता नहीं आती, बल्कि आधुनिकता हमारे विचारों और हमारे व्यवहारों में दिखनी चाहिए। अपनी भाषा के प्रति भी शुक्ल जी में एक विशेष लगाव दिखाई देता है। विदेशी भाषाओं के ज्ञान तक तो वो स्वीकार करते हैं लेकिन अपनी भाषा को छोड़कर किसी दूसरी भाषा का गुलाम बनना इन्हें स्वीकार्य नहीं है।

अतः यह कहा जा सकता है कि शुक्ल जी ने धर्म और संस्कृति के आडम्बरों का विरोध करते हुए मानव के कल्याणकारी धर्म और निरन्तर प्रगतिशील संस्कृति को स्वीकार किया है।

शिक्षा और साहित्य किसी भी समाज का भविष्य निर्धारित करने में महत्त्वपूर्ण एवं निर्णायक भूमिका निभाते हैं। शिक्षा के नाम पर फैली असमानता, शिक्षा-व्यवस्था में श्रेष्ठ शिक्षा के नाम पर वसूली जाने वाली लम्बी-चौड़ी फीस और इस प्रकार की तमाम विसंगतियाँ हमारी शिक्षा-व्यवस्था का अंग बन चुकी हैं। इतना ही नहीं जिस शिक्षा-व्यवस्था को हम नैतिकता की पराकाष्ठा और समाज के लिए एक आदर्श प्रस्तुत करने वाले क्षेत्र के रूप में देखते थे, वहाँ अब अनैतिकता ने अपने पैर जमा लिए हैं। चाहे अध्यापकों की नियुक्ति हो या उनका पढ़ाना, यहाँ तक कि मूल्यांकन करते समय भी भ्रष्ट तरीके अपनाये जाते हैं। 'राग दरबारी' का झंगामल इंटर कॉलेज इसका प्रत्यक्ष प्रमाण है। इसके अतिरिक्त गुरु-शिष्य सम्बन्धों में अनैतिकता, विद्यार्थियों के बीच फैलती दुराचरण की प्रवृत्तियाँ आदि को शुक्ल जी ने खुलकर अभिव्यक्त किया है। शुक्ल जी के लिए शिक्षा क्षेत्र में इस प्रकार की दुष्प्रवृत्तियाँ असह्य हैं। इन सब स्थितियों पर व्यंग्य करते हुए वे सहृदय वर्ग को इसके लिए जागरूक भी करते हैं।

उन्होंने शिक्षा के क्षेत्र में हो रहे राजनीतिक हस्तक्षेपों को भी नकारा है। इतना ही नहीं सरकार द्वारा दी जाने वाली सुविधाओं के दुरुपयोग का भी उन्होंने भंडाफोड़ किया है। सरकारी सहायता विद्यार्थियों तक पहुँचने के पूर्व ही

बिचौलियों द्वारा हड़प ली जाती है और उसकी कागजी खानापूर्ति कर दी जाती है। विद्यार्थी बेचारा सरकारी अनुदानों से वंचित ही रह जाता है। इसका सबसे बड़ा प्रमाण शिक्षा अव्यवस्था को उजागर करने वाला उनका चर्चित उपन्यास 'राग दरबारी' है। आज शिक्षा को भी धर्म से जोड़ा जाने लगा है। समाज में एक बहुत बड़ा वर्ग ऐसा तैयार हो गया है जो धर्म के नाम पर युवा पीढ़ी को अपने संकीर्ण विचारों से भ्रमित करने का प्रयास कर रहा है। शुक्ल जी समाज की हर नब्ज को पहचानते हैं इसलिए ये और इस तरह की अन्य सभी विडम्बनाओं को, न सिर्फ़ उद्‌घाटित करते हैं, बल्कि लोगों को उन विसंगतियों के प्रति सचेत भी करते हैं।

शिक्षा की तरह साहित्य भी राजनीतिक हस्तक्षेपों और विचारधाराओं का केन्द्र बनता जा रहा है। साहित्यकार अब सामाजिक यथार्थ को भी किसी राजनीतिक दल के चश्मे से देखने लगे हैं। उनका ध्यान सामाजिक सच्चाइयों को अपने साहित्य के माध्यम से अभिव्यक्त करने की जगह किसी पुरस्कार पर टिका होता है।

राजनीतिक, गठजोड़ और गुटबन्दी जैसे कई कारक साहित्य की दुनिया में भी सक्रिय हैं। किसी व्यक्ति या समाज को खुश करने या उसकी निन्दा करने आदि तुच्छ उद्देश्यों को लेकर आज साहित्य रचा जा रहा है। शुक्ल जी ने साहित्य-जगत से जुड़ी ऐसी तमाम विसंगतियों को उद्‌घाटित करते हुए लोगों को सजग बनाने का प्रयास किया है।

प्रायः रचनाकार किसी व्यक्ति विशेष का नाम लेकर टिप्पणी करने से बचते हैं क्योंकि वे न तो किसी विवाद को जन्म देना चाहते हैं और न ही किसी संकट में फँसना चाहते हैं। उन्हें किसी का विरोधी भी नहीं बनना होता है लेकिन व्यंग्यकार इन स्थितियों की परवाह किये बिना यदि किसी में कोई ऐसी विसंगति दिखायी देती है जो समाज के लिए घातक होती है, तो वह उस पर भी व्यंग्य करने से नहीं चूकता। शुक्ल जी भी एक सफल व्यंग्यकार की तरह बिना किसी की चिन्ता किये उन्मुक्त भाव से अपने विचार रखते हैं और नाम लेकर खुली टिप्पणी भी करते हैं। उनका लेखन अपने समय और समाज के प्रति बेहद संवेदनशील एवं दायित्वपूर्ण है। अतः उनकी टिप्पणियाँ सुधार की दिशा में की गयी होती हैं। समस्याओं की जड़ों तक पहुँचना और उसके विश्लेषणपरक अवलोकन के साथ ही यह देखना कि उसके किस हिस्से पर चोट करके उसे ठीक किया जा सकता है, एक बहुत ही महत्त्वपूर्ण कार्य है। शुक्ल जी जब नेहरू पर सीधे तौर पर टिप्पणी करते हुए उनकी नीतियों, उनके प्रेम-प्रसंगों पर तंज कसते हैं तो उसका उद्देश्य सार्वजनिक हित ही होता है। अतः उन्होंने साहित्य, राजनीति, फिल्म, विज्ञापन और कला जगत की कई मशहूर हस्तियों को

भी अपने व्यक्तिपरक व्यंग्य के दायरे में रखा है। यानी उनका नाम लेते हुए उन पर सीधा प्रहार किया है। अपने आसपास की दुनिया और अपने समाज के हित-अहित की चिन्ता शुक्ल जी के लिए सर्वोपरि थी, न कि व्यक्तिगत हित-अहित।

वस्तुतः सिनेमा को लेकर हमारे समाज में जो आकर्षण है शुक्ल जी उसके प्रभाव को बखूबी जानते हैं। गरीब से गरीब आदमी भी अपनी कमाई का, अपनी दिहाड़ी-मजदूरी का एक हिस्सा बचाकर महीने में एकाध बार फिल्म देखने चला ही जाता है। सिनेमा एक अत्यन्त प्रभावशाली माध्यम है। इसने हमारे समाज तथा संस्कृति को बदलने में बड़ी भूमिका निभाई है। कई बार शोषकों के खिलाफ क्रान्ति की आवाज उठाने में भी इसका बड़ा योगदान रहा है। सिनेमा चूँकि मानव जीवन की घटनाओं से जुड़ा होता है, इसलिए इसका हमारे जीवन से सीधा जुड़ाव हो जाना स्वाभाविक है। जीवन में तमाम दिशाओं से थपेड़े खाने वाला एक गरीब और असहाय व्यक्ति अपने दुःख-तकलीफ को कुछ समय के लिए ही सही भुला देने और मिटा देने के लिए मनोरंजन के रूप में भी सिनेमा देखने जाता है। लेकिन सिनेमा का हर दर्शक उसे मनोरंजन के रूप में ही नहीं देखता है, बल्कि एक बड़ा वर्ग इसे अभिव्यक्ति का सशक्त माध्यम मानता है। मानवीय घटनाओं से जुड़ा होने के कारण इसका सीधा प्रभाव मनुष्य के विचारों पर, उसके मन-मस्तिष्क पर और उसके जीवन पर भी पड़ता है। पश्चिमी सभ्यता और संस्कृति के प्रति जिस तरह लोगों में आकर्षण दिखायी देता है, उस पर शुक्ल जी ने करारा व्यंग्य किया है। साथ ही, सिनेमा के कारण जिस तरह फैशनपरस्ती बढ़ी है तथा अधनंगापन दिखाया जा रहा है, उसे भी इन्होंने एक विकृति के रूप में माना है। सिनेमा के एक प्रभावशाली माध्यम होते हुए भी इसके दुष्प्रभावों पर शुक्ल जी ने सटीक व्यंग्य किये हैं।

इस तरह कहा जा सकता है कि शुक्ल जी ने, सामाजिक, सांस्कृतिक, धार्मिक, राजनीतिक, आर्थिक आदि मानव जीवन के सभी पक्षों की विसंगतियों को अपने व्यंग्य का आधार बनाया है। शुक्ल जी के लिए साहित्य की कोई भी विधा हो व्यंग्य उनकी अभिव्यक्ति की पहचान बन गया है, जीवन का यथार्थ एवं सटीक चित्रण जहाँ इनके साहित्य में उभरकर आया है, वहीं इन्हें एक श्रेष्ठ व्यंग्यकार भी सिद्ध करता है। वस्तुतः श्रीलाल शुक्ल जी ने एक सजग एवं दृष्टि सम्पन्न रचनाकार की तरह जीवन में व्याप्त विडम्बनाओं को न सिर्फ़ चित्रित किया है बल्कि उसके माध्यम से उन विसंगतियों को दूर करने की सजग दृष्टि और प्रेरणा भी दी है। व्यंग्य उनके साहित्य के केन्द्र में है। उपन्यास, कहानी या निबन्ध आदि सभी विधाओं में उनकी व्यंग्यधारा अन्तर्निहित है जिसके माध्यम से उन्होंने अपने समय के खुरदरे यथार्थ को

उद्घाटित किया है। व्यंग्य के इन्हीं विविध आयामों को उद्घाटित करना इस शोधप्रबन्ध का लक्ष्य रहा है।

सीमाएँ एवं सम्भावनाएँ

श्रीलाल शुक्ल जी उन सजग रचनाकारों में से रहे हैं जिन्होंने जीवन को समग्रता में अभिव्यक्त करने की कोशिश की है। अतः साहित्य की विविध विधाओं में वे लगातार रचनारत रहे हैं। इस शोधप्रबन्ध में उनके व्यंग्यकार रूप को ही अध्ययन का विषय बनाया गया है। अतः उनके साहित्य के अनेक अन्य पहलू छूट भी गये हैं। यही इसकी सीमा है। किन्तु व्यंग्यकार रूप का सम्यक विवेचन-विश्लेषण किये जाने के कारण इनकी व्यंग्य सम्बन्धी अवधारणाओं एवं समसामयिक समाज को स्वस्थ रूप में निर्मित करने के लिए जीवन की तमाम विकृतियों को उद्घाटित करने में उनके प्रयासों का विस्तृत विवेचन करना यहाँ सम्भव हो सका है। सम्भवतः इस शोध में किये गये विवेचन-विश्लेषण से इनके साहित्य सम्बन्धी कुछ और मुद्दे भी प्रकाश में आ सकते हैं जिस पर आगे शोध की सम्भावना बन सकती है, प्रस्तुत शोधप्रबन्ध की उपादेयता इसी में निहित है।

सन्दर्भ ग्रन्थ-सूची

क) आधार ग्रन्थ

व्यंग्य साहित्य

1. अंगद का पाँव, 1958 - भारतीय ज्ञानपीठ प्रकाशन
2. यहाँ से वहाँ, 1970 - राजकमल प्रकाशन
3. मेरी श्रेष्ठ व्यंग्य रचनाएँ, 1979 - नेशनल पब्लिशिंग हाउस
4. उमराव नगर में कुछ दिन, 1986 - राजकमल प्रकाशन
5. कुछ ज़मीन पर कुछ हवा में, 1990 - राजकमल प्रकाशन
6. आओ बैठ लें कुछ देर, 1995 - राजकमल प्रकाशन
7. अगली शताब्दी का शहर, 1996 - किताबघर प्रकाशन

उपन्यास

8. सूनी घाटी का सूरज, 1957 - राजकमल प्रकाशन
9. अज्ञातवास, 1962 - राजपाल एण्ड सन्स
10. राग दरबारी, 1968 - राजकमल प्रकाशन
11. आदमी का जहर, 1972 - राजकमल प्रकाशन
12. सीमाएँ टूटती हैं, 1973 - राजकमल प्रकाशन
13. मकान, 1976 - राधाकृष्ण प्रकाशन
14. पहला पड़ाव, 1987 - राजकमल प्रकाशन
15. बिस्रामपुर का सन्त, 1998 - राजकमल प्रकाशन
16. राग-विराग, 2002 - किताबघर प्रकाशन

कहानी साहित्य

17. यह घर मेरा नहीं, 1979 - किताबघर प्रकाशन
18. सुरसा तथा अन्य कहानियाँ, 1991 - राजकमल प्रकाशन

निबन्ध

19. भगवतीचरण वर्मा, 1989 - साहित्य अकादेमी प्रकाशन
20. अमृतलाल नागर, 1994 - साहित्य अकादेमी प्रकाशन

आलोचना

21. कुछ रंग कुछ राग : अज्ञेय, 1999, प्रभात प्रकाशन

ख) सहायक सन्दर्भ ग्रन्थ

1. श्रीलाल शुक्ल की दुनिया : सं. अखिलेश, राजकमल प्रकाशन, 2000
2. व्यंग्यात्मक उपन्यास तथा राग दरबारी : सं. नन्दलाल कल्ला, अमित प्रकाशन, 1990
3. श्रीलाल शुक्ल एक अध्याय : डॉ. सुरेश पटेल, साधना प्रकाशन, 2009
4. व्यंग्य के मूलभूत प्रश्न : सं. शेरजंग गर्ग, सामयिक प्रकाशन, 1983
5. हिन्दी व्यंग्य के प्रतिमान : सं. बालेन्दु शेखर तिवारी, गिरनार प्रकाशन, 1988
6. हिन्दी स्वातन्त्र्योत्तर हास्य और व्यंग्य : सं. बालेन्दु शेखर तिवारी, गिरनार प्रकाशन, 1978
7. व्यंग्य क्या, व्यंग्य क्यों : सं. श्यामसुन्दर घोष, सस्ता साहित्य प्रकाशन, 1983
8. आधुनिक हिन्दी काव्य में व्यंग्य : बनारसीलाल चतुर्वेदी, प्रभात प्रकाशन, 1973
9. स्वातन्त्र्योत्तर का मूल्यांकन : सुरेश माहेश्वरी, विकास प्रकाशन, 1994
10. स्वातन्त्र्योत्तर हिन्दी गद्य में व्यंग्य : हरिशंकर दुबे, विकास प्रकाशन, 1997
11. हिन्दी व्यंग्य विधा शास्त्र और इतिहास : बापूराव देसाई, चिन्तन प्रकाशन, 1990
12. राग दरबारी कृति से साक्षात्कार : चन्द्रप्रकाश मिश्र, संजय प्रकाशन, 2001
13. हिन्दी व्यंग्य साहित्य और हरिशंकर परसाई : डॉ. मदालसा व्यास, विश्वविद्यालय प्रकाशन, 1999
14. स्वातन्त्र्योत्तर हिन्दी कविता में व्यंग्य- शेरजंग गर्ग, 1973
15. आइडिया ऑफ कॉमेडी : मेरिडिथ, लंदन, 1943
16. हिन्दी साहित्य उद्भव और विकास : हजारी प्रसाद द्विवेदी, राजकमल प्रकाशन, 1952
17. हिन्दी साहित्य का इतिहास : आचार्य रामचन्द्र शुक्ल, प्रकाशन संस्थान, 2010
18. हिन्दी गद्य लेखन में व्यंग्य और विचार : सुरेशकान्त, 2013

19. माधव मिश्र निबन्ध माला भाग 1 : सं. चतुर्वेदी द्वारका प्रसाद शर्मा एवं श्री झाबरमल्ल शर्मा, इंडियन प्रेस, 1936
20. हिन्दी भाषा और साहित्य : शिवपूजन सहाय, 1996
21. हिन्दी का गद्य साहित्य : डॉ. रामचन्द्र तिवारी, विश्वविद्यालय प्रकाशन, 2007
22. श्रीलाल शुक्ल के उपन्यासों में व्यंग्यात्मकता : प्रा. सुषमा कोंडे, साहित्य सागर, 2010
23. श्रीलाल शुक्ल : विचार, विश्लेषण और जीवन : सं. प्रेम जनमेजय, नेशनल पब्लिशिंग हाउस, 2011
24. व्यंग्य का स्वरूप : डॉ. मेंहदीरत्ता, प्रतिशोध पत्रिका, चण्डीगढ़
25. हिन्दी प्रदीप, फरवरी 1880
26. यथार्थवाद : शिवकुमार मिश्र
27. चिन्तामणि, प्रथम भाग, श्रद्धाभक्ति : आचार्य रामचन्द्र शुक्ल
28. चिन्तामणि भाग 2 : आचार्य रामचन्द्र शुक्ल
29. भारतीय तर्कशास्त्र का आधुनिक परिचय : प्रो. संगमलाल पाण्डेय, 1969 दर्शनपीठ प्रकाशन
30. सरस्वती कंठाभरण : भोजदेव
31. कबीर : हजारी प्रसाद द्विवेदी, वाराणसी, 1951
32. परसाई रचनावली खण्ड 7 : कमला प्रसाद व अन्य, राजकमल प्रकाशन
33. इंग्लिश सटायर : प्रो. जेम्स सदरलैण्ड - 1970
34. एन इंट्रोडक्शन टू ड्रामेटिक थ्योरी : ए. निकाल
35. दि एनाटॉमी ऑफ सटायर : गिल्बर्ट हाइट
36. कॉमेडी : एल.जे. पोट्स
37. सटायर : आर्थर पोलैण्ड, 1970 लंदन
38. भारतेन्दु ग्रन्थावली भाग 3 : सं. ब्रजरत्नदास,
39. हिन्दी साहित्य का बृहद् इतिहास भाग 13 : सं. लक्ष्मीनारायण
40. हिन्दी साहित्य का इतिहास : डॉ. नगेन्द्र, डॉ. हरदयाल, मयूर पेपर बैक्स, नोएडा
41. अध्यापक पूर्ण सिंह के निबन्ध : मजदूरी और प्रेम
42. हिन्दी कविता में व्यंग्य : शेरजंग गर्ग, 1972
43. ठलुआ क्लब : बाबू गुलाबराय
44. मेरी असफलताएँ, भूमिका : बाबू गुलाबराय
45. कुछ उथले कुछ गहरे : शिवपूजन सहाय
46. यथार्थवाद : शिवकुमार मिश्र

47. चिन्तामणि भाग 1, श्रद्धाभक्ति : आचार्य रामचन्द्र शुक्ल
48. चिन्तामणि भाग 2 : आचार्य रामचन्द्र शुक्ल
49. अध्यापक पूर्ण सिंह के निबन्ध, मजदूरी और प्रेम
50. हिन्दी कविता में व्यंग्य : शेरजंग गर्ग
51. ठलुआ क्लब : बाबू गुलाबराय
52. मेरी असफलताएँ भूमिका, बाबू गुलाबराय
53. कुछ उथले कुछ गहरे : शिवपूजन सहाय

ग) पत्र-पत्रिकाएँ

1. राष्ट्रभाषा सन्देश भाग 31, 30 मार्च 2011, प्रधान सं. विभूति मिश्र
2. व्यंग्य यात्रा : सं. प्रेम जनमेजय
3. सारिका, अगस्त 1975
4. साहित्य अमृत, व्यंग्य विशेषांक - 2009

घ) वेबसाइट

1. kavitakosh-org-blog

ङ) शब्दकोश

1. बृहद् हिन्दी कोश : कालिका प्रसाद, ज्ञानमण्डल लिमिटेड, वाराणसी
2. बृहद् अंग्रेज़ी-हिन्दी कोश, हरदेव बाहरी, ज्ञानमण्डल लि. वाराणसी
3. इनसाइक्लोपीडिया ब्रिटानिक, खण्ड 20
4. ऑक्सफोर्ड, इंग्लिश डिक्शनरी, खण्ड 9, 1990
5. शब्द-कल्पद्रुम, चतुर्थ भाग

❑❑